COMPASIÓN

COMPASIÓN

DESCUBRE CÓMO
LA PERSONA QUE MÁS TE AMA
SIGUE QUERIENDO CONQUISTARTE
CADA DÍA

JAIME
FERNÁNDEZ
GARRIDO

La misión de Editorial Vida es proporcionar los recursos necesarios a fin de alcanzar a las personas para Jesucristo y ayudarlas a crecer en su fe.

Publicado por Editorial Vida – 2007
Miami, Florida
© 2007 Jaime Fernández Garrido

Edición: Jaime Fernández Garrido
Diseño interior y de cubierta: Cristina Mershon

ISBN: 10 – 0-8297-4888-1
ISBN: 13 – 978- 8297- 4888-8

Categoría: RELIGIÓN / Vida cristiana / General

Impreso en Estados Unidos de América
Printed in the United States of America

07 08 09 10 ❖ 6 5 4 3 2 1

ÍNDICE

Dios Fuerte

Padre Eterno

Príncipe de Paz

DEDICATORIA

Para Ti, Señor Jesús, porque lo más difícil de comprender no es que hayas amado tanto a la humanidad como para ir a la cruz por todos, lo más increíble es que lo hayas hecho por mí; y lo más trascendental en mi vida no es solamente creer en ti, sino también saber que Tú crees en mí.

Con pasión,

Jaime Fernández Garrido

INTRODUCCIÓN

"Dios, que muchas veces y de varias maneras habló a nuestros antepasados en otras épocas por medio de los profetas, en estos días finales nos ha hablado por medio de su Hijo. A éste lo designó heredero e todo, y por medio de él hizo el universo. El Hijo es el resplandor de la gloria de Dios, la fiel imagen de lo que él es y el que sostiene todas las cosas con su palabra poderosa. Después de llevar a cabo la purificación de los pecados, se sentó a la derecha de la Majestad en las alturas. Así llegó a ser superior a los ángeles en la misma medida en que el nombre que ha heredado supera en excelencia el de ellos. Porque ¿a cuál de los ángeles dijo Dios jamás: "Tú eres mi hijo; hoy mismo te he engendrado" Y en otro pasaje: "Yo seré su padre, y él será mi hijo"? Además, al introducir a su Primogénito en el mundo, Dios dice: "Que lo adoren todos los ángeles de Dios" En cuanto a los ángeles dice: "El hace de los vientos sus ángeles, y de las llamas de fuego sus servidores" Pero con respecto al Hijo dice; "Tu trono, Oh Dios, permanece por los siglos de los siglos, y el cetro de tu reino es un cetro de justicia. Has amado la justicia y odiado la maldad; por eso Dios, tu Dios, te ha ungido con aceite de alegría, exaltándote por encima de tus compañeros." Y "En el principio, oh Señor, tú afirmaste la tierra, y los cielos son la obra de tus manos. Ellos perecerán, pero tú permaneces para siempre; todos ellos se desgastarán como un vestido. Los doblarás como un manto, y cambiarán como ropa que se muda; pero tú eres siempre el mismo, y tus años no tienen fin"

—Hebreos 1:1-12   (NVI)

La historia de nuestra vida da un vuelco trascendental cuando somos padres. Cosas que ni imaginábamos comienzan a suceder y situaciones que nos parecían imposibles viven con nosotros cada día. Por muchos esfuerzos que hacían nuestros amigos para explicarnos ciertos momentos, jamás podíamos comprender como algo aparentemente tan frágil como un niño es capaz de revolucionar el mundo entero. Nuestro mundo, para ser más precisos.

Lo mejor de todo es que merece la pena. Absolutamente nada en la vida se puede comparar al sentimiento de que uno o más seres tan pequeños en tamaño, sean capaces de gobernar nuestra vida con sus gestos, sus sonrisas y sus palabras.

Quizás estás pensando ahora que tienes en tus manos un libro equivocado. No buscabas algo sobre niños, sino sobre la persona más importante en la historia, el Señor Jesús, nuestro Creador, el Rey de reyes, el Salvador majestuoso… Déjame seguir sólo un par de párrafos más para demostrarte que no te has equivocado, que pocas cosas tienen tanto que ver con El como los niños. Que no sólo tenemos que volver a ser como niños para conocerle mejor, sino que son precisamente ellos, los niños, los que más pueden enseñarnos a descubrir quién es nuestro Señor.

Muy pocos días antes de escribir esta introducción, estaba acostando a mis dos hijas, Iami (de ocho años) y Kenia (cinco años). Vas a conocer algunas cosas de ellas en los próximos días mientras lees este libro. También a mi mujer, Miriam, y así aprovecho para presentarte a las tres princesas que Dios puso en mi vida. Como te decía, justo antes de que las dos niñas comenzasen a dormir, Iami me dijo: "No te olvides de venir más tarde, como siempre"; y es que eso se ha convertido en algo más que un juego entre nosotros. Cuando las dos duermen, vuelvo a la habitación para darles un abrazo, decirles que las quiero mucho y que Dios las ama más que nadie, y hablarles de que pase lo que pase, siempre vamos a poner nuestra vida para estar con ellas y ayudarlas en todo. Aunque están dormidas cuando hago eso, siempre me da la impresión de que saben que estoy ahí, y de hecho algunas mañanas me regañan cuando llego muy tarde por la noche y me olvido de abrazarlas.

La otra noche pensé mucho en lo que mis hijas me dijeron. Estaba orando y poniendo todas las cosas del día siguiente en las manos de Dios, y le pedí a mi Padre Celestial exactamente lo mismo que ellas me piden a mi cada noche: "Padre, quiero que cuando comience a dormir vengas a abrazarme por medio de tu Espíritu, que me hables, que yo no olvide nunca que me amas y que siempre estarás conmigo pase lo que pase y esté dónde esté. Quiero recordar cada noche que estoy en las manos del Señor Jesús y que nadie puede arrebatarme de esas manos. Quiero escucharte cada vez que leo tu Palabra e incluso en sueños recordar cada una de tus promesas"

Nuestros hijos nos enseñan a no dejarnos llevar por la rutina. Cada día es diferente, cada ilusión les hace brillar los ojos, cada momento que pasan con nosotros parece que estuviese diseñado por los mismos ángeles. Necesitamos volver a ser niños. Volver a esperar en Dios con nuestros brazos abiertos. Volver a leer los evangelios descubriendo la vida del Señor Jesús en cada una de sus palabras.

Necesitamos volver a ser niños.
Volver a esperar en Dios
con nuestros brazos abiertos.

Nadie ha cambiado la historia como El. Incluso los enemigos del Señor lo reconocen. Era una persona excelsa, perfecta, sin una sola palabra mal dicha.

El único que siempre hizo todo bien. Cualquier otro personaje de la historia ha tenido sus "cosas", incluso los fundadores de religiones. Todos pueden ser señalados menos el Señor. El fue único. Y sigue siendo único.

Uno de nuestros problemas más graves es que hemos llegado a "domesticar" en el mal sentido de la palabra, no sólo los hechos y las enseñanzas del Señor Jesús, sino incluso sus recuerdos en nuestra vida. Quizás algún día estuvimos tremendamente asombrados leyendo los evangelios, pero ahora parece que esa emoción se ha ido. Los dichos y los hechos del Señor han caído ya en la categoría de lo normal. Ya no parecen asombrar a nadie. Han dejado de brillar nuestros ojos cuando le vemos.

Quizás porque, en cierta manera y casi sin quererlo, adulteramos algunas de las circunstancias para que El Señor aparezca como "normal" a los ojos de todos. Y en el proceso de perder el amor emocionante al Mesías, estamos perdiendo nuestra propia vida. Porque la grandeza del Señor está ineludiblemente atada a su manera de expresarse, de vivir, de romper los moldes, de ser completamente diferente, de escaparse de las palabras y las previsiones de los hombres. Porque sólo en el momento en el que abrimos nuestra boca no para hablar, sino para asombrarnos de lo que Dios hace, es cuando realmente somos niños, es cuando empezamos a comprender algo del reino de Dios. Es en ese momento que podemos leer los evangelios y maravillarnos con el carácter de una persona única: Nada menos que Dios mismo hecho hombre.

Cuando comenzamos a descubrir al Señor, salimos de nuestra propia prisión religiosa.

Dios nos sorprende en cada momento, no sólo haciéndose hombre, sino también siendo un hombre inesperado, creativo, admirable, revolucionario, inadecuado para los responsables, asombroso, imposible de calificar de una manera exacta. Esa sería la mejor definición del Señor Jesús. Porque el Señor Jesús descendió a la tierra por nosotros.

Nosotros fuimos la causa.

No podíamos obligarle, ni siquiera sabíamos que El iba a hacer todo lo que hizo. De hecho lo hizo porque quiso, se prestó voluntario y no dudó un solo momento. Ninguno de nosotros se lo pidió: fue su amor y su obediencia al Padre que le movieron a dejarlo todo por amor a cada persona del mundo.

Ninguno de nosotros le pidió que se hiciera hombre, fue su amor y su obediencia al Padre lo que le movió

Necesitamos volver a vivir casi desesperados por conocer más del Señor, por encontrarnos con Él, por tener un encuentro a solas con Jesús. Desesperados por amarlo profundamente, por sentir su abrazo y el toque de Su mano. Necesitados de escucharle, de seguir con admiración sus enseñanzas, de no dejar pasar un solo día sin hablarle y escucharle.

Necesitamos volver a leer la Palabra de Dios y a emocionarnos con el Señor Jesús, disfrutar de nuestra relación con Dios antes que ninguna otra cosa. Antes que servirle, antes incluso que lo que podamos hacer por los demás. Buscar la presencia del Señor y enamorarnos de El, porque de esa búsqueda mana la vida.

De nuestra amistad con el Señor surgen todas las victorias espirituales.

> *"En los cuales el dios de este mundo ha cegado el entendimiento de los incrédulos, para que no vean el resplandor del evangelio de la gloria de Cristo, que es la imagen de Dios. Porque no nos predicamos a nosotros mismos, sino a Cristo Jesús como Señor, y a nosotros como siervos vuestros por amor de Jesús. Pues Dios, que dijo que de las tinieblas resplandecerá la luz, es el que ha resplandecido en nuestros corazones, para iluminación del conocimiento de la gloria de Dios en la faz de Cristo.. Pero tenemos este tesoro en vasos de barro, para que la extraordinaria grandeza del poder sea de Dios y no de nosotros... llevando siempre en el cuerpo por todas partes la muerte de Jesús, para que también la vida de Jesús se manifieste en nuestro cuerpo. Porque*

nosotros que vivimos, constantemente estamos siendo entregados a muerte por causa de Jesús, para que también la vida de Jesús se manifieste en nuestro cuerpo mortal. Así que en nosotros obra la muerte, pero en vosotros, la vida..." 2 Corintios 4:4-12

El mayor objetivo del diablo es no permitir que miremos a Cristo. Para conseguir ese objetivo, el dios de este mundo utiliza todos los medios a su alcance, porque lo que más teme es que nos comprometamos profundamente con el Salvador. Cualquier otra cosa en la que la Iglesia o el creyente ocupen su tiempo no le importa.

El problema comienza cuando queremos ser como Jesús, vivir como El. El maligno quiere cegarnos (y lo logra en muchos momentos) para que no amanezca la luz de Cristo en la vida de las personas. Para que eso no ocurra un día por primera vez, para que no se repita en otras ocasiones si es posible.

No olvides nunca que la gloria de Cristo, que es la imagen de Dios, es lo más grande que existe en este mundo. Esa luz resplandece en nuestra vida, y eso es lo que el diablo quiere ocultarnos. Es la razón por la que tantas personas no conocen a Dios, y/o tienen una imagen equivocada de El. Si el diablo logra que dejemos de mirar a Cristo, ha logrado su objetivo. No importa lo buenos que parezcamos ser.

De nada vale en absoluto que seamos la gente más religiosa que existe. Aún si dejamos quemar nuestro cuerpo o damos todo lo que tenemos por los demás, si no conocemos el Amor con mayúsculas sólo somos ciegos. Y nuestra vida estará siempre llena de frustración, ansiedad y rutina. Y las Iglesias a las que asistimos vivirán llenas también de frustración y rutina.

¿Recuerdas lo que escribía al principio sobre los niños? Ellos no conocen la rutina. Esa rutina que es uno de nuestros mayores enemigos. Porque no somos capaces de amar aquello a lo que estamos acostumbrados. Nuestra relación con Jesús está basada muchas veces en conocimientos, enseñanzas y deducciones rutinarias. No nos emocionamos con nuestro Señor y eso es peligroso. La rutina no es espiritual. El aburrimiento no viene del Espíritu de Dios.

Debemos aprender a vivir siempre asombrándonos por lo que el Señor Jesús es y hace. Emocionarnos siempre con El, vivir cada instante con la pasión de conocerlo más y obedecerlo. Necesitamos reír o llorar con El, pero jamás permanecer insensibles. Debemos decir adiós a la frialdad calculadamente religiosa de los que miden en cada asunto lo justo como para no comprometerse demasiado.

Debemos decir adiós a la frialdad calculadamente religiosa de los que miden siempre cada demanda de Dios, lo justo como para no comprometerse demasiado.

Dios quiere resplandecer en nuestros corazones, quiere hacer amanecer en nuestra vida: Que resplandezca el conocimiento de Su majestad en la faz de Cristo, faz escupida y rechazada, pero ahora gloriosa dentro de nuestro corazón. En el Antiguo Testamento, la presencia de Dios llenaba el templo, y su gloria (la Shekinah) era el reflejo de la majestad del Todopoderoso. Esa presencia derrochaba grandeza, pero también temor en todos los que querían acercarse.

La santidad de Dios nunca fue ni será un juego para nadie, y Su Presencia sólo podía "contenerse" en el lugar Santísimo. Tras un velo imposible de romper.

Con Jesús viviendo en nuestro corazón, Dios Padre permite que su credibilidad viaje dentro de cada una de nuestras vidas. Vive con nosotros, deja que su "reputación" se vea dañada con nuestros actos, se arriesga a que nosotros tomemos decisiones que le comprometen a El. Se identifica de tal manera con su pueblo, que elige reflejar su gloria en nuestras vidas.

Llevando dentro de nosotros el glorioso evangelio de Cristo, si, pero por su gracia; no por ninguna otra razón que se nos pueda ocurrir. Nada de pensar que nosotros tenemos algo que ver con el asunto. Si de verdad estuviera en nuestras manos tardaríamos pocos segundos en estropearlo. Porque sólo somos barro. Y además roto.

El objetivo de Dios es que la vida de Cristo se manifieste en nuestra vida. Que todos conozcan al Señor, al vernos a nosotros. Que la presencia de Jesús sea real en nuestro cuerpo. Esa es la razón por la que es imposible acercarse al

Señor si no es con toda la pasión de nuestra vida. Gran parte de los problemas y sinsabores de muchos cristianos actualmente se debe al hecho de querer vivir cerca del Señor, pero sin apasionarse con El. Querer conocerlo, pero sin que ese conocimiento transforme completamente nuestra vida. Intentar escucharlo sin que sus palabras lleguen hasta lo más escondido de nuestro corazón. En cierta manera es como si quisiéramos introducirnos en el fuego de un volcán sólo para no tener frío, como si esperásemos la visita de un ciclón en nuestra casa para que las cortinas ondeen un poquito… Como si nos propusiésemos cruzar el atlántico desde Europa a América nadando "sólo para hacer un poco de ejercicio".

Es imposible comprender nada del Señor Jesús si lo queremos hacer de una manera calculada y desapasionada, si queremos dejar nuestro corazón escondido o si pretendemos que cada palabra del Salvador quede perfectamente controlada en el reducido espacio de nuestra mente. Del estudio de sus palabras surge en nosotros la necesidad de comprometer toda nuestra vida en seguirle a El. O nos arriesgamos o morimos de tristeza.

Seguir al Señor Jesús es decir "¡no!" a la comodidad, al confort, y en cierto modo, al orden de nuestros principios y expectativas. No podemos seguir a un Dios que nos de calor, pero que no nos queme. No podemos pretender ser seguidores del Maestro cuando lo más querido para nosotros es la comodidad y no el sufrimiento. Jamás conoceremos en profundidad el carácter del Señor si no somos llenos del fuego del Espíritu Santo. La diferencia entre un cristiano comprometido y uno "normal" es el valor para acercarse a ese fuego. Cuando nos acercamos al Señor, tenemos que dejar que su fuego nos queme. Tenemos que entrar hasta lo más profundo de las brasas. Tenemos que estar dispuestos a sufrir el proceso de purificación, un proceso que puede hacernos daño, pero que nos purifica por completo, que nos hace santos, que nos eleva a alturas sublimes: al lugar en el que Dios está.

No podemos introducirnos de lleno
en el fuego de un volcán,
sólo para "no tener frío"

Porque para conocer al Señor hay que vivirlo. No hay otra manera. Pablo lo entendió perfectamente cuando escribió "para mi el vivir es Cristo" (Filipenses 1:21). No sus doctrinas o sus palabras, no lo que El hizo, ¡ni siquiera la salvación en sí misma! El secreto de la vida cristiana es estar tan tremendamente apegados a nuestro Señor que prácticamente sea difícil saber dónde empieza El y dónde terminamos nosotros.

> *"Con Cristo he sido crucificado, y ya no soy yo el que vive, sino que Cristo vive en mí; y la vida que ahora vivo en la carne, la vivo por fe en el Hijo de Dios, el cual me amó y se entregó a sí mismo por mí" Gálatas 2:20*

> *"Por tanto no desfallecemos, antes bien, aunque nuestro hombre exterior va decayendo, sin embargo nuestro hombre interior se renueva de día en día" 2 Corintios 4:16*

Sea cual sea nuestra edad, vamos decayendo. Nuestro hombre exterior decae desde que nace. Aunque aparentemente parezca fortalecerse, llevamos escrito en nuestro ADN que somos criaturas mortales, que un día vamos a morir. Aparentemente no hay remedio.

Pero sólo aparentemente, porque la mejor noticia que podríamos escuchar es que nuestro interior se renueva de día en día. Puede parecer imposible, pero no lo es: nos renovamos cuando estamos cara a cara con nuestro Salvador.

Hoy no es un día cualquiera. Si amas al Señor, ocurra lo que ocurra, hay algo cierto: Dios está renovando tu vida. Conociendo y amando al Señor Jesús, estás más cerca de El que ayer.

> *El pueblo que andaba en tinieblas ha visto gran luz; a los que habitaban en tierra de sombra de muerte, la luz ha resplandecido sobre ellos. Multiplicaste la nación, aumentaste su alegría; se alegran en tu presencia como con la alegría de la cosecha, como se regocijan los hombres cuando se reparten el botín.(…) Porque un niño nos ha nacido, un hijo nos ha sido dado, y la soberanía reposará sobre sus hombros; y se llamará su nombre*

*Admirable Consejero,
Dios poderoso,
Padre Eterno,
Príncipe de Paz*

El aumento de su soberanía y de la paz no tendrán fin sobre el trono de David y sobre su reino, para afianzarlo y sostenerlo con el derecho y la justicia desde entonces y para siempre. El celo del Señor de los ejércitos hará esto. Isaías 9:2-7

"**Creció** delante de El como renuevo tierno, como raíz de tierra seca; no tiene aspecto hermoso ni majestad para que le miremos, ni apariencia para que le deseemos.

Fue despreciado y desechado de los hombres, varón de dolores y experimentado en aflicción; y como uno de quien los hombres esconden el rostro, fue despreciado, y no le estimamos.

Ciertamente El llevó nuestras enfermedades, y cargó con nuestros dolores; con todo, nosotros le tuvimos por azotado, por herido de Dios y afligido.

Mas El fue herido por nuestras transgresiones, molido por nuestras iniquidades.

El castigo, por nuestra paz, cayó sobre El, y por sus heridas hemos sido sanados. Todos nosotros nos descarriamos como ovejas, nos apartamos cada cual por su camino; pero el Señor hizo que cayera sobre El la iniquidad de todos nosotros.

Fue oprimido y afligido, pero no abrió su boca; como cordero que es llevado al matadero, y como oveja que ante sus trasquiladores permanece muda, no abrió El su boca.

Por opresión y juicio fue quitado; y en cuanto a su generación, ¿quién tuvo en cuenta que El fuera cortado de la tierra de los vivientes por la trasgresión de mi pueblo, a quien correspondía la herida?

Se dispuso con los impíos su sepultura, pero con el rico fue en su muerte, aunque no había hecho violencia, ni había engaño en su boca.

Pero quiso el Señor quebrantarle, sometiéndole a padecimiento.

Cuando El se entregue a sí mismo como ofrenda de expiación, verá a su descendencia, prolongará sus días, y la voluntad del Señor en su mano prosperará.

Debido a la angustia de su alma, El lo verá y quedará satisfecho. Por su conocimiento, el Justo, mi Siervo, justificará a muchos, y cargará las iniquidades de ellos"

Admirable

"¿Quién ha creído a nuestro mensaje?"
—Isaías 53:1

1

LA PRIMERA NAVIDAD

¿Alguna vez has pensado seriamente en lo que ocurrió durante la primera Navidad?

Imagina que nunca antes has escuchado la historia. Deja tu mente en blanco y acércate a los hechos como si fuera la primera vez. Piensa que estás sentado como si fueras un niño con los ojos abiertos escuchando lo que sucedió: ¿No suena todo como si fuera completamente ilógico? ¿No da la impresión que alguien diseñó los hechos sin tener en cuenta ninguna razón humana? ¿Quién podría creer un anuncio así?

Ninguno de nosotros habría inventado algo parecido. Ningún hombre o mujer en el mundo habría querido fundar una religión con tales presupuestos, mucho menos desarrollar todos los principios de la relación con Dios bajo una historia semejante. Porque a ninguno de nosotros nos suena lógico.

Lo hemos escuchado tantas veces que nos parece normal, pero ¿lo es? ¿Es normal que Dios se haga niño? ¿Es comprensible que Dios escoja circunstancias como las que conocemos para traer a su hijo al mundo? Una mujer virgen, un hombre desconocido, unos pastores anunciándolo, un lugar remoto perteneciente a un pueblo ignorado, gente pobre, muy pobre; Dios entrando en la historia como un bebé.

Toma a un niño en tus brazos, ora y agradece a Dios, porque un niño débil y pobre es el Salvador. Un bebé: algo tan tierno que no puede hacer daño a nadie, ni por supuesto, hacer que nadie le tema. Un niño que es en sí mismo la mejor definición de la fragilidad asumida por el Dios Omnipotente. Para saber lo que hay en el corazón de Dios no es imprescindible en primer lugar buscar en las profundidades de la teología, sino sencillamente quedarse asombrado contemplando un bebé.

Dios quiso que la historia de la salvación dependiese de dos jóvenes que soportaron todas las circunstancias que nosotros hubiésemos creído humillantes. Un Dios humilde como un recién nacido, un niño que llora, que necesita comida, que tienen que cambiarle los pañales. Dios padre impotente desde el cielo, esperando, viendo la escena, dejando que muchas veces la tierra sea cruel con su hijo, confiando ciegamente en esos dos jóvenes: José y María.

Ellos tuvieron que aprender que la confianza en Dios no tiene que ver en primer lugar con lo sobrenatural y lo milagroso, sino con las cosas sencillas de cada día. Las dudas vendrían en muchas ocasiones, y sólo la entera y total dependencia de Dios sería la respuesta, porque no habría más respuestas sobrenaturales, ni siquiera por parte del niño.

Un Dios que llora, que necesita comida, cariño, atención....

El Rey con mayúsculas nació y vivió pobre, nadie pudo quitarle nada porque nunca tuvo nada. Si alguien quiere tomar una bandera y seguir al Rey, esa bandera tiene que ser la de su pobreza, porque Dios quiso enseñarnos que la salvación que El nos ofrece viene desde lo más profundo: no desde el poder, el dinero, la religiosidad o la posición social aventajada. Ni siquiera desde la majestuosidad de un cielo lejano y admirable.

Desde su nacimiento se identificó con los que tenían menos. Recuerda que la Biblia dice sus padres ofrecieron un sacrificio menor cuando Jesús nació *"un par de tórtolas, o dos pichones" (Lucas 2:24).* Sólo pudieron entregar lo mínimo según la ley. No tenían más. El Creador del Universo escogió una vida de extrema pobreza. Pasó su vida con los más pobres, sus amigos fueron pobres, las casas que conoció eran humildes, y la gente con la que vivió esos años eran personas trabajadoras, con pocos conocimientos y ninguna influencia.

Esa es una de las ironías de Dios al acercarse al hombre. Un solo ser humano pobre y sin recursos revoluciona el mundo. Mientras los poderosos se sientan y estudian qué hacer con sus presupuestos, con su dinero, con su poder, Dios lo desprecia todo. No necesita nada.

La historia nos dice que Sus padres no llegaron a entender todo lo que estaba ocurriendo, y que sólo "guardaban todas las cosas en su corazón" No podían comprender que aquel niño que lloraba pudiese ser Dios mismo. ¡Cuántas veces habría dudas en su corazón! Muchos en Israel soñaban ser los padres del futuro Mesías. Quizás podían pensar que si eran los elegidos por lo menos serían llevados a algún palacio, o quizás serían reconocidos por todos. ¿Quién podía pensar que el Mesías iba a pasar sus primeros momentos entre vacas, burros y ovejas? ¿A quién se le ocurrió alguna vez que las visitas "de sociedad" que iba a recibir el Mesías fueran algunos malolientes pastores?

Mientras nuestro mundo sigue buscando la respuesta a su futuro en políticos, científicos, líderes sociales, adivinos, artistas, figuras conocidas de los medios de comunicación y muchos otros, el niño de Belén sigue siendo el único capaz de hacer callar a todos. El es el que tiene la última palabra en el gobierno del Universo. Nadie puede pasar por encima de El. No hay nada más importante en el mundo que volver a aquel pesebre para abrazar a Dios.

ESCENAS DEL NACIMIENTO

"¿Dónde está el que ha nacido Rey de los judíos?" Mateo 2:2

Sólo uno podía nacer Rey, el mismo Señor Jesús. Muchos han nacido en familias reales, siendo príncipes o princesas en virtud de sus padres o sus parientes, de la ley de un país, o de la necesidad de la historia. Todos ellos han llegado a ser reyes aclamados por las circunstancias y por sus súbditos.

Sólo uno nació Rey.

Sólo uno tenía y tiene todos los derechos independientemente de las circunstancias o de lo que los hombres puedan decir o pensar: es el Señor Jesús.

> *"Gloria a Dios en las alturas, y en la tierra paz entre los hombres en quienes El se complace. Y aconteció que cuando los ángeles se fueron al cielo, los pastores se decían unos a otros: Vayamos, pues, hasta Belén y veamos esto que ha sucedido, que el Señor nos ha dado a saber. Fueron a toda prisa, y hallaron a María y a José, y al niño acostado en el pesebre. (...) Y había en Jerusalén un hombre que se llamaba Simeón; y este hombre, justo y piadoso, esperaba la consolación de Israel; y el Espíritu Santo estaba sobre él. Y por el Espíritu Santo se le había revelado que no vería la muerte sin antes ver al Cristo del Señor. Movido por el Espíritu fue al templo. Y cuando los padres del niño Jesús le trajeron para cumplir por el rito de la ley, él tomó al niño en sus brazos, y bendijo a Dios, y dijo: Ahora, Señor, permite que tu siervo se vaya en paz, conforme a tu palabra; porque han visto mis ojos tu salvación la cual has preparado en presencia de todos los pueblos; luz de revelación a los gentiles, y gloria de tu pueblo Israel (...)"*
> *Lucas 2:14-35.*

Creo que lo más emocionante y tierno de la primera Navidad es ver a Dios anunciando orgulloso el nacimiento de su hijo, como nosotros lo hubiéramos hecho. "¡Gloria a Dios en las alturas...! ¡Entre los hombres, gran gozo!" Los ángeles lo proclamaron y el pueblo lo supo, era el nacimiento del mismo Mesías.

En cierta manera, la Navidad es el relato de Dios anunciando orgulloso el nacimiento de su hijo, casi como hubiéramos hecho cualquiera de nosotros.

Dios no sólo lo anunció a los pastores, y lo proclamó por medio de los ángeles, también tenía un hombre fiel en el templo. Uno que no había desesperado de estar en la presencia de Dios aguardando al Mesías. Una persona clave en esos primeros momentos, Simeón.

Durante los últimos cuatrocientos años no había habido ninguna revelación de parte de Dios al pueblo. Aparentemente Dios se había olvidado de ellos; pero Simeón seguía creyendo, seguía con su trabajo en el tempo. Vivió esperando al Mesías, esa era la razón de su existencia. De alguna manera, Dios le había anunciado que vería al Salvador, de modo que seguía con su fe puesta en Él.

Para Simeón estaba preparada la mayor sorpresa de su vida. Cuando contempló al Mesías, casi no podía creer lo que veía, ¡Era un niño! Un débil niño. El Salvador de Israel y del mundo no era un sacerdote, un profeta, o un hombre fuerte, sino un niño recién nacido. Y Simeón tuvo entre sus brazos a Dios mismo hecho hombre.

Simeón tembló como nunca antes en su vida. No lo hizo porque no tuviese fuerza para tomar al niño, a pesar de sus muchos años, sino porque de repente se dio cuenta que en sus brazos estaba el Rey de Israel, El Rey del Universo, ¡El Creador de cielos y tierra!

Su propio Creador. Y entonces dijo a todos que podía morir tranquilo. La salvación estaba en manos de un niño recién nacido.

NADIE TIENE MIEDO DE UN BEBÉ

¿Recuerdas la revelación de Dios en el Antiguo Testamento? El hombre necesitaba reconocer su pecado y la santidad de Dios, así que en cierto modo cada vez que Dios hablaba a una persona, ésta sentía temor, incluso miedo. Nadie podía escuchar a Dios y seguir tan tranquilo. La presencia de Dios es algo tan majestuoso, que nadie podía verle y seguir viviendo. Casi nadie oraba para que Dios se le apareciese, porque esa presencia quizás le llenaría de terror.

Cuando Dios se hace hombre, cuando Jesús nace como un niño, todos podemos preguntarnos, ¿Quién teme a un niño? De repente a Dios se le puede abrazar, acariciar. El Todopoderoso es sostenido en brazos de sus asombrados padres terrenales. Dios entra en la historia de una manera incomprensible, como un niño en la más absoluta pobreza y en la más profunda debilidad. Cuando le vemos, nadie le teme, porque nadie puede sentir miedo de un niño indefenso.

Un hijo nos ha sido dado...

La Biblia dice que Dios nos dio un hijo. Parecía ser sólo un niño, pero era el Hijo que nos ha sido dado a todos. El hijo del hombre, porque un niño NOS ha nacido. Nos nació un niño a la humanidad, nos nació un niño a cada uno de nosotros: No nació sólo para Israel, ni para su familia, nació para todos los hombres y mujeres de este mundo. Es nuestro niño.

Nacido para morir. La sombra de la cruz se extendía desde el mismo nacimiento del niño. Ese fue uno de los mayores contrastes en la historia de la humanidad. En el nacimiento del Señor hubo un gran resplandor en la noche: La naturaleza se alegró y lo expresó con la luz de su Creador. Nació la luz del mundo. En la oscuridad de un mundo sin Dios y en la noche del alma de sus habitantes, Dios, la luz, viene al mundo como un niño

En la muerte del Señor, La oscuridad se manifiesta en el momento en el que la luz del día brillaba en todo su esplendor. El que era la luz entrega su vida de una manera voluntaria en la cruz. El Universo se oscurece por la muerte de su Creador. La luz muere para quitar el pecado del mundo, para vencer para siempre a la oscuridad. Para que no haya oscuridad en la vida de los hombres.

TAN CERCA Y TAN LEJOS AL MISMO TIEMPO

"Entonces, reuniendo a todos los principales sacerdotes y escribas del pueblo, indagó de ellos dónde había de nacer el Cristo. Y ellos le dijeron: En Belén de Judea, porque así está escrito por el profeta" Mateo 2:4-5

Estaban muy cerca del Rey del Universo, pero no fueron capaces de andar unos pocos minutos para verle.

Los principales sacerdotes y escribas eran los encargados de enseñar al pueblo. Conocían la ley a la perfección y por lo tanto, sabían dónde había de nacer el Mesías. Ellos eran los que estaban esperando la manifestación del reino de Dios. Tenían que hacerlo, era parte de su trabajo, pero también de su vocación. En su corazón anhelaban día tras día que el Mesías llegase… Sin embargo estaban sólo a ocho kilómetros de dónde había nacido, y no quisieron ir a verlo. Sabían la verdad de la Palabra de Dios, conocían lo que la profecía enseñaba, pero su vida no cambió por ello.

¡Tan cerca del Señor, y ni siquiera fueron a verlo! Quizás no le amaban tanto. Quizás no le estaban esperando. O simplemente estaban tan cómodos con su posición y su religión que no querían cambiar nada. ¡Tuvieron la oportunidad de conocer al Rey y no quisieron! Estaban al lado de dónde había nacido el Mesías y ni siquiera se acercaron allí para verlo. Estaban demasiado ocupados.

Tan ocupados en las cosas de Dios que no quisieron ver a Dios mismo.

Para muchos, sigue sucediendo lo mismo. Casi todos conocen la historia. Saben que la Navidad es esencia el nacimiento del Señor Jesús. Pero un poeta español dio con la clave hace muchos años cuando escribió: "Navidad, Vanidad… Las mismas letras ¿No es verdad?"

Si Dios no está presente en la Navidad, todo lo demás sobra. Si Jesús no está presente en nuestros pensamientos ni en nuestro corazón, todo acaba deshaciéndose como el humo. Si cada vez que le recordamos no nos postramos en adoración a El, admirándonos por los planes de Dios y abrazando con todo nuestro corazón a ese niño, no sabemos lo que es la Navidad.

Puede que conozcamos la historia, pero da la impresión de que nada nos conmueve. Preferimos nuestra comodidad. Nos gustan más las celebraciones y las vanidades. No somos capaces de andar ni siquiera un poco para encontrarnos con el Salvador.

La definición que el mismo Señor Jesús hizo de esos mismos dirigentes religiosos sólo unos años más tarde nos llena de temor. No nos gustaría que el Maestro dijese lo mismo de nosotros. Sería fatal que lo hiciera.

Le pido a Dios en mi vida que no sólo en la época de Navidad, sino en todos los momentos de todos los días de mi existencia, el Señor sea lo más importante. Que no tenga que señalarnos a nosotros como señaló a los religiosos de su época:

> *"Y su palabra no la tenéis morando en vosotros, porque no creéis en aquel que El envió" Juan 5:38*

LA LISTA DE INVITADOS: LOS QUE VISITARON AL MESÍAS

Cuando Dios pensó en quienes tendrían el inmenso privilegio de visitar a su Hijo en su nacimiento, su lista fue muy sencilla: ángeles, pastores y algunos magos. Nada de gente importante ni personajes de etiqueta. Ningún rey, terrateniente, líder religioso o empresario de renombre. Ningún maestro de la ley vino a ver al niño. No lo hizo el sumo sacerdote ni ninguno de los fariseos, escribas o saduceos.

Los tres grupos de visitantes estaban llenos de "defectos" para la sociedad de aquel momento. Para empezar, los ángeles "no existían" según algunos de los líderes religiosos del pueblo de Israel. Dios anunció el nacimiento de su Hijo por medio de ellos. Los pastores eran considerados impuros e ignorantes de la ley. Dios los escogió a ellos para bendecir a su Hijo. El Mesías nació para salvar a su pueblo, pero ningún líder religioso judío vino a adorarle; los únicos que lo hicieron fueron unos magos gentiles.

Dios que fue el único que pudo elegir el momento y las circunstancias del nacimiento de su Hijo, escogió la soledad, la pobreza, el desprecio y el sufrimiento. El que es el Señor absoluto de todas las cosas, nació desnudo, aceptando felizmente la condición de la humanidad. El que ha hecho felices a millones de personas lloró al nacer. El que decide los destinos del Universo se sometió a los ilógicos vaivenes de una pareja joven y sin experiencia. El Rey de Reyes y Señor de Señores quiso ser visitado en su nacimiento por personas sencillas y despreciadas.

ANUNCIADO POR LOS ÁNGELES

Un ángel anunció a María y a José que el Mesías iba a nacer en su familia. Lo hizo por separado, a solas con cada uno. Su mensaje fue sencillo, pero tremendamente impactante: *"No hay nada imposible para Dios" Lucas 1:28-34*

Los ángeles anunciaron también el nacimiento. Lo hicieron a los pastores, y más tarde se aparecieron a los magos. Proclamaron la gloria de Dios y celebraron la alegría en las alturas y la paz en el corazón de los hombres.

Un ángel vuelve a hablar a José después del nacimiento, para que tome al niño y a su madre y lo lleve a Egipto, y les anuncia que Heredes ha muerto para que puedan volver a casa (Mateo 2.13 y 19).

El mensaje de los ángeles sigue siendo sencillo, pero tremendamente impactante: "No hay nada imposible para Dios"

Varios años más tarde, en el momento más difícil de la vida del Señor, los ángeles le ayudaron en el Getsemaní (Lucas 22:43) El Señor llegó a las profundidades del dolor hasta tal punto que sus propias criaturas tuvieron que consolarle. Los ángeles anunciaron también su resurrección (Juan 20:12) y hablaron después de su ascensión. Habían proclamado su primera venida, y de la misma manera dijeron a los discípulos y las mujeres que El iba a volver (Hechos 1)

Serán los ángeles los que vendrán con el Mesías en su segunda venida (Mateo 16:27, Mateo 13:41) anunciando su presencia y su reino; ansiosos por ver el día más importante en la historia de la humanidad, cuando el Señor Jesús sea coronado Rey.

ADORADO POR PASTORES

Los pastores vinieron para adorar al niño, esa fue otra de las ideas absolutamente increíbles de Dios. Los pastores eran una clase despreciada porque al convivir con animales, ceremonial y religiosamente eran considerados impuros. Los principales de los sacerdotes decían que no eran dignos de confianza, y al igual que las mujeres, su testimonio no era válido en un tribunal. Tenían prohibido acercarse al templo, y por lo tanto a Dios.

Durante más de cuatrocientos años Dios no quiso hablar al pueblo de Israel, porque éste había sido rebelde en grado sumo, y su pecado era tan grande que las naciones aborrecían al Creador por culpa de su pueblo. Cuando llega el momento que Dios tiene que anunciar el día más importante en la historia de la humanidad, el nacimiento del Mesías, se aparece no a los escribas, fariseos, levitas o sacerdotes del templo, ¡sino a los pastores!

La Biblia dice que cuando los pastores escucharon a los ángeles, fueron a toda prisa al pesebre. No sólo obedecieron, sino que lo hicieron rápido. La historia nos enseña que se emocionaron y supieron emocionar a los demás. Sabían que estaba pasando algo grande. No les importó en absoluto que los religiosos dijeran que ellos eran impuros y no podían acercarse a Dios. Esa preciosa noche, no sólo adoraron a Dios, sino que lo tomaron en sus brazos. Jesús mismo quiso dignificarlos al asumir su oficio como propio, cuando habló de sí mismo como el buen Pastor, el que da su vida por sus ovejas.

ADMIRADO POR LOS MAGOS

Todos conocen la historia de los magos. Llegaron de Oriente para conocer al niño y adorarlo. Gastaron meses enteros en un viaje complicado y lleno de dificultades para entregar sus regalos al Mesías. No les importó, porque todo les parecía poco con tal de encontrarse con el Salvador.

Pero algo sucedió que casi pasa inadvertido. Los magos se presentaron delante de Herodes preguntando dónde había nacido Jesús. Herodes quiso utilizarlos, su maldad era tan grande que no quería dejar con vida al que había nacido Rey. Heredes creía que nadie podía ser rey sino él. Después de que adoraron al Mesías, Dios hizo que los ángeles se aparecieran a los magos para que no volviesen a Herodes. Para que regresaran a sus casas por otro camino (Mateo 2:1-12).

Tan sencillo como eso: No volver por el mismo camino. Porque no es posible ver a Jesús y regresar de la misma manera que uno ha llegado. No se puede estar a solas con el Salvador y volver por el mismo camino. Ese momento tiene que ser el más importante de nuestra historia.

Quizás hubiésemos dado cualquier cosa por haber visto a ese niño, pero si fuera posible hacerlo hoy, cuando llegamos delante de El tenemos que tomar la decisión más importante de nuestra vida: ¿Cómo vamos a vivir?, ¿Qué camino vamos a recorrer? ¿Cómo vamos a regresar a nuestra vida de cada día?

Más de dos mil años antes del nacimiento del Salvador, Dios había dejado escrito a su pueblo "no volváis nunca por este camino" (Deuteronomio 17:16) Les había explicado las cosas que podía destruirlos. Caminos de odio, de calumnias y maldición, de querer hacer lo que otros hacen, caminos de lejanía de Dios y pérdida de amor a El, caminos de incredulidad y falta de fe, caminos de orgullo y confianza en nosotros mismos, en lo que somos o tenemos. Caminos llenos de la arrogancia del poder, la sabiduría o el dinero que tenemos.

Los magos vieron al Señor y regresaron por otro camino. Su vida fue diferente, no quisieron volver a las mismas cosas, porque no se puede contemplar al Rey y seguir siendo el mismo. Porque si lo vemos en la cuna, en su vida, en la cruz, en el poder de su resurrección, Si somos capaces de poner nuestra mirada en el Señor, le escuchamos, y recibimos sus bendiciones y nada ocurre en nuestra vida, estamos perdiendo lo mejor de la vida. Caemos en la misma condenación que Herodes.

EL CUMPLEAÑOS DEL NIÑO

Nadie puede comportarse de la misma manera después de haber visto al niño. Nada será igual después de la primera Navidad.

¿Qué había sucedido cada año después del nacimiento del Señor?

¿Has pensado alguna vez en lo que ocurrió después, cuando fueron pasando los años? ¿En qué pensaron todos cuando se cumplió un año de aquella primera Navidad? ¿Y cuando se cumplieron diez años? ¿Qué ocurrió en cada cumpleaños del Señor? ¿Lo celebraron? ¿Recordaron ese día?

José fue capaz de soportar toda la vergüenza del mundo por amor a Jesús. En un primer momento quiso dejar a Maria en secreto, es decir vivir con ella pero sabiendo que nunca podía ser su mujer. La amaba demasiado como para abandonarla. No le importó la vergüenza que podía pasar delante de todos, y mucho menos cuando supo que su mujer no era culpable de nada, que todo era parte del plan de Dios. Cada año recordaría su confianza en Dios, y lo difícil que había sido todo, pero al mismo tiempo, cada año sería para El una señal palpable de como Dios había guiado todas las circunstancias y se había preocupado por todo.

La vida fue muy dura para Maria. Mucho más de lo que nosotros pensamos. Creo que ni siquiera podemos imaginarlo. En los siguientes años no aparecieron ángeles para explicar lo que estaba pasando. El cielo permaneció en silencio mientras el niño crecía. Nunca más tuvo una visión espiritual para certificar que ese niño seguía siendo el Mesías. Nunca más tuvo la certeza de que todo era real, y no era fruto de un sueño. María aprendió a seguir amando y confiando en Dios a pesar de no volver a tener una sola respuesta a sus preguntas.

¿Y los pastores? Los más jóvenes llegaron a escuchar que aquel niño se había convertido en un hombre extraordinario. Quizás llegó a oídos de alguno de ellos que el mismo Mesías decía que El era el buen Pastor. Ellos sabían que era el Hijo de Dios, los ángeles lo habían anunciado cuando era sólo un niño, pero... ¿Un Mesías que no hace nada extraordinario por treinta años? ¿Un Mesías que es despreciado por su pueblo? ¿Un Mesías que muere en una cruz?

Los magos esperaron una y otra vez que algo grande sucedería. La estrella no era normal, las circunstancias mucho menos; los ángeles hablando certificaron que el Rey había nacido, pero ¿Nadie lo sabe? ¿Nadie reconoce al Mesías? Pasan los años (¡treinta años!) y nada ocurre ¿No sería una equivocación? ¿Por qué nadie habla del futuro rey? Quizás alguno de los magos falleció antes de que el Señor empezase su ministerio. ¿Seguirían creyendo en él?

Los líderes religiosos se olvidaron por completo de aquel niño. Cuando un día se presentó en el templo y comenzó a hacer preguntas, ninguno de ellos recordó la historia del niño de Belén. Puede que cuando Jesús comenzase su ministerio público alguno les recordase quién era ese niño. No reconocieron nada sobrenatural en El, más bien al contrario le llamaron "hijo de prostitución"... Jamás admitieron que Dios estaba escribiendo la historia. Jamás creyeron en lo que Dios estaba haciendo. Eran los responsables de la religión, pero desgraciadamente jamás conocieron nada de Dios.

EL NACIMIENTO Y LA VIDA DEL SEÑOR JESÚS, DIOS DERROCHANDO SU GLORIA POR TODAS PARTES.

Aquel niño era Dios hecho hombre. Toda la gloria visible de Dios estaba en El. Nada más ni nada menos. Gloria profetizada cientos de años antes, cuando Isaías tuvo una revelación personal de Dios, y vio al Santo, Santo, Santo. La Biblia dice que el profeta vio la gloria que tenía con el Padre antes de venir a esta tierra. Gloria que probaba que Jesús era Dios mismo junto con el Padre y el Espíritu "Esto dijo Isaías porque vio su gloria, y habló de El..." Juan 12:41

Los ángeles anunciaron su gloria *"Gloria a Dios en las alturas, y en la tierra paz entre los hombres en quienes El se complace"* (Lucas 2:14) Gloria que sería el reflejo inconfundible de la vida del Señor Jesús, en todo lo que EL hizo y enseñó. Juan se siente incapaz de encontrar las palabras exactas para expresar la visión que recibieron todos cuando escribe *"Y el Verbo se hizo carne, y habitó entre nosotros, y vimos su gloria, gloria como del unigénito del Padre, lleno de gracia y de verdad" Juan 1:14*

*Paz en la tierra, paz en el cielo,
gloria en las alturas*

La misma gloria de Dios mostrada no sólo en la vida del Mesías, sino después de su resurrección, llenará el mundo cuando el Señor Jesús vuelva *"Entonces aparecerá en el cielo la señal del Hijo del Hombre; y entonces todas las tribus de la tierra harán duelo, y verán al Hijo del Hombre que viene sobre las nubes del cielo con poder y gran gloria"* (Mateo 24:30) Porque Dios ha establecido que su gloria sea eterna, porque el cielo está lleno de la gloria del Salvador *"Pero cuando el Hijo del Hombre venga en su gloria, y todos los ángeles con El, entonces se sentará en el trono de su gloria"* Mateo 25:31

Ahora nosotros somos los invitados a disfrutar de esa gloria. Dios nos llama a vivir una vida incomparable, eterna, majestuosa, abundante… Una vida disfrutada en la presencia de nuestro Salvador. Una vida llena de gloria.

No importa lo que otros quieran ofrecernos, o lo que algunos piensen que podamos perder. El mundo entero no puede compararse con la belleza de vivir un solo momento cara a cara con nuestro Creador. Te lo aseguro.

"Creció delante
de Él como
renuevo tierno"
—Isaías 53:2

3 | LA FAMILIA DEL HIJO DE DIOS

Profundidades teológicas. La naturaleza del ser, la concepción de las almas y la predestinación eterna pueden ser algunas de las más difíciles respuestas que tenemos que explicar a... nuestros hijos. Todos los Doctores Universitarios en el mundo están de acuerdo (sobre todo si tienen hijos) que las preguntas más difíciles de responder son las que hacen los más pequeños.

Si aún no tienes hijos y no me crees, dime ¿Qué responderías a la pregunta que nuestra niña Kenia nos hizo cuando sólo tenía tres años?...

"Papá, cuando no existíamos, antes de estar en la barriga de mamá, ¿Dónde estábamos?"

En la contraportada del libro encontrarás la dirección de la editorial para enviarme la respuesta. Si te atreves.

Antes, ¿dónde estábamos? La verdad es que hemos comenzado a admirar muchas cosas del nacimiento del Señor Jesús, y aunque parezca increíble, ya necesitamos volver atrás, porque Jesús ya estaba anunciando verdades eternas desde mucho antes de nacer. Esa es una de las razones por las que están escritas las genealogías de María y José. Y la razón también por la que Dios nos dejó conocer el carácter de los padres de Jesús.

Dios quiso que su Hijo naciese como un Hijo ilegítimo

Vivimos en un mundo en el que algunas personas son reyes o reinas simplemente por haber nacido en una familia determinada. No hicieron nada para ello, ni son mejores que los demás o tienen características que les distinguen de otros, simplemente nacieron en un determinado lugar y de unos padres determinados. Y cuando nacen ya lo tienen todo: riquezas, poder, reconocimiento público…

Dios quiso hacer las cosas de otra manera. Su hijo no nació en el palacio ni en la familia de Herodes. Tampoco tuvo entre sus abuelos a alguno de los sacerdotes más importantes. El Mesías fue un niño pobre nacido en una de las familias olvidadas de Israel, descendiente de David si, pero de una manera que nadie hubiese imaginado. Con sangre real en sus venas, pero despreciado por el mundo que le vio nacer.

Entre los familiares del Señor Jesús, hay gente de todos los estilos de vida. No hay límites en la elección de Dios. Nadie se siente excluido, todos pueden estar en la "lista" de Dios. Nadie tiene que tener unas características determinadas en cuanto a familia o abolengo.

LOS "ABUELOS" DEL SEÑOR

Mateo, el evangelista, se propone demostrar desde el principio que Jesús es el Mesías, el Rey ungido, el enviado de Dios, el descendiente de David. Agrupa la genealogía en tres grupos de catorce generaciones, porque ese es el número que resulta de sumar las letras del nombre "David" (1) y a lo largo de todo el evangelio, la expresión que más veces utiliza Mateo para señalar al Señor Jesús es "Hijo de David"

Pero aún demostrando que Jesús es el Mesías, el hijo de David, sólo Dios podía haber diseñado una genealogía así. Nadie hubiese señalado a una sola mujer en su ascendencia, ¡Mucho menos en la genealogía de un Rey! Pero nuestro asombro crece cuando vemos que Dios coloca ¡Cuatro! En aquel momento de la historia las mujeres no tenían valor para la sociedad y cuando no eran despreciadas, por lo menos se escondía su presencia en público.

Dios hace siempre las cosas a Su manera. Quiere que nos asombremos. Y nuestro asombro llega hasta el límite cuando examinamos el tipo de mujer que era cada una de ellas. La lista comienza por Tamar, una mujer adúltera que tuvo a su hijo Fares como fruto de una relación incestuosa con Judá, uno de los hijos de Jacob (Génesis 38).

Más adelante aparecen una ramera, Rahab, (Josué 2), una mujer extranjera, Ruth y la que fue mujer de Urías (Betsabé), una adúltera manchada por el asesinato, en su relación con el rey David, y en complicidad con él (Mateo 1:6). Incluso en este caso, Dios se "empeña" en recordarnos el grave error de David. No quiere que a nadie se le olvide que su Hijo iba a nacer como descendiente directo de uno de los pecados más graves y uno de los episodios más tristes de la historia de Israel.

Dios quería que su hijo, el Rey que nacía, se comprometiese con la humanidad hasta el límite, y nos enseñó que sus familiares lo estaban con las miserias humanas mucho antes de que El mismo naciera.

¿Y los hombres? Al leer la lista, Dios nos vuelve a recordar que ninguno de ellos tenía el derecho de sentirse "orgulloso". Fares, era un hijo incestuoso, Judá un vividor, Salomón un hijo adúltero y un rey derrochador y mujeriego. Jacob un engañador, Roboam un presuntuoso, y así podríamos señalar uno por uno a casi todos.

Ninguno de nosotros hubiésemos querido que la gente supiese que esos eran nuestros familiares. Los habríamos escondido y jamás habríamos hablado de ellos en público. Dios no sólo lo hizo así, sino que nos recuerda los detalles para que nadie olvide que se comprometió con la raza humana hasta lo más profundo de su frustración.

LOS PADRES DEL MESÍAS Y SU FAMILIA

¿Qué habrías hecho si hubieras tenido la oportunidad de escoger a tus padres? ¿A quienes habrías elegido? ¿Serían los mismos que tienes ahora? ¿Qué hubieras preferido, que tuvieran más poder, una mejor posición social, más conocimientos, más dinero, que viviesen en una ciudad más importante? ¿Habrías escogido nacer en otro país?

No es una pregunta retórica, porque hubo uno que sí escogió a sus padres. Si nosotros tuviésemos esa oportunidad, habríamos pasado mucho tiempo buscando, pensando, sopesando todas las circunstancias... Y Dios lo hizo, pero se quedó muy lejos de lo que nosotros hubiésemos decidido.

Jesús buscó las personas más humildes y que más amaban a Dios. Escogió gente que sufría, gente despreciada. Gente a la que nadie conocía. Dios escogió dos padres pobres y jóvenes, completamente desconocidos y sin ningún valor aparente. Nadie sabía quienes eran, pero ese fue el estilo de gente con los que se identificó el Creador.

Imagínate, El mundo entero dependió de un hombre desconocido, José, y de una adolescente, María. La historia de la salvación estuvo en las manos y en las vidas de esta pareja.

Antes de casarse el novio le entregaba a la novia una "señal" (normalmente era un anillo, una moneda, o una carta) y quedaban desposados. Era exactamente igual que si se hubiesen casado, excepto el hecho de vivir juntos en una misma casa y tener relaciones sexuales. Para eso tenían que esperar hasta el día del casamiento, hasta la celebración de las bodas.

¿Qué habrías hecho si tuvieses la oportunidad de escoger a tus padres?

En ese momento, Dios comenzó con su plan. Un plan perfecto sí, pero completamente increíble. Asombroso hasta lo inimaginable. Un plan que nadie hubiese podido diseñar de esa manera. ¿Has pensado alguna vez en todas las circunstancias humillantes para ellos? Primero, nadie los creyó.

Jamás había ocurrido eso de que una mujer estuviera embarazada sin tener relaciones sexuales. Y jamás volvió a ocurrir, así que nadie creyó eso del nacimiento virginal, los ángeles, los sueños y cosas parecidas. Puede que ellos mismos sintiesen vergüenza hasta para contarlo.

Más tarde, el nacimiento se cumplió justo en medio de un viaje, dónde nadie podía ayudarles. Tuvieron que pasar todas las circunstancias solos, sin su familia, sin amigos ni conocidos. Cuando el niño iba a nacer, no encontraron un lugar para quedarse. Poco después del nacimiento tuvieron que huir a otro país porque buscaban al niño para matarlo….

Todo lo que ocurría en la vida de esa pareja parecía ser un desastre tras otro. Dios les anunciaba que eran escogidos por él si, pero cada circunstancia nueva los devolvía a una realidad de desprecio, cansancio y miedo. Cada circunstancia nueva se parecía a una nueva locura más que a ninguna otra cosa.

> *"Y José su marido, siendo un hombre justo y no queriendo difamarla, quiso abandonarla en secreto. Pero mientras pensaba en esto, he aquí que se le apareció en sueños un ángel del Señor, diciendo: José, hijo de David, no temas recibir a María tu mujer, porque lo que se ha engendrado en ella es del Espíritu Santo (...). Y cuando despertó José del sueño, hizo como el ángel del Señor le había mandado, y tomó consigo a su mujer; y la conservó virgen hasta que dio a luz un hijo; y le puso por nombre Jesús…".* Mateo 1:19 y ss.*

Para José todo comenzó de la manera que leímos. De repente su mujer está embarazada y él no sabe ni puede hacer nada. Cuando escuchó lo que pasaba, tomó tiempo para pensar y se decidió. Era una decisión difícil, pero quizás la mejor que podía tomar, porque amaba a María.

Quiso *"dejarla en secreto"* es decir abandonarla para sí mismo, sin que nadie lo supiese. Amaba tanto a su mujer que no quería que ella fuese declarada culpable. Prefería cargar él mismo con las culpas. Que todos dijeran que él había manchado el nombre de su mujer. No le importó que todos se burlasen y dijeran que el niño que venía era suyo, aunque él sabía en su interior que no había tocado a su mujer. Decidió vivir toda su vida con las burlas, las risas malintencionadas y los insultos de los otros. Prefirió que todos le señalasen a él antes que difamar a su mujer. Quiso quedar como culpable, antes de que apedreasen a su mujer, porque ese era el castigo de una mujer que había sido encontrada adúltera. Su vida no tendría ningún sentido de ahora en adelante, porque seguiría viviendo con una mujer a la que amaba, pero que (el creía) le había sido infiel, pero por lo menos no la matarían ni la acusarían públicamente. El estaba dispuesto a llevar la culpa durante toda su vida.

Este es el padre que el Señor tuvo: un hombre de amor y lealtad inquebrantable. No es extraño que Dios le escogiese a él: No se podía encontrar más dignidad y honra en todo Israel. "No quería difamar a María" decidió que se casaría con ella y con su vergüenza. Se comprometió con su esposa aunque tuviese que dejar para sí mismo el secreto de que ese hijo no era suyo. Y tampoco sabía de quién era, pero la amaba tanto que viviría siempre con ella aunque tuviese que dejarla en secreto, aunque cada momento de su vida juntos le recordase que le había sido infiel. El seguiría cuidándola.

Aún con todo lo que nosotros podamos pensar, jamás debemos olvidar que José tuvo que cargar con la culpa y las burlas de casi todos. Siempre le señalaron por hacer lo incorrecto, por haber dejado embarazada a María. Casi nadie creyó esa historia del Espíritu Santo, por eso a Jesús le llamaban "Hijo de prostitución". Y cada vez que insultaban al Señor, estaban burlándose de José también. Cada vez que despreciaban al niño, estaban menospreciando mucho más a su padre.

Pero José vivió como un verdadero hombre de Dios. La Biblia dice que Dios le habló y El obedeció, aunque iba a quedar marcado para toda su vida. El mismo versículo nos enseña que José tomó a su mujer, se preocupó por ella. No fue una respuesta del tipo "Bueno, vamos a hacer la voluntad de Dios" como nosotros tantas veces hacemos, casi sin otra posibilidad que una "santa resignación fingida" José se comprometió con todo y obedeció siempre a Dios hasta las últimas consecuencias. Fue un hombre leal y valiente.

Más tarde, Mateo escribe que José no la tocó hasta que nació Jesús. No quiso pecar con ella, aunque estaba llevando las culpas de lo que había pasado. No decidió "Bueno, ya que ha pasado, ¿Porqué no...?" ¡Cuántas veces nosotros buscamos excusas para hacer lo que queremos, en lugar de vivir en integridad como lo hizo José! Hay un tiempo señalado por Dios para todas las cosas, y nuestra lealtad a Dios requiere esperar siempre ese tiempo. José sabía que hacer lo que parece correcto en el momento equivocado puede llegar a ser la raíz de muchos males.

Por último, un detalle muy importante. Después del anuncio del nacimiento del niño, el ángel no volvió a aparecer por mucho tiempo. José necesitó consejos sobrenaturales en muchas ocasiones, tenía muchas cosas que preguntar. Necesitaba ayuda, consejo; necesitaba saber que decisiones tomar, pero el ángel no volvió. Dios permaneció callado mientras José educaba a su Hijo. Dios permitió que José le hablase, le enseñase, le dijese en cada momento lo que era justo y lo que no.

Y Dios confió en lo que José estaba haciendo. Por eso los admiramos a los dos.

Admiramos al Creador de cielos y tierra, que hace depender la historia de la salvación del crecimiento de un niño y la enseñanza de su padre terrenal. Adoramos a Dios por los riesgos que corrió y que ninguno de nosotros hubiese tomado.

Admiramos a José porque Dios le señala como justo, y le escoge para hablar a su Hijo, para abrazarlo, para contarle historias cada noche, para enseñar al mismo hijo de Dios lo que está bien y lo que está mal.

Yo habría renunciado rápidamente. Demasiada presión encima. Demasiado miedo a equivocarme, a hacer las cosas mal, miedo a decirle a Jesús algo mal dicho. Demasiada tensión para mi débil carácter cada vez que el niño viese como le alzaba la voz a mi mujer, o cómo no éramos capaces de resolver un malentendido. Seguro que José necesitó la ayuda de los ángeles en muchas ocasiones, pero no la tuvo.

Oró una y mil veces pidiendo ayuda personal de alguien sobrenatural hablándole, enseñándole, consolándolo, pero aparentemente Dios no se dejó ver. Dios Padre le ayudó con la misma intensidad que lo hace con nosotros, por medio de su sabiduría y su Espíritu; pero José tuvo que aprender que Dios sigue prefiriendo la fe antes que la dependencia de lo sobrenatural y milagroso.

¿Intentaste alguna vez ponerte en el lugar de José? Cuando Jesús jugaba, ¿Qué pensaba? El ángel le habló en un sueño, ¿Y si sólo fue un sueño? ¿Y si el ángel sólo fue una invención suya? ¿No le entrarían dudas? Cuando Jesús estaba trabajando y tuvo sus primeros accidentes en la carpintería o le veía cansado del trabajo, como cualquier otro de los jornaleros: ¿Recayó su fe? ¿Qué pensó cuando vio a Jesús llenarse de sudor y de cansancio al cargar la madera? ¿Cómo podía ser el hijo de Dios, alguien que necesitaba sentarse a descansar agobiado por el esfuerzo y con la sensación de que su respiración se hacía casi imposible rodeado de aserrín y virutas? ¿Qué pensaría José cuando su hijo le preguntaba cómo terminar algún trabajo? … "¡Es el hijo de Dios! Aquí estoy yo enseñándole a ser un carpintero, y ¡¡¡El es el hijo de Dios!!!"

Pero quizás las preguntas más difíciles de responder eran las que surgían en los momentos más oscuros de la noche. Cuando todo quedaba en silencio y María y los niños descansaban de un día largo y difícil, José entremezclaba sus preguntas con oraciones que salían del fondo de su corazón: ¿Qué necesita de mí? ¿Qué tipo de padre debo ser? ¿Estoy fallando al llamado de Dios? ¿Por qué no ocurre nada sobrenatural? ¿Por qué nuestra vida avanza de una manera tan normal, tan aburrida, tan desesperante a veces?...

Todos necesitamos aprender mucho de la actitud de José. Aprender de su descanso total y su confianza en las palabras de Dios. Reconocer su valentía para seguir adelante sin una respuesta aparente a sus preguntas. Porque la verdad es que Jesús era un niño normal, que jugaba, que sufría, que se enfermaba… ¡Fue alguien "normal" hasta los treinta años! Y por lo que sabemos de la historia, quizás José ya no vivió para ver la revelación del Hijo de Dios como tal. Jamás pudo escuchar las enseñanzas del reino, nunca llegó a ver los milagros de sus manos, para poder creer en El.

Un Dios exiliado, despreciado, perseguido hasta la muerte... sintiendo lo que sienten tantas personas hoy.

Sólo hubo un día en el que el ángel volvió. Por última vez. El problema es que quizás vino para poner más dudas en la vida de José. El niño estaba empezando a ser perseguido y odiado. Y tuvo que huir con él a Egipto, ese fue el mandato de Dios... *"Después de haberse marchado ellos, un ángel del Señor se le apareció a José en sueños, diciendo: Levántate, toma al niño y a su madre, y huye a Egipto, y quédate allí hasta que yo te diga; porque Herodes va a buscar al niño para matarle". Mateo 2:13*

¿Huir? ¿No quedamos en que este niño es el Mesías? ¿No es el escogido de Dios? ¿Un Dios que huye? ¿Un Dios que necesita ser exiliado porque teme por su vida? ¿Cómo puede ser parte del plan de Dios que Jesús tenga que huir? ¿Por qué Dios no se salva a sí mismo y a nosotros?...

Esa última pregunta de José resonaría en la historia hasta el mismo día de la crucifixión del Mesías.

Dios no le quitó la vida a Herodes, a pesar de sus maldades. No envió ángeles a proteger a su Hijo; no hizo caer una noche oscura para esconderle y que nadie le encontrara. El niño fue exiliado porque querían matarle. Como muchos otros en el día de hoy. Como tantos y tantos que sufren y mueren por causa de su fe en el Señor. Porque cuando nos persiguen, incluso cuando quieren matarnos o matar a nuestros hijos, recordamos que lo mismo hicieron con nuestro Señor.

Dios Padre supo lo que significaba que persiguieran y quisieran matar a su hijo. Y un día lo hicieron. Mientras Él permanecía en silencio.

A pesar de que un ángel le hablaba, José tuvo miedo (Mateo 2:22) como nosotros lo hubiéramos tenido, o mejor, como lo tenemos cuando parece que atravesamos el desierto, cuando alguien nos persigue, o simplemente no sabemos que hacer. Pero Dios quiso que el miedo de José influyera para que Jesús fuese a vivir a Nazaret.

Dios no solamente admitió ese miedo, sino que lo bendijo. No le importó que José tomase una decisión por causa de su temor. Ese es nuestro Padre, el Dios que admite nuestra debilidad e incluso la bendice. El único Dios que puede adaptar sus planes para que tengan lugar en ellos personas cansadas y llenas de miedo. Gente como nosotros. Gente como tú.

Dios Padre supo lo que significaba que persiguieran y quisieran matar a su Hijo. Y un día llegaron a hacerlo, mientras El permanecía en silencio

Cuando el niño fue creciendo, la sensación de José y María seguía siendo la misma. Su asombro crecía por momentos, no olvidemos que Dios seguía permaneciendo en silencio, que el Señor Jesús cuando niño seguía siendo un niño "normal y corriente" y que nada extraordinario ocurrió en los primeros años de su vida.

Sólo hubo un día que la rutina se rompió en cierta manera: cuando llegaron al templo. Y el caso es que nadie se habría dado cuenta si Jesús no se hubiera quedado algún tiempo más para hablar con los sacerdotes y los interpretes de la ley. Porque Jesús, aún siendo un niño, quiso apurar hasta el último momento hablando de la ley y los profetas. Esa era su "casa", y así se lo dijo a sus padres. Aunque Dios Padre seguía permaneciendo en silencio. Treinta años en los que Dios guardó silencio.

¿Y los hermanos del Señor? ¿Y sus hermanas? (1) La Biblia dice que jamás llegaron a comprenderle, que vivieron años con él sin darse cuenta de quién era aquel niño que comía y trabajaba con ellos. Sólo supieron reconocerle como Mesías cuando se apareció al menos a uno de ellos (Jacobo) como resucitado (1 Corintios 15:7). Hombre, eso sí que era una buena señal: que alguien se levantase de entre los muertos pareció suficiente milagro como para que todos creyesen en El. Pero ¿y antes? ¡Cuántos años de incomprensión, miradas incrédulas, y a veces insultos!

Nadie puede olvidarse de María, su madre. Se han escrito miles de libros sobre ella. Algunos han intentado ensalzarla tanto, que le han quitado las virtudes que Dios le dio. Muchos no saben que nadie nos hace más daño que quién nos pone por encima del lugar que Dios ha preparado para nosotros.

María fue una madre ejemplar, y una mujer que supo descansar en Dios en todas las circunstancias. Una mujer elegida, extraordinaria, única. Desde el mismo momento en el que Dios la escogió, ella supo que estaba dando a luz a su Salvador, y esa relación sería la que marcaría su vida (2). Era una mujer que conocía la ley y los profetas, en su cántico encontramos quince citas de los libros antiguos. Era una mujer sabia, que buscaba a Dios, que se dejaba guiar por Él. Una mujer comprometida con el Creador.

María fue capaz de vivir las mayores incomprensiones y soportar todo el dolor que podamos imaginar con tal de cumplir la misión que Dios le había encomendado. No le importaron las burlas ni los desprecios. No se desanimó en absoluto cuando fue señalada como pecadora, y cuando Dios le pidió que cargara con la "cruz" más grande que una mujer podía soportar en su época, ser señalada como una prostituta. No se debilitó su fe cuando el Señor parecía ser un hijo normal, sólo se asombraba de todo lo que Dios estaba haciendo, y guardaba todas las cosas que ocurrían "en su corazón".

Ese mismo corazón que sería traspasado un día al comprobar el dolor de su hijo.

Nadie puede hacernos más daño que aquellos que nos colocan en un lugar más alto de lo que Dios quiere.

¿Y sus vecinos? La Biblia dice que "se escandalizaban" (Marcos 6:3), porque alguien que decía ser el Mesías, no hacía lo que ellos creían que debía hacer. Se escandalizaban porque el Señor vivía haciendo el bien y ellos no podían comprenderle.

Igual que nos pasa a nosotros. ¿Nos escandalizamos de cómo pasó el Señor los primeros años de su vida? ¿Nos escandaliza que haya sido una persona "normal"? ¿Nos parece menos digno de crédito por haber escogido unos padres sencillos y una familia pobre para llevar a cabo la misión más trascendental de la historia? ¿Nos asombra que Dios haya querido mezclarse con los más pobres, con los despreciados, con aquellos a los que nadie admira, con los que no tienen nada ni pueden ofrecer nada? ¡Y no será que a nosotros nos hubiera gustado que la historia fuera diferente, y que El Mesías se hubiese parecido más a nuestros héroes de hoy!

Dios quiso que el Mesías creciese así: sencillo, pobre, casi desapercibido... pero admirable en grado sumo. Y Dios sigue queriendo que nosotros seamos de la misma manera. Que sepamos que todas las personas son importantes para El, empezando por los que creemos que merecen menos. Que nos adentremos en la aventura de descubrir la grandeza interior de cada mujer y cada hombre de nuestra tierra, independientemente de lo que veamos en el exterior.

Y que (¡eso sí es más difícil!) nos decidamos a dar nuestro tiempo, nuestras fuerzas y nuestro dinero a los que más nos necesitan, a los que menos tienen, a los despreciados, a los olvidados... porque seguro que entre ellos encontraremos muchos más recuerdos de la gloria de Dios, de lo que nosotros pensamos.

 Notas:

(1) En hebreo, no existían los números, así que las letras consonantes ocupaban su lugar. La letra D era el número 4 y la letra V el 6, con lo que las consonantes del nombre "David" (d,v,d) Suman 14. Mateo quiere resaltar que Jesús es el Mesías, el "Hijo de David" poniendo esas catorce generaciones en tres bloques, y colocando a David en dos de los bloques de catorce para que todos se den cuenta que Dios está detrás de la genealogía y el nacimiento del Mesías.

(2) (Delfos, útero, adelfos) del mismo útero, hermanas y hermanos de madre, no es posible otra interpretación. Lucas era médico y conocía muy bien la palabra que estaba utilizando.

(3) De hecho puede llegar a asombrarnos que el Señor Jesús jamás la llama madre. Y no porque no la amase, dado que ella fue una mujer escogida y amada por Dios, sino porque es ella, la virgen solamente su madre corporal, y El mismo quería establecer una cierta distancia. Quería que nadie le diese más valor del que él mismo le había dado. Un día incluso llegó a decir que "su madre" y sus hermanos eran los que conocían la Palabra de Dios y la guardaban.

*"Creció como raíz
de tierra seca"
—Isaías 53:2*

4 LOS AÑOS DESCONOCIDOS

Todos recordamos muchas cosas de cuando éramos niños. Mi padre era carpintero, y cada vez que miro al pasado, me parece estar todavía entre el aserrín, las virutas y las maderas. Desde muy pequeño comprendí lo que significaba dedicar la vida a un oficio difícil, con la necesidad de trabajar duro y desarrollar un carácter y una decisión firme.

Recuerdo muchas de las heridas de mi padre con las máquinas, cortando las maderas, o los muchos días que mi madre tenía que quitarle las astillas que quedaban clavadas en su piel. Y lo que más me impresionaba era que después de las heridas, del sufrimiento físico, e incluso de dejar parte de sus dedos en las máquinas, volvía vez tras vez a su trabajo, con la fortaleza que solamente alguien que ha tenido que trabajar tan duro puede tener. Volvía otra vez para convertir en mesas, sillas y puertas aquellas maderas torcidas y feas antes de ser cortadas, lijadas y barnizadas.

No puedo negar que cuando era niño, cada vez que mi padre necesitaba ayuda con la madera, yo intentaba inventar alguna excusa... y mi madre muchas veces hacía el trabajo en mi lugar. Hasta que un día comprendí que Jesús pasó más de veinte años de su vida en ese mismo trabajo. Y a veces cuando me acercaba a mi padre sudando, lleno de aserrín por todo el cuerpo, enfermo por las heridas en las manos, trabajando con el mismo deseo que siempre, podía ver en él un reflejo del Mesías.

Algunos creen que lo importante en la vida del Señor Jesús comienza a raíz de su proclamación pública, cuando es bautizado a los treinta años. Esa es una de nuestras mayores equivocaciones. El Señor nos enseñó muchas cosas antes. Y la fuerza de su enseñanza no queda empañada por el silencio, sino todo lo contrario, es el silencio de treinta años normales lo que retumba en nuestros oídos. Jamás debemos olvidar esos años.

Dios hace suya la normalidad humana, el cansancio, el ganar el pan de cada día; Jesús vive soportando las injusticias y la maldad de los hombres. No hace nada para que las cosas "vayan a su sitio" es un hombre normal en todo el sentido de la palabra. Siempre fue un hombre, y se portó como un hombre. Nunca tuvo unos minutos en los que "jugaba a ser Dios" El lo era, pero lo escondió de una manera deliberada hasta el momento de su manifestación.

Se sometió a otros que sabían mucho menos que él, vivió admirando a sus propios padres, tuvo que aprender a obedecer y a permanecer en silencio. Las dos cosas más difíciles para todos nosotros. Un día llegó la enfermedad a su casa y no pudo hacer nada. Quizás en una de las noches más oscuras de su juventud, la muerte se llevó a su propio padre, José, y el Señor lloró como un hijo más. Pero no pudo hacer nada. Dios decidió sentir el dolor y la frustración de vivir una vida "normal".

Jesús tenía muy pocos años para cumplir su misión, pero quiso "gastar" treinta de esos años viviendo normalmente, y sólo tres predicando. A nosotros nos encanta hacer cosas que creemos trascendentales, predicar y sentirnos el eje sobre el que gira una reunión, una Iglesia o un movimiento. El Señor escogió pasar la mayor parte de su tiempo dignificando una vida normal.

Dios decidió sentir el dolor y
la frustración de una vida normal

El mismo Dios hecho hombre certificó lo que significa el valor del trabajo del día a día, de lo que hacemos en cada momento, de lo que creemos que no tiene importancia. El nos enseñó que lo trascendente es hacer las cosas cada día, y hacerlas bien, porque Dios deja su firma en cada cosa que nosotros hacemos, en cada detalle, cuando hacemos nuestro trabajo como El quiere.

Piensa por unos momentos en la vida del Mesías, ¿Lo imaginas limpiando el lugar en el que trabajaban? ¿Puedes ver al Rey del Universo frotando cada uno de los utensilios de la carpintería para que estuvieran bien limpios la próxima vez? ¿Qué pasaría por la mente de sus padres cuando lo encontraban una y otra vez cargando tablones de madera en lugar de estar meditando en los libros de la ley? ¿Cómo reaccionaría el Mesías delante de los que le pagaban su trabajo y le reclamaban o le gritaban? ¿Lo ves trabajando hasta la noche para terminar algo que con toda prisa le habían encargado?... Recuerda que nunca terminó un trabajo de una manera sobrenatural, ni se quitó cansancio de encima con un chasquido de dedos haciendo que las piezas de una mesa fuesen milagrosamente a su lugar. Trabajó duro, y con su actitud dignificó de una manera Divina lo sencillo de cada día. Llegó cada noche cansado a su cama. No se dedicó a filosofar o contemplar las estrellas, sino que trabajó duramente. Era el hijo del carpintero, y todos le conocían así. Pasó treinta años de su vida como carpintero, sin preocuparse de que tenía una labor que hacer como Salvador del mundo.

¿Sabes? Muchas personas viven literalmente corriendo agobiadas incluso en su trabajo "espiritual" sin darse cuenta que no se salva el mundo por el mucho trabajo sino por el mucho amor. Al Señor no le preocupó perder tiempo con los niños, con los pobres, con los enfermos, con cualquiera que estaba con El. El no vivía estresado por el cumplimiento de su misión, ni siquiera vivió agobiado por hacer la voluntad de Dios, sino que descansó siempre en los brazos del Padre. De sus treinta y tres años de vida, le bastaron tres para predicar.

Antes tenía muchas cosas importantes que hacer.

Ese es nuestro Dios, y en cierta manera, es un Dios que tenemos olvidado. El Dios del milagro más grande, el Señor de la vida sencilla de cada día. Porque siempre tenemos que recordar que es mucho más difícil vivir en la precariedad y la sencillez del pobre, que en la riqueza del que tiene y/o puede hacer milagros.

El Dios del milagro más grande, la vida sencilla de cada día. El tiempo para disfrutar con la familia y jugar con ellos.

El Señor también nos enseñó el valor del tiempo con la familia: Supo disfrutar de la relación con sus padres y sus hermanos, del juego de cada día, del descanso de una conversación tranquila al ponerse el sol. Nosotros pensamos que el ministerio es lo importante, que el trabajo para Dios debe tener el primer lugar en todo, y no nos damos cuenta que el mismo Señor Jesús pasó treinta años con su familia.

Viviendo. Conversando y contemplando cada labor de los que tenía cerca de El, porque de ese disfrutar de las cosas sencillas saldrían más adelante la mayoría de los ejemplos para sus enseñanzas. El Señor aprendió el tiempo que la naturaleza necesitaba para esperar a dar frutos. Contempló admirado como la semilla se comportaba en los diferentes campos. Vio como las ruedas de molino giraban una y otra vez y se necesitaban varios hombres para colocarlas en su lugar… Nos enseñó a todos que nada es más trascendental que vivir cada día en la voluntad de Dios. Incluso si la voluntad de Dios parece ser algo rutinario.

La Biblia también nos dice que el Señor iba con su familia a la sinagoga todas las semanas, y allí ¡¡¡escuchaba!!! lo que los maestros hablaban. A pesar de que era el hijo de Dios, escuchaba. Aún sabiendo que muchos de aquellos sermones eran sólo palabras de hombres sin ningún valor espiritual, seguía escuchando. Aunque los líderes religiosos del pueblo habían alejado a la gente de Dios con sus ritos y tradiciones, el Mesías volvía cada Sábado para escuchar.

¡Cuántas veces nosotros no queremos escuchar a nadie! ¡Cuántas veces nuestro orgullo traidor nos hace creer que sabemos más que nadie, que podemos dar más explicaciones que nadie! ¡Cuántas veces pensamos que tenemos todas las soluciones y comprendemos todas las doctrinas, y no necesitamos que nadie nos enseñe! El Hijo de Dios, la Sabiduría por excelencia, el que creó las estrellas y los principios físicos y matemáticos por los que se gobierna el mundo, el único que es capaz de revelar a Dios y su grandeza, el que conoce en detalle las respuestas a cada una de las preguntas que las personas se hacen, el que conoce perfectamente el interior de todas las mujeres y hombres de este mundo, escuchaba lo que cualquier sacerdote arrogante decía en cuanto a Su Palabra.

Callado. Sin querer corregir nada, sólo esperando el momento de Dios. Demasiado asombroso para nosotros. Demasiado difícil para cada uno de nosotros, que no sabemos escuchar. Que aún tenemos que aprender a callarnos.

Necesitamos escuchar la voz de Dios en las cosas sencillas de cada día

Hoy más que nunca necesitamos escuchar la voz de Dios en el silencio, en nuestro trabajo de cada día. Callarnos de una vez para escucharle a El. Recordar una y otra vez esos primeros treinta años de la vida del Señor y su existencia casi insignificante y escondida, como la de cualquier madre con sus hijos, la de un hombre en su trabajo duro y desagradecido, la de muchos en su oficina, en la rutina de lo que parece no tener ningún interés.

Necesitamos volver a la belleza de las cosas sencillas de cada día, a lo que nos enseña que hay una manera diferente de vivir, preocupándonos por los que tenemos a nuestro lado, haciendo las cosas bien, encontrando a Dios en cada momento y en cada rincón de la vida. Recordando que Dios está en nuestro trabajo, en nuestras luchas, en cada frustración y en cada cosa que queremos hacer bien.

Ese es el principio básico de la predicación del evangelio, nuestra amistad profunda con Dios en cada momento de la rutina. Nuestro conocimiento de que Dios nos ama y nos bendice por completo cuando hacemos lo que debemos hacer de la mejor manera que podemos. Aunque parezca que nadie nos ve. Aunque lleguemos a casa cada noche desgastados por el cansancio y el silencio de los demás. Porque El es capaz de transformar cualquier situación y de premiar nuestra vida cuando descansamos en El, aún en medio de nuestra soledad, y de nuestra frustración por no hacer cosas que creemos "grandes". Cuando más crece la ansiedad de creer que nuestra vida tiene poco sentido, Dios nos recuerda que su Hijo vivió así durante treinta años. Llevando las mismas cargas que cualquiera de nosotros.

El principio básico en la proclamación del evangelio es nuestra amistad profunda con Dios en cada momento de la rutina de cada día.

Porque para todo Dios tiene un tiempo, y a nosotros lo que más nos cuesta es esperar al momento que Dios tiene programado, reconocer que el futuro está en las manos de nuestro Creador y no en las nuestras. Siempre queremos hacer las cosas a nuestra manera o por lo menos, cuando nosotros queremos. Y en esa rebeldía interior perdemos una de las bendiciones más grandes: la de esperar las soluciones de Dios. Perdemos la grandeza de ver como Dios va labrando en nuestro carácter su propia paciencia mientras soportamos con agrado los años que pasamos en el desierto. Hasta que comprendemos que nosotros también somos como una raíz de tierra seca, que aunque nos parezca mentira, crecerá un día.

Lo veremos. En el tiempo de Dios, en el momento exacto, en la hora en la que Dios tiene señalada. Esa raíz brotará y dará fruto. Correrán ríos en el desierto como la misma palabra de Dios dice. Aunque ahora nos siga pareciendo imposible.

> *"¿No es éste el carpintero, el hijo de María, y hermano de Jacobo, José, Judas y Simón? ¿No están sus hermanas aquí con nosotros? Y se escandalizaban a causa de El" (Marcos 6:3)*

Esos años como carpintero no fueron una pérdida de tiempo. Dios quiso que su Hijo pasase muchos años construyendo casas de madera. Dios tiene sus razones, y como siempre son las mejores. Nuestro admirado escritor Francisco Lacueva explica que la palabra utilizada por Marcos al describir al Señor como carpintero nos da una luz inmensa sobre el texto de Mateo 16:18 cuando Jesús dijo "yo construiré, edificaré mi Iglesia" porque es la misma palabra. Jesús fue no sólo un carpintero terrenal, sino que es también el celestial. El es capaz de construir su Iglesia, todo depende de El y de su Espíritu, no de nosotros. El sabe cómo hacerlo, porque la Iglesia es al mismo tiempo su novia, y El la desea. (1)

Dios está trabajando en nuestra vida. En la mía y en la tuya. En la rutina de las cosas que hacemos cada día, Dios está formando en nosotros la novia del Señor Jesús, su Iglesia. Un día estaremos en esas bodas, en las bodas del Cordero. Y si la Biblia dice que son felices los que son invitados a la boda ¡Imagínate lo felices que seremos los que formemos parte de la novia, los que somos parte de la Iglesia!

Viviremos con el Señor por toda la eternidad. Esa es una de las razones por las que los "treinta" años que pasemos aquí en una vida aparentemente sencilla y con poco sentido, son nada comparados con todo lo que Dios tiene preparado para nosotros en la eternidad. Esa es una de las razones por las que debemos seguir haciendo nuestro trabajo bien, aprendiendo a disfrutar de cada momento de la vida con nuestra familia, con los amigos, en el trabajo, en la Iglesia, en cualquier circunstancia.

Con la compañía continua de nuestro Padre. Con la amistad incondicional del Mesías santificador de la rutina. Llenos del poder del Espíritu de Aquel que es el más grande Creador y diseñador.

Y el más fantástico, que no te quepa ninguna duda.

Notas:

(1) *En el libro del Génesis y su capítulo dos (versículo veintidós), el Creador, que había hecho caer en un profundo sueño a Adán, tomó parte de su cuerpo y "edificó" a su mujer. De la misma manera el Señor está edificando su vida en cada uno de nosotros, su novia, la Iglesia. Un trabajo perfecto para el Carpintero Divino.*

"La mano del Señor estaba sobre él"

5 | JUAN EL BAUTISTA

La mayor revolución en la historia de la humanidad se había puesto en marcha. El nacimiento de Jesús estaba anunciado y Dios había establecido su plan de salvación para el mundo. En ese plan figuraba el profeta de Israel, el hombre clave en el anuncio del Mesías, Juan el Bautista. "Vino al mundo un hombre enviado por Dios, cuyo nombre era Juan. Este vino como testigo, para testificar de la luz, a fin de que todos creyeran por medio de él" (Juan 1:6-7)

Así empiezan las revoluciones que Dios envía a este mundo. "Vino Palabra de Dios a Juan..." (Lucas 3:2) Las páginas de la historia no se escriben con grandes acontecimientos, grandes hombres, grandes fortunas o grandes historias. Las páginas de Dios se escriben con hombres y mujeres sencillos en sus manos. Dios huye de las portadas de los periódicos: Ni siquiera se hace anunciar, sino que actúa de una manera simple, casi insignificante.

"Hubo un hombre" "Vino Palabra de Dios" Así de sencillo es el comienzo aunque casi nadie se haya dado cuenta. Puede que los ángeles no hayan hecho nada extraordinario. Ninguno de los sacerdotes o estudiosos de la ley lo supieron. Sencillamente ocurrió, Dios puso Su mano sobre una familia, y esa llegó a ser la mejor definición de la vida de Juan: "Todos los que las oían las guardaban en su corazón, diciendo: ¿Qué, pues, llegará a ser este niño? Porque la mano del Señor ciertamente estaba con él" Lucas 1:66

"Hubo en los días de Herodes, rey de Judea, cierto sacerdote llamado Zacarías, del grupo de Abías, que tenía por mujer una de las hijas de Aarón que se llamaba Elisabet. Ambos eran justos delante de Dios, y se conducían intachablemente en todos los mandamientos y preceptos del Señor. No tenían hijos, porque Elisabet era estéril, y ambos eran de edad avanzada. Pero aconteció que mientras Zacarías ejercía su ministerio sacerdotal delante de Dios según el orden indicado a su grupo, (...) se le apareció un ángel del Señor, de pie, a la derecha del altar del incienso. Al verlo, Zacarías se turbó, y el temor se apoderó de él. Pero el ángel le dijo: No temas, Zacarías, porque tu petición ha sido oída, y tu mujer Elisabet te dará a luz un hijo, y lo llamarás Juan. Y tendrás gozo y alegría, y muchos se regocijarán por su nacimiento. Porque él será grande delante del Señor; no beberá ni vino ni licor, y será lleno del Espíritu Santo aun desde el vientre de su madre. Y él hará volver a muchos de los hijos de Israel al Señor su Dios. E irá delante de El en el espíritu y poder de Elías para hacer volver los corazones de los padres a los hijos, y a los desobedientes a la actitud de los justos, a fin de preparar para el Señor un pueblo bien dispuesto" Lucas 1:5-17

Dios huye de las portadas de los periódicos: Ni siquiera se hace anunciar, sino que actúa de una manera simple, casi insignificante.

Elegido desde antes de que naciera, los padres de Juan fueron Zacarías e Isabel. Dios dejó escrito que eran justos. Se puede vivir así, intentando seguir en todo la voluntad de Dios. Eso no significa que fueran perfectos, pero sí que Dios les llamó justos. Dios los escogió. Moviendo los hilos de la historia, el versículo nueve nos dice que a Zacarías "le tocó en suerte" entrar en el templo del Señor y quemar incienso. Dios estaba y está detrás de todo.

Aún así, no todo era perfecto para ellos, porque a pesar de su lealtad a Dios, no tenían hijos. Muchos predican que si seguimos fielmente a Dios, Él va a llenar nuestra vida de bendiciones materiales y espirituales y no nos va a faltar nada. Y si nos falta es que algo malo hemos hecho. Es la teoría que siguieron los amigos de Job, y que muchos proclaman hoy también. Y de la misma manera que Dios tuvo que decirle a Job y a sus compañeros que esa idea está muy lejos de Su voluntad (cf. Job 42), nosotros hoy necesitamos aprender que podemos servir fielmente al Señor sin que (aparentemente) se resuelvan nuestros problemas. Que podemos ser justos y sin embargo no recibir lo que necesitamos. Que podemos ser perfectos delante de Dios, y aún así, no recibir muchas de sus bendiciones. Así vivieron Zacarías e Isabel. Hasta que llegó el momento oportuno.

No todo fue fácil, porque en principio Zacarías no creyó el anuncio de Dios, y tuvo que sufrir las consecuencias. *"Y he aquí, te quedarás mudo, y no podrás hablar hasta el día en que todo esto acontezca, por cuanto no creíste mis palabras, las cuales se cumplirán a su debido tiempo"* Lucas 1:20. No podía ser de otra manera, un sacerdote que no cree lo que Dios hace no puede dar ningún mensaje al pueblo, y mucho menos hablar del evangelio de las buenas noticias. Mejor no decir nada. Mejor quedarse mudo. Por lo menos hasta que creyese lo que Dios podía hacer.

Estaba anunciado. Ese era un niño escogido, porque el objetivo de su vida fue el más sublime de toda la historia del pueblo judío: *"Hará volver a muchos de los hijos de Israel a su Dios"* (Lucas 1:16).

Por eso cuando se cumplió el tiempo, Juan comenzó a predicar. En el desierto.

Era un desierto literal (Lucas 3:1) y al mismo tiempo un desierto figurado, porque por más de cuatrocientos años y por culpa de la rebeldía del pueblo, Dios había guardado silencio. Si en tiempos de Moisés, y por la desconfianza del pueblo, Israel había pasado cuarenta años en el desierto, ahora sufre el silencio de su Creador durante cuatrocientos años. Si la incredulidad del pueblo antes de la conquista de la tierra prometida fue grande, ahora era diez veces mayor. Cuatrocientos años en el desierto espiritual parecía ser un castigo demasiado grande, pero era lo que el pueblo merecía.

Cuando nadie lo esperaba, Juan apareció en el desierto. Muchas veces tenemos que buscar a Dios en lugares en los que nosotros creemos que es imposible que El esté y tenemos que reconocer que Dios nos va a hablar por medio de personas que creemos imposible que El lo haga. Juan era una de esas personas. Diferente, en todos los sentidos, incluso en la manera de vestir: pelo de camello y cinto de cuero. Esa apariencia era parte de su carácter, de su manera de ser, porque Juan era un Embajador del Mesías. El precursor de un mundo completamente diferente, extraordinario. Un mundo vuelto al revés, un mundo basado no en la reforma de los más buenos, sino en el nuevo nacimiento de los más lejanos a Dios.

Juan proclamó el mensaje de Dios en el desierto: literalmente y figuradamente, porque durante cuatrocientos años Dios había guardado silencio ante su pueblo.

"Como está escrito en el profeta Isaías: He aquí, yo envío mi mensajero delante de tu faz, el cual preparará tu camino. Voz del que clama en el desierto: "Preparad el camino del Señor, haced derechas sus sendas." (Marcos 1:3)

Juan comenzó su ministerio seis meses antes que el Señor Jesús. ¡Cómo debió ser su vida y su poder, su predicación y su valentía, cuando en tan poco tiempo, solamente medio año, su vida fue un ejemplo para todos! El pueblo le siguió, le escuchó y le tenía por un gran profeta de Dios. La misión de Juan el bautista fue una de las más importantes en la historia. Llegó a ver los cielos abiertos, y al Espíritu de Dios descendiendo como paloma, y al Padre deleitándose en su propio Hijo, a quién Juan estaba bautizando. Juan era el embajador del hijo de Dios, el que anticipaba su venida.

Cuando un rey visitaba otro país, su embajador llegaba meses antes para preparar todos los caminos, para hablarles a las gentes acerca del que iba a venir, para explicarles su misión y los deseos de su corazón. Juan fue el embajador del Mesías, anunció a la gente que venía el Ungido de Dios. Lo hizo en el lugar menos esperado, porque él era la voz de uno que clama en el desierto, pero Juan cumplió su misión de embajador y preparó el camino.

> *"Al día siguiente vio a Jesús que venía hacia él, y dijo: He ahí el Cordero de Dios que quita el pecado del mundo. Este es aquel de quien yo dije: "Después de mí viene un hombre que es antes de mí porque era primero que yo." Juan 1:29*

El mensaje de Juan fue extraordinario. Nadie podía esperar algo así. Hablaba del Cordero de Dios, el cordero de la pascua. Todos sabían a qué se estaba refiriendo, lo que no comprendían es que llegaba un Cordero único, definitivo. Un Cordero sin mancha ni defecto, enviado desde el cielo, el mismo hijo de Dios que iba a quitar el pecado del mundo. No los pecados, no un pequeño sacrificio para remediar una situación local, sino el pecado en general, los pecados de todos. La gran sima entre Dios y el hombre, el pecado por naturaleza, la gran barrera. Y no sólo el pecado de un pueblo, ni siquiera del pueblo escogido, sino el de TODO el mundo.

Ese fue el momento clave en la vida de Juan. Su mensaje era directo, sin titubeos, enseñando a todos que el Ungido de Dios había llegado: "Entre vosotros está uno a quién no conocéis". Y aunque sus palabras eran perfectas para ese momento, lo son también para nuestro siglo XXI. Jesús sigue estando entre nosotros aunque muchos no le conozcan. Aunque una gran mayoría ni siquiera noten Su presencia.

Esa es una de las razones por las que hoy necesitamos muchas mujeres y hombres con el espíritu de Juan. Con un amor inquebrantable al Maestro, porque incluso en el momento en el que presenta al Mesías dice que no es digno ni de desatar sus sandalias. Ese era el oficio de un esclavo *"Yo bautizo en agua, pero entre vosotros está Uno a quien no conocéis. El es el que viene después de mí, a quien yo no soy digno de desatar la correa de su sandalia" Juan 1:26*

El bautismo del Señor, el comienzo de su vida pública

Gran parte del trabajo de Juan como embajador era bautizar al pueblo elegido. Los judíos interpretaban el bautismo como una limpieza, como algo que podía cambiar la apariencia, como un lavarse por completo metiéndose de lleno en el agua (1). Para ellos todo el énfasis estaba en el exterior, en el procedimiento y en el ritual, en lo que se veía desde afuera. Jesús explicaría más tarde que en el evangelio del reino, primero hay que nacer de nuevo, desde dentro, y desde arriba. Jesús vino para bautizar con el Espíritu Santo y fuego, y eso es mucho más que un simple baño exterior, ese cambio tiene que llegar hasta lo más profundo de la vida de una persona, porque cuando Dios transforma una vida no queda absolutamente nada fuera de sus manos. El fuego no se queda en la superficie, llega hasta lo más profundo de lo que somos.

Juan bautizó a Jesús como señal de obediencia. El Mesías no necesitaba limpiarse, era puro por naturaleza. (Cf. Mateo 3:15 y Lev. 16:4). Pero la ley decía que cuando una persona empezaba públicamente un oficio santo, tenía que ser lavado por entero. Juan no pensaba que la ley tuviera tanto valor como para que el Mesías tuviese que cumplirla. Jesús le dice que deben hacerlo para así reconocer la justicia de Dios (Lucas 7:29 y Mateo 3:15). El bautismo de Jesús fue un acto de obediencia sumisa a Dios, el último acto de la vida "privada" del Señor, porque a partir de ese momento, Jesús es señalado desde el cielo como el Mesías.

> *"El era la lámpara que ardía y alumbraba, y vosotros quisisteis regocijaros por un tiempo en su luz" Juan 5:31-34*

Juan era así. La mejor definición de su carácter la dio el mismo Señor Jesús cuando le comparó con una antorcha que ARDÍA Y ALUMBRABA. Y el Mesías puso los dos verbos en éste orden, no en otro.

1. Arder para el Señor
2. Alumbrar

Nuestra sociedad de hoy no sólo necesita luz, sino FUEGO.

Muchas personas pueden enseñar la verdad, explicarla y exponerla claramente, pero sirve de muy poco si no se vive apasionadamente. Juan ardía y alumbraba. Ardía con el calor de Dios, con un corazón ardiente por el Mesías, y además alumbraba, daba luz a todos.

Quién no tenga fuego dentro de sí no influenciará en nada al mundo. Las personas que no son radicales en el mensaje, que no se atreven a ser diferentes, a vivir el evangelio cueste lo que cueste, no significarán nada en el mundo. Juan mismo había anunciado que el Mesías nos bautizaría con el fuego del Espíritu de Dios.

No existe una persona más desgraciada que aquel que quiere vivir con un pie siguiendo a Jesús y con el otro complaciendo sus deseos y los deseos de los que le rodean: Alguien que conoce la verdad, pero que no es capaz de amarla y vivirla apasionadamente. El mundo hoy no sólo necesita conocer la verdad, necesita ver a otros siendo capaces de vivir por la Verdad, de arder por ella. Necesitamos más gente como Juan.

Uno de los secretos de la vida de Juan fue arder y alumbrar al mismo tiempo. Vivimos un momento en la historia de la Iglesia en que ésta se ha dividido entre los que sólo "arden" y los que sólo "alumbran"... Sin entender que el evangelio es mucho más que eso.

"Muchos vinieron a El y decían: Aunque Juan no hizo ninguna señal, sin embargo, todo lo que Juan dijo de éste era verdad. Y muchos creyeron en El allí" Juan 10:40-42

No podemos leer los evangelios sin recordar a Juan el Bautista. Aparece una y otra vez, a pesar de que su misión haya terminado. Y cada vez que Dios habla de él es para decir algo impresionante. Para mostrar una cualidad inmensa. Eso nos enseña muchas cosas a nosotros, porque Juan no hizo nada extraordinario, ninguna señal. Su vida no fue adornada con eventos espectaculares, curaciones, grandes demostraciones de poder, ni siquiera llegó a concentrar a una gran multitud para escucharle.

¿Sabes lo que los demás dijeron de él? "Todo lo que dijo de Jesús era verdad"

¡Qué ejemplo para nuestra vida! No creo que se pueda decir algo mejor de cualquiera de nosotros. Si cuando las personas nos recuerdan, pueden decir lo mismo, es porque hemos encontrado el lugar exacto en nuestra existencia. Necesitamos aprender a vivir siempre señalando al Mesías, que todo lo que digamos de El sea cierto. Aún a pesar de que Juan no vio lo que estaba ocurriendo. A pesar de que Juan murió mucho antes de comprobar el poder de Jesús, sus enseñanzas, su grandeza, su muerte y su resurrección. Juan no pudo ver lo que él mismo había profetizado.

Juan jamás se dejó influenciar por nadie. Alguien que era capaz de llamar "camada de víboras" a los religiosos de su tiempo no podía ser un tipo cualquiera. Tenía que estar completamente lleno del Espíritu Santo, y comprender exactamente cual era su misión en el mundo. No le importó decir la verdad a todos. No hizo más "digerible" el mensaje del evangelio. No era fácil engañarle, tenía esa rara cualidad que Dios da a sus escogidos, con la cual puedes saber lo que ocurre en el corazón de otros, aunque ellos quieran esconderlo. Juan les gritó públicamente a los escribas y fariseos que necesitaban hacer "frutos dignos de su conversión" (Lucas 3:8), porque ellos querían bautizarse para enseñar a todos que ellos también eran convertidos como el pueblo, pero por dentro seguían siendo tan orgullosos como siempre. Querían seguir al bautista para quedar bien delante de todos, sin darse cuenta que lo que Juan explicaba era un evangelio nuevo, una vida nueva, una relación completamente nueva y directa con el Creador.

> *"Jesús comenzó a hablar a las multitudes acerca de Juan: ¿Qué salisteis a ver en el desierto? ¿Una caña sacudida por el viento? Mas, ¿qué salisteis a ver? ¿Un hombre vestido con ropas finas? Mirad, los que visten con esplendor y viven en deleites están en los palacios de los reyes. Pero, ¿qué salisteis a ver? ¿Un profeta? Sí, os digo, y uno que es más que un profeta" Lucas 7:24-26*

El mismo Ungido de Dios moldea con sus palabras la definición de Su mejor siervo. Así era Juan, alguien a quién el ninguna circunstancia podía sacudir. Hay gente que vive como una caña dominada por el viento, dependiendo siempre de quién sople, y de lo que otros digan, así se comportan. Juan había aprendido del Espíritu de Dios que podía vivir por encima de todas las opiniones de la gente.

El Señor vuelve a señalarle: ¿Un hombre vestido de ropa fina? ¡NO! Muchos siguen preocupándose demasiado por la apariencia, algo que no vale nada en el reino de Dios. ¡Juan era un profeta! Mejor dicho, algo más que un profeta: Un Embajador, el mensajero por excelencia. Ningún otro mayor que él en el reino de los cielos. ¿La razón? Cada día su misión era señalar a Jesús (Juan 1:35)

> "Y vinieron a Juan y le dijeron: Rabí, mira, el que estaba contigo al otro lado del Jordán, de quien diste testimonio, está bautizando y todos van a Él. Respondió Juan y dijo: (...) El que tiene la novia es el novio, pero el amigo del novio, que está allí y le oye, se alegra en gran manera con la voz del novio. Y por eso, este gozo mío se ha completado. Es necesario que Él crezca, y que yo disminuya. El que procede de arriba está por encima de todos; el que es de la tierra, procede de la tierra y habla de la tierra. El que procede del cielo está sobre todos" Juan 3:26-31

Juan el Bautista demostró siempre en su vida un amor inquebrantable al Maestro

Ningún otro fue elegido sino Juan; cuando terminó su trabajo, Jesús empezó el suyo. Ese era el tiempo de Dios. Juan predicó cómo escapar de la ira que vendría, El Señor fue más allá y habló de nacer otra vez, de cambiar desde adentro. Ahora los hombres y mujeres de este mundo ya no quieren cambiar solamente por miedo al juicio, sino por amor a Dios. La razón del evangelio no es escapar de Dios, sino apegarse a Él. El hombre conoce a Dios no sólo por su ira, sino sobre todo por su gracia.

Nadie como Juan para llevar a cabo su cometido. ¡No le importó en absoluto que sus discípulos se fuesen detrás del Señor Jesús ("Es necesario que El crezca y que yo mengüe"). Nosotros vivimos siempre preocupados por nuestras palabras, por nuestra reputación, por que la gente nos siga, por tener buena fama, por no ser malentendidos, y así podríamos seguir por mucho tiempo. A Juan no le preocupó lo que iba a suceder con su vida. Día tras día, su misión era señalar al Señor Jesús. No le importa en absoluto quedarse solo. Sin discípulos ni seguidores. Sabe que el Mesías merece toda la gloria.

Aún en los momentos en los que sus dudas eran mayores porque estaba en la cárcel, (¿Quién no tendría dudas en la cárcel?) Juan hizo lo correcto: Envió a preguntar a Jesús

> "Entonces los discípulos de Juan le informaron de todas estas cosas. Y llamando Juan a dos de sus discípulos, los envió al Señor, diciendo: ¿Eres tú el que ha de venir, o esperamos a otro? (...) Y respondiendo El, les dijo: Id y contad a Juan lo que habéis visto y oído: los ciegos reciben la vista, los cojos andan, los leprosos quedan limpios y los sordos oyen, los muertos son resucitados y a los pobres se les anuncia el evangelio. Y bienaventurado es el que no se escandaliza de mí" Lucas 7:18-23

Lo más impresionante de la vida de Juan fue su final. El elegido de Dios muere en una cárcel. El embajador del Mesías permanece meses enteros en la oscuridad y el desaliento más extremos.

Completamente solo. Aparentemente olvidado.

Juan se preguntó muchas cosas. Quería saber si su misión había terminado, si había sido el embajador del Salvador del mundo, o simplemente su vida era un fracaso. Quizás se había equivocado. Y ahora ya no podía anunciar a otro, estaba en la cárcel, y cualquier cosa que hubiese hecho mal en su vida, ya no tenía remedio. Nosotros hubiésemos hecho las mismas preguntas… Pero la grandeza del enviado de Dios es que apostó hasta el final su vida entera al Mesías.

Puede que uno de los problemas de Juan era que él pensaba que el Señor traería el juicio que él mismo había predicado, y lo iba a hacer YA. Muchas veces, nuestros mayores desánimos ocurren cuando pensamos que Dios no hace lo que nosotros creemos que es justo. Podríamos llamarlo el "síndrome" de Jonás. A veces predicamos tanto la llegada de la justicia y el juicio de Dios, que nos desanimamos cuando Dios aplica su misericordia "sin nuestro permiso".

Jesús le citó un texto bíblico que Juan conocía muy bien. Esa es la manera en la que el Señor nos contesta siempre, nos recuerda lo que está escrito. Y a veces ni siquiera eso, quiere que nosotros mismos encontremos la respuesta en sus palabras y su carácter. Eso no significa que estamos lejos del corazón de Dios. Nadie comprendió el corazón del Señor como lo hizo Juan. Pero la Biblia nos enseña que la fe viene por el oír, y el oír por la Palabra de Dios, no por ninguna otra cosa. Sólo podemos ejercitar nuestra fe leyendo y confiando cada vez más en lo que Dios dice. Así fue con Juan: Jesús le recordó la profecía que se estaba cumpliendo, y eso era todo.

Casi todo, porque antes de que los amigos de Juan se marcharan, el Mesías dice una frase casi incomprensible: habla de no desilusionarse de El. "Feliz es el que no se desilusiona del Mesías", el que no espera más que Dios mismo hecho hombre, y no un Mesías político, o alguien que solucione todos nuestros problemas personales y los del mundo, en cada momento.

A veces esperamos "demasiado" de Dios. Creemos que tiene que actuar de la manera en la que nosotros queremos. Que debe arreglar y desarreglar las cosas casi a nuestro antojo. Utilizamos nuestra "superfe" para desafiar a todo y a todos, sin dejar que Dios tenga la última palabra en lo que estamos pidiendo. Y cuando Dios no actúa como nosotros pensamos, o no entendemos lo que está ocurriendo, nos desilusionamos de nuestro Salvador. Siempre llegan los momentos en la vida en los que comenzamos a dudar de El.

Juan el bautista dudó de Jesús, pero no perdió su relación con El, no dejó de buscar a su Maestro. Aún en la cárcel envió a buscar las respuestas del Señor. NO se desilusionó con el Mesías, a pesar de que atravesaba el momento más difícil de su vida. ¿Y si se había equivocado? Estaba preso por Herodes a quién él había hablado con toda autoridad. Y el Mesías no había hecho nada. No le libró. No envió ángeles a consolarlo ni a ayudarlo.

Juan termina su vida bajo el poder de las tinieblas, aparentemente sin futuro, sin saber que ha ocurrido. Sin conocer lo que va a ocurrir. Tiene que ser lo más espantoso del mundo sentirse abandonado, y fracasado en toda la vida, sin la posibilidad de comenzar de nuevo. Nadie ha pasado por una amargura semejante. Nadie había estado en la hora oscura del alma, sin ninguna respuesta, sólo Jesús pasó por algo así cuando murió, pero El sabía que iba a resucitar.

Juan el Bautista se encontró sólo y abandonado. Ninguno de nosotros puede juzgarlo. Nadie puede dudar de su confianza y obediencia a Dios, porque cuando envía a preguntar a Jesús "¿Eres tú el que ha de venir, o esperaremos a otro?" Sigue poniendo su vida delante de Dios. No le importa esperar a otro si Dios se lo dice.

No hay nada de rencor en su vida. No le dice a Jesús "No quiero servirte nunca más, me siento defraudado" No, Juan amaba a Dios de una manera extraordinaria, y aún en la noche más tenebrosa fue capaz de poner un hilo de esperanza al decir... "¿esperaremos a otro?" Por eso el Señor Jesús dice esa última frase. Son las palabras de un amigo, de alguien que le dice algo que va a ayudarle "feliz el que no se escandaliza de mí, el que sigue confiando en mí". Es como si le dijera: Tu mismo Juan, estás siendo feliz porque a pesar de todo sigues confiando en mí… Eres una persona integra, intachable, alguien que ha cumplido fielmente su trabajo, y que ahora, a pesar de las cadenas, sólo espera el momento de ser recibido arriba en el cielo como uno de los héroes de la fe.

Vivimos en un tiempo prácticamente idéntico al de Juan el Bautista. Tenemos los mismos problemas que entonces: una sociedad muy corrompida, gentes que sólo se preocupan por conservar el poder, religiosos que viven lejos de Dios, y una mayoría del pueblo que no sabe qué creer ni qué hacer. Mientras todo esto ocurre, Dios sigue hablando por medio del Señor Jesús, pero pocos lo escuchan.

¿Recuerdas lo que hizo Juan? Exactamente lo mismo que necesitamos hacer nosotros hoy: Dirigir a la gente al Señor Jesús. Mostrarles quién es el Salvador del mundo. Luchar con todas nuestras fuerzas para que las personas conozcan al Enviado de Dios.

Aunque como le sucedió a Juan, nos cueste la vida.

Notas:

(1) (ese era el significado del griego "baptizo")

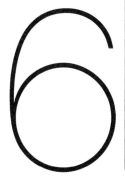

EL SEGUNDO HOMBRE

Jesús era el Cordero de Dios que iba a quitar el pecado del mundo. Juan lo había anunciado y todos lo escucharon. El profeta más importante que tuvo Israel en los últimos quinientos años lo presentó. Y el diablo lo supo. Había intentado matarle poco después de su nacimiento, utilizando a Herodes, pero no pudo. Ahora decide enfrentar la lucha más difícil, intentar vencer al mismo hijo de Dios cara a cara.

El acusador por excelencia tenía sus cartas marcadas. Necesitaba que el Mesías se defendiese sobrenaturalmente, que no se comportase como un hombre dependiente de Dios, sino como alguien que podía vencer con actos sobrenaturales sus propias limitaciones como hombre, para perder su derecho a ser el segundo Adán, para perder las opciones de vivir y vencer como hombre. Quería vencerlo de la misma manera que había derrotado al primer Adán. Jesús tuvo que enfrentar las mismas tentaciones que el primer hombre. Los mismos ataques que la humanidad ha sufrido desde el principio de la historia, porque el Señor estaba representando a toda la humanidad. ¿Recuerdas como empezó todo?

> *"Cuando la mujer vio que el árbol era bueno para comer y que era agradable a los ojos y que el árbol era deseable para alcanzar sabiduría tomó de su fruto y comió; y dio también a su marido que estaba con ella, y él comió" Génesis 3:6*

El primer hombre y la primera mujer cayeron. Lo mismo hicimos nosotros, sus descendientes a lo largo de toda la historia. Los deseos de los ojos, la pasión de la carne y la arrogancia de la vida han sido casi siempre los triunfadores en su lucha por llevarnos hasta lo más profundo de nuestra debilidad.

Por muy cerca que alguien estuviese del Creador, siempre la derrota acabó llamando a la puerta y entrando para destruir la vida. Ni un solo hombre, ni una sola mujer lograron vivir sin mancha. "Porque todo lo que hay en el mundo, la pasión de la carne, la pasión de los ojos y la arrogancia de la vida, no proviene del Padre, sino del mundo" 1 Juan 2:16.

El diablo vuelve a utilizar las mismas armas, las que le dieron la victoria sobre Adán y Eva y las que le siguen proporcionando el poder entre todos sus descendientes. Pero esta vez intenta vencer con sus armas al mismo Hijo de Dios. Ahora busca la victoria definitiva, está luchando por la corona del segundo Adán.

Dios lo permitió. Mejor dicho, fue el mismo Espíritu Santo quien preparó la escena.

> *"Entonces Jesús fue llevado por el Espíritu al desierto para ser tentado por el diablo. Y después de haber ayunado cuarenta días y cuarenta noches, entonces tuvo hambre. Y acercándose el tentador, le dijo: Si eres Hijo de Dios, di que estas piedras se conviertan en pan. Pero El respondiendo, dijo: Escrito está: "No sólo de pan vivirá el hombre, sino de toda palabra que sale de la boca de Dios." Entonces el diablo le llevó a la ciudad santa, y le puso sobre el pináculo del templo, y le dijo: Si eres Hijo de Dios, lánzate abajo, pues escrito está: "A sus ángeles te encomendará", y: "En las manos te sostendrán, no sea que tu pie tropiece en piedra." Jesús*

le dijo: También está escrito: "No tentarás al Señor tu Dios." Otra vez el diablo le llevó a un monte muy alto, y le mostró todos los reinos del mundo y la gloria de ellos, y le dijo: Todo esto te daré, si postrándote me adoras. Entonces Jesús le dijo: ¡Vete, Satanás! Porque escrito está: "Al Señor tu Dios adorarás, y sólo a El servirás."Mateo 4:1-11

PRIMER ATAQUE, EL MÁS PERSONAL

Primer ataque. Intento de golpe definitivo, de terminar rápidamente y de una vez por todas. Imagínate la situación: Todos acababan de escuchar la voz del Padre. Después de esa manifestación gloriosa ya no podía haber dudas en cuanto a quién era Jesús, el Hijo del Dios vivo, el Hijo amado. El diablo lo entendió perfectamente, él mismo aceptó el anuncio; tanto que utilizó las mismas palabras que el Creador:

> *"Ya que eres hijo de Dios, di que estas piedras se conviertan en pan"*

La primera tentación tiene que ver con la pasión de la carne. Encontrar satisfacción a cualquier precio. Darle a nuestro "físico" todo lo que nos pide, todo lo que puede darnos placer, sin que nos importen las consecuencias o la bondad. En el día de hoy, podríamos definirlo como "si te gusta o te hace sentir bien, hazlo" Eso es lo que muchos están buscando, satisfacer los deseos de una manera rápida y descontrolada, sin pasar el trabajo y/o la dificultad para conseguirlo. Sin pensar si la decisión y la acción son correctas.

El pan como lo único importante, lo espiritual no existe. La satisfacción de nuestros deseos como único objetivo en la vida. No importan las normas, no importa lo que Dios diga. No importa nada con tal que yo esté feliz, con tal de que tenga todo lo que quiero y en el momento en el que lo quiero. No puedo esperar ni un solo momento más.

El pan, nuestros deseos, lo material es lo único importante....

La amenaza era muy directa. Jesús podía perfectamente convertir las piedras en pan, es más, tenía todo el derecho a hacerlo. Había dado el maná en el desierto a su pueblo cuando ellos se sintieron morir, y ahora él habiendo ayunado cuarenta días y cuarenta noches, su cuerpo estaba débil. Podía haber usado su poder para satisfacer sus deseos.

El ofrecimiento del diablo era triunfar sin sufrir, salir de cada situación difícil haciendo un milagro. Arreglarlo todo en base a las cosas que uno necesita en cada momento, sin confiar en el Padre celestial. Ese no era el camino del Mesías. Su camino apuntaba directamente a una cruz. Nunca dejó que los sanados lo proclamasen abiertamente, porque no quería ir ganando adeptos en base a sus milagros. Sabía que su misión no era convencer a la gente, sino morir por ellos. El Señor no quiso hacer su obra sin sufrimiento. Jesús tuvo que morir en el lugar de todos, tuvo que sufrir el castigo de cada pecado, de cada rebeldía contra Dios.

La primera tentación fue la más personal. El diablo atacó en primer lugar al hombre que tenía delante. Cuando dice "Si eres Hijo de Dios…" no es más que un condicional afirmativo. Como si dijera "Si, ya sé que eres hijo de Dios, y por lo tanto, tienes todo el derecho a…" El diablo había vencido con esa misma arma a Adán y Eva. "Tienes derecho a comer de ese árbol". Exactamente lo mismo hizo con el pueblo de Israel. Cuando atravesaron el desierto, varias veces se rebelaron contra Dios porque les faltaba el pan, la comida, la bebida… ¡Llegaron a echar de menos hasta los ajos de Egipto! No esperaban la solución de Dios en cada momento, siempre les faltaba tiempo para alzarse en gritos contra El.

Ese es el engaño del maligno: quiere que nosotros nos desesperemos, que tengamos todo lo que queremos antes del tiempo apropiado. Que no sepamos esperar la solución de Dios. Que no aguantemos más. Que defendamos nuestro derecho de pedir lo que creemos que es nuestro.

Esa es nuestra tentación más íntima: "Si somos hijos de Dios no tendremos problemas". El diablo se introduce en nuestra mente para hacernos pensar en derechos y no en obediencia, para que reclamemos bendiciones y no sacrificios, para que intentemos alejarnos de Dios cuando no entendemos las cosas, para que reclamemos a nuestro Señor que él haga un milagro cada vez que algo no nos gusta.

Necesitamos aprender a descansar en la Palabra de Dios. Porque como Jesús respondió, no vivimos sólo de pan. Vivimos de las Palabras de nuestro mejor Amigo, vivimos de lo que permanece para siempre.

Jesús venció esta tentación. Se afirmó en las promesas de Dios y dejó de lado los apetitos de su carne, las reclamaciones y los derechos. El Mesías quiere que nuestra carne aprenda que Dios debe ser siempre lo primero. Ese es el secreto de la felicidad. Esa es la fuente de nuestra victoria.

SEGUNDA TENTACIÓN: LA LUCHA SE HACE MÁS INTENSA

El diablo atacó por segunda vez. Utilizó casi la misma frase que tan buen resultado le había dado con Adán y Eva: "podéis hacer lo que queráis que no moriréis". Puedes cometer cualquier pecado, porque a fin de cuentas, Dios va a pasarlo por alto. Podrás caer en lo que quieras, que saldrás libre. No importa si son las drogas, el sexo, el dinero fácil, el poder, el orgullo o el odio, de todo ello podrás salir sin consecuencias. Dios no va a dejar caer su justicia sobre ti, lo de "morir" es sólo una pequeña amenaza. Y Eva mordió el anzuelo. Adán también por supuesto, casi lo estaba deseando.

Muchos más en la historia siguen cayendo en la misma trampa. ¿Recuerdas a Sansón? Fue capaz de ir acercándose a su ruina y alejándose de Dios al mismo tiempo. La lucha de Sansón era ver hasta dónde podía llegar sin tener consecuencias. "Esta vez me escaparé como las otras" es la frase que resuena en nuestra mente cada vez que queremos argumentar con nuestro pecado, sin darnos cuenta que en ese mismo momento ya hemos sido vencidos.

La tentación de tener a Dios sólo como un amuleto: Alguien a quién pedir ayuda y alguien a quién culpar al mismo tiempo.

El diablo sigue susurrando las mismas palabras a millones de personas en todo el mundo y de todas las culturas "no importa lo que hagas, no vas a morir" "puedes seguir un poco más, un poco más no te hará daño". Detrás de cada pecado viene otro mayor para tapar el anterior. Todos acaban creyéndose inmortales mientras viven como esclavos.

Esas palabras resonaron en el corazón del Señor cuando estaba en lo más alto del templo. "Si eres Hijo de Dios, échate abajo, porque no morirás" Satanás va ahora mucho más allá de lo personal. Estaba profetizado que El Mesías tenía que aparecer en el templo, y el diablo quiere hacer las cosas a su manera.

Era cierto que el Mesías sería dado a conocer en el templo. Pocos días después, Jesús iba a tomar el libro del profeta Isaías y comenzaría a leer aquel pasaje "El Espíritu de Dios está sobre mí…". En ese momento todos se dieron cuenta de lo que estaba pasando. Pero el diablo quería llevar el control de las circunstancias. Quiere acelerar el tiempo de Dios. Uno de sus engaños preferidos desde siempre, no lo olvides.

Esas siguen siendo sus armas. El diablo busca que no esperemos el momento que Dios tiene preparado para cada cosa. Millones de personas han caído en esa trampa. "Lo quiero todo y lo quiero ahora" es su manera de vivir. Y nuestra destrucción personal comienza cuando tentamos a Dios. Cuando hacemos las cosas de una manera contraria a Su voluntad. Cuando queremos hacer cosas que El no aprueba, e incluso buscamos razones espirituales para enmascarar nuestro egoísmo y nuestro orgullo.

"No tentarás al Señor" El diablo quería que Jesús pusiese a prueba a su propio Padre celestial, que desconfiase de El, que hiciese algo fuera de la perfecta voluntad del Padre. Que probase si Su Padre iba a cuidarlo hasta el extremo, incluso si su vida estaba en peligro.

En el fondo, tenemos que tener cuidado para no caer en la tentación de tener a Dios sólo como un amuleto, alguien en quién descansar y alguien a quién culpar. A veces pensamos que no importa lo que hagamos, El enviará a sus ángeles y nos cuidará. Que no importan demasiado nuestras decisiones, Dios nos va a ayudar de todas formas. Que no hay consecuencias cuando decidimos escuchar la voz del Engañador y nos angustiamos por acelerar el tiempo y controlar las circunstancias.

TERCER GOLPE, PUEDE SER DEFINITIVO...

El acusador no se dio por vencido, y atacó por tercera vez. Es una tentación tan directa que nos asusta. Es sin ninguna duda la más difícil. Juan la describió como la "vanidad de la vida". Poder y fama a cambio de nada. La búsqueda del PODER sobre todas las cosas. Lo que a través de los siglos se ha denominado como "vender el alma al diablo" que no es otra cosa que sacrificar cualquier cosa con tal de tener lo que queremos.

El diablo reclama un solo acto de adoración. Lo pidió al Señor y lo sigue pidiendo a todos los hombres y mujeres de este mundo. Un solo acto de homenaje.

La tentación de hacer cualquier cosa para ganar Todo lo que queremos.

Si el Mesías lo hubiese hecho, Dios no podría mentir y tendría que reconocerlo por toda la eternidad. Todos sabrían que el Mesías había adorado al diablo para conseguir sus fines.

Una tentación casi irresistible. Un solo acto de adoración y Jesús sería el Rey del mundo. Nada de sufrimiento. Ningún dolor. Nadie escupiéndole, despreciándole o gritando que tenía que ir a una cruz.

Ni una sola gota de sangre derramada por esos humanos rebeldes.

Si Jesús adoraba al diablo, la cruz desaparecería. Los malos momentos desaparecerían. El sufrimiento sería sólo una conjetura imposible y eterna.

Ese fue el más fiero ataque a Adán y Eva. "Seréis como dioses" suena casi imposible de renunciar. Fue demasiado para su orgullo y para el nuestro. No tener que obedecer a nadie, no tener que dar cuentas. Tomar nuestras propias decisiones, tenerlo todo en un momento. Ser nosotros mismos el centro del mundo, y que todos nos adoren a nosotros. Poder vivir como nos da la gana. Porque ese sigue siendo el fondo de la cuestión: ¿A quién vamos a adorar? ¿Qué es lo más importante en nuestra vida? ¿Qué está ocupando nuestro corazón y nuestra mente? ¿A qué dedicamos nuestras fuerzas?

Déjame que te haga una pregunta, que formule la tentación de una manera un poquito diferente: ¿Qué harías por 100 millones de euros? ¿Abandonar a la familia? ¿Matar? ¿Mentir? ¿Qué harías si nadie lo supiese?

Mejor aún ¿qué hacemos cuando nadie sabe lo que hacemos?

Estamos decidiendo quién está en el centro del Universo. Nosotros mismos o Dios. Ese es el engaño del diablo, porque decir "nosotros mismos" es un eufemismo para reconocerle a él como el rey de nuestra vida. Si lo aceptamos somos sus esclavos. No hay vuelta atrás. Nos robará, nos matará y nos destruirá, tal como lo ha estado haciendo a lo largo de la historia.

Esa última tentación alcanza a todo el Universo. El diablo lo apostó todo en su último movimiento. Es como si todo el mundo estuviese en juego. El maligno lo arriesga todo para someter la voluntad del Mesías y la nuestra.

Jesús dijo no al más terrible ofrecimiento que el diablo podía hacerle. El Señor sabía que Él era el Rey prometido. Ya estaba profetizado en el Salmo segundo; pero para alcanzar esa promesa de Dios, el camino ineludible era la cruz.

Sólo Dios merece nuestra adoración. No hay nada en el mundo que pueda ocupar su lugar. Esa fue la respuesta del Señor, y esa debe ser nuestra respuesta. Esa es la motivación que debemos tener en nuestro corazón cuando el diablo nos tienta. Cuando quiere hacernos creer que podemos reinar sin sufrir, crecer en la vida cristiana sin pagar nada a cambio, sin disciplina, sin sufrimiento, sin dolor, sin trabajo para el Señor. Pensar que con sólo una experiencia podemos alcanzar todo lo que Dios tiene preparado para nosotros. Creer que no tenemos que pagar ningún precio, que no tenemos que rendirnos completamente al Señor.

*Durante toda la vida del Señor Jesús,
el diablo volvió una y otra vez
con las mismas tentaciones.*

A pesar de una derrota incuestionable, el diablo no se dio por vencido. Durante toda la vida del Señor Jesús se oyeron los ecos de las mismas tentaciones. Un día fueron sus propios hermanos quienes le propusieron que se mostrara tal como era (Juan 7:1-10) *"¿Hasta cuando vas a estar escondido? ¡manifiéstate a la gente!"* y el Señor tiene que responder de la misma manera que le contestó al diablo "Mi tiempo todavía no ha llegado".

Otro día fue la multitud la que quería hacerle rey. Justo después de haber comido bien (la gente siempre acaba votando a quienes le dan de comer) todos pensaron que El era el Mesías. Más tarde le aclamaron como rey cuando entró en Jerusalén… Esa tentación alcanzó el momento sublime cuando Pilatos le preguntó... *"¿Eres Tú el Rey?"* ¡Pudo haber respondido: Claro que soy el rey, y un día todos vais a pagar por lo que estáis haciendo, y voy a hacer un milagro ahora para que os deis cuenta que no estoy bromeando!

Pero el Señor Jesús guardó silencio.

Sabía que ese silencio le condenaba, aunque tenía todo el derecho a hablar, pero no quiso renunciar a la cruz.

NOSOTROS ESTAMOS EN LA MISMA LUCHA

Las mismas tentaciones las sufrimos cada uno de nosotros. Si el maligno tentó al Señor de una manera personal, él envía a sus "ángeles" para tentarnos a nosotros. Pero con una gran diferencia: El mismo Espíritu de Dios llevó al Señor al desierto para que fuera probado con el fin de resultar Vencedor. Ahora no es Dios quién nos lleva a la tentación sino quién nos protege, y el diablo tiene que pedir permiso para no llevarnos a un extremo que puede parecer imposible para nosotros (Lucas 2:31).

Si alguien cree que no necesita ayuda para vencer en la tentación, quizás es porque ya es demasiado tarde

Todos tenemos que enfrentar tentaciones a lo largo de nuestra vida. Si alguien cree que no necesita recursos para vencer, quizás es porque ya es demasiado tarde para él. Hay algo común en cada situación. La gran mayoría de las tentaciones no son más que caminos cortos al objetivo sin tener que pasar por la cruz (igual para nosotros, no morir a nuestro yo, querer tenerlo todo sin negarnos a nosotros mismos y pensar en el Señor). Dios nos da todas las cosas en su tiempo, con paz, con tranquilidad de espíritu y guiando todas las circunstancias.

El diablo nos regaló la prisa.

El engañador nos enseña a tratar de arreglar todo por nuestra cuenta, nos obliga a luchar contra las circunstancias y no esperar el tiempo de Dios. Nos hace olvidar una de las características más importantes en la vida: la paciencia. Y nosotros caemos en su trampa. Incluso en nuestra vida espiritual y en el servicio al Señor, somos capaces de utilizar las cosas que el diablo ofrece, antes de esperar la respuesta de Dios.

Si quieres utilizar las armas del diablo puedes hacerlo: poder, orgullo, envidia, arrogancia, falsas acusaciones, ira… El problema es que nunca lograrás vencerlo con sus armas. Siempre va a derrotarte por muy espiritual que creas que eres, o por mucho empeño y oración que pongas en la lucha. Te conducirá a la estación de destino que nos lleva a todos cuando creemos que le hemos vencido: Considerarnos a nosotros mismos mejores que los demás, compararnos a otros y decir: "Bueno, por lo menos no soy tan malo como…"

Hay una salida. Cuando nos sentimos atrapados y da la impresión que no podemos escapar por ninguna parte, es el momento de mirar hacia arriba.

El Señor Jesús fue tentado en todo, y fue declarado vencedor.

Cuando una enfermedad está arrasando con las vidas de muchas personas, los médicos e investigadores necesitan sólo una cosa para vencerla: la sangre de un vencedor. Los anticuerpos originados en el físico de una persona que haya pasado por esa enfermedad y la haya vencido. Con esa sangre pueden desvelar los secretos de la enfermedad, y lo más importante de todo, pueden crear una vacuna para vencerla. Saben como hacerle frente a la misma muerte, porque el interior de una persona lo hizo, y la venció. Esa sangre tiene dentro de sí misma la victoria para todos los demás enfermos. Sólo hay que apropiársela, hacerla parte de la vida de uno. Creer en ella con toda la vida, porque nos va la vida en ello. *"Pues por cuanto El mismo fue tentado en el sufrimiento, es poderoso para socorrer a los que son tentados" Hebreos 2:18*

Si quieres vencer la tentación no busques otra medicina. Tenemos muchos libros que nos explican los pasos que tenemos que dar para no caer ante el diablo. Cientos de explicaciones sobre mecanismos espirituales para vencer la tentación. Podemos seguir esas indicaciones para ser "más que vencedores". Pero también podemos perdernos entre tantas soluciones. Porque el único que venció toda tentación y que puede darnos su sangre para que nosotros seamos vencedores es el Señor Jesús.

Con El dentro de nosotros ningún mal puede resistirse. Pero tampoco nosotros debemos resistirnos a su Espíritu, porque si lo hacemos, caemos derrotados. Nadie puede vencer sin el poder del Espíritu de Dios.

Hace muchos siglos que los griegos cuentan una historia mitológica para explicar la razón por la que muchos barcos naufragaban en ciertas latitudes de la costa. Ellos decían que era por culpa de las sirenas, porque ellas atraían a los marineros con sus cantos, y cuando ellos se acercaban con sus barcos para escucharlas mejor, morían al hacerse pedazos los barcos contra las rocas. Muchos intentaron cruzar el lugar, con toda suerte de estratagemas, pero no lo consiguieron. Uno se tapó los oídos con cera para no escuchar el canto, pero éste era demasiado bello y profundo. Otros se ataron al mástil, pidiendo que nadie los desatase para escuchar la belleza de la música, pero no fue posible.

Después de mucho tiempo, a alguien se le ocurrió llevar a bordo de su barco a Orfeo, el músico excepcional que cantó y tocó tan maravillosamente que las voces seductoras de las sirenas quedaron apagadas, y el barco llegó seguro a buen puerto. Vencieron porque escucharon una canción mejor que aquella que les llevaba a la destrucción.

Cuando el mal nos tienta, sólo una canción más dulce y más bella que la del maligno puede hacernos vencer, la canción del Señor Jesús. No hay otra manera. No es posible a base de disciplina o de "tretas" espirituales, o de diez pasos para vencer. O de cualquier otra cosa que puedas imaginar o inventar.

Sólo la belleza del Señor Jesús nos puede hacer triunfar. Sólo al amarlo completamente a El descubrimos que lo que el maligno ofrece es peor que basura.

UNA BODA Y UNA CENA, EL PRINCIPIO Y EL FINAL DEL MINISTERIO DEL HIJO DE DIOS

Imagínate que estás paseando tranquilamente por la calle, y de repente te encuentras una valla publicitaria con el siguiente anuncio:

"9.00 H. De la mañana, Universidad de…. (puedes colocar el nombre de la que tu creas que es la más famosa del mundo). El conocido Doctor (o Doctora) en Ciencias y letras… ganador de varios premios Nobel va a hablar sobre el origen y destino del Universo. Sus palabras serán retransmitidas vía satélite en directo para la radio y televisión de más de 180 países"

¿Te imaginas el momento? Los puntos suspensivos son para que coloques tu nombre. Eres el maestro/a más admirado/a en el mundo y por primera vez vas a explicar algunos de tus descubrimientos. Tu mismo has escogido el lugar, el público, el reconocimiento y los medios de comunicación que estarán presentes. Hablas con la prensa y con las más importantes emisoras de radio y televisión del planeta, y lo tienes todo preparado para ese momento. Lo que vas a decir es muy importante, va a tener influencia directa en toda la humanidad y una repercusión increíble en la historia de los próximos años.

Así lo habríamos organizado nosotros. Por lo menos.

El Maestro con mayúscula sorprendió a todos. No fue a la sinagoga en primer lugar. Todos los doctores de la ley estaban allí, podrían escucharle y reconocer su valor y sus ideas. No se presentó en la escuela más importante de Jerusalén, ni siquiera se fue al desierto para que el pueblo le viese como hizo Juan el Bautista, al fin y al cabo él le había preparado el camino y habría sido sencillo seguirlo.

LA PRESENTACIÓN DEL REINO: ALEGRÍA A RAUDALES

El Mesías comenzó su ministerio público en una boda. Entre los gritos, la alegría, las frases graciosas y los comentarios a veces subidos de tono, el Señor Jesús hizo su primer milagro y se dio a conocer. Se presentó delante de todos.

> *"Y también Jesús fue invitado, con sus discípulos, a la boda. Cuando se acabó el vino, la madre de Jesús le dijo: No tienen vino .(...) Y había allí seis tinajas de piedra, puestas para ser usadas en el rito de la purificación de los judíos; en cada una cabían dos o tres cántaros. Jesús les dijo: Llenad de agua las tinajas. Y las llenaron hasta el borde. (...) Cuando el maestresala probó el agua convertida en vino, y como no sabía de dónde era (pero los que servían, que habían sacado el agua, lo sabían), el maestresala llamó al novio, y le dijo: Todo hombre sirve primero el vino bueno, y cuando ya han tomado bastante, entonces el inferior; pero tú has guardado hasta ahora el vino bueno. Este principio de sus señales hizo Jesús en Caná de Galilea, y manifestó su gloria, y sus discípulos creyeron en El Juan 2:2-11*

La Biblia dice que fueron invitados a la boda él y sus discípulos. Una buena manera de empezar. Es obvio que nadie podía ponerse demasiado "serio" o "trascendente" en el sentido que nosotros hubiésemos imaginado. Una boda por definición es el evento más feliz que pueda existir. El Señor lo sabía, y por eso quiso que el evangelio del reino estuviese impregnado por la alegría.

*Entre los gritos, la alegría, las frases graciosas
y á veces los comentarios subidos de tono,
el Mesías hizo su primer milagro y se dió a
conocer. Se presentó delante de Todos*

Todo iba bien hasta que ocurrió algo impredecible, de repente el vino se acabó. Y con él, figuradamente, la alegría de los asistentes. En aquel tiempo podía faltar casi cualquier cosa en una boda, pero jamás debía terminarse el vino. Quizás era la primera vez que ocurría algo así en mucho tiempo. Quizás nunca había faltado el vino en una boda en toda la historia de Israel.

No era por casualidad. Durante muchos años, el vino de la relación del pueblo de Israel con su esposo, el Creador se había terminado porque Israel no fue fiel a su Dios y esposo. El vino representó en ese momento lo que estaba pasando en la relación. La boda no tenía sentido sin vino. La infidelidad de Israel hacia Dios había dejado sin significado su carácter como esposa. Ya nada tenía sentido en la vida del pueblo de Dios. Mucho menos una boda.

Ese fue el momento en el que el Señor Jesús "entró en escena". Les mandó que llenasen las tinajas que usaban para el rito de la purificación, y ellos obedecieron incondicionalmente. Llenaron las tinajas hasta el borde, de tal manera que no sólo cumplían sus deseos, sino que quedaba certificado que no se pudiera mezclar otro líquido.

No había fraude posible. El vino tenía que se absoluta y completamente nuevo. El Señor no quería que quedase ninguna duda en cuanto a sus actos, no toleró jamás ningún atisbo de posible engaño.

Pero nunca debemos olvidar que aquella agua no era un agua cualquiera: era el agua reservada para el rito de la purificación. Las tinajas, estaban allí para que la gente pudiera lavarse las manos. Las tinajas representaban la religión, lo externo, la relación de Israel con su Dios dado que estaban allí para conservar un rito. Un rito que ya no tenía ningún valor. El agua sólo lavaba lo externo, lo que no sirve delante de Dios. Las tinajas estaban allí para ser utilizadas por todos tal como las tradiciones lo pedían. Los asistentes tenían que mantenerse limpios durante toda la boda, así que necesitaban una gran cantidad de agua para lavarse las manos varias veces.

Cuando el Señor hace el milagro, y convierte TODA esa agua en vino (podía haber convertido sólo tres o cuatro de las seis tinajas, y dejar un poco de agua para la purificación) está revelando su carácter y lo que El quiere hacer con todas las tradiciones. Ya no es necesaria más agua para purificarse. Al convertir el agua en vino imposibilita mantener la tradición, y "obliga" a disfrutar de la fiesta. ¡¡¡Cuando quisieran lavarse las manos, tendrían que hacerlo con vino!!!

Todo empezó en una boda... y "terminará" de la misma manera. La primera boda fue la manifestación del Cordero de Dios.
La última boda, será la del Cordero con su Iglesia y durará por toda la eternidad

Esa fue la primera enseñaza del Maestro. Se acabaron las tradiciones. No más tinajas de baños rituales. No más espiritualidad falsa ni santidad de dos caras. No más religiosos limpios y relucientes por afuera y llenos de maldad por adentro. No más normas inútiles que cumplir a rajatabla mientras Dios sigue esperando nuestra adoración sincera y nuestra fidelidad inquebrantable. Nada de eso, ahora la relación debe ser fresca, natural, directa, irresistible. El vino nuevo ha llegado.

Los sirvientes obedecieron inmediatamente al llevar el agua al maestresala, lo cual significó una gran dosis de fe por su parte: ¿Llevar agua cuando están esperando vino? No les importó, tomaron las tinajas y siguieron al pie de la letra las órdenes del Maestro, aunque no sabían lo que iba a ocurrir. ¿Sabes? Muchas veces Dios nos pide que hagamos cosas que no entendemos en principio, y aunque los demás se burlen porque no tiene sentido lo que hacemos, su sentido viene dado porque estamos obedeciendo a Dios. Es el secreto de una vida de fe.

Y entonces ocurrió. Como alguien expresó de una manera casi sublime "El agua vio a su Creador y se sonrojó" El agua se volvió vino en esencia, color y antigüedad. Era un vino añejo a pesar de tener sólo segundos de vida. Es la "apariencia de historia" en las cosas que Dios crea, en los milagros que Dios hace. A su manera y a su tiempo.

Jesús no multiplicó el vino como más tarde lo haría con los panes y los peces. Este era su primer milagro y quería que todos comprendiesen lo que estaba haciendo. Nada de vino viejo y sin valor. Nada de reformas o pequeños remiendos. Todo era nuevo por completo.

El Señor vino a predicar un cambio radical, total, único. No vino a mejorar lo que ellos tenían, sino a ofrecer algo completamente nuevo y fresco. Lo que los hombres estaban ofreciendo ya no tenía ningún sentido. El vino de la religiosidad había perdido todo el gozo. La ley había robado al hombre la posibilidad de disfrutar de una relación íntima con Dios, porque el pecado de cada uno puso una sima demasiado grande como para poder tomar juntos del mismo vino y en la misma mesa.

El Señor no multiplica el vino que quedaba. Él viene a traer algo completamente nuevo. No habla nunca de reformas o retoques, Él regala una vida abundante, radicalmente nueva, gozosamente radiante...

En el momento en el que lo que era inútil se terminó, el Señor cambió el agua en vino. En el mismo instante en el que nadie podía ofrecer nada, Jesús presentó su vino nuevo. Para eso fue necesario que se hubiera acabado todo. Que todos se sintieran (nos sintiéramos) indefensos y necesitados. Nada de reformas, retoques o maquillajes espirituales: La vida que el Señor ofrece es completamente nueva. Y como él mismo recordó más tarde (Juan 10:10) esa vida nueva se caracteriza por su abundancia y derroche. Seis tinajas, seiscientos litros de vino. La alegría de Dios es desbordante, seguro que entre todos los invitados de la boda no pudieron beberse ni una parte mínima de lo que Dios estaba ofreciendo.

Casi suena irrespetuoso lo que Jesús hizo ¿para que querían los invitados seiscientos litros de vino? Es obvio que no era para abusar del alcohol, sino para mostrar la abundancia de Dios, una abundancia que siempre estará presente en el ministerio del Señor Jesús. Sus milagros siempre van más allá de lo necesario: el pan y los peces sobran después de alimentar a miles de personas. Los enfermos son sanados aunque no se lo pidan. El perdón se extiende a todos, a los que lo merecen y a los que no. Jesús vivió derrochando bendiciones, abrazando lo inalcanzable, regalando momentos eternos.

Dios no es un Dios de medidas exactas, de dar lo que corresponde a cada uno de una manera perfectamente controlada. Dios es derrochador, magnánimo, dadivoso hasta lo sumo, quiere que sobre siempre. Quiere que disfrutemos de Su abundancia. Quiere que aprendamos a vivir.

LA CENA MÁS IMPORTANTE DE LA HISTORIA DE LA HUMANIDAD

La primera aparición en público del Señor con sus discípulos fue en esa boda. Tres años más tarde, y antes de ser entregado, el Señor también se encontró en una cena con sus discípulos. Esta vez a solas, quizás de una manera no tan alegre como en la boda, pero con un profundo gozo interior.

Una boda para empezar su vida pública y una cena antes de ir a la cruz.

Demasiadas coincidencias. La mano de Dios estaba detrás de todo. El vino, los discípulos, la comida, el gozo, el milagro, la compañía, las palabras, los gestos, la trascendencia de los detalles, la fiesta… Porque esa última cena también fue una fiesta aunque parezca increíble: *"Cristo, nuestra Pascua, ha sido sacrificado .Por tanto, celebremos la fiesta no con la levadura vieja, ni con la levadura de malicia y maldad, sino con panes sin levadura de sinceridad y de verdad"* 1 Corintios 5:7-8

Muchas coincidencias, pudieron pensar los discípulos, pero sólo el Señor conocía las diferencias. En la boda, Jesús es invitado; en la última cena Él es el que invita. En la boda el vino se acaba y Él tiene que darlo a todos. En la última cena Él se da a sí mismo.

Su propia sangre es el vino. Y de la misma manera lo derrocha, lo ofrece, lo regala. El ejemplo más sublime de la historia. El mismo se da a todos. Regala su propia vida por amor a nosotros.

En la boda hay muchas personas y todos viven la alegría del momento. Al final de su vida son muy pocos los que quedan con El. Y todos se entristecen.

Esa última cena nos enseña el valor que tienen los amigos en los momentos más difíciles. Jesús no invitó a los principales de la ley o a los maestros a esa cena. No quiso explicarles lo que iba a hacer, para que comprendiesen de una vez el significado de la pascua, el valor del Cordero de Dios muriendo por la humanidad y así ellos pudieran enseñarlo al pueblo.

Jesús invitó sólo a sus amigos.

Quiso pasar con ellos los últimos momentos. Quiso que ellos mismos fueran los que disfrutaran de los recuerdos en el futuro. Desnudó delante de ellos su corazón y sus sentimientos. Habló con ellos largo tiempo, como si nada más tuviese valor, como si no hubiese día siguiente. Habló, y volvió a hablar, casi sin parar un momento. Les explicó lo que tenía en el fondo de su alma y nos dio a nosotros la posibilidad de conocer también parte del corazón de Dios.

Puede que esa sea la razón por la que el Señor Jesús quiso que recordásemos esa última cena. No instauró ningún oficio ni ministerio acerca de sus enseñanzas, o de sus milagros. Ni siquiera instauró una fiesta religiosa que recordase la resurrección de Lázaro, la multiplicación del pan o algún otro evento que nosotros consideraríamos importante. Lo que siempre quiso fue que recordásemos su última cena.

Que cada vez que tomamos pan o vino (sean cuales sean las circunstancias) le recordemos a El. Que cada vez que comamos juntos, El esté presente. Que no le olvidemos nunca, que El Señor sea tan trascendental en nuestra vida que no podamos entender nuestra existencia sin El.

No quiso dejar establecido un sacramento espiritualmente serio, solemne y respetuoso, como nos gusta hacer a nosotros. Simplemente cenó con sus amigos y nos dijo que le recordásemos cada vez que nosotros hacemos lo mismo. Cada vez que comemos.

Gratitud y recuerdo.

O recuerdo y gratitud, casi es lo mismo. Esa es la actitud que Dios espera de nosotros siempre que hablamos de lo que significó la última cena. Debe ser nuestra actitud mientras esperamos esa cena que va a venir, esa boda de la que formamos parte.

La eternidad quedó reflejada en un solo acto. Pasado, presente y futuro en un solo momento. "Cada vez que lo recordáis, (hoy) mi muerte (ayer) anunciáis, hasta que venga (mañana)". Ningún otro acto religioso, litúrgico, social, o del ámbito que queramos tiene el mismo valor que el recuerdo de aquella sencilla cena, porque nada es comparable a la amistad del Señor Jesús.

Simplemente cenó con sus amigos, y nos dijo que le recordásemos cada vez que hacemos lo mismo.

Ese fue el plan de Dios. La vida pública del Señor Jesús comenzó en una boda, y su vida "pública" terminará en otra boda, la Biblia la llama "las bodas del Cordero". En la primera boda el Señor y sus discípulos fueron invitados, al final de los tiempos será su propia boda con la Iglesia. Con la esposa que El mismo compró con su propia sangre.

Esa es la meta de toda la historia, el punto final y definitivo: las Bodas del Cordero. Nosotros, los que creemos en El, somos los enamorados del Señor. Vivimos en un proceso de noviazgo permanente hasta el día de nuestra muerte, hasta que nos encontremos cara a cara con El.

No necesitamos mirar a nadie más, vivimos permanentemente con los ojos brillantes de quién está profundamente enamorado. No queremos amar a nadie más que a El. Nadie puede amarnos tanto como El, y nadie puede emocionarnos como El. Cada momento, cada segundo de nuestra vida, cada recuerdo y cada proyecto está unido a nuestro Novio.

Y nuestro futuro será una fiesta de bodas permanente.

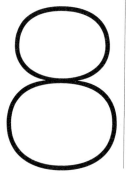

"No tiene aspecto
hermoso
ni majestad para
que le miremos"
—Isaías 53:2

8

VIVIENDO CON PASIÓN

Todavía existen países en los que la figura de los reyes es importante. España es uno de ellos. A pesar de vivir con un gobierno democrático dónde políticamente tienen muy poco valor, y por muy cercanos que quieran estar de sus súbditos, siempre hay barreras imposibles de superar. Muy pocos pueden estar con ellos, comer en su casa, o incluso hablarles personalmente. Nadie puede acercarse a ellos en cualquier momento, aunque sea por una causa importante. No quiero ni pensar cómo serían los reyes absolutos de antaño, que con una sola palabra podían enviarte a la hoguera o quitarte todas tus posesiones sin que nadie pudiera defenderte.

La majestuosidad, la realeza, la distancia, la inaccesibilidad son características imposibles de superar para los súbditos. No puedes molestar a tu rey por cualquier causa. No puedes acercarte a él, sólo porque tengas un problema grave. No puedes encontrarlo en la calle mezclado con la gente normal. Ellos tienen su imagen, su custodia, su séquito.

Cuando el Rey de reyes se hace hombre, destroza todas las imágenes e ideas que nosotros teníamos. El Creador majestuoso se pasea entre las multitudes, se detiene y abandona su "trabajo" para acariciar a un niño. Abandona a todos cuando un pobre necesita ayuda. El Señor Jesús nos muestra la tierna majestad del Todopoderoso. La cercanía de quién creó al hombre para disfrutar de una relación personal con El. Jesús ama a la gente. Se emociona paseando y hablando con cada persona. Nos impresiona acercándose a los despreciados, tocando y abrazando a todos en un deseo sublime de mostrar la compasión del Padre. Esa es su manera de ser.

LA TERNURA DE DIOS

El Señor Jesús se acerca a los despreciados de la sociedad. Abraza a aquellos a quienes estaba "prohibido" por la ley tocar. Busca la compañía de los "inútiles", los desheredados, los solitarios. Se compromete con aquellos a quienes todos dejan de lado. Se atreve a tocar a los leprosos, resucita a la hija de Jairo tomándola de la mano, pone Su mano sobre los enfermos y toca los ojos de los ciegos para sanarlos. Quiere que todos sepan que Dios está cerca, al lado de todos, y quiere no solamente que lo sepan, sino que lo sientan también.

Ama a la gente, se acerca a los niños y los bendice. Los toma en su regazo. Abraza a los suyos en momentos que ellos lo necesitan. Expresa la ternura y el amor de Dios de una manera tangible para todos. Vive tan cerca de su pueblo, que se confunde con él. Tanto como nadie lo ha hecho antes ni lo hará en el futuro.

Dios no sólo está en su trono gobernando el Universo, también está a nuestro lado tocando nuestra vida... espiritualmente y fisicamente.

El profeta lo había definido muy bien: Había dicho del Mesías que "no discutiría ni gritaría" (Mateo 12:19). Jesús jamás se presentó como el maestro que se impone, sino como el amigo que razona. No necesita dar explicaciones y opiniones sobre las cosas, sencillamente expone la verdad y espera que sea aceptada. Tenía todo el derecho a ser escuchado, pero es El quién escucha y pregunta.

Jesús vive siempre desbordando la ternura de quién no quiere imponer su razón. Aunque Pedro y los demás aseguran que no van a dejarlo, y él sabe que mienten, no se lo echa en cara, y calla. Deja que el tiempo y las circunstancias enseñen a los más arrogantes… "Pedro con insistencia repetía: Aunque tenga que morir contigo, no te negaré. Y todos decían también lo mismo (Marcos 14:31)" Dios sigue comportándose de la misma manera, y no interviene cada vez que nosotros vamos en contra de su voluntad. Sencillamente observa y permite que nosotros lleguemos a nuestras propias conclusiones equivocadas. Dios no grita ni da voces, ni sale vencedor de cada discusión con la sonrisa casi cínica de quién tiene razón.

Muchas veces Jesús calla para ganar el corazón. Deja de discutir para llegar al fondo del alma. Enseña y extiende su mano para que jamás nos encontremos solos. Aunque nos hayamos equivocado.

El Señor Jesús dedicó más tiempo a luchar contra el dolor, que a proclamar su mensaje

Dedicó más tiempo a luchar contra el dolor, que a proclamar el mensaje.

Se preocupó del sufrimiento de la gente. Vivió más pendiente de los demás que de su propia fama. No quiso ser un líder de masas, vino para abrazar a cada persona. Su tiempo estuvo dedicado a restaurar a los que sufren, a estar al lado de los necesitados, a compartir el dolor de todos. Fue hasta la cruz como el último y definitivo paso de su amor por nosotros, para llevar nuestras propias culpas. No sólo habló del amor, sino que lo demostró.

Lo demostró en cada uno de los detalles de su vida. Se ocupó de la gente cuando no tenía nada que comer porque no quería que sufriesen *"no quiero enviarlos en ayunas, no sea que desfallezcan en el camino" (Mateo 15:32).* Se preocupó de sus discípulos en todo momento. Los "tocó" (Mateo 17:7) cuando tenían miedo y estaban llenos de dudas. No hay nada como sentir el abrazo de un amigo cuando estamos temerosos. Y mucho más si el brazo que rodea nuestro hombro es el del Creador. Cuando supieron que Juan el bautista había muerto, los abrazó y los llevó a todos a un lugar solitario para descansar (Marcos 6:31).

*La única manera de tener compasión
es vivir la vida con pasión*

Nos enseñó que no hay otra manera de vivir una vida cercana al Padre. El mismo jamás predicó desde la plataforma de su propia superioridad. No quiso explicar los misterios del reino subido en la grandeza de sus palabras o lo milagroso de sus acciones. Su única razón de ser era la compasión. Lo que movió el corazón de Dios fue el amor desinteresado por todos. Un amor que iguala, que explica la grandeza de Dios poniéndose a la misma altura que el pecador. Una compasión que se vive con toda la pasión de la eternidad.

LA COMPASIÓN DE DIOS

> *"Jesús recorría todas las ciudades y aldeas, enseñando en las sinagogas de ellos, proclamando el evangelio del reino y sanando toda enfermedad y toda dolencia. Y viendo las multitudes, tuvo compasión de ellas, porque estaban angustiadas y abatidas como ovejas que no tienen pastor." Mateo 9:35-38*

Recorría todas las ciudades porque sabía que todos le necesitaban. En cierto modo no le importaba si le escuchaban o no. Sabía que el evangelio del reino necesitaba ser proclamado en todos los lugares. Nosotros muchas veces sólo vamos a dónde nos quieren. Sabemos que muchos otros nos necesitan, pero sucumbimos a la tentación de juzgar la validez del mensaje por los resultados que tenemos.

El Señor enseñaba en todos los lugares, e iba a las sinagogas, el lugar dónde estaba la gente. Buscó a los necesitados, no esperó a que viniesen a escucharle. Tenía todo el derecho a hacerlo, El era Dios mismo hecho hombre, pero aún siendo el mejor maestro que Israel había tenido, buscaba a la gente, no se secundaba en su propia sabiduría para esperar que la gente viniese a El.

El Salvador vivía sanando toda enfermedad, comprometiéndose con los problemas de la gente. Se preocupaba de lo que la gente sentía: no vino a proclamar un mensaje sin vida, vino a involucrarse completamente en la vida de cada uno de nosotros. En nuestros dolores. En nuestra necesidad.

Compasión.

¿Alguna vez nos paramos a contemplar a las personas que están a nuestro alrededor? ¿Cómo las vemos? ¿Cómo un producto más en nuestro afán de tener más poder, dinero o placer? La Biblia dice que al Señor "se le conmovían las entrañas" cuando contemplaba a la gente.

"Angustiadas" Así veía a las personas. ¿Cómo las vemos nosotros?

El Señor pide que oremos para que Dios "envíe" obreros. Literalmente dice "que los conduzca afuera", como si Dios tuviese que empujar a personas al ministerio. Si no lo crees, piensa en cuantas veces Dios ha tenido que obligarte a ti. Porque muchas veces caemos en la frialdad de un corazón vacío y nos quedamos tranquilos en nuestro cómodo cristianismo.

El Mesías siempre buscó a los que tenían el corazón roto. A los que vivían despreciados y agobiados. Aún siendo rechazado, seguía invitando, una y otra vez.

¿Cómo reaccionamos cuando nos rechazan? ¿Qué hacemos cuando estamos dando lo mejor a todos, y de repente nos desprecian y miran hacia otro lado? ¿Qué hacemos cuando sabemos que alguien nos está criticando, o está diciendo mentiras a nuestras espaldas?

> *"Entonces comenzó a increpar a las ciudades en las que había hecho la mayoría de sus milagros, porque no se habían arrepentido (...) Venid a mí, todos los que estáis cansados y cargados, y yo os haré descansar" Mateo 11: 20,28*

No hay palabras de reproche en su oración, sino compasión y ternura. El rechazo hizo que El se concentrase más en sus "armas": el amor, la gracia, la compasión. Cuanto más le despreciaban, mas quería El ganar por amor.

Muchas veces sintió la desolación de quién no puede cambiar el destino, de quién no puede imponer la felicidad a la fuerza, de quién no quiere romper la libertad del individuo para enseñarle que pierde la gran oportunidad de su vida. Lloró por Jerusalén. Conocía perfectamente a sus habitantes. Sabia que iban a llevarle a una cruz., escupirle, y hacer fiesta cuando le estaban matando, pero él lloró por ellos.

> "*¡Jerusalén, Jerusalén, la que mata a los profetas y apedrea a los que son enviados a ella! ¡Cuántas veces quise juntar a tus hijos, como la gallina junta sus pollitos debajo de sus alas, y no quisiste!*" Mateo 213:37

El Mesías lloró por mí. Y por ti.

LOS SENTIMIENTOS DE DIOS

Jesús jamás ocultó sus sentimientos. La Biblia dice que se entristeció (Mateo 26:37) y no le preocupó lo que pudieran pensar los demás. Quizás muchos no soportarían creer en un Dios débil, pero él mismo lo afirmó con sus propias palabras: "Mi alma está muy triste". No quiso aparentar, ni aparecer como un superhombre que no duda en ir a la muerte. No quiso aparecer como alguien tan espiritualmente maduro que las circunstancias no le influyeran en absoluto.

Nuestras lágrimas quedaron redimidas esa noche, la tristeza pasó a ser parte de nuestro lenguaje, el temor se reconcilió con el ser humano, cuando el hijo de Dios los aceptó como invitados en Su propia vida. El Rey de reyes y Señor de señores elige ser señalado por su dolor y su angustia. El Dios Salvador muestra su temor delante de sus amigos. Desde entonces, nadie puede estar triste sin recordar las palabras de Jesús. Nadie puede vivir en angustia sin saber que Dios mismo la escogió como compañera.

La lepra, la mejor excusa para la compasión.

Algunas cosas parece que han cambiado mucho. En aquel momento de la historia, los leprosos eran odiados en la sociedad. Nadie podía acercarse a ellos, ni siquiera su propia familia. Los desconocidos los mantenían a distancia echándoles piedras. No les dejaban beber en las fuentes o los ríos para que no los contaminasen. Ni siquiera sus amigos tenían el valor suficiente como para acercarse a ellos ¡Mucho menos para amarlos!

Todos sabemos que es muy difícil amar aquello que no se puede abrazar.

Nada podía ser peor en la vida que tener la lepra. Y aún más, la lepra era considerada no sólo el tipo del pecado, sino también la impureza que el pecado ocasiona. El leproso pasaba a ser despreciado para siempre perdiendo todo contacto personal con los demás. Esa sí era una situación sin esperanza. El leproso era considerado así hasta la cuarta generación, para que no hubiese posibilidad de contagio. Cuando algún desconocido se acercaba, debían gritar "Impuro, Impuro" para que nadie se acercase a menos de un par de metros (seis pies) de distancia y ser contagiado. Algunos rabinos decían que si el leproso se acercaba, no había problema en apedrearlo. Aún conociendo lo que ocurre con los enfermos de sida en la actualidad, y el desprecio irracional al que son sometidos, su situación no es tan terrible como lo era en aquel momento para los leprosos.

Pero el Señor se acercó a ellos, Los tocó y los abrazó. Ese fue el evangelio del reino para ellos. El Mesías hizo suyo su pecado y con él su desprecio y su odio. Cuando la gente llegó a conocer que tocaba a los leprosos, muchos no quisieron acercarse más a El.

Jesús no explicó a los leprosos la razón de su enfermedad. No les dio una lista de doctrinas en cuanto a lo que podían o no podían hacer. No les habló de las injusticias de la vida y de la razón del mal en el Universo. El los tocó. Los abrazó por primera vez en muchos años. Después de muchos meses viviendo el desprecio de todo el mundo, cada leproso al que se acercaba el Señor sentía físicamente el abrazo de alguien: de Dios mismo.

Al leer los evangelios da la impresión de que Dios no quiere ser obedecido en primer lugar, sino amado

El es nuestro Ejemplo. Jesús tocó a los intocables, a los despreciados, a los olvidados... Cuando leemos los evangelios, siempre terminamos con la impresión de que el Señor no quiere ser obedecido en primer lugar, sino ser amado.

Déjame que te pregunte, ¿Cómo reaccionamos nosotros ante tal ejemplo? ¿Qué está ocurriendo hoy con los enfermos de sida? ¿Y con los pobres, los marginados, despreciados, drogadictos y vagabundos, que viven en nuestras calles?

Compasión, difícil palabra y mucho más difícil su aplicación en nuestra vida y la de nuestras Iglesias. Olvidamos que nuestro corazón debe estar deseando vivir cerca de la gente, preocupándonos por los que sufren. Sufriendo con ellos. Llorando por los que se pierden. Así es nuestro Maestro: Accesible, el ser más cercano que haya existido jamás.

Jamás debemos olvidar que una persona se parece más al Señor cuanto más accesible es. Un cristiano alcanza la madurez cuando es más cercano, más amigo, cuando está más próximo a los demás. Es triste, pero es justo lo que no podríamos decir de muchos líderes de Iglesias y organizaciones, porque es casi imposible acercarse a ellos.

Quizás no estaría de más decir que gran parte del carácter de Cristo en nuestra vida se ve en nuestros ojos, en nuestra mirada. En cómo vemos a los demás. En cuanto lloramos por ellos. El carácter de Cristo desborda nuestra vida cuando somos capaces de verlos con los mismos ojos que los veía el Señor. Porque la compasión viene de aquello que nuestro corazón es capaz de reflejar en nuestros ojos.

Porque no podemos tener compasión si no vivimos con pasión.

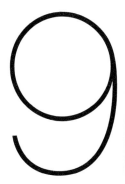

"No tiene atractivo para que le deseemos"
—Isaías 53:2

9

ALGUIEN MAYOR QUE TODO

Cada vez que pregunto a alguien cuál es el momento en el pasado al que le gustaría viajar, inmediatamente la mayoría responde "Cuando Jesús estaba en la tierra físicamente". A casi todos nos gustaría ver al Mesías recorriendo Palestina, enseñando, sanando, haciendo milagros. La cuestión es si le reconoceríamos. Si no hubiéramos leído los evangelios y nadie nos dijera que El era el Mesías, ¿le habríamos descubierto, sabríamos que El era Dios hecho hombre? ¿Le seguiríamos?

> *"Por aquel tiempo Jesús pasó por entre los sembrados en el día de reposo; sus discípulos tuvieron hambre, y empezaron a arrancar espigas y a comer. Y cuando lo vieron los fariseos, le dijeron: Mira, tus discípulos hacen lo que no es lícito hacer en el día de reposo. Pero El les dijo: (...) ¿no habéis leído en la ley, que en los días de reposo los sacerdotes en el templo profanan el día de reposo y están sin culpa? Pues os digo que algo mayor que el templo está aquí. Pero si hubierais sabido lo que esto significa: "Misericordia quiero y no sacrificio", no hubierais condenado a los inocentes. Porque el Hijo del Hombre es Señor del día de reposo" Mateo 12:1-8*

Los líderes religiosos de su tiempo no quisieron reconocerle. Jesús se salió completamente de sus expectativas, de lo que ellos habían esperado. Querían un Libertador, un vengador casi justiciero, y desde luego, un Rey que los nombrase a ellos como sus súbditos principales. Por eso no lo vieron ni lo reconocieron. Hablaron en muchas ocasiones con Él, pero sólo para discutir. Querían imponer su manera de ver las cosas, y no aceptaron la manera de hablar del Señor, ni su manera de enseñar, ni siquiera su actitud en la vida. Nada de lo que Jesús hacía les pareció bien.

El Señor les habló de Uno mayor que el templo, mayor que el día de reposo, mayor que todas las cosas. Estaba allí, con ellos. Pero no quisieron escucharle.

¡Qué torpes fueron al no darse cuenta que el Mesías era el Señor del templo! Él mismo había hecho la ley, y el templo era la morada de su Padre. Nada ni nadie merece más gloria que El Hijo de Dios. Un día el templo y todas las cosas serán destruidas, pero Él permanecerá para siempre. *"Porque Él ha sido considerado digno de más gloria que Moisés, así como el constructor de la casa tiene más honra que la casa"* Hebreos 3:3

Jesús es mayor que las creencias, que las doctrinas, que los ritos y las tradiciones, que la propia Iglesia, y sus dirigentes "Alguien mayor que todo" Si el Señor no ocupa el primer lugar, el cristianismo no es nada. Conocer al Señor de una manera intelectual y fría sin que eso influya en absoluto en nuestra vida es casi peor que no haber oído nunca de su amor y su sacrificio por nosotros. ¿En quién está nuestra confianza? ¿En las doctrinas? ¿En las leyes? Hay alguien mayor que todo eso, y está aquí.

Conocer al Señor de una manera intelectual y fría sin que eso influya en absoluto en nuestra vida es casi peor que no haber oído nunca de su amor y su sacrificio por nosotros.

Hay Uno mayor que nuestro pecado. El único que puede, sabe y quiere perdonarnos. Nuestro pasado no es nada comparado a nuestro Señor. Alguien mayor que toda especie de mal, Alguien mayor que el diablo y todos sus ángeles. A veces los creyentes vivimos preocupados, y a veces hasta obsesionados con lo que el maligno puede hacer sin darnos cuenta que uno mayor que el diablo está con nosotros.

Muchos pasan tanto tiempo examinando las características y la manera de actuar del príncipe del mal, que prácticamente no tienen tiempo para disfrutar de su Señor. Ese es el problema de los que ven al diablo por todas partes, en todas las situaciones, dentro de prácticamente todas las personas, en casi todas las circunstancias… Alguien mayor que Satanás está con nosotros.

El Señor es mayor que cualquier situación o dificultad. Mayor que las tormentas de la vida, mayor que cualquier noticia inesperada, mayor que nuestra ansiedad, que nuestras frustraciones, mayor que nuestro miedo, inseguridad, soledad, y cualquier otra cosa que nos haga sentir desgraciados. El es mayor que todos nuestros errores, nuestros recuerdos, o nuestras desilusiones.

Vivimos como si lo más importante en nuestra vida fuese lo que ya pasó, sin darnos cuenta que lo mejor está por venir. No debemos atormentarnos con los recuerdos, con la desilusión de lo que no hemos hecho, con la frustración de nuestros errores pasados y la intranquilidad de creer que podríamos haber sido alguna otra cosa. Alguien mayor que todo eso está con nosotros. Alguien que nos conoce y nos ama, que sabe exactamente lo que sentimos y lo que deseamos, Alguien que jamás nos abandona.

Muchas veces ocurren cosas en nuestra vida que no entendemos, situaciones que nos sobrepasan, momentos en los que sólo podemos llorar, preguntamos al Señor y esperamos sus respuestas, pero el sufrimiento parece no querer irse. Uno mayor que el sufrimiento está con nosotros, alguien que no nos abandona. Alguien mayor incluso que la propia muerte. (1 Corintios 15:55-57)

Nadie es como El. Nada puede ocupar su lugar. Alguien mayor que nuestros secretos escondidos. Mayor que nuestras diversiones, nuestro trabajo, o nuestros "dioses" ocultos. Alguien mayor que cualquier otra cosa que puedas poner en la lista. El es mayor que todo, no importa lo que quieras añadir. Puedes ponerle nombre y apellidos a tu situación, porque alguien mucho mayor está aquí. Jesús es el Señor de todas las cosas.

"Los hombres de Nínive se levantarán con esta generación en el juicio y la condenarán, porque ellos se arrepintieron con la predicación de Jonás; y mirad, algo más grande que Jonás está aquí. La Reina del Sur se levantará con esta generación en el juicio y la condenará, porque ella vino desde los confines de la tierra para oír la sabiduría de Salomón; y mirad, algo más grande que Salomón está aquí". Mateo 12:40-42

Jonás era admirado por los judíos por su liberación milagrosa. Le entendían perfectamente, porque ellos también esperaban que los de Nínive fuesen destruidos, por cuanto ellos se creían el único pueblo de Dios. Jesús tuvo que recordarles que el pueblo de Ninive simplemente creyó en las palabras de Jonás, en su predicación y fueron salvos. Los judíos estaban escuchando ahora al Predicador con mayúsculas, a la Palabra hecha carne, a Aquel en quién podían confiar ciegamente porque era Dios mismo hablándoles, Alguien mayor que Jonás. Pero ellos no quisieron escucharle.

Ningún siervo de Dios puede estar ni siquiera a la altura de su Señor.

Uno mayor que Jonás. La misma lección que no supieron aprender los religiosos de ese tiempo, sigue siendo una de las más difíciles para nosotros. Puede que sea una de las lecciones más importantes en la historia del cristianismo.

Ningún siervo de Dios puede estar ni siquiera a la altura de su Señor. En nuestro mundo, lleno de religiones y sectas, abundan los que se colocan a la altura de Dios. Jesús es mayor que todos. Alguien mayor que todos los predicadores, cantantes, escritores, músicos, misioneros, líderes, profetas, apóstoles, obispos, pastores, maestros, evangelistas y cualquier otro nombre que nos pongamos.

Si no somos capaces de aprender esto, el cristianismo seguirá enfrentando los mismos problemas que ha tenido a lo largo de su historia. Problemas con personas que se han creído casi tan importantes como Dios, de hecho algunos se lo siguen creyendo. Personas que quieren "controlar" a Dios, que dicen que El hace lo que ellos dicen.

Incluso nos hacemos llamar de determinadas maneras para despertar admiración hacia nosotros. Algunos son obispos, para distinguirse de los pastores, otros profetas e incluso apóstoles, para distinguirse de los obispos, y así sucesivamente. ¡Incluso alguno dice que es el representante de Cristo en la tierra!.. Puede que todos tengan muy buenos motivos, pero en el fondo, damos la impresión de que queremos estar por encima de los demás y ser más reconocidos que los demás.

Nuestro Señor, el mayor de todos, el Rey de reyes se convirtió en nuestro siervo por amor a nosotros. Nunca nos parecemos tanto a El y El se siente mejor con nosotros como cuando somos siervos. Y tampoco debemos caer en la tentación de ser considerados, como a veces decimos "grandes siervos de Dios", porque esas dos palabras no pueden ir juntas. O somos grandes o somos siervos. Así de sencillo.

Nadie puede acercarse a la majestad de Dios. Cuando hacemos las cosas tal y como debemos, cuando somos y actuamos como el Señor espera de nosotros, cuando hemos llegado a trabajar de tal manera que todos se "sienten orgullosos" de nosotros, debemos recordar que, tal y como el mismo Señor dijo, sólo somos siervos inútiles. Quizás la próxima vez que alguien me presente en algún lugar, debería decir "Con nosotros el siervo inútil Jaime Fernández". Eso sí sería un buen título, porque nos recordaría continuamente el privilegio más grande que existe en la tierra, el de ser sencillamente, siervos del Maestro.

¿Recuerdas? "Alguien mayor que todos está aquí"... Alguien que tiene todos los derechos en nuestra vida. Los contemporáneos de Jesús creían que Salomón había sido el "hombre" por excelencia, ninguno podía compararse con él. Muchos habían venido de lejos para escuchar a Salomón y para contemplar su hermosura y sus riquezas. Sin embargo, en este momento, los principales sacerdotes, los responsables de la vida espiritual del pueblo, no daban dos pasos para escuchar al Señor Jesús...

¡Cuantas veces nosotros hacemos lo mismo, invertimos tiempo y tiempo en escuchar a hombres, en leer sus libros, en conocer sus opiniones!... Mientras dejamos pasar el tiempo sin escuchar al Señor, sin estar momentos a solas con El, sin buscarle por medio del Espíritu de Dios. Dejamos de escuchar y obedecer a nuestro Padre, porque quizás estamos demasiado ocupados en escuchar y obedecer a muchos "Salomones".

Poco a poco nuestra vida cristiana va perdiendo el entusiasmo y el impacto en el mundo que nos rodea porque vivimos enfangados en nuestras propias palabras, nuestro conocimiento casi infantil y nuestras doctrinas inventadas. Sin recordar que Alguien mayor que todo esta aquí.

DIOS ESTÁ MUY POR ENCIMA DE LA LEY

Muchos no quisieron entender que el Señor Jesús estaba muy por encima de todas las cosas. Incluso por encima de la ley. Cumpliéndola sí, pero haciéndolo siempre en su verdadero significado, pasando por alto muchas veces lo que llamaríamos la "letra pequeña".

No porque no tuviese que cumplir toda la ley, sino porque El sabía exactamente en cada momento cual era su Espíritu, la razón por la que había sido promulgada. Al fin y al cabo la ley no fue dada para "atar" a Dios, sino para mostrar lo más posible de su carácter. No para esclavizar a Dios en sus propios principios, sino para darlo a conocer a los hombres.

El evangelista Mateo nos cuenta la situación en la que Jesús se acercó a los endemoniados, a pesar de que cumplían varios requisitos para ser despreciados:
1. Eran extranjeros
2. Vivían en sepulcros, por lo tanto eran inmundos.
3. Estaban endemoniados, nadie podía acercarse a ellos. (Mateo 8:28-34)

Jesús pasó por encima de la ley para sanarlos. De la misma manera, el Señor "quebrantó" en varias ocasiones el día de reposo: *Pero El sabía lo que ellos estaban pensando, y dijo al hombre que tenía la mano seca: Levántate y ven acá" Lucas 6:7-8*. Los mismos maestros de la ley habían dejando escrito que no se podía hacer barro en el Sábado. Jesús lo hizo a propósito para sanar al ciego. Alguien mayor que la ley estaba con ellos.

En otra ocasión, Lucas nos dice en su evangelio (7:11-17) que hizo parar un cortejo fúnebre, y tocó el féretro y al muerto. Era la mayor impureza ceremonial, la de peor tipo, e iba en contra de todas las tradiciones y de la ley. Rompía además una de las peores supersticiones de los judíos, pero a El no le importó. El Mesías quiso pasar por encima de sus normas y supersticiones para resucitarlo. Alguien mayor que todas las supersticiones estaba allí, y sigue estando aquí con cada uno de nosotros.

Todos los pueblos defienden más sus costumbres que sus leyes

El evangelista Juan escribe varios detalles importantes en el encuentro del Señor con la samaritana que revelan el carácter de Jesús y su libertad absoluta.

Los judíos y los samaritanos no podían hablar en público, pero el Señor lo hizo. Ningún hombre habría hablado siquiera con su propia esposa delante de otros. Las normas sociales de la época lo prohibían. El Señor no sólo habla con una mujer, sino que lo hace con una samaritana. Y con una de las "peores" según ellos, porque todos sabían que vivía en pecado.

Jesús se quedó dos días en la casa de los samaritanos sin preocuparse de lo que la gente decía. Judíos y samaritanos no podían verse, ni podían estar juntos (Juan 4:40) Pero el Señor lo hizo. Los maestros de aquel tiempo habían anunciado que ningún judío podía comer con los samaritanos, porque eso le hacía ceremonialmente impuro delante de Dios. Al Señor no le importó en absoluto. El sigue siendo Alguien mayor que todas las normas sociales.

Jesús no fue a ver al sacerdote después de haber tocado a un leproso.

Ninguna mujer podía tocar a un hombre que no fuese su esposo, pero al Señor no le importó que una prostituta ungiese sus pies llorando.

"Jesús le dijo: Levántate, toma tu camilla y anda. Y al instante el hombre quedó sano, y tomó su camilla y echó a andar. Y aquel día era día de reposo" (Juan 5:9.) El Señor sanó al paralítico en el día de reposo, y pudo haberle dicho que cuidase lo que estaba haciendo. Pero no lo hizo. Le ordenó "toma

tu lecho y anda". Eso iba directamente en contra de la ley, Pero al Mesías no le importó. El paralítico de Betesda fue al templo andando y llevando su lecho porque quería dar gracias a Dios, para el Señor eso estaba bien hecho, aunque según la ley merecía la muerte.

Dios había establecido el Sábado no sólo para descansar, sino para estar con sus hijos, para que todos disfrutásemos de la adoración y la presencia del Creador. El descanso no es nada si no utilizamos ese tiempo para compartirlo con nuestro Creador. La ley pierde su sentido si no nos acerca a nuestro Dios.

Jesús es el Señor del día de reposo. Jesús anduvo en el Sábado mucho más de lo que estaba permitido, y todos lo vieron. Ellos pensaban que Jesús no podía ser Dios si les desobedecía a ellos. Esa era la razón de todos sus desprecios. No era un problema espiritual, sino de orgullo.

Muchos siguen queriendo controlar a Dios.

Muchos que se llaman seguidores del Maestro creen que El sólo puede hacer lo que ellos le permiten. Quizás no lo dicen así de una manera tan clara, pero en el fondo es lo que piensan.

El Señor siempre quiso enseñar principios de vida, y no normas... No tenemos listas de lo que debemos o no debemos hacer.

Jesús no vino para promulgar leyes, sino para mostrarnos el carácter del Padre. El siempre habló de los principios del reino, no de una serie de normas a seguir. Nadie puede entrar en el reino por haber cumplido todas las normas. En el reino de Dios lo que es válido es seguir el carácter de Dios, ser su hijo, no vivir una vida perfecta.

No hay listas de pequeñas cosas que no podemos hacer, u obligaciones de un verdadero hijo de Dios. Podemos ser casi perfectos al cumplir lo que nos piden, o no hacer lo que no debemos, pero estar fallando al mismo tiempo en los principios, porque podemos hacerlo por orgullo, por la arrogancia de que nos vean, por ganar el favor de Dios, o por muchas otras motivaciones equivocadas. En ese caso, el orgullo es el peor de nuestros fallos.

Dios quiere "obligarnos" a pensar. El es mayor que todas las cosas. Dios quiere que nuestra vida dependa de hablar con El, de comprenderle, de buscarle, de que realmente lleguemos a comprender su carácter por medio de su Espíritu. Lo importante no son las normas. Lo que nos hace crecer no es comprobar todas nuestras decisiones en una lista de lo que podemos o no podemos hacer.

Porque cuando tenemos leyes, queremos vivir con ellas y no necesitamos a Dios. Es mucho más fácil, sabemos lo que podemos o no podemos hacer y ya está. Nos sentimos "buenos" Nuestra vida cambia radicalmente cuando comprendemos que alguien mayor que todo está aquí. Aprendemos a vivir cuando nos acercamos a nuestro Creador antes de tomar nuestras decisiones. Y nos acercamos para conversar, para conocer, para razonar, para obedecer; no para pedir una lista de lo que es lícito o no.

En ese proceso comprendemos que no hay nadie mayor que el Señor Jesús. Y poco a poco le conocemos más, sabemos como piensa, como es el carácter del ser más impresionantemente feliz que existe. En esos momentos aprendemos a decidir, conocemos lo que es bueno y lo que no. Sabemos lo que nos ayuda a crecer en nuestra libertad y lo que nos la quita, porque cada hora que pasamos con El, nos ayuda a conocerle más. .

Y sobre todas las cosas nos parecemos más a El, porque cada día que pasa aprendemos a ser inmensamente santos y felices como El es.

Alguien mayor que todo.

Lucas 4:22

Isaías 61:1-2

Hebreos 1:9

"*Y Todos* hablaban bien de El se maravillaban de las palabras llenas de gracia que salían de su boca"

"*El Espíritu* del Señor Dios está sobre mí, porque me ha ungido el Señor para traer buenas nuevas a los afligidos; me ha enviado para vendar a los quebrantados de corazón, para proclamar libertad a los cautivos y liberación a los prisioneros; para proclamar el año favorable del Señor…"

"*Dios* te ha ungido con aceite de alegría"

Consejero

"El Espíritu del Señor está sobre mí"
—Isaías 61:1

10

UN DIOS AL ALCANCE DE LA MANO

Se puso en pie cuando leyó en público por primera vez el libro de Dios, y todos le miraron. Le conocían todos. Habían oído lo que la gente decía de sus hechos milagrosos, sus palabras, la fama que tenía. El mismo había estado en la sinagoga muchas veces, pero hasta ese momento el Maestro de Nazaret no había abierto el rollo de la ley delante de todos. Es como si no se hubiese presentado.

Llegó el día. Aunque tenía por costumbre ir a la sinagoga y todos sabían que era un hombre temeroso de Dios, éste era el día en el que iba a comenzar a leer la ley en público. Le dieron el libro del profeta Isaías. Dios Padre, que siempre está detrás de todos los detalles, está moviendo también el corazón de ellos para que se cumplan las palabras del profeta… Y el Señor comenzó a leer.

Mejor dicho, comenzó a recitar, porque las palabras salieron de su propio corazón.

> *"El Espíritu del Señor está sobre mí, porque me ha ungido para anunciar el evangelio a los pobres. Me ha enviado para proclamar libertad a los cautivos, y la recuperación de la vista a los ciegos;*

para poner en libertad a los oprimidos; para proclamar el año favorable del Señor. Cerrando el libro, lo devolvió al asistente y se sentó; y los ojos de todos en la sinagoga estaban fijos en El. Y comenzó a decirles: Hoy se ha cumplido esta Escritura que habéis oído" Lucas 4:16-21

Todo se cumplió. Proclamó el evangelio del reino y lo hizo con el poder del Espíritu Santo. Incluso los que no creían en El dijeron que nadie enseñaba como El lo hacía. Hablaba con una atracción irresistiblemente amable. Desde los más incrédulos a los que le oyen con la boca y el corazón abierto no podían dejar de escucharle.

UN DIOS ACCESIBLE

Tenía treinta años cuando comenzó su ministerio, era joven y alegre. La mayoría de sus discípulos también eran así, algunos de ellos incluso eran más jóvenes. A veces, esperamos a que una persona alcance la madurez de los años para confiar en ella. El Señor era confiable desde el primer momento y escogió a gente joven para confiar en ellos.

Era accesible y vivió muy cerca de la gente. Lo suficiente como para no proteger su prestigio ni preocuparse por su posición. Nosotros vivimos angustiados por lo que la gente piensa o por problemas de autoestima, el Señor se lanzó al ministerio vestido con la fuerza y la belleza de la juventud. Y vivió de esa manera cada minuto de su vida, rodeándose de hombres y mujeres con las mismas características. Esa fue la imagen que dejó entre nosotros.

Contrariamente a lo que muchos de sus seguidores aparentan, a El no se le vio intransigente ni serio, no vivió alejado ni distante.

Cualquier otra fotografía suya en la que aparezca serio y solemne, demasiado trascendental y hasta un poco fúnebre en su porte, llevando consigo la intransigencia de una sabiduría adquirida en el paso de los años y el dolor de muchos desengaños, no es más que una invención humana. Contrariamente a lo que muchos de sus seguidores aparentan, a El no se le vio intransigente ni serio, no vivió alejado ni distante. No se vistió solemnemente ni habló "ex cátedra". Los religiosos de su tiempo le identificaron como un comilón y bebedor de vino. Les fastidiaba no sólo que se "saltase" su ley, sino (¡Sobre todo!) que fuese feliz haciéndolo.

Todavía nos cuesta creer que disfrutar de una vida abundante es algo más que una declaración de buenas intenciones o una frase bonita que se dice para que la gente se sienta atraída. Dios vino a la tierra no sólo a darnos esa vida, sino también para enseñarnos a vivir así. El Señor vino para estar cerca de nosotros. Y no lo hizo como una obligación, sino brillando de gozo.

> *"Ha venido el Hijo del Hombre, que come y bebe, y decís: "Mirad, un hombre glotón y bebedor de vino, amigo de recaudadores de impuestos y de pecadores." Lucas 7:34*

Ninguno de nosotros dejaría que nos llamaran "comilones y bebedores". Ni siquiera en el buen sentido de la frase. (1) No conozco a ningún líder espiritual o seguidor del Maestro que quiera que se le conozca de esa manera. Nos duele mucho lo que la gente dice de nosotros, y nos importa demasiado nuestra apariencia y nuestra fama. Jamás nos hubiéramos presentado así como El hizo.

Afortunadamente el Señor Jesús es diferente. Pasó casi toda su vida en medio de lo que los religiosos de su tiempo llamaban "malas compañías". A la gente le gustaba estar con Jesús y escucharlo. Los pecadores pasaban horas enteras con Él, los que aparentemente sabían menos disfrutaban oyendo al Maestro en cualquier situación. Aunque a veces no le entendían, el gozo del Maestro llegó siempre mucho más allá de lo que nadie pudiera expresar con palabras.

Pasó la mayor parte de su vida entre lo que los religiosos llamaban "malas compañías"

UN DIOS LLENO DE GOZO

El gozo es la bandera que ondea en cada momento de la vida del Señor, incluso en los momentos más difíciles. Fue el anunciante oficial del nacimiento del Señor. Juan el Bautista saltó de alegría en el seno de su madre, al escuchar que Jesús iba a nacer (Lucas 1:44). Los ángeles proclamaron "gran gozo" en la tierra cuando nació "Más el ángel les dijo: No temáis, porque he aquí, os traigo buenas nuevas de gran gozo que serán para todo el pueblo" *(Lucas 2:10),* porque la alegría se multiplicaba: Dios anuncia gozoso el nacimiento de su Hijo, y ese mismo gozo llegaría a todos los que un día recibiríamos la vida por medio de El.

Es la única manera de vivir en conexión con Dios: sentir Su gozo aún en los más pequeños detalles de la vida. Jesús habla del pastor que se alegra al encontrar la oveja perdida (Lucas 15:6), del ama de casa que hace fiesta por una sola moneda (Lucas 15:9), o la alegría del Padre cuando vuelve su hijo a casa. "Era necesario hacer fiesta" dice, porque no había otra manera, no se podía dejar de lado tanta felicidad.

Jesús nos enseña que el gozo tiene que ser la motivación principal en la vida de todos los que le seguimos a El... *"Mi gozo está en vosotros, y vuestro gozo sea completo"Juan 15:11 "Nadie os quitará vuestro gozo, pedid y recibiréis para que vuestro gozo sea completo" Juan 16:22,24* En la Entrada triunfal, las multitudes gritaron llenas de gozo. El Señor fue a la cruz por el gozo puesto delante de El (Hebreos 12:2) y cuando el Señor resucitó y se apareció a los suyos, "regresaron a Jerusalén con gran gozo" Lucas 24:52

Las religiones y sus normas nos llevan a la tristeza, el cristianismo es una fiesta

De la mano de ese gozo llega la despreocupación total. Cualquiera que lea las palabras del sermón del monte, se da cuenta que no hay ningún motivo para vivir angustiado, que el Padre cuida de todos (incluso de los que no creen en El) y que la misma naturaleza nos enseña a descansar en el Creador. *"Por eso os digo, no os preocupéis por vuestra vida, qué comeréis o qué beberéis; ni por vuestro cuerpo, qué vestiréis. ¿No es la vida más que el alimento, y el cuerpo más que la ropa?" Mateo 6:25*

Jesús nunca se preocupó por no tener casa ni posesiones. Disfrutaba de la naturaleza y de la relación con sus amigos. Enseñó a sus discípulos a vivir sin preocupaciones porque Él vivía así. Nada era tan trascendental como para desviarlo de su misión porque lo importante era cumplir la voluntad de Dios y hacerlo de una manera gozosa.

Ese fue el corazón de su enseñanza: Cuando vivimos cerca del Creador, cumpliendo Su voluntad, la vida se llena de una despreocupación casi absoluta.

Muchas veces olvidamos que la angustia es radicalmente contraria a Dios. Cuando nos angustiamos estamos dudando del amor de Dios y de la confianza en las promesas de nuestro Padre. Esa fue una de las razones del primer pecado de la humanidad, de la primera rebelión, porque Adán y Eva prefirieron creer las mentiras del diablo, antes que confiar en la verdad de Dios. Escogieron la preocupación que nace de la rebeldía antes que la paz inmensa que surge de la obediencia.

La vida con Dios es absolutamente radical en cuanto a nuestra confianza en El. No debemos ver más allá de lo que Dios nos muestra. No debemos preocuparnos por las cosas, porque Dios las controla con sus manos. ¡Basta ya de ansiedades, angustias, y preocupaciones! El Mesías vivió de una manera completamente diferente. ¡Y eso que Él era Dios mismo, y podía controlarlo todo!

Tardamos mucho en aprender que el gozo está íntimamente unido a la libertad. El descanso de Dios viene siempre acompañado por la paz que El pone en nuestro corazón. Jesús nunca se sintió esclavizado por las normas. De hecho El mismo dejó de cumplir muchas veces las reglas que los fariseos habían establecido. Y lo hizo a propósito, vivió con libertad e impregnó de libertad a sus discípulos. Nos enseñó a obedecer a Dios sobre todas las cosas, y no las normas que los hombres habían establecido en su nombre.

Por eso Jesús nunca dejó que los críticos le quitasen el gozo. No se preocupó jamás por lo que otros podían decir. Hacía lo correcto y no le importaba la reacción de la gente. El no vino para agradar a otros, sino para cumplir la voluntad del Padre.

El Señor siempre fue libre del pecado que más nos asedia a nosotros: El querer causar buena impresión, estar pendiente siempre de lo que los demás puedan decir. Desarrollar nuestra vida no tanto en función de lo que debemos hacer, sino de lo que los otros nos dicen. Una de las más visibles características de un discípulo de Jesús es que ha aprendido a ser tal como es, a aceptarse a sí mismo.

Jamás se preocupó en absoluto por lo que los demás pudieran pensar

El gozo del Señor gobernó siempre su manera de entender el ministerio que el Padre le había encomendado. No sólo en su manera de enseñar, sino también en las "formas" a las que sometía su mensaje. Muchas de las enseñanzas del Señor tenían lugar en las comidas con la gente, siempre estaba buscando pasar tiempo con todos, y mucho mejor si era en una comida.

Con eso estaba atacando una de las cosas que más nos gustan. La solemnidad.

La solemnidad se convierte en uno de nuestros mayores enemigos, porque llegamos a creer que sólo una determinada característica es considerada "válida" para Dios, y es el control absoluto. El Señor vivió lleno de gozo, derrochando "insolemnidad", una palabra que ni siquiera existe en nuestra lengua, porque siempre tenemos miedo de la libertad y la felicidad radiante. Con la libertad llega en cierta manera el descontrol, pero también la alegría, la gracia, y el reconocimiento de que Dios ama por el puro placer de amar, sin ninguna otra razón.

Un hijo solemne, serio y apagado es una de las peores descripciones que a un padre le gustaría escuchar en su relación con él. A veces una virtud rígida nos vuelve verdaderamente insoportables, no solo para los demás, sino incluso para nosotros mismos y para Dios.

Nos volvemos orgullosos y juzgamos a todos. Nos creemos los más santos e identificamos santidad con solemnidad y tristeza. El mismo Señor les habló de ese peligro: *"No pongas cara triste cuando ayunes"* Mateo 6:16. Un creyente en Dios no debe vivir perpetuamente con semblante triste, porque el estar a solas con Dios nos llena de alegría, nos hace desbordar gozo. Los momentos que pasamos a solas con nuestro Creador son los mejores momentos de nuestra vida.

Hay un gozo profundo que nace de la despreocupación más absoluta.

"Cristo, nuestra Pascua, ha sido sacrificado. Por tanto, celebremos la fiesta..." 1 Corintios 5:7-8. Aunque sea imposible para nosotros comprenderlo, el resultado de la muerte del Señor Jesús es una fiesta. Una fiesta que hay que celebrar sinceramente. El cristianismo celebra la muerte y resurrección del Señor como lo más glorioso que ha existido en la historia de la humanidad. Ninguna otra religión invita a una fiesta, sino a la mortificación, al esfuerzo, el ayuno, las penitencias, y muchas otras cosas parecidas. El cristianismo es radicalmente diferente. El objetivo final es una fiesta de bodas con el mismo hijo de Dios.

EL ÚNICO DIOS VIVO Y VERDADERO

Hace años encontré esta frase escrita en la pared de una de las estaciones del metro en Madrid:

"Jesús está vivo, no pongas cara de muerto"

No hay nada más anticristiano que la tristeza absoluta. Una vez alguien dijo que un cristiano triste es un triste cristiano. ¿Cómo es posible que los que siguen al que resucitó de entre los muertos no lleven la vida en su rostro? ¿Un cristiano aburrido? ¿Alguien a quién se le hace pesado orar? ¿Leer la Biblia? ¿Hablar del evangelio? ¿Dar a conocer al que es la fuente de la libertad, el gozo y la plenitud de vida?

Es curioso que en la mayoría de los medios de comunicación, los cristianos casi siempre son presentados como gente seria y se considera que una vida santa es algo desagradable. Nada más lejos del carácter de Jesús. Nada más lejano a su comportamiento y a las expresiones de alegría que siguieron cada ciudad que El visitaba, con cientos de vidas transformadas, llenas de gozo, exultantes de gratitud y alabanza a Dios por lo que El estaba haciendo.

Esa es la clave del evangelio, sentirse amado por Dios es saber que El nos conoce profundamente y que no nos abandona jamás, que nos quiere, que disfruta en nuestra presencia, que se alegra cada vez que nos acercamos a El y le abrazamos con todo nuestro corazón. ¿Cómo puede alguien saber que Dios le ama y no ser feliz? Muchos han querido crear un dios a su propia imagen. Muchos artistas y escritores pintaron un Mesías triste. Todos los que desconocen el evangelio han intentado ver en el Salvador la seria trascendencia del que viene a realizar una obra de la que depende el mundo entero. Jesús no vivió así. Sabía cual era su obra. Vino a cumplir la voluntad del Padre, y en esa voluntad estaba implícito el sufrimiento, la soledad y la muerte, pero el Señor Jesús era joven, alegre y desbordante en su vida.

Los fariseos sí eran gente seria. Buenos, religiosos y respetables. Jesús dijo que eran los que estaban más lejos del reino, porque creían que nadie era tan bueno como ellos. Si te encanta la seriedad deberías resolver un pequeño problema, la palabra "serio" no aparece una sola vez en todos los evangelios y ni siquiera está escrita en la Biblia (2). No es una cualidad que Dios busque en sus hijos. Dios no nos llama a ser serios, sino santos. Dios no nos llama a la apariencia de la religiosidad, sino a vivir tan apegados y dependientes de El, que desbordemos la misma vida que El ofrece.

Nuestra meta es ser como el Señor, y él nunca fue dejando cadáveres en su camino, como a veces hacemos nosotros, aplastándolos con nuestras palabras y/o nuestros hechos porque no viven de acuerdo a nuestros criterios. Pocas cosas hay tan ridículas como los que pretenden ser casi perfectos, encontrando defectos en todas partes, sin darse cuenta que el mayor de todos es el suyo, porque su orgullo le aleja definitivamente de Dios.

Pocos se han atrevido a hablar o escribir sobre el sentido del humor del Señor Jesús, siendo él mismo el Creador de nuestra risa y la fuente de la alegría en nuestro corazón.

Para que se dieran cuenta de su error, Jesús lanzó a los respetablemente religiosos su sentido del humor. Piensa en alguna de los ejemplos que el Señor utilizó. ¿Te imaginas a un ciego guiando a otro ciego? ¿Te imaginas a un camello pasando por el ojo de una aguja? ¿Qué tal si tuvieras que vivir con una viga en un ojo?

> *"¡Guías ciegos, que coláis el mosquito y os tragáis el camello!"*
> *Mateo 23:24.*

El mosquito era el menor de los animales impuros, y el camello era el mayor. En el arameo, las dos palabras sonaban de una manera parecida, y el Señor jugó con las palabras. Los fariseos tomaban licor que estaba prohibido por la ley, pero lo colaban para que no tuviese ningún mosquito que era un animal impuro, pero al beber el licor se les "colaba el camello" Les estaba enseñando que se creían tan santos que podían llegar a confundir los dos animales. Mosquitos y camellos son suficientemente diferentes en tamaño como para que todos lo vean.

Bueno, puede que todos vean la diferencia… menos los que se creen demasiado listos.

Hay una cosa que siempre me llamó la atención desde niño, y es el hecho de que muchos hombres y mujeres de Dios son excelentes contadores de "chistes", historias que nos hacen reír. Desde que era niño crecí comiendo en casa de mis padres con todo tipo de predicadores, evangelistas, maestros, y la gran mayoría de ellos eran gente con un gran sentido del humor. Le doy gracias a Dios por mis padres, porque al abrir nuestra casa a todos los que predicaban en la Iglesia, aprendí que Dios es el ser más maravilloso y emocionante que existe. El creó el sentido del humor. El puso en nosotros la risa. Y lo contrario del gozo, no es tanto la tristeza sino la incredulidad. Cuando uno desconfía de Dios, la tristeza invade la vida.

Cuando descansamos en el Señor, el sentido del humor aparece, aunque tengamos que pasar por situaciones que no entendemos. No vivimos preocupados si de verdad conocemos a Dios. Todo lo que ocurre está debajo de sus manos y su control, y esta sensación de que "El gobierna todo" es lo que da confianza a nuestra vida.

Por eso el humor viene de la fe y la confianza en Dios. Por eso cuanto más nos acercamos a Dios, más aprendemos a tener gozo y sonreír. Aprendemos a no olvidarnos que hay algo que es mucho más profundo que las lágrimas, y es el control y la fidelidad de Dios en todas las cosas.

Todos terminamos pareciéndonos
a las personas que amamos

¿Sabes? Todos terminamos pareciéndonos a las personas a las que amamos. Las características que dejamos traslucir en nuestra vida es porque las admiramos en otros: a veces cercanos, a veces tan lejanos como nuestros propios "ídolos". Con el Señor Jesús nos pasa lo mismo: Cuanto más le amamos, más felices somos, más despreocupados vivimos, más nos impresionan las pequeñas cosas y menos nos influyen las grandes decisiones de estado.

Cuanto más amamos al Señor, más aprendemos a vivir cada día disfrutando de Su gozo. El cristianismo es la experiencia más gozosa y feliz de la tierra. La presencia del Espíritu de Dios en nuestra vida es lo que nos enseña a disfrutar de todas las cosas que Dios ha creado.

Jesús sabía disfrutar de todas las circunstancias diferentes. Era feliz cuando comía en una mesa abundante porque Zaqueo le había invitado y era inmensamente feliz cuando casi no tenían que comer, o no tenía un lugar para dormir. Feliz cuando le aceptaban y cuando no tenía nada. La vida plena de felicidad es una vida de contrastes, en la que aprendemos a disfrutar de todas las cosas, de cada momento, con lo que parece bueno y con lo que no lo parece. Cuando podemos disfrutar una comida abundante como cuando casi no tenemos que comer.

El Señor Jesús enseñó a sus seguidores a vivir en Su presencia. Y lo mismo quiere hacer con nosotros. Divertirnos con El, emocionarnos con sus palabras y sus hechos, vivir complacidos con Su carácter de la misma manera que El Padre vivió con El.

"Este es mi hijo amado, en quién me complazco"

Esas fueron las palabras del Padre en la presentación del Mesías al comienzo de su ministerio. Dios quiso que todos supiesen que estaba "orgulloso" de su Hijo, que vivía complacido en el carácter de Jesús. Que le amaba profundamente. Esa es la única manera en la que nosotros podemos vivir nuestra vida, perfectamente complacidos y gozosos del carácter de Dios. Disfrutando cada momento de nuestra vida porque El está con nosotros. Contándole nuestros secretos, viviendo emocionados con El, andando con El como uno hace con un gran amigo.

Con nuestro mejor amigo sin ninguna duda.

Notas:

(1) Cuanto más viajamos por todo el mundo en campañas evangelísticas y visitas a Iglesias, la pregunta sincera que muchos se hacen es ¿Cuál es el mejor método de evangelización? ¿qué podemos hacer para llegar a la gente del siglo XXI? La respuesta es tan sencilla, que a muchos les resulta decepcionante. Más que nada porque nunca lo han probado.

No sólo es el método que más resultados da, sino que además es el que más utilizó el Maestro. Con estas características deberíamos tomarlo en cuenta: es el evangelismo de amistad, comiendo, escuchando a los demás, hablando, disfrutando de los momentos que el Señor nos da junto a nuestros amigos y conocidos.

Lo que cambia a las personas no son nuestras actividades, ni nuestras reuniones, campañas, etc. sino la belleza de una vida normal. La bendición de la conversación, la ayuda y la amistad de cada día. La dependencia del Espíritu de Dios para hacer y hablar lo que El quiere en los momentos que El quiere. ¡Eso si da resultado, te lo aseguro!

(2) Como tal palabra aparece una sola vez en la Biblia, y es en las características de los responsables de la Iglesia, en la carta del apóstol Pablo a Tito, pero el contexto indica que se refiere a una persona "que hace lo que tiene que hacer" (que es cumplidor con lo que promete y es leal) y no como contrario a "alegre" o "gozoso".

"Me ha ungido el Señor para traer buenas nuevas"
—Isaías 61:1

11

DIOS SE HACE HOMBRE

Esa sola frase por sí misma podría desmontar el aparato religioso de miles de creencias diferentes. Dios se hace cercano. No necesita a nadie para exponer sus planes, no quiere profetas o intermediarios que expliquen sus intenciones. Sencillamente se hace hombre, toma como suya nuestra carne y se planta cara a cara delante de cada uno de nosotros.

Juan lo explica de una manera directa: "Vimos su gloria, y habitó entre nosotros" (Juan 1:14). "Puso su tienda de campaña" en medio de nosotros, viene a decir el apóstol en el idioma original. No vino a posarse en un palacio o a vivir en una casa en la que estar cerca de la gente, pero disfrutando de una cierta intimidad. No, vino a poner su tienda de campaña, a "mezclarse" con las personas de este mundo completamente.

> *"Y el Verbo se hizo carne, y habitó entre nosotros, y vimos su gloria, gloria como del unigénito del Padre, lleno de gracia y de verdad (…) Pues de su plenitud todos hemos recibido, y gracia sobre gracia. (Juan 1:14 y 16)*

Todos le conocieron como un hombre extraordinario, porque su gloria estaba velada, su hermosura real, escondida. Dios se hace hombre. "De su plenitud tomamos todos" (Juan 1:16)

Vivimos de la plenitud de Cristo, no de cualquier cosa. Nuestra vida se sustenta en la majestad del Creador. Y de El tomamos gracia sobre gracia. La Biblia dice que Dios no da su Espíritu por medida, y que tampoco pone su gracia en nosotros con una medida calculada. Dios da siempre de una manera rebosante.

Esa gracia se manifiesta en el poder de una vida completamente transformada. Dios no nos reforma, sino que nos ofrece una vida extraordinariamente nueva. Hay que nacer otra vez para tenerla, nadie puede llegar a la plenitud de Cristo a base de reformas y cambios de actitud. Se necesita mucho más que eso. Es Dios mismo trabajando en la vida de cada hombre y cada mujer, viviendo la vida abundante en la persona del Señor Jesús y por el poder del Espíritu Santo, dentro de cada uno de nosotros.

Porque esa plenitud de Cristo se demuestra en su poder sobre todas las cosas.

Nada escapa a sus manos. Jesús vive siempre como el Creador con mayúsculas. No necesita pedir permiso para vencer al mal o devolver la vida a alguien.

Cuando El habla, la naturaleza calla y obedece.

Cuando mira, los ojos del ciego recobran la luz.

Cuando toca, incluso las enfermedades más crueles huyen…

Lleno de gracia y verdad. Gracia en primer lugar, aunque nos suene raro. Gracia antes que ninguna otra cosa, porque necesitamos ese amor, o las consecuencias de descubrir la verdad de nuestra vida serían terribles. Necesitamos oír el mensaje del amor de Dios, porque la verdad dura puede herir o matar, más que curar.

A lo largo de nuestra vida descansamos más en la gracia de Dios que en la verdad de nuestras caídas. Gracia sobre gracia, en la vida cristiana, en nuestro pasado, en la evangelización, en la oración, en el trato con Dios. En todo. No hay otra manera de comenzar y terminar el día que descansar en la gracia de Dios. No hay otra manera de vivir.

Por su gracia somos salvos, y por su sabiduría llegamos a conocer al Padre. Ese es el papel de la verdad y la sabiduría. Sabiduría en sus enseñanzas, en su manera de actuar, en sus reacciones, en su conocer lo que hay dentro de cada persona, en su esperar el momento exacto, en su estar al lado de los que sufren.

Quizás "cansado" de que la gente no le escuchase, Dios nos habla enviando a su ser más querido.

Dios conoce los motivos por los que "cansado" de que muy pocos le escuchasen, decidió enviar a su propio Hijo al mundo. Pero esas razones no están al alcance de cualquiera, no fueron fruto de una decisión repentina, sino calculada a fondo desde el principio de la eternidad, desde lo más antiguo, desde antes de la fundación del mundo, nos dice la propia Palabra de Dios.

Dios no se sorprendió por nuestra rebeldía y mucho menos por nuestro desprecio a su amor y su Palabra. Sabía que iba a ocurrir, y aún así siguió adelante. Siguió amándonos y hablándonos porque en Su amor, quería ser escuchado. "*Dios, habiendo hablado hace mucho tiempo, en muchas ocasiones y de muchas maneras a los padres por los profetas, en estos últimos días nos ha hablado por su Hijo, a quien constituyó heredero de todas las cosas, por medio de quien hizo también el universo. El es el resplandor de su gloria y la expresión exacta de su naturaleza*" Hebreos 1:1-3

El Creador se hace hombre y desciende para estar físicamente con nosotros. Los dioses inventados por los hombres no se humillan, no sufren, no se contaminan, no descienden. Todos viven en las "alturas" a una distancia considerable de sus criaturas, y siempre tan lejanos como para que éstas no puedan llegar a cansarle. Da la impresión que cuanto más lejos está la divinidad, mejor.

La Biblia nos presenta al único Dios descendiendo, acercándose al hombre, buscándole y amándole. Comprometiéndose con él y desafiando todas las leyes para hacerse cercano y querido.

El diablo nos engañó desde el principio de la historia diciéndonos que "seríamos como dioses". Eso siempre nos gustó. La humanidad vive y lucha por ser algo más, por alcanzar nuevas metas, por tener más poder, por llegar más arriba.

Lo más arriba posible, incluso al mismo lugar dónde Dios está. Esa mentira la creímos un día, y prácticamente cada minuto de nuestra vida gira alrededor del mismo engaño. Seguimos queriendo ser como dioses, seguimos viviendo a la luz de nuestro propio orgullo. Nos miramos y nos adoramos a nosotros mismos, porque creemos que somos el centro del mundo.

La respuesta de Dios es definitiva: se hace hombre para rescatar a los hombres. Dios se humilla hasta lo más profundo, llega hasta el fondo de nuestra miseria para rescatar de allí a miles de orgullosos seres humanos.

El Señor Jesús es la revelación definitiva de Dios, la revelación perfecta. Como un niño dijo un día, El es la mejor fotografía que Dios se hizo. "He aquí el hombre" Pilatos creía que estaba presentando a Jesús, y no sabía que estaba escribiendo una frase para la historia.

"El hijo del hombre" ... El título que el Señor más veces se aplica a sí mismo, y su título preferido aquí en la Tierra.

Jesús vino al mundo como el segundo Adán, como "el hombre" por excelencia. En aquel tiempo todos habían leído el libro de Ezequiel y sabían como esa expresión "hijo de hombre" era utilizada casi cien veces por el profeta, más que en ningún otro libro del antiguo testamento. Ezequiel quería resaltar la majestad de Dios y su indignidad y lejanía como hombre. Jesús se presenta a sí mismo como Hijo del Hombre para resaltar la cercanía de Dios con cada uno de nosotros. Es su título favorito, es el nombre que más usa, es su carta de presentación. Los evangelistas le llaman así casi en un centenar de ocasiones y siempre es el mismo Señor el que lo usa para referirse a sí mismo. Es su tarjeta personal. Su título más querido.

▶ El es el Hijo del Hombre que no tiene dónde dormir cada noche, porque jamás tuvo una casa propia ni ninguna otra posesión. *"Y Jesús le dijo: Las zorras tienen madrigueras, y las aves del cielo nidos, pero el Hijo del Hombre no tiene dónde recostar la cabeza" Mateo 8:20.*

▶ El es la revelación de Dios aquí en la tierra, y su autoridad está por encima de todas las cosas, porque el Padre le concedió esa potestad *"Pues para que sepáis que el Hijo del Hombre tiene autoridad en la tierra para perdonar pecados (entonces dijo al paralítico): Levántate, toma tu camilla y vete a tu casa" Mateo 9:6.* (1) Esa misma autoridad nos recuerda una verdad teológica impresionante: El Señor Jesús sigue siendo hombre por toda la eternidad… *"Nadie ha subido al cielo, sino el que bajó del cielo, es decir, el Hijo del Hombre que está en el cielo…"Juan 3:13*

▶ El es el Hijo del hombre criticado por los religiosos de su tiempo. "Vino el Hijo del Hombre, que come y bebe, y dicen: *"Mirad, un hombre glotón y bebedor de vino, amigo de recaudadores de impuestos y de pecadores."(Mateo 11:19),* llevado a la muerte por nuestra culpa *"he aquí, el Hijo del Hombre es entregado en manos de los pecadores" (Marcos 14:41) "Y como Moisés levantó la serpiente en el desierto, así es necesario que sea levantado el Hijo del Hombre" (Juan 3:14);* pero exaltado con la gloria que el Padre ha decidido darle… *"Pero de ahora en adelante, el Hijo del Hombre estará sentado a la diestra del poder de Dios" (Lucas 22:69)*

Lo más importante para El, la relación con su Padre…

El Hijo del hombre comenzó a proclamar el evangelio del reino. Pero en ese reino, la figura principal no es el Rey, sino el Padre. Es un reino de amor, un reino sobrenatural, un reino que no busca tanto súbditos como personas que amen profundamente. El Señor extiende ese reino a todos, y coloca a los que le siguen casi en el mismo nivel que Él mismo: "reyes y sacerdotes". No es un reino de distancias, sino de amor.

Cuando escuchamos hablar al Señor de ese reino, nos asombramos. Ningún ser humano podía haber inventado nada así. Ninguna imaginación privilegiada hubiera diseñado un Creador viniendo a nacer como un niño, viviendo como un súbdito, muriendo como alguien despreciado, y resucitando como lo que realmente era, el Hijo de Dios. Nos asombramos y de esa admiración nace el agradecimiento, porque cuando nos quedamos con la boca abierta por lo que estamos viendo y escuchando la única palabra que podemos decir es "gracias". Y esa actitud debe seguir a lo largo de toda la vida, porque jamás podremos comprender lo que Dios quiso hacer por nosotros.

Por eso le amamos. Nadie nos ha amado tanto. Nadie lo hizo ni lo hará… Es más, nadie puede amarnos como el Señor lo hace. Nos ama, nos perdona, nos acepta… Cuando formamos parte de ese reino, nosotros mismos aprendemos a tratar de la misma manera a los demás. Surge de dentro de nosotros un deseo incontenible de que todos conozcan al Padre. No podemos callarnos. No podemos dejar de contar lo que hemos visto y oído. No podemos ocultar de nuestros ojos el asombro de haber probado en nuestra vida la grandeza de Dios.

La audiencia de Uno. Eso es lo que hace la diferencia en nuestra vida.

Ese fue el objetivo de la vida del Señor Jesús, que todos conociesen al Padre, que todos viviesen en Su voluntad. *"El Padre que me envió, El da testimonio de mí" Juan 5:37.* En cierto modo es como si no le preocupase lo que otros podrían decir. El tenía que dar cuentas a su Padre, vivir la voluntad del Padre, escuchar el testimonio del Padre.

El mundo moderno busca las grandes audiencias. Millones de personas ven los Juegos Olímpicos, o las finales de un campeonato mundial de un determinado deporte. Cuando alguna noticia es importante, enseguida recorre los medios de comunicación y casi ni se pueden contar las personas que tienen acceso a ella en cuestión de minutos.

Dios ve las cosas de otra manera. Al Señor Jesús le preocupaba lo que pensaba una sola persona. Su vida estaba examinada por la audiencia de una sola persona: el Padre. Ese es nuestro ejemplo, saber lo que Dios piensa de nosotros. El es nuestro público, el único de quién tenemos que preocuparnos, uno sólo. El que nos envía, nuestro Padre

Debemos acostumbrarnos a vivir pensando no tanto en lo que la gente dice, la gloria que la gente puede darnos, o los miles de personas que puedan escucharnos. Nuestro significado viene de lo que piensa el Padre. Lo que opina de nosotros Aquel que nos creó.

Parece mentira, pero no es en absoluto trascendental lo que nosotros creemos, o incluso cómo nos sentimos. Lo que hace la diferencia en nuestra vida es lo que Dios cree y siente; porque uno de los mayores riesgos que corremos es guiar nuestra vida por los resultados de las cosas que hacemos... A veces son importantes, pero en otras ocasiones no. Vivimos bajo la mentira satánica de que nuestras ganancias determinan el éxito: Y en cierta manera es lo mismo que hablemos de ganancias materiales o espirituales. No es el resultado lo que determina si estamos haciendo la voluntad de Dios. Si eso fuese así, la vida del Señor Jesús sería uno de los fracasos más grandes de la historia…

No son los resultados o las circunstancias lo que determina nuestra fidelidad a Dios. Es la audiencia de Uno lo que determina nuestro valor. En la base de lo que Dios piensa está la decisión de lo correcto. En sus pensamientos encontramos lo que es Su voluntad para nosotros, independientemente de todas las demás cosas.

"El que busca la gloria del que lo envió, ese es verdadero" Juan 7:18. Esa es la verdadera motivación. El versículo clave para cualquier persona que hable en el nombre del Señor o que quiera seguirle fielmente. La actitud con la que debemos hacer todas las cosas. Buscar la gloria del que nos envió, sin preocuparnos de los resultados o las circunstancias.

El Padre era el que daba testimonio de Jesús, y es el que debe dar testimonio de nosotros. Dios tiene que estar siempre presente, porque El tuvo la primera palabra en nuestra vida y tendrá la última.

"Yo soy el Alfa y la Omega, el principio y el fin" Apocalipsis 1:5-6

La primera palabra y la última. En la creación del mundo, y la creación del hombre.

En nuestro código genético y en las profecías.

En la historia de la humanidad. En el futuro. En la vida de cada persona. En mi vida.

Nos gusta hablar de Jesús como Salvador, pero olvidamos con frecuencia que Él es además El REY (Salmo 2:6-8)

Algunos lo supieron, otros lo temieron; para unos pocos, Jesús fue el Mesías prometido, el Ungido, el Rey con mayúsculas. Es la traducción exacta de la palabra "Cristo". Mesías como "enviado" de Dios. Nos gusta hablar de Jesús como Salvador, pero olvidamos que es el Mesías, que volverá otra vez, que es el Rey, y que por lo tanto es el rey también de nuestra vida. Es y será Salvador en cuanto a nuestra relación con Dios, y la libertad del pecado, pero sigue siendo Rey por toda la eternidad, y mas vale que vivamos así, esperándole, amándole, entregándole todo lo que somos,. Más vale que no nos quedemos en que sea sólo el Salvador.

Nos asustan los compromisos, las oraciones, las canciones, las predicaciones que nos dicen que debemos comprometernos. Nos asusta cuando hablamos del Señor como dueño absoluto de cada ámbito de nuestra vida, pero no puede ser de otra manera... Debemos echar fuera de nosotros todo aquello que no le agrada, porque esa es la única manera de vivir que merece la pena. El debe tener la primera y la última palabra en todo lo que hacemos, en todo lo que somos, en cada detalle de nuestras vidas.

Notas:

(1) Para los judíos, el perdón era una prerrogativa de aquel que era ofendido. Cuando alguien peca, el ofendido es Dios directamente. El Señor muestra su divinidad, cuando perdona los pecados unilateralmente. Cuando perdona al paralítico que es traído desde el techo, utiliza en el mismo sentido las palabras "Tus pecados son perdonados" y "levántate y anda" para demostrar que El es Dios mismo hecho hombre.

12

PERDIDOS Y ECHADOS A PERDER

Enfermos, afligidos, intranquilos, dominados por el miedo, así nos sentimos muchas veces en la vida. Kenia, nuestra niña pequeña lo define perfectamente cuando nos dice: "Tengo miedo en la barriga" Cuando se siente así ya sabemos que algo anda mal.

El Mesías vino a traernos buenas noticias. A nosotros, a los afligidos, a los que a veces tenemos miedo en nuestra barriga. A los de su tiempo y a los de hoy, a los millones de personas que siguen estando solas, desamparadas, incomunicadas, infelices. El Señor vino para transformar las vidas sin sentido, y no creo que sea muy exagerado decir que es hoy mismo cuando más necesitamos las palabras de Jesús.

UN HOMBRE SOLO

"Estaba allí un hombre que hacía treinta y ocho años que estaba enfermo Cuando Jesús lo vio acostado allí y supo que ya llevaba mucho tiempo en aquella condición, le dijo: ¿Quieres ser

sano?(…) Señor, no tengo a nadie que me meta en el estanque cuando el agua es agitada; y mientras yo llego, otro baja antes que yo. Jesús le dijo: Levántate, toma tu camilla y anda. Y al instante el hombre quedó sano, y tomó su camilla y echó a andar. Y aquel día era día de reposo. Por eso los judíos decían al que fue sanado: Es día de reposo, y no te es permitido cargar tu camilla.(…) Después de esto Jesús lo halló en el templo y le dijo: Mira, has sido sanado; no peques más, para que no te suceda algo peor. El hombre se fue, y dijo a los judíos que Jesús era el que lo había sanado" Juan 5:4-15

Un hombre que vivía "con su enfermedad". Todos le habían abandonado. Juan dice literalmente que llevaba treinta y ocho años con su enfermedad como única compañera. Treinta y ocho años paralizado al borde del estanque de Betesda. Sin esperanza. Sin consuelo. Sin nadie que le ayudase.

¿Cuántas personas viven con nosotros y están solas, paralizadas por alguna razón, abandonadas por todos? ¡Cuántas personas viven y mueren en nuestro llamado primer mundo, sin que nadie se preocupe por ellas, sin que nadie sepa sobre su existencia! ¿Cuánto tiempo llevas paralizado por alguna razón, por un hábito, por miedo, por lo que los demás puedan decir?

Hay muchas personas que viven solas con su enfermedad

Como siempre, cuando el Señor llegó, la historia cambió por completo. El evangelista explica que "El Señor supo" (v. 6) que el paralítico llevaba allí mucho tiempo. Quizás ninguna otra persona le conocía, pero Jesús sí. Puede que nadie se hubiese interesado nunca por él, pero el Mesías sabía exactamente lo que había en su corazón.

Dios conoce todo lo que somos sin que tengamos que decirle nada. Jesús se dirigió al hombre y le preguntó ¿Quieres ser sano?... Buena pregunta.

O quizás no, puedes estar pensando. El hombre estaba allí porque nadie le había ayudado antes, parece absurdo preguntarle si quiere sanar, ¡eso es lo único que había deseado por años! Pero esa es una pregunta que todos tenemos que responder: Porque aunque parezca mentira, hay gente que no quiere sanar. De alguna manera difícil de entender, su propia tristeza les agrada. Su amargura, su manera de ver la vida, sus miedos o sus temores, son algo demasiado querido para ellos.

Muchos viven apegados a sus propios desengaños. Y viven bien así, no quieren que nadie les salve. Que nadie se preocupe por ellos. Su orgullo es demasiado grande como para dejar que alguien sufra por ellos.

Nuestro amigo fue muy sincero cuando dijo: "no tengo a nadie". Quería ser sano, pero nadie le ayudaba. Había muchas personas a su alrededor, pero nadie se preocupó por él, nadie le bendijo. ¿Puede el mundo llegar a decir eso de nosotros? ¿Puede alguien que esté sufriendo a nuestro lado decir "No tengo a nadie"? Muchas veces vivimos a toda velocidad idolatrando nuestros propios proyectos mientras muchas personas nos observan, necesitando ayuda, pero nosotros parecemos ausentes.

Por otra parte, ¿A quién estamos buscando para que nos ayude? ¿Alguna persona que haga algo por nosotros? ¿Alguien que nos meta en el agua? Cuando Jesús le preguntó ¿Quieres ser salvo? El hombre no respondió "Si", sino que puso una excusa.

Esa es nuestra especialidad, las excusas. Cuando Dios nos habla, en lugar de responderle decimos lo que otros nos han hecho, o lo que no nos han hecho. Hablamos de nuestro pasado, presente o futuro. Explicamos las cosas que no están bien, argumentamos y hacemos muchas otras cosas en lugar de dejar nuestra vida entera en las manos de Dios. A pesar de que Dios mismo quiere ayudarnos, seguimos poniendo excusas: La del enfermo parece ser muy buena, "Mientras yo llego"… El engaño del propio esfuerzo. Un inútil paralítico quiere llegar a su salvación por sí mismo, y se esfuerza año tras año por alcanzar algo imposible. Muchas personas viven así, queriendo llegar a lo imposible y cayendo en el desánimo más cruel cada vez que ven que su situación no tiene salida.

Esa sigue siendo una mentira del diablo, porque no es cierto que tengamos que vivir desesperados. Siempre tenemos a Jesús… "Levántate" le dijo el

Señor. Y el paralítico se levantó. Su inutilidad y la pesadilla de vivir en el mismo lugar, siempre solo, se terminó en el momento en el que creyó las palabras del Maestro.

La historia termina, aunque para el paralítico la vida no hizo más que empezar.

El cinismo de los religiosos que vieron el milagro, sólo queda superado por su propio fanatismo.

Pero aún en ese momento feliz, el cinismo de los religiosos que vieron el milagro, sólo queda superado por su propio fanatismo. No les preocupó que el paralítico sanara, ni quién le sanó. Sólo querían encontrar un culpable por haber infringido la ley. Para ellos, el que había sido paralítico no tenía ningún derecho a llevar su camilla. Mucho menos que alguien llamado "Maestro" se lo hubiese ordenado.

A partir de ese momento, lo más importante en sus vidas era encontrar al infractor y castigarlo. La ley es más importante que la vida. La norma reina por encima de la sanidad. No debe extrañarnos, el toque sanador de Jesús lleva siempre consigo la burla del enemigo.

Cuando por fin encuentran al paralítico, solo le preguntan acerca de la violación del mandamiento, no acerca de cómo fue sanado. Para ellos lo importante es que se cumpla la ley, aunque tengan que pasar por encima de las personas. Por encima de Dios mismo si hace falta.

La gran noticia es que Jesús no dejó que el débil fuera vencido. La Biblia nos dice que fue el Señor quién buscó al paralítico, y lo encontró en el lugar más adecuado, en el templo. No sabía mucho de lo que había ocurrido, pero el enfermo supo que Dios le había curado, y que debía agradecérselo a El. Por eso se fue al templo. Y Jesús lo encontró allí.

La "orden" del Señor fue muy clara: No peques más. Eres una persona diferente, vive de una manera diferente. A veces después de un toque del Maestro, la gente se cree muy fuerte. Comenzamos a pensar que si el Señor nos habla, o pone su mano sobre nosotros ya está todo hecho, mientras olvidamos quienes somos, y lo rápido que caemos cuando confiamos en nosotros mismos.

La historia termina de una manera memorable. El versículo quince nos dice que el que era paralítico no se escondió más. Él mismo fue a los fariseos para decirle que Jesús le había sanado.

UN HOMBRE CAPAZ DE QUEDAR EN RIDÍCULO DELANTE DE TODOS, CON TAL DE VER A JESÚS

"Un hombre llamado Zaqueo, que era jefe de los recaudadores de impuestos, y era rico, trataba de ver quién era Jesús; pero no podía a causa de la multitud, ya que él era de pequeña estatura. Y corriendo delante, se subió a un sicómoro para verle, porque Jesús estaba a punto de pasar por allí. Cuando Jesús llegó al lugar, miró hacia arriba, y le dijo: Zaqueo, date prisa y desciende, porque hoy debo quedarme en tu casa. Entonces él se apresuró a descender y le recibió con gozo.(…) Y Zaqueo, puesto en pie, dijo al Señor: He aquí, Señor, la mitad de mis bienes daré a los pobres, y si en algo he defraudado a alguno, se lo restituiré cuadruplicado" Lucas 19:1-10

Nadie hubiese definido a Zaqueo como un "afligido" por cuanto era el jefe de los recaudadores de impuestos, una de las personas más ricas y conocidas del pueblo. No sólo era rico, era muy famoso. Todos le conocían, unos le admiraban y otros (los más en este caso) le despreciaban.

Aún así, Zaqueo se sentía despreciado y todos pensaban que se lo merecía. Era recaudador de impuestos, la peor profesión dentro del imperio romano. Si pocos son admirados hoy por trabajar recaudando y vigilando las riquezas de los demás y cobrando impuestos ¡mucho menos en una época de dictadura y corrupción! Zaqueo y sus amigos podían hacer lo que quisieran, y normalmente cobraban más de lo que era justo para enriquecerse ellos mismos. Zaqueo vivía rodeado de dinero, sí, pero al mismo tiempo odiado por sus vecinos por colaborar con los invasores.

A veces nuestra vida está marcada por algo, algo que no podemos vencer. En ocasiones ese algo es injusto; nosotros no podemos hacer nada y los demás nos señalan hasta hacernos caer en la amargura. Otras veces nuestra vida está marcada porque nosotros queremos. Sabemos lo que estamos haciendo y no nos preocupa. Vivimos bien así.

Algo ocurrió en la vida de Zaqueo. No sabemos si tenía curiosidad porque había escuchado muchas cosas del llamado Maestro, o si realmente su interés era espiritual, el caso es que quería conocer a Jesús.

Quería verlo.

Al Señor no le importó su motivación, Jesús se "dejó ver".

El primer problema con el que se encontró Zaqueo era grave: La multitud no le dejaba acercarse al Maestro. Las circunstancias estaban en contra de él, su propia altura era su enemigo.

Zaqueo tomó una decisión. No quería vivir bajo el remordimiento de haber tenido una oportunidad en su vida para ver al Mesías y dejarla pasar. Se arriesgó, aunque era muy rico y famoso. No le importó la vergüenza de que le viesen haciendo algo ridículo. Un hombre de su posición social tiró por tierra su reputación y su vergüenza y no le importó en absoluto que todos le vieran subido a un árbol. Ni siquiera quiso escuchar las burlas o las risas, porque sabía que "Jesús estaba a punto de pasar". Era su oportunidad y la aprovechó.

Y cuando estaba encima del árbol, el Señor le llamó. ¡Le llamó por su nombre!

¿Sabes cual fue el evangelio que Jesús le predicó a Zaqueo? Si nosotros hubiéramos estado en aquel lugar quizás le hubiésemos preguntado ¿Por qué quieres verme? ¿Quieres tener una vida nueva? ¿Quieres abandonarlo todo y entrar en el reino? ¿Te arrepientes de todo lo que has robado en tu vida? ¿Vas a devolver todo lo que has ganado de una manera injusta?... Nosotros habríamos hecho muchas preguntas en público para probar la sinceridad de Zaqueo, y para demostrar al mismo tiempo él entendía el evangelio. Habríamos hecho todo lo posible para quedar bien.

Delante de Todos, Jesús se acercó al recaudador de impuestos, ¡ Le llamó por su nombre!

Como siempre, la sabiduría del Señor es infinitamente superior a la nuestra. Jesús sencillamente dijo una palabra "Zaqueo". Ese fue el evangelio que el Señor le predicó. La demostró que conocía su nombre, que sabía quién era, dónde estaba, y que se había subido allí para verle a El. Jesús llegó al fondo de su corazón pronunciando su nombre, interesándose por él. Zaqueo se encontró con Dios cara a cara, y su vida comenzó a cambiar cuando escuchó como el Maestro le conocía y cómo al Señor no le importó comprometerse públicamente con él.

¿Sabes que significa Zaqueo? La traducción del nombre es "puro", "inocente" ¡Imagínate lo que sintió cuando el Señor lo llamó así y de una manera pública! Todos creían que era un engañador. Jesús podía haberle hablado de muchas maneras diferentes, incluso hacerle una señal, o preguntar quién era, pero el Señor le llamó, porque conocía su corazón antes de que él pudiera hacer nada, antes de que decidiese seguirle. Antes de que Zaqueo tomara la decisión de subirse al árbol, el Señor ya le conocía y sabía quién era.

Muchos de nosotros hemos escuchado un día nuestro nombre de los labios de Dios. Jesús conoce tu nombre también, y puede que te esté llamando. Dios conoce tu corazón, tus deseos, las circunstancias que te rodean. Para El somos alguien. Somos queridos.

El Maestro no se quedó ahí. Se comprometió mucho más con Zaqueo. Le dijo públicamente que quería quedarse en su casa.

Se autoinvitó.

A Jesús no le importaba en absoluto que el cobrador de impuestos viviese señalado y despreciado por los demás. El deseo de Zaqueo de acercarse a Jesús pesó más que ninguna otra cosa. Dios nos enseña que, en cierta manera, no le importa lo que seamos o hayamos sido, su compromiso con nosotros es desde ahora y para siempre. El momento de seguir al Señor es ahora. El momento de tomar decisiones es ahora.

"Debo quedarme en tu casa" le dijo Jesús, sin importarle que estuviese mal visto en la sociedad que un Maestro entrase en la casa de un cobrador de impuestos. Jesús se comprometió públicamente con él antes de que él hubiese mostrado la mínima posibilidad de arrepentirse o cambiar. El Señor no le dijo: "arregla las cosas, págale a quién te debe porque voy a ir a tu casa" No, le aceptó tal como era y de la misma manera Dios nos acepta a todos.

Antes de que Zaqueo tomara la decisión de subirse al árbol, Jesús ya le conocía y sabía quién era

Fíjate como responde Zaqueo. La Biblia dice que "se apresuró". Se dio toda la prisa del mundo para obedecer al Señor. No pensó en lo que debía hacer, ni calculó los próximos movimientos, no se quedó pensando o diciendo: "Bueno, yo sólo quería verle, sólo tenía un poco de curiosidad...".

Muchos responden así. Sólo quieren conocer algo de Jesús porque les gusta, pero jamás quieren comprometerse con Él, porque eso significa entregar toda la vida en sus manos, y quizás sea demasiado. Zaqueo no quiso perder tiempo dudando un poco. Descendió a toda prisa para encontrarse con Jesús. No tuvo lugar para los cálculos, se entregó por completo, y además lo hizo lleno de alegría. Quizás por primera vez, alguien ser públicamente su amigo, alguien quería entrar en su casa y quedarse con él. Y ese alguien era Dios mismo.

La reacción de los que no quieren conocer el amor de Dios, es la de siempre. Lucas dice que algunos "murmuraron" al ver todo lo que había ocurrido. Pensaron que un Maestro tan importante no podía entrar en una casa tan indigna.

Si te paras a pensar un poco, resulta increíble la conducta de los religiosos. Muchos de ellos viajaban con Jesús para escucharle, y sabían que algunas noches no tenía dónde reclinar su cabeza, pero ninguno de ellos le invitó a quedarse a dormir en su casa. A ninguno le preocupó dónde pasaría esa noche el Mesías. Pero cuando Jesús fue a la casa de Zaqueo, si se sintieron con derecho a criticarle. Afortunadamente para nosotros, a Dios no le preocupan las palabras de los hombres. El nos da la oportunidad de que nuestra vida sea diferente.

Zaqueo era despreciado, pero se encontró cara a cara con la Esperanza personificada. Estaba atado a su imagen de cobrador de impuestos tacaño y quizás ladrón, pero tuvo una oportunidad de dejar a Dios que restaurase su vida ¡Y el Señor lo hizo!

La salvación llegó a su casa. Y se quedó allí para siempre.

Jesús termina diciendo una de las frases más conocidas del evangelio. Quería que todos supiesen cual era el motivo de su misión. Explicó la razón por la que la vida de Zaqueo (¡y la nuestra!) es importante para Dios. El vino a buscar lo que se había perdido... y a salvar lo que se había echado a perder.

Por si no lo sabemos, nosotros no sólo estábamos perdidos sino también a punto de perdernos definitivamente. Imagínate un hombre que está paseando en un bosque y de repente se pierde. Llega la noche y con ella la imposibilidad de salir de allí, porque no conoce el lugar dónde está ni tiene luz para ver por dónde anda, con lo que se encuentra definitivamente perdido. Pero todo se agrava cuando buscando una salida, su pié queda atrapado en un cepo para cazar osos y la herida sangrante en el contacto con el hierro oxidado hace gangrenar toda su pierna. El tiempo ahora es su enemigo, porque cada hora que pasa la gangrena se va apoderando más y más de él hasta destruir todo su cuerpo. Ahora no sólo está perdido, sino que le quedan pocas horas de vida. Necesita no sólo que lo encuentren (¡y rápido!) sino también que lo sanen. Está perdido y echado a perder.

Así está la humanidad: el pecado no sólo nos hace perder el rumbo, sino que nos va destruyendo poco a poco. Esa es la razón por la que el Señor Jesús vino a buscarnos y a salvarnos. No es suficiente con enseñarnos el camino, también tiene que sanar nuestro corazón y nuestra vida entera. El Señor no vino a hacer buenas a las personas malas, sino a devolver a la vida a muertos, a buscar y salvar lo que estaba perdido.

Dios sigue llamándonos a todos, buscándonos a todos. Quizás eres una persona que nunca ha tomado la decisión de comprometerse con el Señor.

Alguien te ha regalado este libro, o tu mismo lo has comprado por curiosidad. Zaqueo respondió rápido al llamado del Señor. Tan rápido como tu puedes responder ahora mismo, hablando con Dios. El vino a traer buenas noticias. Somos amados, somos buscados, El quiere que nos dejemos encontrar…

Poniendo tu vida en Sus manos. Dejando que El entre en tu casa, porque no se irá jamás.

"Me ha enviado para vendar a los quebrantados de corazón"

—Isaías 61:1

13 DIOS VENDANDO NUESTRAS TRISTEZAS

Todos los niños pasan por momentos complicados. El hecho de no conocer la razón de las cosas hace que a veces lloren por cosas que a nosotros, los mayores, nos parecen ridículas. Pero casi nunca es así, casi siempre existe una razón y debemos prestar atención a lo que está pasando. Nuestra niña Kenia, a veces viene a nosotros llorando. Un pequeño golpe o un dolor son suficientes como para venir a buscar la ayuda de sus padres.

Otras veces, cuando le pregunto por qué llora, simplemente me responde "no sé" y sólo quiere que la abrace. Dejo todo lo que esté haciendo en ese momento y la tomo en mis brazos, porque sé que necesita sentirse querida, abrazada, mimada. Por alguna razón, por algo que ha ocurrido o que alguien le ha dicho, su corazón está roto y necesita cariño. De repente dice "ya está" y se va tan contenta. Yo me quedo pensando, admirado de que un corazón pueda ser curado de una manera tan sencilla.

Nuestra sociedad está llena de quebrantados de corazón. Sé que hay muchos dolores físicos, y muchas personas que pasan necesidad, pero son muchos más los que tienen su corazón roto. Pocos saben que Dios *"sana a los quebrantados de corazón, y venda sus heridas" (literalmente "venda sus tristezas") Salmo 147:3*

Como el mejor Padre que existe, Dios sabe estar con nosotros y comprender lo que sentimos. Sabe que en muchas ocasiones, lo que más sufre es nuestro corazón, y lo que necesitamos es su abrazo. Necesitamos que alguien ponga su mano en las heridas de nuestro corazón. Eso fue lo que el Señor Jesús hizo, preocuparse siempre en primer lugar por los que sufrían, por los que estaban enfermos y por los que tenían el corazón triste.

UNA MUJER Y ADEMÁS SAMARITANA

"Una mujer de Samaria vino a sacar agua, y Jesús le dijo: Dame de beber. Entonces la mujer samaritana le dijo: ¿Cómo es que tú, siendo judío, me pides de beber a mí, que soy samaritana? (Porque los judíos no tienen tratos con los samaritanos.) Respondió Jesús y le dijo: Si tú conocieras el don de Dios, y quién es el que te dice: "Dame de beber", tú le habrías pedido a El, y El te hubiera dado agua viva.(...) "Todo el que beba de esta agua volverá a tener sed, pero el que beba del agua que yo le daré, no tendrá sed jamás, sino que el agua que yo le daré se convertirá en él en una fuente de agua que brota para vida eterna" La mujer le dijo: Señor, dame esa agua, para que no tenga sed ni venga hasta aquí a sacarla. El le dijo: Ve, llama a tu marido y ven acá. Respondió la mujer y le dijo: No tengo marido. Jesús le dijo: Bien has dicho: "No tengo marido", porque cinco maridos has tenido, y el que ahora tienes no es tu marido; en eso has dicho la verdad. La mujer le dijo: Señor, me parece que tú eres profeta. Nuestros padres adoraron en este monte, y vosotros decís que en Jerusalén está el lugar donde se debe adorar. Jesús le dijo: Mujer, créeme, (...) la hora viene, y ahora es, cuando los verdaderos adoradores adorarán al Padre en espíritu y en verdad; porque ciertamente a los tales el Padre busca que le adoren. La mujer le dijo: Sé que el Mesías viene (el que es llamado Cristo); cuando El venga nos declarará todo. Jesús le dijo: Yo soy, el que habla contigo.(...) Y de aquella ciudad, muchos de los samaritanos

creyeron en El por la palabra de la mujer que daba testimonio, diciendo: El me dijo todo lo que yo he hecho" Juan 4:6-42

Jesús llega a Samaria y se detiene a hablar con una mujer. Dios quiso que tengamos más detalles de este encuentro que de ningún otro en la vida del Señor Jesús. Incluso sabemos exactamente las palabras y los gestos de la conversación. Cada vez que el Señor se encuentra a solas con alguna persona, su manera de hablar se "sale" completamente de nuestras expectativas. Si alguien hubiera querido inventar el contenido de alguno de los evangelios, jamás hubiera escrito historias así. El encuentro del Señor con la mujer samaritana es uno de los ejemplos más claros. Si tuviéramos que informar en los periódicos y poner un titular a lo sucedido diríamos que "¡El evangelio entra en Samaria por una mujer que ha vivido con seis hombres diferentes!"

La historia comienza de una manera extraordinaria, el Señor estaba cansado. Ese podría ser el final de una historia: "Después de haber hecho muchas cosas, visitar varios lugares y curar a muchas personas, Jesús estaba cansado". No fue así, la Biblia dice que el Señor estaba cansado cuando llegó al pozo y se sentó. A veces las mejores oportunidades surgen cuando menos lo esperamos, cuando creemos que no podemos hacer nada, incluso cuando nos sentimos cansados. El secreto es estar en el lugar en el que Dios quiere que estemos, con nuestro corazón dispuesto a servirle. En cierto modo, no importa como estemos, si estamos cansados o radiantes. Lo que tenemos que aprender es a estar en el lugar exacto y en el momento oportuno. Y esperar.

Jesús llegó a la hora sexta, la hora exacta para encontrarse con la mujer. El Señor buscó el lugar y se sentó "junto al pozo" Tarde o temprano ella iba a llegar. Era la oportunidad de su vida, aunque ella no lo sabía.

El Señor comenzó a conversar con ella, pero no de cosas "espirituales" en primer lugar, como quizás nosotros hubiésemos hecho. Nos estaba enseñando que hay que preocuparse por las personas antes de predicarles. Jesús no se preocupó en primer lugar de buscar oportunidades para llevar a las personas a la sinagoga o hablarles de temas espirituales, sino que conversaba sencillamente, hablaba y escuchaba, entendía y comprendía a cada persona.

Jesús no discutió, aunque ella dijo varias veces cosas que no eran correctas. Nosotros hubiésemos intentado convencerla, explicarle con la doctrina y los versículos de la ley en qué estaba equivocada, Jesús no. No discute, simplemente despierta su atención, le habla de la nueva vida mediante el Espíritu, abre su apetito espiritual, llega al fondo de su corazón. Eso es mil veces más importante que ganar cualquier discusión.

Al principio, la samaritana no entendía que el Señor le estaba hablando espiritualmente. Jesús tuvo paciencia con ella, no condenó sus pocas luces ni le echó a la cara su ignorancia "Dame de esa agua" le dijo ella, y aunque esa frase parecía ser una excusa, la mujer quería saber sinceramente si el desconocido podía ayudarle. El Señor le explicó todas las cosas hasta que ella se dio cuenta de ese era el momento más importante de su vida. "El agua que yo le de" le dice, y ella comienza a sospechar que está hablando con el mismo Mesías. Desde ese momento, las discusiones espirituales no tienen ninguna importancia. Ella sabe que Jesús es alguien sobrenatural.

¡El evangelio entra en Samaria por una mujer que ha vivido con seis hombres diferentes!

La samaritana responde. Y es en ese momento que el Señor le muestra el problema de su vida, pero sin hacerle daño en absoluto. Le habla de su vida libertina con un tacto exquisito. Ella había abandonado ya a cinco hombres, y sin embargo el Señor no la condena directamente. Nosotros le habríamos explicado que vivía contra la ley. Le habríamos puesto condiciones rápidamente "Eres una pecadora, arrepiéntete y deja de vivir de una manera contraria a la voluntad de Dios" le diríamos casi gritando, y nos habríamos sentido muy bien. Quizás con la satisfacción del deber cumplido, pero también con un alma perdida para siempre.

El Maestro quiere transformar la vida de esa mujer, por eso le habla directamente de la relación con Dios, su amor y su revelación como Mesías (cf. los versículos 21 y 25). En este momento, como alguien dijo, el pasado y el futuro de la mujer empiezan a tener sentido, aunque su presente sigue siendo horrible. Por eso no le queda otra salida que tomar una decisión. Tiene que aceptar que está hablando con el mismo Mesías. La misma decisión del día de hoy: cualquier respuesta al evangelio es un sí o un no al Señor Jesús. Nada más, pero tampoco nada menos, la mujer samaritana lo entendió perfectamente.

> *Una de las mayores revelaciones de Dios y su carácter fue confiada por el Señor Jesús a una mujer ignorante y con una vida disoluta... A nosotros nos hubiera faltado tiempo para condenarla.*

Ahora nada es lo mismo ni es igual, porque el Señor restaura su vida por completo, y le revela personalmente que él es el Mesías. ¡Se lo dice a una mujer adúltera y despreciada!

La primera vez que el Señor dice públicamente que El es el Mesías que el pueblo espera, no lo hizo al rey Herodes, a los sacerdotes, o a los intérpretes de la ley. ¡Le habló personalmente a una mujer! (v. 26). Muchos siguen discutiendo el papel de las mujeres en el evangelio, pero lo que no podemos dejar de ver es la trascendencia que le dio el Señor a todas las mujeres con las que se encontró y las que le siguieron.

El Espíritu de Dios quiso que todo quedase escrito para que nosotros no defendamos una supuesta superioridad masculina en base a no sé qué doctrinas o ideas. Nadie puede negar lo que está escrito: Una de las primeras manifestaciones públicas del Señor como Mesías es a una mujer adúltera, ignorante y despreciada. Jesús quiso que ella misma lo proclamase públicamente a todo el pueblo. Y no fue por casualidad, o porque se la encontró en el camino, No, Dios mismo la eligió, el Señor Jesús se sentó en el pozo esperándola.

Por si eso fuera poco, le confió una de las mayores revelaciones de Dios y su carácter: *"Dios es Espíritu, y los que le adoran, en Espíritu y verdad deben adorarle"*. Hasta el día de hoy, miles de teólogos, pastores, maestros y estudiantes de la Biblia, recorren esas palabras y reconocen la profunda verdad que hay en ellas. Es el mismo Hijo de Dios revelando uno de los grandes "secretos" del Padre, y lo hace a una sencilla mujer. Lo quiso hacer así, y todo aquel que quiera olvidarlo o pasarlo por alto, es porque no comprende (o no quiere comprender) el carácter de nuestro Dios.

Porque si la observamos detenidamente, llegamos a la conclusión que aquella mujer tenía todo equivocado. Para que nos entendamos, nosotros hubiésemos afirmado que era la mujer equivocada. Nos hubiera faltado tiempo para condenarla: Su raza, su cultura, su religión, su vida pecaminosa, su desconocimiento de las cosas espirituales... Todo estaba en contra de ella. Humanamente hablando no tenía ninguna opción para encontrarse con el Mesías, era imposible.

Pero Jesús se acercó y le dijo "Dame de beber". Viendo la necesidad de ella, él pidió, sabiendo que ella le necesitaba, El se hizo necesario. Conociendo su sed interior, Jesús pidió agua. Una de las imágenes más tiernas de la historia es la reacción de la samaritana. La Biblia dice que en cuanto pudo comprender con quién estaba hablando (v. 28) dejó su cántaro y fue a buscar a otros. Abandonó lo que tenía, dejó su pasado, sus pertenencias, lo que ella era, y se fue a proclamar que había encontrado al Mesías. Olvidó la razón por la que estaba allí porque el conocimiento del Señor era más importante que todas las cosas. Ese fue el resultado inmediato de su decisión: ir a buscar a otros. El Señor era demasiado precioso como para quedárselo para sí misma.

El último detalle: Lo que nosotros creemos que son nuestros defectos, Dios los transforma para Su gloria. La mujer samaritana tenía otros pozos más cerca, pero recorría grandes distancias para recoger agua, quizás para evitar preguntas y burlas de parte de la gente que la conocía. Dios transformó su vida: la misma mujer que intentaba vivir a escondidas, tuvo el valor para dejarlo todo e ir a hablar del Maestro a todos los que encontraba, a los que la podían señalar, juzgar, o incluso reírse de ella. No tuvo ningún temor para hablar de Jesús a todos. No le importaba que la tomaran por loca. No le preocupó que le señalaran su pasado ni su presente, no le importó que no la dejaran hablar, por cuanto era una mujer. Había encontrado al Mesías y eso era lo único importante para ella. No tuvo miedo. No se calló. Nadie pudo pararla. ¡Cuánto tenemos que aprender de las "locuras" de aquellos que son transformados por el Salvador!

El Señor tuvo que quedarse dos días en Samaria. El fruto del testimonio de aquella mujer fue rápido, total, concluyente, definitivo. Aún a pesar de que la ley social decía que judíos y samaritanos no podían estar juntos, Jesús se quedó dos días con ellos, viviendo en sus casas y comiendo con ellos. Sometiéndose a las habladurías de la gente.

El día que deseemos de todo corazón ser como el Mesías y no nos preocupemos en absoluto de lo que otros puedan decir, estaremos revolucionando el mundo.

Dios mismo admirando la fe de una mujer extranjera

Otra mujer escogida por Dios, otra mujer extranjera. Otra mujer despreciada. Dios no se cansa de repetirnos las mismas lecciones, aunque nosotros las olvidemos rápidamente.

> *"Y he aquí, una mujer cananea que había salido de aquella comarca, comenzó a gritar, diciendo: Señor, Hijo de David, ten misericordia de mí; mi hija está terriblemente endemoniada. Pero El no le respondió palabra. Y acercándose sus discípulos, le rogaban, diciendo: Atiéndela, pues viene gritando tras nosotros. Y respondiendo El, dijo: No he sido enviado sino a las ovejas perdidas de la casa de Israel. Pero acercándose ella, se postró ante El, diciendo: ¡Señor, socórreme! Y El respondió, y dijo: No está bien tomar el pan de los hijos, y echárselo a los perrillos. Pero ella dijo: Sí, Señor; pero también los perrillos comen de las migajas que caen de la mesa de sus amos. Entonces, respondiendo Jesús, le dijo: Oh mujer, grande es tu fe; que te suceda como deseas. Y su hija quedó sana desde aquel momento" Mateo 15:22. Cf. Marcos 7:24-30*

Los dos evangelistas son imprescindibles para comprender la historia. Marcos escribe que Jesús se fue a la región de Tiro. Si Cristo no hubiese ido a ese lugar, la mujer no habría podido verlo. Jesús hacía esto en muchas ocasiones, porque sabía dónde estaban las personas que le necesitaban. A Dios no le importó jamás cambiar su "agenda", no le preocupaba el tiempo que "perdía" saliéndose de su ruta normal para encontrarse con UNA persona. Para restaurar UNA SOLA vida.

La mujer le gritó al Señor, pero Jesús no le respondió. No quiso ser maleducado, simplemente quería que ella supiese lo que estaba diciendo. No podía llamarle "Hijo de David" si no sabía la razón porque ella era cananea. La mujer no desiste, sino que sigue gritando. Siente su necesidad de Dios y no quiere que la ocasión se le escape. Quiere hablar con Jesús aunque no entienda lo que está pasando, aunque se equivoque en sus palabras, aunque no haga nada bien. Sólo quiere ver al Mesías, y ese deseo es lo más importante para ella.

A los discípulos no les gusta que grite. Les preocupa el ruido que está haciendo. Es triste, pero a veces estamos tan ocupados en las "cosas espirituales" que nos molesta que la gente necesite a Dios.

Puede que ella no entendiese muchas cosas, porque era extranjera, pero me impresiona que es la única persona que le llama a Jesús "Señor" en todos los evangelios. ¡Sabía con quién estaba hablando! ¡Sabía que era el Señor, aunque ella no pudiese estar a su mesa, aunque sólo pudiese acercarse a El como un perrillo se acerca a los pies de sus amos, sólo para recoger las sobras de alimentos y de cariño! ¡Con eso le bastaba!

Esa es la razón por la que Jesús quiso argumentar con ella. El Señor sabía que ella le conocía como algo más que alguien que hacía milagros, estaba convencida de que era el Hijo de Dios, pero necesitaba reconocerlo personalmente. Necesitaba que Jesús tocase su vida, y el Señor lo hace. Habla y razona con ella. Su fe es muy grande, porque no le importa estar sentada a la mesa o debajo de ella, sabe que sólo con las "migajas" del poder del Señor, su hija será salva.

Jesús encuentra a una mujer que ha sabido aplicar perfectamente sus enseñanzas

"Las migajas" ¡Las sobras del poder del Señor! Quienes son conscientes de que no merecen nada, son los que lo reciben todo. A ella le bastaba con las migajas del Señor. No pedía nada más. Jesús sonrió seguro cuando escuchó su respuesta. Él mismo le había dicho a sus seguidores en muchas ocasiones que había que ser constantes, seguros, incluso machacones al pedir las cosas a Dios (Marcos 7:29) y ahora encuentra a una extranjera ¡a una mujer! que ha sabido aplicar perfectamente sus enseñanzas.

"Por esta respuesta tu hija es sanada" La fe de aquella mujer era capaz de argumentar incluso con el mismo Maestro, ella quería recibir la bendición del Señor a cualquier precio. Es lo que Dios espera de nosotros, que no nos demos por vencidos y sigamos implorando su gracia, porque la va a derramar mucho más abundantemente de lo que esperamos. Sólo tenemos que seguir adelante esperando Su sonrisa.

Porque así es la gracia de Dios. Hay pan suficiente para todos en su mesa, no sólo para los hijos, sino para los perrillos que están debajo. Si mereciésemos algo tendríamos que ser como esos perrillos para vivir siempre a pies del Maestro. Pero Él quiere hacernos a todos dignos, Él nos invita a comer en la misma mesa. No importa si somos hombres o mujeres, libres o esclavos, judíos o gentiles. Porque ninguno de nosotros merece estar allí. Por eso su invitación sigue siendo casi increíble.

Dios no nos echa fuera cuando llegamos a Él con nuestro corazón deshecho, con nuestras lágrimas y con nuestra necesidad de estar cerca de Él. ¿Recuerdas el texto del principio? Dios sana a los quebrantados de corazón, a los que tienen el corazón roto y no saben como reconstruirlo. "El que a mi viene, dijo el Señor, no le echo fuera" en esa promesa está fundada nuestra confianza. Dios nos acepta tal como somos, y no espera nada a cambio. Sólo desea que vengamos a Él, que si es necesario argumentemos con Él, que le hablemos poniendo toda nuestra vida en cada palabra.

Tengo que confesarte algo. Yo también necesito ir a la presencia de Dios a veces, sin saber exactamente lo que me pasa, como cuando Kenia viene para darme un abrazo. Quizás no puedo explicarle muchas cosas a Dios, pero Él sabe que lo que necesito es estar en sus brazos. Sin palabras, sin saber lo que me ocurre, simplemente dejando que Él cure mi corazón. Y más tarde le digo "ya está" y sigo mi vida como si no hubiese pasado nada. Contento de tener un Padre que abandona cualquier cosa que esté haciendo simplemente para darme un abrazo, aunque yo no sepa lo que me ocurre.

Dios es un Padre que no se preocupa por las circunstancias, por si quién se acerca a El es una mujer o un hombre, que no se preocupa por como estoy, si estoy argumentando con El o he caído. Por si estoy gritando o no tengo ganas de hablar, por si me siento feliz o pienso que el mundo está cayendo encima de mí...

Un Padre que es capaz de vendar mis tristezas.

"Proclamar libertad a los cautivos"
—Isaías 61:1

14

LA NECESIDAD DE TOCAR A DIOS

La historia de la humanidad está llena de libertadores imprescindibles. Todos podemos recordar gente que ha luchado contra el racismo, la injusticia, la esclavitud, la dictadura, la desigualdad… Personas que incluso han dado sus propias vidas en defensa de la libertad. El mundo no sería el mismo sin ellos, muchos de los derechos que estamos disfrutando ahora no serían reales si no fuese por su lucha. Pero incluso ellos mismos sabían que hay una libertad que es la fuente de todas: la libertad de nosotros mismos. Quien más nos esclaviza es nuestro propio interior, aquel de quién tenemos que ser libres en primer lugar es de nuestros propios pensamientos, de nuestra maldad, de nuestro orgullo, de nuestro odio a veces, de las cosas que no entendemos, de nuestra enfermedad, de la muerte…

Libres de todo lo que nos impide vivir.

Ese es el mayor regalo que Dios nos dio, nuestra libertad. Sin ninguna duda, lo que más caro le costó, la muerte de su propio Hijo. Era el precio a pagar para que nosotros podamos tomar nuestras propias decisiones, para dejar que nos equivoquemos y caigamos en nuestra propia destrucción, aún a pesar de su dolor y su sufrimiento al verlo. Sólo el que nos regaló la libertad puede recuperarla para nuestra vida. Jesús sabía perfectamente lo que nos ocurre, cuando proclamó *"Así que, si el Hijo os hace libres, seréis realmente libres"* *(Juan 8:32).*

UNA MUJER ESCLAVA DURANTE DIECIOCHO AÑOS

> *"Había allí una mujer que durante dieciocho años había tenido una enfermedad causada por un espíritu; estaba encorvada, y de ninguna manera se podía enderezar. Cuando Jesús la vio, la llamó y le dijo: Mujer, has quedado libre de tu enfermedad. Y puso las manos sobre ella, y al instante se enderezó y glorificaba a Dios. Pero el oficial de la sinagoga, indignado porque Jesús había sanado en día de reposo, reaccionó diciendo a la multitud: Hay seis días en los cuales se debe trabajar; venid, pues, en esos días y sed sanados, y no en día de reposo. Entonces el Señor le respondió, y dijo: Hipócritas, ¿no desata cada uno de vosotros su buey o su asno del pesebre en día de reposo y lo lleva a beber? Y ésta, que es hija de Abraham, a la que Satanás ha tenido atada durante dieciocho largos años, ¿no debía ser libertada de esta ligadura en día de reposo?"* Lucas 13:10-17

Dieciocho años enferma y nadie la había ayudado. Todos la conocían, incluso había ido muchas veces a la sinagoga, pero nadie se había interesado por ella. Pocos sabían que su enfermedad estaba arraigada en lo profundo de su alma, un espíritu la tenía esclavizada. Sufría de la misma manera que sufren muchos, aunque aparentemente es una enfermedad física la que los atormenta, el fondo de sus problemas es espiritual. Había perdido su libertad.

Igual que le sucedía a ésta mujer,
las dificultades de la vida nos esclavizan,
y nos impiden levantar la mirada

Puedes encontrar cientos de personas así en los hospitales y las consultas de psiquiatras y psicólogos. Enfermos espirituales esperando una solución física, algo completamente imposible. Nunca llegan al fondo de lo que les ocurre. Viven poniendo remiendos más o menos temporales y jamás son verdaderamente libres. El problema es mucho más profundo, porque ningún médico, psicólogo, psiquiatra, o líder religioso puede llenar de significado nuestra vida cuando está vacía, cuando el mal nos hace vivir encorvados y hemos abandonado a Dios.

No olvides que de la misma manera que le sucedía a esta mujer, las dificultades de la vida nos esclavizan, y nos impiden levantar la mirada. Muchas personas viven atadas y apegadas a este mundo, sin mirar directamente a los demás, quizás por sentirse culpables, o por pensar que su vida no tiene sentido. Viven sin poder levantar su mirada al cielo porque rechazaron todo lo que puede venir de allí.

El Señor la llamó. No fue ella quién buscó a Jesús, sino que fue el Señor quién se preocupó por ella. Puso sus manos sobre la mujer, primero le dio libertad y después la sanó. Lucas sabía de qué estaba hablando, él mismo era médico. El Señor quiso recordarnos que lo realmente importante es la libertad espiritual, y lo accesorio es la sanidad. ¡Muchos buscan sentirse bien sin ser libres! Dios hace las cosas bien, primero da la libertad y después sana. Muchos quieren ser felices, o no sufrir ningún daño en su vida, pero no quieren ser libertados. Siguen siendo esclavos de muchas cosas: vicios, costumbres, ideas, religiones, incluso maneras de ver la vida; esclavos de lo que otros dicen, esclavos de sus médicos y guías "espirituales".

Cuando Cristo le dice "quedas libre de tu enfermedad" ella no se enderezó. Quizás seguía sintiéndose indigna y débil. Todavía no se atrevía a mirar al Salvador. Entonces Jesús puso sus manos sobre ella y le devolvió su dignidad. En ese momento, su reacción es idéntica a la de muchos otros que fueron sanados por el Señor, la mujer comenzó a glorificar a Dios.

¡Estos tipos sabían mucho de la ley, pero no sabían nada de Dios!

El milagro termina con la queja de los religiosos. Como siempre.

Nunca aprendieron a callarse, y así siguen comportándose hoy. Estaban indignados por lo que Jesús había hecho ¿Cómo se le ocurría sanar a alguien en Sábado? ¿No sabe Dios que tiene que sujetarse a sus normas? ¡Y estaba sanando a una mujer! ¿No sabía el hijo de Dios que las mujeres eran consideradas inferiores a ellos? ¿Cómo no les pidió permiso para hacer lo que hizo? ¿Cómo interrumpió las reuniones en la sinagoga para sanar a una mujer?

¡Estos tipos sabían mucho de la ley, pero no sabían nada de Dios! El día de reposo fue para hacer el bien, para glorificar a Dios, para adorarle, ¡No para gobernar al hombre! Jesús estaba sanando a la gente, ¿Qué clase de religión es esa que no admite que se haga el bien, por culpa de los preceptos religiosos? ¿Qué Dios es el que impide ayudar y sanar porque está atado a sus propias leyes?

Jesús los miró fijamente y derribó sus palabras con el poder de la razón y la misericordia. No quería que quedase ninguna duda en aquel momento ni tampoco que nosotros las tuviésemos, así que explicó a todos que había liberado a…

1. Un ser humano,

2. Una mujer, hija de Abraham

3. Anciana y enferma.

4. Esclava de Satanás

El Señor derribó todos sus argumentos. Jesús la llamó "hija de Abraham" y era la primera vez que una mujer era llamada así, para que todos supiesen que ella era tan digna como cualquier hombre, que para Dios no hay distinciones.

Esa mujer había ido durante dieciocho años a la sinagoga y no había sido sanada. No había recibido nada que cambiase su vida. Nadie había hecho nada por ella, nadie la había ayudado, nadie se había preocupado por ella. La religión no le dio nada, y a pesar de todo, ella seguía yendo a la sinagoga. Aún antes de que el Señor le hubiese dado libertad, nos estaba enseñando que las personas sencillas son mucho más creyentes en Dios y están más cerca de El que los propios sacerdotes.

UNA MUJER ESCLAVA, ENFERMA E IMPURA

> *"Cuando oyó hablar de Jesús, se llegó a El por detrás entre la multitud, y tocó su manto. Porque decía: Si tan sólo toco sus ropas, sanaré. Al instante la fuente de su sangre se secó, y sintió en su cuerpo que estaba curada de su aflicción Y enseguida Jesús, dándose cuenta de que había salido poder de El, volviéndose entre la gente, dijo: ¿Quién ha tocado mi ropa? Y sus discípulos le dijeron: Ves que la multitud te oprime, y dices: "¿Quién me tocó?" Pero El miraba a su alrededor para ver a la mujer que le había tocado. Entonces la mujer, temerosa y temblando, dándose cuenta de lo que le había sucedido, vino y se postró delante de El, y le dijo toda la verdad. Y Jesús le dijo: Hija, tu fe te ha sanado; vete en paz y queda sana de tu aflicción. Marcos 5:27-34*

Otra mujer enferma, y en cierta manera, más que enferma. Ceremonialmente era considerada impura y no podía acercarse a nadie. De alguna manera sabía que Jesús podía salvarla. Quizás no comprendía lo que iba a hacer, pero hizo lo único correcto: se acercó a Jesús. "Habiendo oído" hablar de El. ¡Ni siquiera le había visto curar a nadie! Había venido al Señor Jesús confiada en las cosas que otros habían dicho. Lo creyó, y eso le bastaba. Le bastó para arrastrarse en medio de la multitud y tocar el manto del Maestro.

Si queremos estar cerca del Señor nuestra fe es imprescindible. Porque desgraciadamente se puede abrazar al Señor sin recibir nada de El, esa era la situación de la multitud que le oprimía: Estaban literalmente abrazando al Maestro, tocándole, apretujándole, pero nada ocurrió en sus vidas. Muchas personas viven muy cerca del Señor y no le conocen. Muchos le aprietan, le empujan, quieren seguirle a su propia manera, pero no saben quién es. Podemos pasar toda nuestra vida ¡incluso en la Iglesia! sin ver a Jesús. Sin haber probado su bondad y su misericordia. Sin acercarnos al Maestro con fe. Recuerda que hay muchas maneras de tocar a Jesús. La multitud estaba cerca del Señor, pero ningún poder salió de El. Ninguno sintió el deseo irrefrenable de abrazar al Maestro. Ni siquiera sabían el privilegio que tenían, nunca se dieron cuenta de lo cerca que estaban de su Creador.

La mujer quiso ser curada de la manera más increíble, porque ella tenía prohibido por la ley tocar a nadie, ¡mucho menos al Mesías!

Jesús se dirige a la mujer que le tocó, a la que creyó que podía ser sanada. A la que quiso curar de la manera más increíble, porque ella tenía prohibido por la ley tocar a alguien. ¡Pero ella decidió tocar al Mesías! Sabía que el único que podía perdonarle era Dios mismo. Esta mujer vivía en un estado de impureza legal (Levítico 15:25) y no debía acercarse a nadie, sino estaba sujeta a maldición. Pero lo hizo, su deseo de tocar al Señor fue superior a todo.

Dios siempre nos lleva a lo más profundo de nuestra indignidad para hacer el mayor milagro. Nuestras mayores debilidades son el motivo principal para que Dios exprese Su gracia. El Señor podía sanarla de otra manera, porque en otras ocasiones Jesús curó a otras personas sin ni siquiera acercarse a ellas, pero esta vez dejó que la mujer le tocara. Y quiso restaurarla por completo, de una manera pública.

El evangelista Marcos (5:32) añade un detalle importantísimo en la historia. Nos dice que el Señor miró alrededor para dar a la mujer la oportunidad de confesar y fortalecer su fe. Jesús primero pregunta, y más tarde busca a la mujer con su mirada "para ver a LA que le había tocado". No quería que se escondiese. Jesús sabía quién era aunque no la había visto. Por eso quiere un reconocimiento de corazón. Quiere fortalecer aún más su fe. El Señor Jesús quiere descubrirla porque ahora no está preocupado por su cuerpo, sino por su espíritu, necesita que su decisión y su fe sean conocidas por todos.

La mujer, sabe lo que tiene que hacer. Y su manera de aproximarse al Señor es casi sublime. En primer lugar, llegó a Jesús temerosa y temblando. Jesús supo que tenía miedo y que le iba a costar mucho reconocer su osadía, por eso la trata de una manera tierna y le dice "Hija" (v. 34). ¡La única mujer a la que Jesús llama hija! Cuando ella le escuchó, supo que el Señor la amaba. En ese momento se terminaron todos sus temores; se postró delante del Señor y le contó toda la verdad.

Tan sencillo y al mismo tiempo tan sublime. Porque el Señor no quiere saber nada de interpretaciones o posturas más o menos teatrales. Dios quiere la verdad, simplemente. Quiere que le digamos todo lo que hay en nuestro corazón, ni más ni menos.

El Señor la recuperó por completo. Limpió su cuerpo, su alma, su espíritu, la perdonó… Jesús quiso restaurarla y alabarla públicamente cuando le dijo delante de todos:

▶ "Tu fe te ha salvado". Su Espíritu quedó libre delante de Dios,

▶ "Vete en paz". Su vida fue completamente nueva desde entonces;

▶ "Eres libre de tu enfermedad". Su sanidad física fue completa.

Ya nadie tenía derecho a seguir tratándola como impura física o espiritualmente. Una vida completamente nueva empezó para aquella mujer, y el Mesías quiso que todos lo supieran.

Se puede abrazar al Señor sin recibir nada de Él, como ocurría con la multitud que le apretaba

Eso es algo que nunca debemos olvidar, la libertad no puede ser despreciada. La transformación en la vida de una persona no puede quedar escondida. La luz no puede ocultarse. Cuando Jesús irrumpe en la vida de una persona, transforma absolutamente todo. Ya no es la misma persona. Y todos deben saberlo.

La historia nos recuerda que hace años, cuando alguien hacía un llamamiento evangelístico en una predicación, las personas que decidían seguir al Señor venían al frente, y muchos se ponían de rodillas orando y agradeciendo a Dios. Más tarde sencillamente se llamaba a pasar al frente a todos los que habían tomado una decisión.

Con el paso del tiempo, algunos comenzaron a pedir que la gente se levantase por un momento en el lugar en dónde estaban. Años después, bastaba con levantar la mano en el asiento para reconocer públicamente que habías orado para que el Señor entrase en tu vida. Lo último que he visto es un llamamiento en el que el predicador dijo que los que quisieran entrar en el reino de Dios, sencillamente "levantasen la mirada" mientras los demás seguían con su cabeza agachada… A veces los predicadores incluso dicen "Nadie te mira, no tengas temor, nadie va a saber que tu estás levantando tu mano" Nadie sabrá que estabas tomando la decisión más importante de tu vida.

¿Nadie? Quizás en el cielo tampoco se dieron cuenta...

Si no les damos a las personas la posibilidad de que expresen pública y visiblemente la realidad de su decisión por Cristo, estamos robándole la trascendencia de la decisión más importante de toda su vida. La única decisión que tiene repercusiones eternas. Todos deben saberlo, si no es así, es que no hemos entendido bien el evangelio.

La libertad no puede ser oprimida. La transformación en la vida de una persona no puede quedar escondida. La luz no puede ocultarse. Cuando Jesús irrumpe en la vida de una persona, transforma absolutamente todo. Ya no es la misma persona. Y todos deben saberlo.

Jesús sigue andando con nosotros, como el mejor amigo. Como alguien que nunca se va ni se esconde. El siempre está más cerca de lo que pensamos. Nos da mucho más de lo que imaginamos... El Señor está siempre con nosotros, no sólo cuando queremos o nos damos cuenta de ello. No sólo cuando le adoramos o estamos en la Iglesia. El jamás nos deja, aunque pensemos que no tenemos a nadie a nuestro lado. No podemos escapar de El, ni ir a ningún lugar en el que podamos ocultarlo.

Recuérdalo, No podemos escondernos de El, ni esconderle a El.

Está siempre más cerca de lo que pensamos. Podemos ignorarlo (como la multitud) o podemos buscarlo casi con desesperación, querer tocar su manto, tener algo de él. ... La recompensa es una amistad inquebrantable, sin límites; conocer que siempre está a nuestro lado ayudándonos y amándonos. Lo hace siempre, pero de nosotros depende que nos demos cuenta, que disfrutemos de esa Presencia, incluso que la deseemos en todo momento, a pesar de que El sigue siempre ahí, con nosotros.

De ti depende que cada día quieras abrazarlo.

"Devolver la vista
a los ciegos"
—Isaías 61:1

15

JESÚS SE DETIENE

Una de las cosas que más me impresiona es ver a alguien ciego. Pensar que no tiene la capacidad para contemplar la belleza de las cosas, los colores, la naturaleza, las personas, las sonrisas, es algo que me hace recapacitar y agradecer a Dios cada momento que puedo disfrutar de la vista. Creo que pocas cosas son tan terribles como no poder ver.

Hace dos mil años, la situación era mucho más crítica que ahora. Nadie se preocupaba por los invidentes. Nadie les ayudaba ni les daba trabajo. Para muchas familias incluso eran un estorbo, así que lo único que podían hacer era vivir juntos, ayudándose en su miseria, conversando y mendigando para poder sobrevivir, dependiendo siempre de lo que otros pudieran hacer para ayudarles. Ser ciego en la época del Señor era una de las situaciones más difíciles para una persona.

El Señor vino también para devolver la vista a los ciegos. A los que no podían ver, y a los que no querían ver. Porque hay algo más terrible que nuestros ojos estén enfermos, y es la ceguera espiritual. En España tenemos un refrán que dice "no hay peor ciego que aquel que no quiere ver". De eso precisamente se trata. Puede que hoy haya muchos más ciegos que en los tiempos del Señor, pero ciegos voluntarios. Ciegos de los que no quieren ver.

Algunas de las teorías religiosas de los judíos eran casi increíbles. Ellos no creían que todas las personas habían pecado, sólo los que estaban enfermos (ciegos, cojos, leprosos, etc.) eran culpables, porque su enfermedad demostraba el castigo de Dios (Cf. Juan 9). Muchos de los que vivían sanos, en especial los que eran muy religiosos, creían que estaban sin pecado delante de Dios, y por eso estaban limpios. Jesús tuvo que enseñarles que nadie es condenado por ser ciego, o por haber nacido en pecado, sino por rechazar lo que Dios ofrece, que la enfermedad no tiene nada que ver con la vida espiritual de una persona.

> *"Aconteció que al acercarse a Jericó, un ciego estaba sentado junto al camino, mendigando. Al oír que pasaba una multitud, preguntaba qué era aquello. Y le informaron que pasaba Jesús de Nazaret. Entonces gritó, diciendo: ¡Jesús, Hijo de David, ten misericordia de mí! (…) Jesús se detuvo y ordenó que se lo trajeran; y cuando estuvo cerca, le preguntó: ¿Qué deseas que haga por ti? Y él dijo: Señor, que recobre la vista. Jesús entonces le dijo: Recibe la vista, tu fe te ha sanado"* Lucas 18:35-43

Lucas es muy expresivo al decir que cuando el ciego oyó que Jesús se acercaba no quiso quedarse quieto. No permaneció insensible sino que preguntó lo que pasaba, indagó acerca del Mesías. Sabía que podía ser la única oportunidad en su vida.

Muchas veces se repite ese detalle en los evangelios, el Señor recorría todo Israel, pero nadie sabía si volverían a encontrarlo. El ciego aprovechó su oportunidad, se aferró a esa posibilidad como a la última que le quedaba. La Biblia dice que gritó, reconoció su propia necesidad, y confesó su miseria. Vez tras vez repetía "Ten misericordia de mí".

A veces la gente que tenemos con nosotros no nos deja acercarnos a Jesús, incluso los que deberían llevarnos al Maestro nos alejan de Él

El problema es que era ciego, y los que estaban con él tampoco le ayudaban mucho. A veces la gente que tenemos con nosotros no nos deja acercarnos a Jesús, incluso los que deberían llevarnos al Maestro nos alejan de Él. La Biblia dice que el ciego gritaba mucho más a pesar de que no le dejaban hablar con el Señor. Esa debe ser nuestra actitud, no conformarnos, no permitir que otras personas nos impidan ver a Jesús, y si es necesario, ¡¡¡gritar!!!

Los demás pueden tener muchos motivos para alejarnos de Jesús. Algunos pensaban que el Maestro estaba ocupado, cansado, o tenía planes más importantes que perder el tiempo con un ciego. Nunca es así. Nunca debemos dejarnos llevar por los que nos alejan del Señor. El nunca está tan cansado como para no atendernos, tan ocupado como para no escucharnos. Jesús nunca tiene tanto que hacer como para no detenerse a conversar con nosotros.

Eso es lo que hizo, Jesús se detuvo. El evangelista nos dice que se quedó en pie al lado del ciego. El Hijo de Dios se detiene para cambiar nuestra vida El Creador del Universo se queda en pie ayudándonos a poner nuestra vida en orden. El Rey se preocupa por una sola vida, por la vida de un ciego al que los demás ni siquiera le dejaban hablar.

Jesús se detiene para cambiar nuestra vida

Marcos escribe la misma historia, pero le añade algunos detalles muy importantes… (Marcos 10:46-52) Cuando Jesús llegó no pidió explicaciones, cuando el Señor se detiene para ayudarnos, a veces ni siquiera pregunta si sentimos necesidad de El. Simplemente aparece, nos mira, siente compasión por cada uno de nosotros y nos llama. Tan sencillo que a veces creemos que es imposible. Entonces escuchamos la frase más importante de nuestra vida: "Animo, levántate, Jesús te llama" Después de tanto gritar, el ciego sabe que Jesús quiere estar con él.

Su respuesta fue "arrojar su manto" y abandonar todo lo que tenía para seguir al Señor. No necesitaba nada más. Dejó abandonado todo lo que era y lo que tenía, todo su pasado. Aprendió rápidamente que si Jesús le estaba llamando ni siquiera el manto que utilizaba para sentarse en él y pedir en los caminos tenía algún valor, ya no lo necesita más. Es el momento de dejarlo todo, de oír el llamado del Señor y seguirle. Seguirle viéndolo todo, alzando la vista a los campos y a las personas, pero fijando la mirada sobre todo en su Salvador.

Así somos casi Todos:
No nos gusta que nos descontrolen la vida

> *"Tomando de la mano al ciego, lo sacó fuera de la aldea; y después de escupir en sus ojos y de poner las manos sobre él, le preguntó: ¿Ves algo? Y levantando la vista, dijo: Veo a los hombres, pero los veo como árboles que caminan. Entonces Jesús puso otra vez las manos sobre sus ojos, y él miró fijamente y fue restaurado; y lo veía todo con claridad" Marcos 8:22-26*

Llegaron a la ciudad y le trajeron a otro ciego. Querían que lo tocara y lo sanara, pero el Señor no lo hizo así, porque antes que ninguna otra cosa, Jesús sacó al ciego fuera de su aldea, quería tenerlo a solas. Puede que ese ciego se hubiera acostumbrado a cada rincón de su aldea, de tal manera que aún sin poder ver tenía su "círculo de seguridad" Podía estar tranquilo en determinados lugares. Se sentía protegido y en cierta manera, tenía todas las cosas bajo su control. Jesús lo llevó a un lugar desconocido, era imprescindible que se sintiera completamente "desarmado" y sin ayuda. Era trascendental para él saberse necesitado e inútil.

Así somos casi todos: No nos gusta que nos descontrolen la vida, que cambien las circunstancias, que sucedan cosas inesperadas. Mientras podemos tener todas las cosas en nuestras manos estamos felices, aunque seamos ciegos y no veamos nada. Nos gusta estar en nuestro "círculo de seguridad". Muchas veces no escuchamos a Dios, o incluso no le vemos porque estamos demasiado ocupados, demasiado agobiados. Demasiado emocionados con nosotros mismos. Literalmente Dios tiene que sacarnos afuera, a un lugar solitario. Fuera de nuestra ciudad, de nuestras cosas, de nuestros negocios, de lo que nos "atrapa" cada día.

El Señor le toma de la mano, escupe en sus ojos y pone sus manos sobre él. El ciego comienza a recuperar la vista, pero no distingue a la gente. Jesús quería que comprendiese lo que significaba depender de él no sólo en la sanidad, sino en la visión de cada día. Lo importante en la vida no es un sólo encuentro con Jesús, lo que realmente necesitamos es vivir cada instante con El.

Jesús le dice: "¿Ves algo?" No es una pregunta sencilla como aparenta, podría ser la misma pregunta para cada uno de nosotros, "¿Qué ves a tu alrededor?" "¿Ves algo? Porque contrariamente a lo que algunos piensan y viven, la vida cristiana es mucho más que cumplir un poco o añadir algo en nuestra vida. Desde el mismo momento de nuestra conversión, si no somos capaces de ver más allá, estamos perdidos. Si no aprendemos que seguir al Señor es mucho más que ir a la Iglesia los Domingos, es porque todavía la ceguera sigue dentro de nosotros.

Cuando el que había sido ciego levanta su vista, explica que sólo puede ver árboles quietos y árboles que se mueven. No está nada mal para alguien que nunca había visto nada. En realidad no hay mucha diferencia, porque los hombres que ve son hombres sin sentimientos, sin personalidad, sin opiniones. Sólo árboles que se mueven o que están quietos. Poco más significa a veces la gente para nosotros, casi siempre por culpa de nuestra insensibilidad, nuestras tradiciones o nuestra comodidad. A nuestro lado hay personas sin esperanza, sin Dios, gente que muere lentamente… ¡Y no lo vemos! Lo único que encontramos cerca de nosotros son sólo árboles que caminan.

Como no podía ser de otra manera, el que era ciego miró fijamente a Jesús, y entonces todo cambió. En los ojos del Señor podemos ver reflejadas a todas las personas del mundo. Cuando no podamos amar a alguien, tenemos que verle dentro de los ojos del Señor Jesús. Cuando seamos incapaces de comprender a alguien, podemos buscarlo en la mirada del Señor. Los árboles que caminan pasan a ser personas cuando el Mesías está con nosotros.

"Cuando oyó que era el Señor el que pasaba por allí…" Eso es lo que puede hacer la diferencia mayor en nuestra vida.

Es el tiempo de escuchar. Como si fuésemos ciegos (¿Y no lo somos?) oímos muchas voces en el mundo, en los medios de comunicación, en la televisión, en internet, en miles de lugares diferentes. Pasamos el tiempo incluso con música de ambiente o con la televisión encendida como si el silencio nos hiciese daño. Y en ese proceso hemos perdido la facultad de escuchar. Dejamos de oír a nuestro Creador. Despreciamos la felicidad de vivir en el encanto del Espíritu de Dios, la paz de encontrarnos cara a cara con Jesús. Vivimos como ciegos porque no vemos más allá de lo que ven nuestros ojos.

> *"En Dios solamente espera en silencio mi alma; de El viene mi salvación. Sólo El es mi roca y mi salvación, mi baluarte, nunca seré sacudido" Salmo 62:1-2.*

Comenzamos este capítulo diciendo que hay muchos ciegos en nuestra sociedad. Personas que no quieren ver ni sentir el amor de Dios en sus vidas. Corriendo de un lado a otro para girar la noria de una vida sin sentido en la que no se puede parar por nada.

Una vida en la que no nos detenemos por nada ni por nadie. Una vida en la que no hemos aprendido a disfrutar de silencio delante de nuestro Creador, de saber que nuestra alma puede estar acallada en sus brazos, escuchando la Voz de quién nos ama. Una vida en la que guardar silencio ante Dios es algo pasado de moda.

Mientras Jesús, el Creador y Sustentador del Universo, el Todopoderoso. El que tiene el mundo entero en Sus manos…. Se detiene para hablar con nosotros. Para devolvernos la vista. Para que sepamos que hay muchas más cosas más allá, que no todo es lo que vemos, o lo que pensamos. Para que aprendamos de una vez que las cosas más importantes son precisamente las que no se ven.

> *"Al no poner nuestra vista en las cosas que se ven, sino en las que no se ven; porque las cosas que se ven son temporales, pero las que no se ven son eternas" 2 Corintios 4:18*

Jesús sigue deteniéndose hoy. Nos llama…

16

LOS DOMINADOS POR EL PODER DEL MAL...

Una de las características más importantes en los tiempos del Señor Jesús fueron las grandes manifestaciones del poder del mal. Como nunca antes, pareciera que el diablo había reservado a todos sus ángeles y a todas sus fuerzas para robar, matar, y destruir el plan de Dios y las vidas de las personas en aquel momento. Todo parecía estar permitido con tal de vencer al Mesías.

Hoy está empezando a ocurrir lo mismo porque está cerca la segunda venida del Señor. No sólo por las manifestaciones directas del poder de Satanás (nunca antes había habido tantos cultos al maligno, misas satánicas, personas poseídas, etc.) sino también porque cada vez encontramos más personas esclavizadas por el poder del mal. Nuestro estilo de vida, los problemas en las relaciones personales y familiares, la violencia y el sinsentido que gobierna en la mayoría de los países no son más que manifestaciones de nuestra propia debilidad ante los ataques del maligno.

El Mesías vino para liberar a los prisioneros del mal. Para liberarnos a nosotros. Lo hizo en su primera venida, y lo sigue haciendo desde entonces por el poder de su Espíritu Santo, de la misma manera que entonces...

"El les preguntó: ¿Qué discutís con ellos? Y uno de la multitud le respondió: Maestro, te traje a mi hijo que tiene un espíritu mudo y siempre que se apodera de él, lo derriba, y echa espumarajos, cruje los dientes y se va consumiendo. Y dije a tus discípulos que lo expulsaran, pero no pudieron. Respondiéndoles Jesús, dijo: ¡Oh generación incrédula! ¿Hasta cuándo estaré con vosotros? ¿Hasta cuándo os tendré que soportar? ¡Traédmelo! Y se lo trajeron. Y cuando el espíritu vio a Jesús, al instante sacudió con violencia al muchacho, y éste, cayendo a tierra, se revolcaba echando espumarajos. Jesús preguntó al padre: ¿Cuánto tiempo hace que le sucede esto? Y él respondió: Desde su niñez. Y muchas veces lo ha echado en el fuego y también en el agua para destruirlo. Pero si tú puedes hacer algo, ten misericordia de nosotros y ayúdanos. Jesús le dijo: "¡Cómo si tú puedes!" Todas las cosas son posibles para el que cree. Al instante el padre del muchacho gritó y dijo: Creo; ayúdame en mi incredulidad. (…) "Espíritu mudo y sordo, yo te ordeno: Sal de él y no vuelvas a entrar en él" Y después de gritar y de sacudirlo con terribles convulsiones, salió: y el muchacho quedó como muerto, tanto, que la mayoría de ellos decían: ¡Está muerto! Pero Jesús, tomándolo de la mano, lo levantó, y él se puso en pie" Marcos 9:15-27

Jesús bajaba del monte con tres de sus discípulos. Les había mostrado parte de la gloria de Dios. Habían sido transportados casi hasta el mismo cielo, de tal manera que ellos querían quedarse allí para siempre. Ya no les importaba la gente, ya no querían bajar a enfrentarse con las luchas de cada día. Pero el Señor les abre los ojos y les hace ver que su misión está ahí abajo, dónde el resto de los discípulos discuten con la gente por algo que no han podido hacer.

Discutiendo, así comienzan casi todos nuestros problemas. Cuando no vivimos en el poder de Dios, sólo podemos discutir. El maligno disfruta viendo nuestros enfrentamientos porque esa es una de sus mejores armas: hacernos caer en luchas infantiles. Que todo lo "arreglemos" enfadándonos y discutiendo, que perdamos el tiempo decidiendo quién tiene razón.

*Cuando no hay poder de Dios,
las personas perdemos el tiempo discutiendo*

Jesús es el que realmente se enfada con ellos. Les dice que son gente incrédula, y tiene toda la razón. Comenzando por sus discípulos que no habían podido echar fuera el demonio por su falta de fe y dependencia en el Padre Celestial.

Incrédulos eran también los escribas, que venían sólo para tentar al Señor, para hacerle caer en alguna trampa. Incrédulos eran los familiares del niño, y uno de los que más, su propio padre. Y los más incrédulos de todos eran los que se habían acercado a "ver el espectáculo" porque sólo para eso habían ido, para contemplar lo que pasaba, para ver lo que hacía el llamado Mesías en una situación tremendamente difícil.

El orgullo cínico disfrazado de curiosidad espiritual es una de las mayores incredulidades que existen. Recuerda que el Señor sólo se enfadó con dos tipos de personas: primero, con la gente que jugaba a ser religiosa. En segundo lugar con los que no querían creer. Esos son las personas que Dios no puede "soportar" Los que engañan a sabiendas, los que juegan a ser buenos, los que pretenden estar cerca de Dios sólo para que los demás los vean. Y los que no le creen. En cierta manera los dos son casi idénticos. Es prácticamente lo mismo querer engañar a Dios, que no creerle.

Aún a pesar de todo, el Señor les dice "traédmelo". Sigue soportándolos, aún queda en su corazón amor suficiente como para transformar la humanidad. Siempre se puede ir a Jesús cuando otros fallan. En los momentos difíciles, en las dudas, en cualquier situación de nuestra vida, incluso cuando hemos pecado o somos incrédulos, la mejor opción es volver al Señor, lo que debemos hacer es llevar todas nuestras cargas a Jesús.

La reacción de las fuerzas del mal a la llamada del Señor, no nos deja lugar a dudas. La Biblia dice que "al instante" (v. 20) el maligno comenzó a sacudir al joven. Sabía que su "guerra" estaba perdida, que no tenía nada que hacer, por lo que intentó destruir al muchacho para conservar su trofeo.

El muchacho vivía esclavizado "desde su niñez". Muchas veces dejamos que el mal sea nuestro compañero durante años, nos acostumbramos a él y no hacemos nada para cambiar. Ese es el problema de millones de jóvenes en nuestro primer mundo que se dejan esclavizar por el consumismo, los juegos, el placer, las drogas... La gran mayoría de las veces sin que sus padres quieran hacer nada para evitarlo, sin que sus padres se preocupen de lo que sus hijos ven en los medios de comunicación; de los juegos de sus hijos, de lo que hacen para pasar el tiempo.

En este momento nos damos cuenta que el enfado del Señor era justo. Porque de repente el padre sella su incredulidad al decirle a Jesús "si tu puedes..." (v.22) ¡cuántas veces nosotros tratamos de la misma manera a Dios! Hemos visto Su mano sobre nosotros en muchas ocasiones, pero a la más mínima oportunidad le decimos "si puedes hacer algo"...

Nosotros nos habríamos entristecido, y quizás nos habríamos ido de allí después de encontrar tanta incredulidad, pero el Señor no le reprende por su falta de fe. No le explica la manera en la que muchas personas han sido sanadas, ni intenta argumentar con El, explicando que su poder es suficiente para levantar a los muertos, para vencer la naturaleza o para desatar las fuerzas del mal. No. El Señor simplemente le devuelve la pregunta. Obliga al hombre a enfrentarse directamente con su incredulidad. Intenta explicarle que "la cuestión no es mi poder, sino tu fe"

Ese es nuestro problema y el problema del hombre, la incredulidad. Desde Adán y Eva hasta hoy, cada paso en la historia está marcado por la incredulidad del hombre hacia su Creador. Y esa incredulidad es la que siempre aleja al hombre de Dios, del ser que más le ama y que más ha hecho por él. Casi podemos decir que cada bendición de Dios ha sido respondida por un orgulloso alejamiento por parte del hombre. Como si no necesitásemos nada. Como si no quisiéramos nada. Sólo por la inútil inseguridad de creer que nosotros controlamos nuestra vida.... ¡Cuantas cosas Dios deja de hacer por nuestra incredulidad!

Cada bendición de Dios ha sido respondida por un orgulloso alejamiento por parte del hombre. Como si no necesitásemos nada

Cuando el Señor liberó al muchacho, éste quedó como muerto. En cierto modo no es extraño, el diablo paga con la muerte. Cuando seguimos sus consejos, lo único que cosechamos es la destrucción. Espiritualmente y físicamente. Muchos jóvenes caen en la trampa de querer seguirle, mientras él los destruye. Muchas personas de todas las edades están atrapadas en la cruel ignorancia de seguir a quién busca sólo su muerte. El diablo quiso matar al muchacho al salir de él. "Si no es mío, no será de nadie" parece ser la filosofía mortal del destructor por excelencia.

Dios busca todo lo contrario. Lo que El quiere es nuestro bien, lo que desea es restaurar nuestra vida, darle sentido, hacerla libre para Su gloria. Lo que el Señor Jesús quería era sanar al muchacho. Y lo hizo.

En primer lugar, lo tomó de la mano. El mal le dejó tumbado, caído, La gracia inquebrantable del Señor Jesús lo levantó. No hay ninguna posibilidad de quedar muerto delante del que es la Vida. Dios no permite ni por un momento que sus hijos queden postrados, El siempre quiere levantarnos, devolvernos nuestra dignidad.

En segundo lugar, lo levantó. Dios no quiere que quedemos postrados toda nuestra vida. *"Porque el justo cae siete veces; y vuelve a levantarse, pero los impíos caerán en la desgracia"* (Proverbios 24:16) Llevamos dentro de nosotros la imagen de nuestro Creador, y esa imagen no puede permanecer caída ni vencida. El único momento en el que nos postramos voluntariamente es cuando adoramos a nuestro Salvador.

Por último, la Biblia dice que el muchacho se puso en pie. Una nueva vida comenzó para él. A veces nosotros queremos seguir en nuestra posición, queremos seguir postrados y compadeciéndonos de nosotros mismos. Perdidos, humillados, tristes, angustiados, parece que hay algo "santo" en el sufrimiento público, pero Dios no quiere que vivamos así: ¡hay que ponerse en pié! No se puede vencer a la tristeza si uno no deja de amarla. No se puede ser restaurado por completo si uno sigue amando la miseria, si decidimos en nuestro corazón seguir compadeciéndonos de nosotros mismos.

No podemos ser restaurados por completo si seguimos amando la tristeza y la miseria

> *"Enseguida vino a su encuentro, de entre los sepulcros, un hombre con un espíritu inmundo que tenía su morada entre los sepulcros; y nadie podía ya atarlo ni aun con cadenas;(...) Entonces le rogaba con insistencia que no los enviara fuera de la tierra. Y había allí una gran piara de cerdos paciendo junto al monte. Y los demonios le rogaron, diciendo: Envíanos a los cerdos para que entremos en ellos. (...) Y vinieron a Jesús, y vieron al que había estado endemoniado, sentado, vestido y en su cabal juicio, el mismo que había tenido la legión; y tuvieron miedo. Y los que lo habían visto les describieron cómo le había sucedido esto al endemoniado, y lo de los cerdos. Y comenzaron a rogarle que se fuera de su comarca.*
> *Marcos 5:2-17*

Otro joven con problemas. No sólo estaba esclavizado sino que se hacía daño a sí mismo. El hombre es el único ser capaz de destruirse poco a poco. El único que lucha en contra de su propia salud material y espiritual. Puede que pienses que no tengo razón, pero sólo te pido que dediques unos momentos para comprobar a tu alrededor las cosas que la gente hace, y que le están destruyendo poco a poco: Vicios, costumbres, hábitos de consumo...

Sea cual sea la situación, Dios puede cambiarla. Todos los que conocían a aquel joven loco, herido y peligroso lo encontraron ahora sentado, hablando con Jesús y en su cabal juicio, porque cuando alguien se encuentra personalmente con el Señor la ansiedad desaparece y la tranquilidad y la paz en el alma llenan toda la vida.

Cuando no conocíamos al Señor vivíamos desnudos, porque en cierto modo, todos conocían nuestras vergüenzas, cuando el Señor transforma nuestra vida nos viste con su encanto y su razón. Conoce todo lo que hay en el fondo de nuestro corazón, conoce nuestros defectos, nuestras culpas y nuestros errores, pero nos ama más que nadie. Podemos sentarnos tranquilamente con El para charlar como se hace con el mejor amigo que tenemos. Porque el Señor pasa a ser nuestro mejor amigo.

Muchas personas prefieren vivir alimentando a sus "cerdos", antes que disfrutar de una vida llena de libertad

Esta historia tiene algunas sorpresas escondidas. Una de ellas es el hecho de que hubiese judíos cuidando cerdos. Sorpresa porque el cerdo era un animal inmundo, y su carne estaba prohibida, y no creo que nadie hiciese sandalias de caballero o bolsos de señora con piel de cerdo. Estos hombres estaban cuidando cerdos, gastaban su vida en cosas que sólo podían traerles problemas, pero cuando perdieron sus cerdos, se enfadaron y mucho. La verdad, no importa que algo sea inmundo si te da dinero.

Es lo que yo llamo la lección de los cerdos: Muchas personas prefieren cerdos con demonios y dinero que una vida llena de libertad sin ellos. No es muy diferente en el día de hoy: Más vale que no le preguntes a nadie sobre el valor de sus "cerdos" porque puedes salir malparado… Pero creo que todos estamos cuidando unos cuantos: Algunos negocios, dinero, puede que ciertas ambiciones, algún que otro "pequeño pecado" oculto…Cosas que estamos cuidando y que amamos demasiado porque no queremos que se vayan de nuestra vida.

Todo llega a ser peligroso cuando le decimos al Señor lo mismo que ellos le gritaron "¡Márchate de este lugar!" y la única razón de nuestras palabras es porque hemos perdido nuestras ganancias. Nos gustan las cosas espirituales, nos encantan las palabras del Señor, pero a veces no queremos que Dios intervenga demasiado en nuestras vidas. Que esté siempre cerca sí, pero no demasiado cerca. "Le rogaron que se alejara de los confines de ellos" Si le pedimos a Dios que se aleje de nosotros, perdemos lo mejor de nuestra vida.

Piensa por un momento, ¿Qué ocurrirá cuando todo se termine? Siempre recuerdo una canción que conocí desde que era pequeño, y en una de sus estrofas decía "el sol se oculta, pero queda Cristo". Un día el sol se ocultará de una manera definitiva, y entonces ¿Qué nos quedará? Un día cuando nuestra vida termine ¿Tendrá sentido lo que hemos hecho? Dios quiere cambiar la vida por completo, no basta sólo con una pequeña reforma, con limpiar un poco la casa y pensar que así nuestro corazón ya es nuevo. No es suficiente con una casa limpia, hay que llenarla del Espíritu del Señor o el mal volverá de nuevo. *Lucas 11:24-26*

A veces muchas personas se acercan a Dios sólo para que les ayude en un momento concreto, y cuando se ven libres de su enfermedad, de sus dudas o de sus problemas, se olvidan de quién puso Su mano sobre ellos. Muchos salen del mundo de las drogas, del juego, del alcohol, o de otras cosas que les atan, pero al no encontrar sentido en su vida, tarde o temprano caen en algo igual o peor. No basta con abandonar el mal, nuestro corazón tiene que estar satisfecho y lleno. No es suficiente con tratar de "reformar" nuestra vida y hacer promesas para mejorar cada vez que llegamos al fin de un año, Dios tiene que llenar nuestra vida.

No dejes que el diablo te engañe. Como el mejor imitador del Universo, él intenta hacernos creer que hace las cosas como Dios las hace, pero sólo tiene el objetivo de destruirnos. El camino puede ser muy parecido, las circunstancias y las señales pueden ser casi idénticas, pero si no seguimos a Dios, el final del camino es terrible:

> *"Hay camino que al hombre le parece derecho, pero al final, es camino de muerte."Proverbios 14:12*

17

EL MAESTRO CON MAYÚSCULAS

Pocas cosas han merecido un reconocimiento total por parte de todos los historiadores y pensadores del mundo, como las enseñanzas del Señor Jesús. Sus enemigos tuvieron que admitirlo sin remedio "Nadie ha enseñado como este hombre" y con el paso de los años, la gran mayoría de los críticos, filósofos, enseñadores y educadores en general han caído en el público reconocimiento de lo que las enseñanzas del Señor suponen para nuestro mundo. Nadie como El. Ninguno habló como lo hizo el Señor. Nadie expresó de una manera tan sublime y al mismo tiempo tan exacta las verdades más trascendentales de la existencia humana, las profundamente espirituales, y las cotidianas, las de cada día. *"Todos hablaban bien de El y se maravillaban de las palabras llenas de gracia que salían de su boca, y decían: ¿No es éste el hijo de José?" Lucas 4:22*

Jamás cita a otro maestro humano, sólo se refiere a la Palabra de Dios

Sus palabras son siempre sobrenaturales: Palabras llenas de gracia. Jamás habla de ningún otro maestro, siempre se refiere a la Palabra de Dios, siempre actúa en nombre de Dios, porque El mismo es la Palabra viviente, la expresión viva y real de la mente y el corazón del Padre (cf. Juan 1).

Buscó siempre una condición en los que oían, la gente debía "querer" escuchar. En un mundo en el que millones de palabras se pronuncian cada día, saber escuchar no es precisamente la característica más importante de la humanidad. El Señor no habla para explicar o convencer, habla siempre en primer lugar para dar vida, para conmover, para enseñar, para comprometer, para transformar.

La información nos gusta, pero no nos compromete. Los argumentos son válidos, pero dejan nuestra vida al margen de la transformación, aunque terminemos convencidos. Jesús no quiere convencidos, sino comprometidos. Tenemos que "comer" una por una cada palabra y hacerlas nuestras para siempre. No se puede escuchar desde la indiferencia, ni siquiera desde la curiosidad informativa. Varias veces menciona a lo largo de su ministerio una frase que parece cabalística, pero que encierra gran parte del secreto de su mensaje: "El que tiene oídos para oír que oiga" (Lucas 15:1). El que quiera escuchar, que escuche.

Inmediatamente se juntaban los publicanos y pecadores para oírle. Ellos fueron los que entendieron el mensaje del Señor, ellos eran los que querían oír. Como en muchas otras ocasiones, los que eran tomados por ignorantes supieron apegarse a las enseñanzas del Maestro.

Jamás podemos olvidar que existe una gran diferencia entre comprender y entender. La misma palabra en español nos enseña lo que queremos decir: "comprehender" es abrazar, entender es sencillamente saber el significado de las palabras. Al Señor hay que comprenderlo incondicionalmente, hay que abrazar lo que El dice, hay que poner toda nuestra vida en sus manos; aunque a veces sean difíciles de entender sus palabras, por nuestra incredulidad, por nuestra lejanía, por nuestra falta de compromiso o simplemente porque Su Sabiduría nos sobrepasa.

Muchos no le comprendieron ni le entendieron. Solamente querían "estudiarlo a fondo". Ver si lo que decía era correcto o no. O mejor dicho, examinar si en sus palabras había alguna cosa en la cual ellos no estaban de acuerdo. Por eso llegaron a perseguir al Maestro e incluso a matarlo. Era peligroso: Si Dios no se somete a lo que nosotros decimos o pensamos es demasiado peligroso como para obedecerle en todo.

> *Las parábolas eran la manera más sencilla de explicar una gran verdad a quién deseaba conocerla, y al mismo tiempo esconderla a los que no querían saber nada del asunto.*

Jesús enseñaba con parábolas, historias sobre la vida real con situaciones que todos conocían muy bien. Las parábolas revelan lo que Dios quiere que sepamos de El, de su reino, de su manera de actuar. Para entenderlas hay que estar dispuestos a aceptar lo que Dios dice, sea lo que sea.

> *"También les dijo una parábola: Nadie corta un pedazo de un vestido nuevo y lo pone en un vestido viejo; porque entonces romperá el nuevo, y el pedazo del nuevo no armonizará con el viejo. Y nadie echa vino nuevo en odres viejos, porque entonces el vino nuevo romperá los odres y se derramará, y los odres se perderán sino que el vino nuevo debe echarse en odres nuevos."*
> Lucas 5:36-38

El Señor ilustró ese principio en la parábola del vino y los odres. No puedes echar el vino nuevo en odres viejos, porque los odres se vuelven rígidos con el paso del tiempo, envejecen y dejan de ser moldeables. No pueden aceptar algo nuevo. Si los llenas con vino nuevo, los odres se rompen.

No puedes poner nuevas ideas en mentes tradicionales. Muchas veces el problema en nuestra vida es querer arreglar algo viejo, algo que ya no sirve. Dios quiere una reforma total, radical, sin remiendos, porque ¡nadie rompe un vestido nuevo, para quitarle un trozo y añadirlo a uno viejo! Nadie rompe algo nuevo y reluciente, porque al final lo que es viejo sigue sin servir, el remiendo acaba destruyendo todo. Lo nuevo desgarra a lo viejo, el vino nuevo revienta los pellejos viejos.

Al final, todo se echa a perder, las cosas nuevas y la gente antigua. Ese fue el problema de los religiosos en los tiempos del Señor. Ese sigue siendo el problema de algunas personas hoy, de los que quieren sostener las costumbres por encima de las leyes. De los que son capaces de romper cualquier cosa para conservar una tradición.

Jesús vino a darnos un vestido nuevo, no a poner un remiendo en nuestra manera de vivir. Todos los que quieren seguir con sus tradiciones sin aceptar la belleza del evangelio, viven con sus vestidos remendados. Dios nos da un vestido blanco y nuevo, reluciente, un vestido que discrimina por sí mismo, y afea aún más a los remendados porque los hace inútiles (Apocalipsis 7:9-13). Dios está ofreciendo un vestido gratuito, un regalo, algo que no puedes comprar ni mucho menos arreglarlo por ti mismo.

Algunos siguen queriendo entrar con sus remiendos en el cielo. Como el invitado en la parábola de las bodas, queremos llegar a la presencia de Dios con lo que nosotros hemos hecho y no con el vestido que El nos regala. (cf. Mateo 22:11 Marcos 2:21). ¡Nuestros vestidos viejos están rotos, hay que tirarlos! Dios nos está regalando una nueva vestidura, no podemos seguir con nuestra propia justicia (por algo el profeta dice que nuestras justicias son como TRAPOS de inmundicia, Isaías 64:6)

*Cuando las tradiciones mandan en la Iglesia,
tarde o temprano todo se echa a perder,
las nuevas ideas y la gente antigua*

Jesús casi siempre enseñó contando historias, situaciones que todos podían comprender. Siempre buscaba la decisión de las personas, pasó la mayor parte de los años de su ministerio invitando a la gente. Pidiendo que le siguieran.

LAS INVITACIONES MÁS CONOCIDAS DEL SEÑOR

> *"En aquel tiempo, hablando Jesús, dijo: Te alabo, Padre, Señor del cielo y de la tierra, porque ocultaste estas cosas a sabios e inteligentes, y las revelaste a los niños. Sí, Padre, porque así fue de tu agrado. (…) Venid a mí, todos los que estáis cansados y cargados, y yo os haré descansar. Tomad mi yugo sobre vosotros y aprended de mí, que soy manso y humilde de corazón, y hallaréis descanso para vuestras almas"* Mateo 11:25-29

Los secretos del evangelio del reino están ocultos a los sabios, pero los niños pueden entenderlos. Ellos comprenden perfectamente que lo que se ve, no es lo único que existe, saben que hay otro reino, el reino espiritual. Para comprender esos secretos tenemos que ser como niños. Recuerda que…

▶ Los niños siempre sienten la necesidad de aprender.

▶ Viven creyendo lo que Dios y sus padres dicen.

▶ Saben lo que es fe sin conocer ni siquiera la palabra, porque no hay en ellos la más mínima duda de que cuando les decimos algo, vamos a cumplirlo. Su vida está llena de confianza.

▶ Siempre son capaces de desnudar su corazón y ser sinceros.

Cuando volvemos a ser como niños, es cuando estamos más cerca de nuestro Padre.

El Señor utilizó gran parte de su tiempo y sus fuerzas para invitar a las personas. Jamás llegaremos a comprender totalmente la grandeza de Dios, no exigiendo, sino invitando a sus criaturas

Sólo los que son como niños pueden entender perfectamente las sencillas palabras del Maestro: "Venid los que estáis trabajados y cansados" Es una invitación para todos, en cualquier momento, y en cualquier situación de la vida, porque el descanso es una de las claves no sólo para acercarse a Dios, sino para vivir cerca de El todos los días (Cf. Hebreos 4).

Dios siempre nos está llamando a descansar de lo que hacemos, de nuestras obras; descansar de querer tener controladas todas las cosas, descansar de lo que otros hacen. Descansar del acoso de las circunstancias y del temor a lo que pueda pasar en el futuro. Descansar de las preocupaciones. Vivir nuestra vida descansando en el Señor.

Vivir con Jesús es realmente emocionante. Su yugo es fácil, porque lo que amamos con todo el corazón, jamás se hace pesado. Muchos toman las enseñanzas del Señor como algo difícil de soportar. Viven sobrecargados por los mandamientos de los hombres, y no son capaces de disfrutar en la compañía del Señor. Cargados con las normas que los hombres ponen para poder acercarse a Dios. Cargados por el peso de la ley de las tradiciones, cansados de intentar seguir a Dios con las propias fuerzas.

Mientras tanto, Jesús sigue diciendo "venid a mí y descansad"

> *"Yo soy el camino, y la verdad, y la vida; nadie viene al Padre sino por mí" Juan 14:6*

Para los judíos un camino necesitaba tiempo para ser recorrido. Tiempo para conocerlo, para ver las circunstancias de la vida, para observar cada detalle, para aprender de cada recodo. Tiempo para disfrutar de los compañeros del camino, de la vida misma. Un camino no era bueno sólo por lo que podía encontrarse al final, sino por el recorrido en sí. Ellos jamás podrían entender nuestra moderna búsqueda de atajos, nuestro querer llegar rápido a dónde sea por la razón que sea, o incluso sin razón alguna.

El Señor sigue queriendo enseñarnos que la belleza está no sólo al final del camino, sino en cada uno de los pasos. En la sencillez de cada día. En la conversación, en la amistad y en la soledad. En los mejores momentos y en los difíciles. ¿De qué sirve llegar a la meta si no se ha aprendido a disfrutar de cada etapa? Jesús recorrió muchos caminos con la gente. Anduvo con ellos hablando, enseñando e interesándose por todos. El es no sólo nuestra meta, sino también nuestro camino. Un camino vivo y verdadero.

La vida cristiana es seguir al Maestro dónde nos lleve. Hay que caminar con El, disfrutar de su presencia, su conversación, su verdad, su lealtad. Sea a dónde sea que vamos, la presencia de Jesús lo transforma todo. Vivir en el camino, es caminar en El cada día. Esa es la razón por la que tantas veces en el libro de los Hechos se llama a los que siguen a Jesús "los del camino". Por eso el Señor invitó a las multitudes diciendo que El es el camino vivo y verdadero.

> *"Entrad por la puerta estrecha, porque ancha es la puerta y amplia es la senda que lleva a la perdición, y muchos son los que entran por ella. Porque estrecha es la puerta y angosta la senda que lleva a la vida, y pocos son los que la hallan". Mateo 7:13-14*

Jesús es todo. No sólo nuestra meta y nuestro camino, sino también la puerta de entrada a la vida. Sin ninguna duda, lo más importante en nuestra existencia es encontrar esa puerta y entrar. Esa es una de las razones por la que la puerta es estrecha: Sólo hay un mediador, el Señor Jesús. Nadie puede entrar por otro lugar. Tampoco puedes entrar de cualquier manera, no caben la arrogancia, el orgullo o la vanidad en el reino de Dios. El orgullo nos "hincha" de tal manera que no podemos pasar por la puerta, que no cabemos por ella.

No puedes llevar nada contigo. Es una puerta estrecha. Hay que entrar tal como somos, sin nada añadido. No puede haber algo tan querido para nosotros como para que tengamos que llevarlo al entrar, no tenemos nada bueno para ese viaje. No valen ni siquiera nuestros buenos deseos o las cosas que hemos hecho para ayudar a los demás. Hay que entrar tal como somos.

Y debemos entrar solos. Uno a uno. No hay sitio para que nadie te ayude desde adentro o te empuje desde afuera. Es la decisión más importante de tu vida. Tarde o temprano encuentras esa puerta y tienes que decidirte. O entras y sigues a Jesús o pasas de largo. Muchos pasan de largo, porque no la ven, o porque no le dan importancia. Otros no saben reconocer que es un regalo. Cualquiera puede entrar, no necesita ninguna condición: Sólo entrar, sólo creerlo. Como cuando tu mejor amigo te invita a cenar y abre la puerta de la casa, todo lo que preparó es para ti. Sin condiciones, sin pagos, sólo porque quiere estar contigo.

Jesús dice: "Entrad por la puerta estrecha"
Es casi una orden. El quiere tu salvación,
quiere que entres, que no te quedes afuera.
Empeñó su propia vida en que pases adentro.

Sí, es una orden de amor. El Maestro no explica cual es la puerta y las condiciones, y nos deja a nuestra libre elección, como si no le importara… No, El quiere dejar claro desde el primer momento que su deseo personal es que todos encontremos la puerta, que entremos por ella, que le conozcamos a El. Si rechazamos la invitación, será en contra de Su voluntad. La Biblia no nos dice que Dios envía a la gente a la perdición, que manda a todos los que le rechazan al infierno. NO, al infierno se va el que quiere.

El infierno fue hecho para el diablo y sus ángeles, no para la humanidad. Los que rechazan la invitación del Señor se irán un día allí condenados por su propia insensatez, por su propia locura al despreciar a su Creador y Salvador. Todos los que desprecian al Señor se condenarán en contra de la voluntad y del amor de Dios.

Ese fue el motivo de la vida del Señor. Acercarse a todos. Vivir cerca de todos. Morir por todos, Salvar a todos; porque el orden de prioridades de Jesús fue muy claro siempre, en primer lugar siempre estaban las personas.

No de la manera en la que nosotros lo creemos, las "personas" en general. Trabajamos y evangelizamos al "mundo", nos gustan las grandes masas, las congregaciones llenas de gente. Nos encantan los números y hablamos del pastor, el maestro o el evangelista de los diez mil, o veinte mil, o aquel concierto que juntó a más de cincuenta mil personas para la alabanza… No es que esto sea malo en sí, pero jamás debemos olvidar que el Señor se preocupó por cada persona en particular, por cada uno.

Jesús nos enseñó la manera de amar, de vivir llenos de gracia, como acercarnos a la gente, como extender puentes en las relaciones, como perdonar, como abrazar, como darle valor a las personas. Cualquier persona que se llame cristiana debe vivir así. Cualquier Iglesia que se identifique como cristiana tiene que tener esas mismas cualidades.

El orden de prioridades del Señor era muy claro:
en primer lugar siempre estaban las personas.
Y no las "personas" en general como nosotros
podemos pensar, sino cada persona en particular

Jesús dignificó a cada persona en particular, independientemente de su condición, su raza, su sexo, su posición social. Dios ama a todo el mundo. Dios no hace acepción de personas. Ninguna persona es superior o inferior a otra por ninguna razón, porque por cada uno de nosotros fue a la cruz el Señor Jesús. Nos devolvió la dignidad a todos, y no permite que exista ninguna diferencia por ninguna razón.

Es más, el Mesías gastó su vida a solas con los despreciados, con los perseguidos, con los no queridos, con los enfermos, con los solitarios… A cada uno le dedicó su tiempo, hablando, sanando, invitando, comiendo con ellos. Buscando por todos los medios que respondiesen al mensaje del evangelio. Sintiendo compasión por todos y llorando por los que no querían salvarse.

Sintiendo compasión por mí, porque jamás quiso que yo me perdiese, buscó la manera de hablarme por medio de su Espíritu, de convencerme, de enseñarme que mi vida sin El no tenía ningún sentido. Me explicó que el que yo viviese lejos del Padre le costó a El su propia muerte.

Un día me encontró, e hizo como si yo le hubiese estado buscando a El. Me ama tanto que no quería ni siquiera avergonzarme. Me tomó en sus brazos y me hizo sentir tan querido como jamás hubiera podido imaginar.

De hecho, te está buscando a ti ahora mismo.

"Los secretos del reino"
— Mateo 13:11

18 | LA PARÁBOLA DEL SEMBRADOR

¿Qué pasaría si yo supiese exactamente lo que estás pensando en este momento? ¿Qué opinión tendrías de mí si conociese todos tus secretos? ¿Te gustaría estar conmigo? ¿Me presentarías a todos tus amigos o querrías que yo viviese lejos? ¿Me invitarías a comer para contarme más cosas, para que no quedase ninguna duda? La Biblia dice que el Señor Jesús quiso mostrarnos los secretos del reino para que pudiésemos conocer más al Padre. Es como si Dios quisiera que todos supiéramos en qué está pensando, cuales son sus planes, lo que siente y las razones por las que hace cada cosa. Como si desease poner en nuestras mentes finitas sus planes infinitos.

Jesús enseñó algunos de esos secretos en parábolas. Sabía que una de las mejores maneras de conocer al Creador es admirar las cosas más sencillas de cada día, y comienza a hablarles de cómo reaccionamos todos cuando escuchamos hablar de Dios.

PRIMER SECRETO DEL REINO: EL CRECIMIENTO DEPENDE DEL SUELO

"He aquí, el sembrador salió a sembrar; y al sembrar, parte de la semilla cayó junto al camino, y vinieron las aves y se la comieron. Otra parte cayó en pedregales donde no tenía mucha tierra; y enseguida brotó porque no tenía profundidad de tierra; pero cuando salió el sol, se quemó; y porque no tenía raíz, se secó. Otra parte cayó entre espinos; y los espinos crecieron y la ahogaron. Y otra parte cayó en tierra buena y dio fruto, algunas semillas a ciento por uno, otras a sesenta y otras a treinta. El que tiene oídos, que oiga" Mateo 13:3-9

La parábola del sembrador es clave para entender todo el mensaje del Mesías. Quién comprende esta parábola puede llegar a comprender todas las demás, porque el secreto de esta parábola es que el crecimiento del reino no depende de Dios, de su amor o de sus actos, sino del suelo. Casi todo depende de la calidad de la tierra, de cómo reaccionamos cada uno de nosotros.

Tan claro que puede llegar a asustarnos. Muchos de los que piensan que todo está atado y bien atado en el cielo, (en cuanto a los que se salvan y los que se pierden) olvidan que incluso el trabajo del sembrador y el fruto de la semilla depende en cierta medida (y aunque sea una medida pequeña) de la tierra que recibe esa semilla.

Porque la tierra da su fruto a su debido tiempo. Hay que aprender a esperar, todo tiene su momento, y nosotros no podemos forzar la respuesta de la semilla. Necesitamos recordarlo cuando proclamamos el evangelio, recordar que nuestra misión es trabajar, sembrar, echar la semilla en todos los lugares, aunque sea en el camino, aunque sepamos que la semilla no va a crecer en un determinado terreno.

Jesús derrochó la semilla tirándola por todas partes, lo mismo debemos hacer nosotros.

Si el Señor Jesús derrochó la semilla tirándola por todas partes, lo mismo debemos hacer nosotros. Aunque muchas veces nos duela que no nos escuchen. Aunque otras veces tengamos que lamentarnos por el tiempo perdido con las semillas del camino, los pedregales o los espinos. El Espíritu de Dios sigue sembrando. Si Él no se preocupa de que parte de la semilla pueda perderse y no dé fruto ¿Por qué nos preocupamos nosotros? La semilla es para ser sembrada, para echarla por todo tipo de terreno, no para conservarla por miedo a lo que pueda ocurrir. O mejor dicho, no ocurrir. La única manera de salvar nuestra responsabilidad es sembrar en todo tiempo, a todas las personas, en todas las circunstancias.

SEGUNDO SECRETO: EL SEMBRADOR NO "PERDIÓ" LA SEMILLA EN LOS MALOS TERRENOS, LO HIZO A PROPÓSITO PARA QUE TODOS TUVIERAN LA OPORTUNIDAD DE RECIBIR ESA PRECIOSA SEMILLA

"A todo el que oye la palabra del reino y no la entiende, el maligno viene y arrebata lo que fue sembrado en su corazón. Este es aquel en quien se sembró la semilla junto al camino. Y aquel en quien se sembró la semilla en pedregales, éste es el que oye la palabra, y enseguida la recibe con gozo; pero, no tiene raíz profunda en sí mismo, sino que sólo es temporal, y cuando por causa de la palabra viene la aflicción o la persecución, enseguida tropieza y cae. Y aquel en quien se sembró la semilla entre espinos, éste es el que oye la palabra, mas las preocupaciones del mundo y el engaño de las riquezas, ahogan la palabra y se queda sin fruto. Pero aquel en quien se sembró la semilla en tierra buena, éste es el que oye la palabra y la entiende, éste sí da fruto y produce, uno a ciento, otro a sesenta y otro a treinta" Mateo 13:19-23

Cuando el Señor explica la parábola nos dice cómo son los diferentes tipos de personas, comenzando por los más difíciles, los del camino. La próxima vez que des un paseo por el campo, fíjate como algunas rocas, e incluso el propio camino están cubiertos por una capa de tierra, de manera que el sembrador casi no puede verlas. Hay personas que son así, gente que su corazón es como una piedra, duros de corazón, desconfiados, sin nada de ternura en ellos. Gente que no se abre a nada, gente amargada y escéptica. Gente que incluso se burlarán del tiempo que les dedicas.

No importa lo que saben de la Biblia, incluso si creen que lo que Dios dice es cierto. Son personas que en cierta manera ocultan su interior, su corazón de piedra, su insensibilidad hacia las cosas espirituales. Lo ocultan a todos, a veces incluso a sí mismos, pero jamás pueden engañar a Dios. Puede que Pilatos fuese así: quiso escuchar al Señor, le defendió delante de todos. Se dio cuenta que no había nada malo en El, pero no se comprometió.

Los siguientes son como un terreno pedregoso: fervientes y con entusiasmo por cualquier cosa nueva que escuchan, pero incapaces de pagar el precio para seguir al Mesías. Cualquier cosa los desengaña. Son capaces de despreciar a Dios por cualquier excusa. No hace falta que sea demasiado importante. Le desprecian cuando llegan las dificultades (¿recuerdas la frase? "dura es esta palabra, ¿quién la puede oír?")

Judas fue uno de ellos. Siguió al Señor, trabajó para él, estuvo a su lado siempre, incluso predicó e hizo milagros, pero cuando llegaron las dificultades le vendió.

Algunos otros viven entre espinos. El joven rico creció así. Quería recibir la vida eterna y fue a la persona adecuada. Escuchó a Jesús y se entusiasmó con sus palabras, pero se fue triste porque tenía muchas riquezas. Los espinos lo ahogaron. No quiso ser lo suficientemente fuerte como para aferrarse al Señor y despreciar todo lo que tenía a su alrededor.

El fruto no depende en primer lugar del Sembrador, sino de la vida que hay dentro de la misma semilla, y cómo ésta es recibida en el terreno.

El cuarto tipo de terreno es el de los que aman al Señor y dan fruto. Ese fruto no depende en primer lugar del sembrador, sino de la vida que hay dentro de la misma semilla, y cómo esta se asienta en el terreno. Eso es lo que está sucediendo en ese momento con el mensaje del Señor en muchos lugares del mundo. Lo que ocurre dentro del corazón de muchos que están escuchando el evangelio ahora, y con cada uno de los que están leyendo este libro, porque Dios espera siempre una respuesta; habla para que nosotros respondamos a Su Palabra.

TERCER SECRETO: LA SEMILLA TIENE VIDA EN SÍ MISMA Y SE DESARROLLA EN EL INTERIOR DE CADA UNO.

> *"El reino de los cielos puede compararse a un hombre que sembró buena semilla en su campo. Pero mientras los hombres dormían, vino su enemigo y sembró cizaña entre el trigo, y se fue. Cuando el trigo brotó y produjo grano, entonces apareció también la cizaña.(...) Y los siervos le dijeron: "¿Quieres, pues, que vayamos y la recojamos?" Pero él dijo: "No, no sea que al recoger la cizaña, arranquéis el trigo junto con ella. "Dejad que ambos crezcan juntos hasta la siega; y al tiempo de la siega diré a los segadores: Recoged primero la cizaña, y atadla en manojos para quemarla; pero el trigo recogedlo en mi granero" Mateo 13:24-30*

Una vez más, las palabras de Jesús nos asombran. El Maestro nos dice que el Sembrador que vive en la más absoluta despreocupación. Esa es una de las lecciones más difíciles de aprender, porque nos preocupamos excesivamente de nuestro trabajo. Queremos llevar fruto y vivimos obsesionados con lo que hacemos, con trabajar más, con encontrar mejores resultados. Vivimos angustiados por lo que los malos hacen, incluso por el hecho de que muchas veces sea casi imposible distinguir la cizaña del trigo; imposible saber quién es un hijo de Dios, y quién es un hijo del gran imitador, el diablo.

Pero lo que Dios espera de nosotros es un trabajo limpio y desinteresado, un servicio que no se preocupe de las circunstancias o los resultados… Una evangelización por amor y no por esfuerzo. Un sembrador que juzgue menos y ame más.

El mayor peligro para nosotros aparece en el núcleo central de la parábola, porque siempre estamos rápidos para recoger la cizaña, para ver la maldad de otros, y para ser justos cuando a quién hay que "ajusticiar" es al vecino… pero Dios no nos envió a ser recolectores de cizaña, ni examinadores de fruto. Esos no son nuestros trabajos. El nos llamó a sembrar y a producir fruto. Algunos creyentes se creen con derecho a juzgar a otros siempre, hablando de lo que hacen bien o lo que hacen mal, de sí son creyentes o no lo son, y ese no es nuestro trabajo, sino el de Dios. Porque de la misma manera que juzgamos a otros, Dios nos va a juzgar a nosotros. El tiene siempre la última palabra en todo.

Jamás debemos olvidar que nuestro tiempo no es el tiempo de Dios. A nosotros nos gustaría arreglar todas las cosas ahora, y a nuestra manera, y en la mayoría de las ocasiones (por no decir todas) estamos a punto de matar al trigo junto con la cizaña, de la misma manera que dejamos demasiada cizaña viva. Dios tiene otro tiempo, otra manera de actuar, El siempre espera, pacientemente.

CUARTO SECRETO DEL REINO: DIOS TIENE UN TIEMPO PARA TODO, HAY QUE APRENDER A ESPERAR.

Dios siempre tiene gracia suficiente para esperar, para dar una nueva oportunidad. A nosotros nos encanta el juicio, porque cada vez que juzgamos a alguien es como si desvelásemos nuestra propia santidad. Nos enorgullecemos de nosotros mismos cuando nos comparamos a otros con la arrogancia espiritual del que se cree superior.

Dios nunca lo hace así. Dios no nos juzga severamente ante cada error que cometemos, como nosotros hacemos con los demás. Dios espera. Porque todo llega en el tiempo perfecto.

Jesús explica la razón de todo este proceso al decir que hay un sembrador falso, y un trabajo falso. Un gran imitador. De la misma manera y al mismo tiempo que Dios siembra, el imitador siembra. Dios siembra trigo y el diablo cizaña. Dios regala lo bueno y el imitador derrocha maldad. El diablo trabaja y lo hace sin descanso, normalmente de noche, cuando nadie ve.

Si olvidamos esto, perdemos de vista lo que significa la guerra espiritual. El maligno hace su propio trabajo a su manera. Y en esa guerra sólo podemos vencer con la sabiduría del Espíritu de Dios: Recuerda siempre que es fácil distinguir a los enemigos, pero muy difícil conocer a los imitadores.

Estamos en guerra. Tenemos que hacer nuestro trabajo y esperar. Sembrar a tiempo y fuera de tiempo. Avanzar en el terreno del enemigo con el mensaje del evangelio por medio del poder del Espíritu Santo. Conquistar vidas en el nombre del Señor Jesús.

EL SECRETO
DE LA FELICIDAD...

Imagínate que eres un investigador sociológico y sales a la calle en cualquier ciudad de nuestro llamado "primer mundo"; comienzas a preguntar a la gente quienes son las personas a las que más admiran, e inmediatamente muchos nombres conocidos van a añadirse a tu lista: Artistas, deportistas, políticos, gente que trabaja en los medios de comunicación, empresarios... Todos ellos tienen algunas características comunes: Poder, fama, belleza, arrogancia, dinero, ambición... En nuestro mundo son teóricamente felices los ambiciosos, los que están por encima de los demás, los injustos a veces, los que buscan su propio provecho, los que odian...

En el llamado sermón del monte, el Señor nos habla del secreto de la felicidad, y aplica características muy diferentes. Nadie las hubiese imaginado. Nadie hubiera creído (de hecho algunos aún no lo creen) que alguien pueda ser feliz en esas circunstancias.

Los evangelistas Mateo y Lucas lo reflejan en sus páginas, y cada uno recogió del Señor los dos problemas más grandes de la sociedad hoy: Lucas explica que el Señor atacó el paganismo, el amor al dinero, la raíz de todo mal. Mateo habla del peligro de seguir la ley, pero no su espíritu, el peligro de la falsa religiosidad.

Es como si el mundo se dividiera entre los que viven queriendo disfrutar al máximo y ganando la mayor cantidad de dinero posible; y los que quieren aparentar religiosidad, pero en el fondo están vacíos. Aparentemente éstos siguen a Dios, pero lo que realmente quieren es vivir de la misma manera que los otros, pero sin que nadie se dé cuenta. Tener lo mismo, pero bajo la apariencia de piedad.

En este mundo dividido, el Mesías comenzó a predicar. Y cuando escuchamos por primera vez sus palabras nos da la impresión de que vamos subiendo una escalera. Como si cada peldaño fuese imprescindible para llegar al siguiente. Como si cada una de las características fuese la base sobre la que se asienta la que viene después.

> *"Bienaventurados los pobres en espíritu, pues de ellos es el reino de los cielos. Bienaventurados los que lloran, pues ellos serán consolados. Bienaventurados los humildes, pues ellos heredarán la tierra. Bienaventurados los que tienen hambre y sed de justicia, pues ellos serán saciados. Bienaventurados los misericordiosos, pues ellos recibirán misericordia. Bienaventurados los de limpio corazón, pues ellos verán a Dios. Bienaventurados los que procuran la paz, pues ellos serán llamados hijos de Dios. Bienaventurados aquellos que han sido perseguidos por causa de la justicia, pues de ellos es el reino de los cielos." Mateo 5:3-10*

1. LOS POBRES DE ESPÍRITU

Esta es la primera característica, y es al mismo tiempo la base de todo, porque los pobres en espíritu son los que siempre quieren más, los que quieren aprender, los que viven agradecidos y admirados, los más felices. No puedes seguir adelante sin ser pobre en espíritu. No puedes ni siquiera leer las demás características si no quieres hacerlas tuyas, si no deseas de todo corazón algo más. Porque si te conformas con lo que tienes, estás perdido, si crees que ya sabes bastante, nunca serás feliz.

Felices los que creen que tienen poco que ofrecer, los que incluso se sienten desgraciados por no tener nada en sus manos. Los que lo esperan todo de su Creador, y saben poner toda su confianza en Dios. Ellos son como niños, porque siempre esperan todo aunque no puedan dar nada. Siempre quieren aprender más, tener más, disfrutar más de Dios; se sienten pobres delante de Dios y sólo quieren que Su Presencia los enriquezca.

Felices los que no se sienten imprescindibles y siempre son capaces de buscar el valor de otras personas. Jesús dijo que de ellos es el reino de los cielos, porque no puede entrar nadie allí si no es pobre en espíritu. Esa es la única llave para vivir en la gloria de Dios. *"Y dejaré en medio de ti un pueblo humilde y pobre, que se refugiará en el nombre del Señor" (Sofonías 3:12)*

Los pobres en espíritu son los que han perdido toda la confianza en la justicia propia: Los humildes, los oprimidos, los despreciados, los marginados. Puede que a nosotros nos parezcan sencillos, débiles y desamparados, pero los que son así son los que se sienten necesitados del evangelio. Las buenas noticias no son para los que se creen buenos o dignos de Dios.

Jesús vivió siempre de esa manera. La gente con la que El pasó la mayor parte de su vida eran así. Sus amigos fueron los débiles, los pecadores, los necesitados, los despreciados, los enfermos. Puede que la mejor definición de los que acompañaban al Señor, sea esa: pobres en espíritu, gente a la que nadie iría a preguntar sobre cuestiones materiales o espirituales.

El fue el único que pudo escoger el tipo de personas con las que quería pasar su vida: y escogió a los más débiles

En el reino de Dios, los débiles son felices, porque el Señor siempre está al lado de ellos. La Biblia nos dice que el Señor era amigo de los "despreciables" y el reino de Dios se construye con mujeres y hombres pobres en espíritu pero ricos en su necesidad y en su relación con Dios.

2. LOS QUE LLORAN

Muy pocas veces vemos a alguien llorar de felicidad. En la mayoría de las ocasiones es el dolor el que nos hace saltar las lágrimas. La vida cristiana es una vida llena de gozo, pero hay momentos también para las lágrimas, y hay una bendición para los que sienten su necesidad. Un corazón especial para los que lloran por la injusticia en el mundo. Un consuelo divino para los que derraman lágrimas por todos los que están sufriendo.

Dios es el Dios de los que se encuentran solos, de los que son incomprendidos. La Biblia dice que Dios mismo nos consuela cuando lloramos.

\El Señor Jesús lloró también. Lloró en la muerte de su amigo Lázaro (Juan 11). Lloró cuando vio como la ciudad santa, Jerusalén le rechazaba como Mesías, y por lo tanto perdía la oportunidad de recibir la salvación de Dios (Mateo 23:37). Lloró por amor a nosotros cuando iba a la cruz. Se sintió morir de tristeza (Marcos 14:34) y no hubo consuelo posible. La promesa para nosotros es que Dios tomará en sus manos cada lágrima nuestra, pero en el momento de mayor sufrimiento, Dios desamparó a Su Hijo para ampararnos a nosotros.

El Señor Jesús, un ejemplo de humanidad en todas las dimensiones posibles

Llorar delante de Dios es una bendición. La promesa de la bienaventuranza "serán consolados" fue lo que ocurrió con todos los que vieron a Jesús resucitado, y es lo que Dios hace en nuestra vida. Dios no sólo nos consuela, sino que pasa con nosotros por el mismo sufrimiento. Vive a nuestro lado las circunstancias que nosotros estamos atravesando. No nos deja solos nunca. La Biblia nos enseña que en todas nuestras angustias Dios es angustiado (Isaías 63:9).

Jesús no vino para hacerse cargo de nuestro dolor y ayudarnos a soportarlo. Él vino para sufrir con nosotros, para pasar cada situación desesperada acompañándonos y alentándonos. Y un día nuestro llanto tendrá fin. Por eso somos felices cuando lloramos.

3. LOS HUMILDES

\¿Quién de nosotros escogería la humildad como una de sus características más importantes? ¿Quién aceptaría no ser admirado, querido, y reconocido?

¿Quién buscaría hacer lo bueno en cada momento sin recibir ninguna recompensa, y sin que nadie lo supiese? ¿Quién huiría de hablar de sí mismo o de sus hechos, para admirar sinceramente a los demás? No sé cuantos pueden responder a estas preguntas, pero incluso alguno que lo hiciese de buena voluntad, tendría que admitir en su actitud una sincera recompensa por ser tan humilde. O por ser más humilde que todos los demás, porque a todos nos gusta que nos quieran, que nos admiren y que nos abracen.

Todos nacemos para ser reconocidos. Y sin embargo Dios dice que los humildes son felices. Aquellos que consideran a los demás como superiores a sí mismos, viven en la santa libertad de tener su corazón tranquilo y feliz, porque nada les preocupa. Han vencido la primera y mayor preocupación de la humanidad: la opinión y el juicio de los otros. No necesitan aparentar delante de nadie.

Jesús era manso y humilde de corazón. El fue el único que pudo escoger con quién quería pasar su vida. Bastaba una demostración de sus cualidades en el momento oportuno (y El podía hacerlo sin ninguna duda, era Dios mismo) para que los sabios, los entendidos, y los poderosos se rindiesen a sus pies. Pero siempre "huyó" de ellos. Cuando tuvo la sospecha que querían seguirle (como cuando intentaron hacerle rey) se escondió. Vino para estar con los más débiles. Vino para proclamar el evangelio del reino a los humildes.

Esa es una de las decisiones más difíciles de entender para el hombre del siglo XXI, tan preocupado por las influencias y las apariciones en los medios de comunicación. Esa sigue siendo una decisión de Dios mismo: su reino siempre se fundamenta en los más débiles. Es la única manera que tenemos de vivir la vida de Cristo: jamás esperar una recompensa por nada, sino hacer las cosas como El las hizo, por el puro placer de hacer el bien. Aunque nadie lo sepa. (*Lucas 14.12*)

En el corazón de Dios el orgullo no tiene ningún lugar

El Señor anunció que los humildes heredarán la tierra, porque por nosotros mismos es imposible conquistarla. Por muy buenos que creamos ser o mucho orgullo que tengamos, no podemos llegar a hacer nada que merezca la pena. Muchos están perdiendo toda su vida, sus fuerzas y su dinero para llegar a dónde quieren llegar, para ser alguien en esta vida, para ser recordados, admirados, y si es posible, conquistar lo máximo del poder. Toda su vida es una pura ambición. Pero nunca tendrán nada, no se llevarán ni siquiera unos centímetros de tierra con ellos cuando mueran. La única tierra que recibirán será la que caiga encima del féretro.

Los humildes heredarán la tierra, porque el reino de Dios no es de los poderosos, de los ávidos de poder, de los que son capaces de hacer cualquier cosa para brillar y reinar. En el corazón de Dios el orgullo no tiene lugar. Fue nuestro orgullo lo que destruyó el paraíso, y sigue siendo nuestro orgullo el que nos aleja de él. Todo lo bueno les ocurrirá a aquellos que saben que no son nada.

4. LOS QUE TIENEN HAMBRE Y SED DE JUSTICIIA

Todos hemos gritado alguna vez eso de "¡No es justo!" porque la gran mayoría de las personas sentimos hambre y sed de justicia. El problema es que casi siempre reclamamos justicia con los demás, con las circunstancias, con ciertas relaciones… pero pocas veces miramos hacia adentro. Hacia nosotros mismos.

Dios espera que tengamos hambre y sed de una justicia perfecta en nuestro interior, hambre y sed de vivir de acuerdo a Su voluntad. Hambre y sed de que nuestra vida sea recta moral y espiritualmente.

Dios espera que tengamos hambre y sed de vivir de una manera justa, de buscar la justicia de Dios en nuestro corazón y nuestras acciones en primer lugar

Ese fue el ejemplo del Mesías. Vivió continuamente en la voluntad de su Padre. Deseó ardientemente cumplir el trabajo para el que había venido a este mundo. *"El que habla de sí mismo busca su propia gloria, pero el que busca la gloria del que lo envió, éste es veraz y en él no hay injusticia" Juan 7:18.* Lo que le preocupó al Señor fue cumplir toda justicia, amar y desear hacer lo que pensaba su Padre.

Ese debe ser nuestro deseo, la justicia de Dios, del Dios revelado en la Biblia. Hambre y sed de conocer cada día más al Creador. El mismo Señor Jesús proclamaba que el carácter del Padre estaba plasmado en la ley y los profetas. Creía firmemente en lo que la ley y los profetas decían. No era un "librepensador" No admitió aquello que muchos dicen hoy de que la Biblia hay que interpretarla y entenderla, y no se debe tomar "tan literalmente". El fue radical en cuanto a su defensa de la palabra revelada.

"Serán saciados", esa es la promesa. Si queremos ser saciados necesitamos buscar a Dios. Si tenemos hambre y sed de justicia el lugar a dónde debemos correr es a dónde está el Padre. Cuando el hijo pródigo tuvo hambre, se alimentó de bellotas. Le bastó con lo que tenía cerca. Cuando creyó morir de hambre, fue a su padre. Medimos nuestro deseo de Dios, por nuestra hambre y sed de El. No por el deseo de vivir llenos de actividades, o de cosas evangélicas, incluso de servicio al Señor, sino hambre y sed del Dios, de estar con El, de hablarle, de conocerle.

Hambre y sed de saciarnos solamente en Su presencia. De vivir luchando para que Su justicia se manifieste aquí en la tierra, para que reflejemos con nuestra justicia el carácter de nuestro Padre que está en los cielos.

5. LOS MISERICORDIOSOS

Cuando fue anunciado el nacimiento del Señor Jesús, Zacarías profetizó que todas las cosas se harían realidad a causa de *"la entrañable misericordia de Dios"* (Lucas 1:78). Cuando Dios nos enseña que los misericordiosos son felices, sabe lo que dice: Sólo tiene que mirar en su interior y ver que la misericordia es la base esencial de su carácter, es lo que tiene en lo profundo de su ser.

La misma palabra, misericordia, tiene en si misma su mejor definición: El corazón al lado de la miseria. Eso es lo que Dios hace con nosotros, y disfruta teniendo compasión, poniéndose a nuestra altura. La presencia, las palabras, las miradas, los abrazos del Señor Jesús, todo en El es entrañable, porque esa es la esencia de Su carácter. Todo en El está lleno de misericordia porque disfruta haciendo el bien.

Dios quiere que nosotros reflejemos ese carácter. Que seamos conocidos por nuestra misericordia. De esa manera nos parecemos más a El.

Jesús se preocupó por las personas. Cuando leyó el libro del profeta Isaías una sonrisa surcó su corazón al recordar aquello de que su misión era la de *"curar a los que tienen destrozado el corazón" (Lucas 4:18)* Sabía lo que había en el corazón de cada persona, y se preocupaba por ellos. Conocía sus pensamientos y aún así los amaba. Conoce lo que nosotros pensamos, y aún así nos ama.

La Biblia se encarga de decirnos claramente el tipo de persona que era el Señor. Hoy los líderes sólo se preocupan de las grandes masas. Incluso al hablar de líderes espirituales, encontramos personas que aparentemente no se preocupan por los que "no tienen importancia". La Biblia nos enseña en muchas ocasiones cómo reaccionaba Jesús. Como en el caso del leproso curado (Mateo 8.1) Aunque grandes multitudes le seguían, el Mesías se preocupaba por una sola persona.

Grandes multitudes le seguían,
el Señor se preocupó por un leproso...
Esa era su manera de entender el ministerio,
no le importaba estar con muchos, pero su misión
era atender a cada uno personalmente

Una vez más debemos recordar la promesa: "recibirán misericordia". Dios siempre devuelve mucho más de lo que damos. Y cuando ayudamos a los que son más necesitados que nosotros, cuando dejamos de lado nuestros derechos para que otros puedan tener lo que necesitan, Dios se siente feliz al ver que sabemos poner nuestro corazón al lado de los que sufren. De la misma manera que Dios tiene misericordia de nosotros, nosotros vivimos la vida de Cristo cuando tenemos misericordia de los demás.

6. LOS DE CORAZÓN "LIMPIO"

Hace un momento decíamos que la misericordia de Dios se expresa en que conoce perfectamente lo que hay en nuestro corazón y aún así nos ama. El siguiente peldaño de la escalera es uno que nos cuesta mucho subir, porque si la única manera de llegar a Dios, es tener un corazón limpio, no tenemos muchas opciones.

Dios lo sabe, y día a día tiene que ir limpiando muchas cosas dentro de nosotros. Puede que aparentemente engañemos a muchos, pero no podemos tener dos caras delante de nuestro Creador. El lo sabe todo. Sabe las cosas que hacemos bien y las que hacemos mal. Conoce nuestras motivaciones, incluso las de aquellas cosas que hacemos para El. No podemos engañarle, El sabe las razones por las que oramos, o por las que queremos estar con El, y nos soporta, a pesar de nuestras dificultades y de nuestras equivocaciones.

El Espíritu de Dios es nuestro mejor ayudador en esto. Poco a poco nos va vaciando de todas aquellas cosas que nos hacen daño y nos separan de Dios. Odio, arrogancia, envidia, orgullo, malos deseos, hipocresía, falsos testimonios, malas palabras, codicia... La lista puede ser interminable, porque cada uno de nosotros sabemos exactamente lo que hay en nuestro corazón.

Dios quiere que seamos felices, y la única manera de serlo es con un corazón limpio, un corazón puro. No comparado con otras personas. "Ser tan puro como..." sino un corazón que se acerque al corazón de Dios. Esa es la razón por la que los de limpio corazón verán a Dios, porque se reflejan como en un espejo, en un corazón limpio (lleno de intenciones limpias) como el del Señor. Podrán estar con su Creador cara a cara.

A veces nos preguntamos la razón por la que cuando leemos la Palabra de Dios, pasamos muchos minutos sin encontrarle a El. Horas enteras con nuestra mente divagando por cualquier lugar en vez de ver a Dios. No es por culpa de El, el problema está en nuestro corazón. Quizás no hemos perdonado a alguien. Puede que hayamos estado hablando mal de otras personas. O el problema son los pensamientos que no debemos tener. El caso es que nuestro corazón no está limpio, y así es muy difícil encontrarnos con nuestro Creador.

Jamás dijo nada sobre
la apariencia de las personas

Jesús es el ejemplo perfecto en cuanto a tener un corazón puro y limpio. Aunque conocía lo que había en el interior de cada persona y nadie podía engañarle, la Biblia dice que aceptó a todos. Les permitió ser ellos mismos para poder escuchar el mensaje. Les dio a todos la oportunidad de decidirse por el reino. Y lo hizo de una manera incondicional.

Una de las cosas que más nos sorprende al leer los evangelios es que jamás dijo nada de la apariencia de la gente. Se supone que alguna vez encontraría a alguien que no fuera de su agrado, alguien que su apariencia no fuese del todo correcta. ¿No lo crees?

Tengo que decirte que ni yo mismo entiendo la razón de mi pregunta, porque todos eran motivo de su compasión, todos eran aceptados por El. Jesús sólo sigue "resistiendo" a los hipócritas, a los que no son capaces de ser ellos mismos, a los que se entretienen "jugando" a ser religiosos.

Ese es nuestro ejemplo. Porque sólo con un corazón limpio podemos ver a Dios. Sólo siendo perdonados y perdonando a los demás podemos encontrarnos cara a cara con el Maestro. Sin apariencias, sin remiendos, sin hipocresías.

7. LOS PACIFICADORES

El mundo está lleno de incendiarios. Son capaces de armar un problema en cualquier momento, o ser un problema ellos mismos. Dios ama a los que trabajan por la paz y la justicia, Dios busca gente especializada en apagar fuegos. El seguidor de Cristo es por naturaleza un pacificador y esa es la razón por la que es perseguido. Vive siguiendo al Príncipe de Paz, el Mesías, y El no sólo fue perseguido, sino que fue crucificado.

El secreto de ser un pacificador, es vivir lleno de paz en el interior. Jesús vivió así: Paz en todos los momentos de su vida, aunque tuviese mucho trabajo, aunque la gente se agolpase para estar con él y para que los sanase. Paz aunque casi todos estuviesen en su contra, aunque hablasen mal de él. En todas las circunstancias de su vida, Jesús vivió lleno de paz.

Sus discípulos temieron en la tempestad, él dormía.

Le abandonaron cuando fue prendido, él siguió adelante a la cruz.

Judas le entregó, él le llamó amigo. Pedro se desesperó y cortó la oreja de uno de los que le prendían, Jesús la sanó. Los soldados le escupieron, los ladrones le injuriaron... Él siguió derrochando gracia. Amando a todos. Viviendo como un pacificador. Fue reconocido como el Hijo de Dios.

Dios pudo habernos condenado, pudo habernos olvidado... pero buscó la paz

Ser llamado hijo de Dios. Llevar paz a cualquier momento de la vida, a cualquier relación es reflejar el carácter del Padre. Así vivió el Mesías. Pudo habernos condenado a todos, pero buscó una manera para hacer las paces. El era el inocente, nosotros los culpables. El fue quién demostró su amor una y otra vez, nosotros somos los que nos rebelamos contra Dios.

Pudo habernos olvidado, pero buscó la paz. Por eso cuando nosotros hacemos lo mismo, cuando renunciamos a muchas cosas para que la paz prevalezca, cuando hablamos con las personas para que el Espíritu de Dios pueda curar y sanar sus relaciones, somos hijos de nuestro Padre celestial. Reflejamos Su corazón en las cosas más sencillas de la vida. Y Dios mismo nos reconoce como sus hijos, sus pacificadores.

8. LOS QUE SON PERSEGUIDOS POR CAUSA DE LA JUSTICIA

> *"Pero a vosotros los que oís, os digo: amad a vuestros enemigos; haced bien a los que os aborrecen; bendecid a los que os maldicen; orad por los que os vituperan. Al que te hiera en la*

mejilla, preséntale también la otra; y al que te quite la capa, no le niegues tampoco la túnica. (…) Amad a vuestros enemigos, y haced bien, y prestad no esperando nada a cambio, y vuestra recompensa será grande, y seréis hijos del Altísimo; porque El es bondadoso para con los ingratos y perversos. Sed misericordiosos, así como vuestro Padre es misericordioso" Lucas 6:27-36.

Perseguido, señalado, buscado, insultado, odiado… No son características que nos gustaría tener a nosotros, pero el Mesías enseñó que serían felices los que se sintiesen así. En un mundo en el que los no deseados no tienen lugar, Jesús sigue gritando "felices los que son perseguidos". En una sociedad que te obliga a ser como ellos quieren bajo la amenaza de ser señalado por todos, El Hijo de Dios decidió ser diferente.

Eligió ser perseguido, señalado y odiado. El se aplicó a sí mismo su propio mensaje. Muchos no cumplen lo que enseñan, el Señor lo llevó a cabo hasta el final. Conocemos muchas personas que les encanta decir lo que hay que hacer, pero nunca se comprometen con nada. Hablan y hablan de muchas cosas, pero su vida es muy diferente de lo que dicen. A veces, incluso nosotros mismos somos así.

El Señor Jesús fue completamente diferente: Dijo "Amad a vuestros enemigos" y El fue voluntariamente a la cruz por amor a todos los que le despreciaban, le escupían y le maltrataban. Enseñó "Haced bien por los que os aborrecen, bendecid a los que os maldicen, orad por los que os persiguen" y El lo hizo en todos los momentos de su vida. Lo consumó en la cruz, cuando pidió perdón al Padre por aquellos que le estaban quitando la vida.

\Presentó sus mejillas para que le azotasen y le escupiesen. Repartieron sus vestidos y su túnica. No quiso quedarse con nada ni defendió sus derechos. En realidad no tenía nada suyo, ¡Era el Rey del Universo, y todo lo que tenía era prestado! Fue a la cruz sin tener absolutamente nada… Había enseñado que debemos dar al que nos pida, y eso fue lo que El hizo siempre. Sanó incondicionalmente, incluso a aquellos que no tenían fe, incluso a aquellos que sabía le iban a abandonar y traicionar más tarde. Pero nunca negó un bien a quién se lo pidió.

Esa fue su manera de enseñarnos que nosotros también íbamos a ser perseguidos. Que esa era la recompensa de los que quisieran entrar en el reino de Dios. Porque cuando somos perseguidos en Su nombre, estamos sintiendo su mismo sufrimiento.

9. GOZAOS CUANDO OS PERSIGAN Y OS INSULTEN

> *"Bienaventurados seréis cuando os insulten y persigan, y digan todo género de mal contra vosotros falsamente, por causa de mí. Regocijaos y alegraos, porque vuestra recompensa en los cielos es grande, porque así persiguieron a los profetas que fueron antes que vosotros" Mateo 5:11-12*

Aún persiguiéndole todos, quiso perdonar. Escogió perdonar, porque su carácter era cien por cien perdonador. No le preocupó que le acusasen de "gracia barata" porque siempre buscó el perdón de las personas. No a cualquier precio, pero si con los brazos abiertos; es como si estuviese esperando la más mínima reacción para mostrar su amor.

> *"Puestos los ojos en Jesús, el autor y consumador de la fe, quien por el gozo puesto delante de El soportó la cruz, menospreciando la vergüenza, y se ha sentado a la diestra del trono de Dios. Considerad, pues, a aquel que soportó tal hostilidad de los pecadores contra sí mismo, para que no os canséis ni os desaniméis en vuestro corazón" Hebreos 12:2-3*

\Le persiguieron, le insultaron y le clavaron en la cruz, pero incluso en esos momentos, su vida está llena de gozo. Puede ayudarnos a nosotros, puede hablarnos desde su propia experiencia. Puede darnos la fuerza de su Espíritu que necesitamos cuando estamos siendo perseguidos. Puede hacer que incluso en el momento más oscuro de nuestra vida sintamos el gozo que fue puesto delante de El.

Hemos leído muchas veces las palabras del Señor Jesús. Hemos quedado casi encantados con la belleza de las bienaventuranzas, y al mismo tiempo nos desanimamos porque creemos que es imposible cumplirlas en nuestra vida. Dios sabe lo que está haciendo. El conoce nuestra debilidad, y no espera que luchemos con todas nuestras fuerzas para ser un poco más parecidos a ese "patrón de carácter" que dejó escrito.

El sabe que es imposible, que sólo conseguiremos fracasar y frustrarnos. Por eso nos envió su Espíritu, para que nos ayudase en nuestra debilidad. Las nueve bienaventuranzas se corresponden con las nueve características del fruto del Espíritu (Gálatas 5:22-23) y no se pueden lograr por voluntad humana. Sólo con el Espíritu de Dios trabajando en nosotros.

Esa es nuestra lucha, dejar que Dios nos moldee de acuerdo a Su voluntad. No se trata de normas, ni de una nueva ética. Se trata de vivir llenos del Espíritu de Dios.

Disfrutando de su carácter. Felices de ser como El quiere que seamos. Por muy difícil que nos parezca, o muy raros que parezcamos a los demás.

20 | SAL Y LUZ

Parecía ser una tarde normal en un día común y corriente de la semana. Nuestra hija Iami sólo tenía tres años cuando Miriam, mi mujer, iba al parque con ella para jugar. Cuando llegaron, Iami vio como todos los niños estaban jugando en los columpios. Algunos en el tren de madera, otros removiendo la arena. Vio como las madres y algunos padres estaban sentados alrededor del parque vigilando a sus hijos. No conocía a nadie y se quedó mirando. Después de unos segundos se subió encima del tobogán más alto que encontró. Y cuando llegó, miró a todos y gritó con todas sus fuerzas "Hola, soy Iami, ¡Ya estoy aquí!"

Desde ese momento comenzó la diversión en el parque para Iami. Todas las madres sonrieron al ver la confianza de esa niña, las ganas que tenía de divertirse y jugar con todos. Todos preguntaron quién era la madre de esa niña, mientras Miriam sentía algo de vergüenza, pero al mismo tiempo disfrutaba en su corazón de tener una hija que quería ser luz para todos.

"Vosotros sois la sal de la tierra; pero si la sal se ha vuelto insípida, ¿con qué se hará salada otra vez? Ya para nada sirve, sino para ser

echada fuera y pisoteada por los hombres. Vosotros sois la luz del mundo. Una ciudad situada sobre un monte no se puede ocultar; ni se enciende una lámpara y se pone debajo de un almud, sino sobre el candelero, y alumbra a todos los que están en la casa. Así brille vuestra luz delante de los hombres, para que vean vuestras buenas acciones y glorifiquen a vuestro Padre que está en los cielos. Mateo 5:13-16

¿Alguna vez te pusiste a pensar que el mundo no puede ser igual sin nosotros? Nadie sabe lo que es vivir hasta que no llegamos y mostramos nuestra luz. Hasta que todos se dan cuenta (¡Y nosotros también!) que estamos aquí, para compartir nuestra vida con todos, porque el Señor Jesús no está hablando sólo de vivir de acuerdo a la voluntad de Dios, sino de hacerlo con todo nuestro entusiasmo.

NO PODEMOS PASAR DESAPERCIBIDOS

No podemos pasar desapercibidos. Es imposible que sal y luz se escondan. El Señor dijo que si la sal deja de ser sal ya no sirve para nada. Si la luz deja de alumbrar ya no tiene ningún valor.

La sal y la luz no son válidas en sí mismas, sino por lo que representan. La luz porque ilumina la vida, la sal porque da sabor. La luz simplemente deja ver lo que hay alrededor, no añade belleza en sí misma. Sólo lo descubre todo para que podamos contemplar las cosas. Parece que no tiene valor, pero sin ella seríamos ciegos. Cuando somos luz en el mundo evitamos que la gente viva cegada.

Las dos, sal y luz, se dan y se gastan. No puedes seguir al Señor sin pagar el precio, sin gastarte para El, sin cederle no solamente todos tus derechos, sino también tu corazón. Cada vez que alumbramos a otros, o ponemos sabor en su vida estamos comprometiéndonos con nuestro Salvador, y estamos pagando un precio por hacerlo. Y siempre merece la pena.

Una noticia "mala" y una buena:
La sal y la luz se dan y se gastan... pero
también es imposible que pasen desapercibidas

Piensa por un momento en las cualidades que tiene la sal. Todos saben que agrega sabor a los alimentos. Por sí misma hace que lo que comemos tenga más valor, y eso es lo mismo que nosotros hacemos aquí, dar sabor a todo lo que nos rodea. Enseñar a la gente a disfrutar de todo lo que Dios es y hace.

Pero la sal vale en cuanto puede cumplir su función. Es por definición humilde, si se puede hablar de esta manera, porque nunca nadie cuando toma un alimento dice: "qué sal tan buena". Las alabanzas van dirigidas siempre a otros. La sal nunca lleva la gloria en sí misma, sino que hace que el sabor de los alimentos resalte. Nosotros, los seguidores del Maestro debemos aprender a ser humildes, incluso cuando brillamos. Seguro que no puedes decirme varias marcas de sal, como podrías hacerlo con los cereales, las galletas o el queso. No lo intentes, nosotros somos sal, y así debemos "brillar" en humildad, para el Señor

La sal da sed. Lo saben muy bien aquellos que tienen que trabajar en lugares desérticos dónde el sol aprieta. Puedes deshidratarte sin que tu mismo te des cuenta. Por eso te obligan a tomar un poco de sal para que tengas sed, para que busques el agua, para que no caigas en un desmayo fatal que te lleve a la muerte. Nosotros estamos aquí para dar sed de Dios a las personas que nos rodean. Para que no se mueran sin Cristo.

La sal purifica. En determinados alimentos es necesaria para eliminar impurezas. Nuestras familias son una fuente de inspiración para las demás personas en el mundo. Muchos pueden seguir nuestro ejemplo de comprensión y cariño.

La sal preserva del mal. Hasta hace muy poco los alimentos eran salados, al no disponer de cámaras frigoríficas, para que pudiesen aguantar mucho tiempo. Nosotros somos los que frenamos el mal en el mundo. Tenemos que luchar para que el mundo sea más justo, para que la gloria de Dios se manifieste, para que este mundo sea más solidario....

Y no sólo preserva, sino que incluso puede "matar". Los agricultores ponen sal en ciertos momentos del año para matar las malas hierbas del campo, para que a su tiempo la tierra pueda dar fruto. En algunas ocasiones Dios tiene que disciplinar a otros por medio de nuestras palabras o nuestros hechos, como el profeta Natán hizo con el rey David. Parece muy duro, pero muchas veces es imprescindible.

La sal se echa en las carreteras heladas para que la gente pueda seguir conduciendo sus coches y llegar a su destino. Es lo único que puede "romper" el hielo, y en cierta manera, Dios nos ha dejado aquí en la tierra para que también rompamos la frialdad de muchos que no quieren acercarse a Dios. Que nuestro entusiasmo por las cosas de Dios pueda acercar a muchos a conocerle.

Pero la sal también irrita, y eso nos puede pasar a nosotros cuando hablamos del Señor, incluso cuando vivimos una vida diferente, una vida contracorriente que es como un espejo ante todos aquellos que se comportan de una manera injusta. Nosotros, sin quererlo, les irritamos. De la misma manera que la luz descubre a quién está haciendo algo malo o está dormido.

A veces la sal puede llegar a perder su única virtud, y deja de ser salada. (Mateo 5:13). Jesús no nos deja lugar a dudas: Si un cristiano deja de ser radical, no sirve para nada, pierde todo su sabor. Muchos están intentando seguir un cristianismo así. Te dicen que la Biblia no es la Palabra de Dios, que la fe no hay que vivirla con demasiada trascendencia, que Dios no tiene que meterse en todas las decisiones de nuestra vida. Es un cristianismo mucho más cómodo, pero tan inútil para los que lo defienden como para los demás. Un cristianismo que sólo espera el momento de ser pisoteado y vencido.

Si hay pecado en nuestra vida, dejamos de ser sal y luz porque no hay diferencia entre nosotros y los demás... Tarde o temprano vamos a ser "salados" con el fuego del sufrimiento para volver a ser nosotros mismos.

Si dejamos de ser discípulos y sencillamente somos seguidores, perdemos de vista al Señor. Nos hacemos insípidos, no tenemos sabor ni valor alguno.

Es el momento de examinar nuestra vida. ¿Qué pasaría si alguien nos grabase todo lo que hacemos en un día? Todas las palabras que decimos, todos nuestros gestos, todos nuestros pensamientos, ¡¡¡TODO!!!

El Señor está buscando más discípulos y menos seguidores. Con discípulos se puede cambiar el mundo, con seguidores sólo se puede influenciar en ciertos momentos a algunas personas. Los discípulos quieren ser como su Maestro, los seguidores simplemente van detrás, y no les importa demasiado lo que el Salvador pueda decir. (Mateo 14:34)

Nuestro segundo espejo es la luz. La luz no es repulsiva, todo lo contrario: es brillante y nos hace disfrutar de lo que vemos. La luz es imprescindible para que podamos ver la belleza de las cosas, si viviéramos en la oscuridad jamás podríamos apreciar la creación de Dios, la belleza de lo que nos rodea y el placer de ver la hermosura de cada detalle de nuestra vida.

Dios nos ha puesto por luz en este mundo para que todos vean lo que El mismo ha creado, para que seamos capaces de disfrutar con cada cosa que Dios ha hecho, y nuestra vida irradie tanto gozo y entusiasmo que los demás no puedan dejar de ver la belleza de Dios y de su creación. Sin nosotros, el mundo estaría apagado… Sin la luz de los hijos de Dios, nadie podría disfrutar de ninguna cosa, nadie podría llegar a comprender lo que significa el bien, el amor o la amistad. Sin la luz de Dios en cada uno de sus hijos, todo lo que merece la pena en esta vida, estaría escondido en la oscuridad más profunda; sin ninguna posibilidad de ser disfrutado, querido o admirado. Sin tener la más mínima opción de ser encontrado jamás.

Sin la luz de Dios en cada uno de sus hijos, Todo lo que merece la pena en esta vida, estaría escondido en la oscuridad más profunda; sin ninguna posibilidad de ser disfrutado, querido o admirado

Pero tampoco podemos olvidar que cuanta más luz tenemos, más se ven nuestros defectos. Si nuestra conducta no es buena, la luz la hará pública.

El ejemplo que el Señor pone es genial: Nosotros no podemos dejar de ser luz, no podemos escondernos, aunque lo queramos. Recuerda que la luz de la que habla el Señor en ese momento era la luz de un candil, así que si pones una luz debajo de la cama, o se apaga la luz, o se quema la cama. Si un cristiano quiere callarse y dejar de ser luz, tarde o temprano acabará quemándose él mismo y quemando a los demás.

Porque pocas cosas son tan inútiles como un cristiano sólo de apariencia. Pierde su significado como luz, porque deja de ser lo que es. Y no sirve para ninguna otra cosa, ni siquiera de adorno, puesto que su propia presencia nos obliga a pensar en la luz que debería estar impartiendo.

De la misma manera que la sal, la luz alumbra en silencio. No necesita mucha publicidad. No tiene que anunciarse a bombo y platillo. Cuando una luz se enciende todos lo ven. Cuando nosotros brillamos para el Señor, lo hacemos humildemente, porque nuestra luz sólo es un reflejo de Su luz. Ese es el objetivo. Que todos vean nuestras buenas obras y glorifiquen a nuestro Padre que está en los cielos (Juan 8:16)

LA LUZ CON MAYÚSCULAS

> *"Jesús les habló otra vez, diciendo: Yo soy la luz del mundo; el que me sigue no andará en tinieblas, sino que tendrá la luz de la vida"*
> Juan 8:12

¿Qué es lo primero que viene a nuestra mente cuando pensamos en el Señor Jesús?

Jesús es la luz del mundo, El es la fuente de la vida. En el principio de la creación Dios hizo la luz, y la luz fue la base de todo. Hace muy pocos años que los hombres han descubierto que la luz es la fuente de toda la vida que existe en el mundo. Sigue siéndolo hoy en la creación y en todo el universo. Jesús es la Luz con mayúsculas, brilla por encima de todas las cosas. Del carácter del Señor siguen desprendiéndose rayos de felicidad sin límite. ¿Has pensado alguna vez cómo es El?...

a. Cercano
b. Sensible
c. Tierno
d. Misericordioso
e. Expresa sus sentimientos
f. Ama
g. Comprensivo
h. Valiente
i. Alegre
j. Amante de los niños
k. Abraza
l. Emocionante
m. Capacidad ilimitada para mostrar cariño
n. Inmensamente feliz
o. Sabio y enseñador
p. Sensible
q. Leal
r. Sabe escuchar
s. Se preocupa por la gente
t. Perdonador
u. Imprevisible
v. Amigo
w. Decidido
x. Radical
y. Poderoso
z. El Hijo del Hombre

¿Qué es lo que más admiras del Señor? Recuerda que no podemos amar a quién no admiramos. El Señor Jesús es único. El mismo es la grandeza de Dios limitada en una persona amable y tierna. Cuando nos acercamos a la gente, y vivimos ayudando a los que sufren, estamos reflejando la gloria de Cristo. Si somos transparentes al vivir nuestra vida cristiana estamos enseñando a todos cómo vivió el Señor. Si estamos comprometidos con el sufrimiento, el dolor, la ayuda a los más necesitados y el trabajo por los que no tienen nada, estamos predicando el evangelio del reino de Dios como el Señor lo hizo. Seguimos teniendo defectos, pero conseguimos ser sal y luz.

Cuando vivimos insensibles, lejanos, ajenos al sufrimiento de los que nos rodean; protegidos por una especie de aureola espiritual que aleja de nosotros a todos aquellos que nos molestan o no nos gustan, o simplemente hemos "inventado" una especie de cristianismo cómodo, aplicable a cualquier desorden ético. Estamos intentando bautizar de religiosidad dominguera todo lo que hacemos, mientras vivimos tan lejos del Señor que jamás llegaremos a comprenderlo. Y El tampoco nos reconocerá a nosotros.

Pablo lo expresó mejor que nadie: "Para mí el vivir es Cristo" (Filipenses 1:21). Una frase demasiado precisa y preciosa como para pasarla por alto.

Nuestra vida no es conocer cosas del Señor. Tampoco saber la doctrina de Cristo. Mucho menos la religiosidad vivida a cuenta del Mesías durante unos pocos momentos cada semana. NO. Nuestra vida entera es Cristo.

Cualquier otra cosa es un juego fatal. Los primeros creyentes en Antioquia fueron llamados cristianos, casi como un insulto por parte de los que los veían. "Esos son como Cristo" parecería una frase despreciativa si no tuviésemos en cuenta que es lo mejor que se puede decir de una persona.

Es lo que el mundo necesita más urgentemente, más que ninguna otra cosa, ningún método, ninguna predicación, ninguna Iglesia, ninguna organización o denominación… Simplemente el hecho de que la gente vea algo del Señor Jesús en nuestra vida. Porque El quiere que seamos sal y luz de este mundo.

Puedes comenzar por gritar: "¡Hola soy…, (pon ahí tu nombre) Ya estoy aquí!"

21

EL AMIGO DE LOS DESPRECIADOS

Hace varios años visitaba la casa de un amigo. Estuvimos hablando y orando bastante tiempo, y pronto estábamos listos para salir. En una esquina del salón había una inmensa pecera y nos detuvimos unos momentos para verla y contemplar los peces de colores. Quizás nosotros no le damos importancia a muchos detalles, pero algo no se le escapó a nuestra hija Iami, aunque tenía muy pocos años. La pecera era una de las más grandes que había visto en mi vida, llena de luces, piedras, algas y peces de diferentes formas. Todos allí dentro parecían disfrutar del ambiente, a pesar de que una pecera nunca es lo mismo que el mar profundo y azul.

Todos, menos unos pocos peces que solamente tenían un pequeño lugar de la pecera. No podían salir de allí. Era imposible para ellos disfrutar de la libertad, el paisaje y la belleza de las plantas. Encerrados en una esquina en blanco y negro estaban condenados a un espacio reducido, solos y amargados. Bueno, no sé si los peces pueden amargarse, pero esa era la sensación que me daba a mí. Le preguntamos a nuestro amigo la razón por la que aquellos peces estaban solos y sin poder disfrutar de la belleza y la "libertad" del resto de la pecera, y él nos dio la razón por la que estaban encerrados en aquella esquina: "no pueden vivir con los otros peces, porque se los comen"

No pude dejar de pensar en eso durante todo nuestro viaje de vuelta. No creo que los peces fuesen capaces de "reconocer" su situación, y todo lo que se estaban perdiendo sencillamente por no haber aprendido a vivir con los demás, pero… ¡Cuántas personas sí saben que no pueden vivir con los demás porque terminan "comiéndoselos"! ¡Cuantos pierden la belleza de las cosas, la amabilidad de las palabras, el cariño de un abrazo, la sensación de ser queridos, y miles de cosas más, sencillamente porque desprecian a todo el mundo! Si no aprendemos a vivir con los demás, somos nosotros los infelices, los que perdemos todo. Los que somos condenados a vivir en una simple esquina en blanco y negro.

Muchas personas poderosas y de dinero en el mundo, viven como si los demás no les importaran nada en absoluto

En todas las épocas de la historia existen hombres y mujeres poderosos. Son los que toman las decisiones, los que son admirados, los que muchas veces gobiernan y deciden a su antojo. Algunos (desgraciadamente muy pocos) asumen su papel y saben utilizar su poder y su bienestar para llevar la mayor cantidad de felicidad a otros. La mayoría vive como si los demás no les importaran en absoluto.

SU TRATO CON LOS "PODEROSOS"

En el momento en el que Jesús nació, varios grupos de hombres gobernaban la vida espiritual, social y política de la época. Nos viene muy bien recordar algunos detalles de esa gente, porque puede que sean tipos demasiado repetidos en otros momentos de la historia. Demasiado parecidos a los de hoy, quizás nada o casi nada ha cambiado en los últimos dos mil años. Pensamos que hemos avanzado mucho, pero quizás no nos hemos movido del mismo lugar en el que estábamos.

El Señor Jesús fue libre de toda presión social, porque sabía que los planes de Dios siempre se cumplen, y no dependen de la gente con dinero, o de los que tienen el poder de tomar decisiones "importantes". Dios no busca a los "grandes" para pedirles favores, Él escoge a los que quiere, y los que quiere siempre suelen ser los "inesperados" Jesús no buscó las riquezas o el poder para cambiar la sociedad, se dirigió en primer lugar a los pobres y lo hizo con las manos vacías. Demostró a todos que la vida es un regalo, la gracia es un regalo, la revelación de Dios es un regalo… y así todas las cosas que disfrutamos son regalos de Dios y nadie puede comprar o merecer nada.

> *"Una multitud de miles y miles se había reunido, tanto que se atropellaban unos a otros, Jesús comenzó a decir primeramente a sus discípulos: Guardaos de la levadura de los fariseos, que es la hipocresía." Lucas 12:1*

La multitud era inmensa, miles de personas se habían reunido para escucharle. Lucas dice que se atropellaban unos a otros, y en ese momento, el Señor escoge muy bien las palabras que va a decir. Sabe que todos le van a prestar mucha atención, por lo que comienza a hablar con sus discípulos y con los que estaban allí. Quiere que todos sepan los peligros con los que se van a encontrar. Les habla de panes sin levadura, una imagen que conocían muy bien.

Dios había explicado en la ley que la levadura representaba el mal en sí mismo. Tal como la levadura llega a todas las partes de la masa, el mal se esparce rápidamente por toda nuestra vida, sin dejar el más mínimo resquicio libre. La levadura es en apariencia algo muy pequeño, casi insignificante, pero llega hasta lo más profundo de la masa. El Señor explicó a sus discípulos que tenían que tener cuidado, porque había varios tipos diferentes de levadura en la vida espiritual. Todos ellos tienen algo en común, nos alejan de Dios. Casi sin darnos cuenta

La levadura representa cómo lo que es peligroso en nuestra vida puede llegar a crecer muy rápido. Casi sin que nos demos cuenta

LA LEVADURA DE ANÁS Y CAIFÁS

Los sumos sacerdotes fueron los que se enfrentaron más directamente al Mesías. Ellos mismos estaban viviendo en una situación irregular, porque sólo podía haber un sumo sacerdote, pero Anás y Caifás se las habían arreglado para detentar el puesto de una manera casi mafiosa. La historia dice que habían comprado el poder político y que su compromiso con Dios era nulo. Aún así hacían valer sus derechos como máximos responsables de la religión de aquel tiempo. Nadie podía hacer o decir nada de parte de Dios si no estaba de acuerdo con ellos.

Fueron ellos los que le pidieron a Pilatos que crucificase al Señor (Juan 19:6) y soliviantaron a la multitud para que gritasen contra su Mesías. Para eso fueron capaces de dejar a un lado todos sus principios cuando gritaron "No tenemos más rey que Cesar" (Juan 19:9). Prefirieron estar en manos del enemigo romano y renegar de todo lo espiritual. Para ellos era increíble que alguien dijera ser el Hijo de Dios sin pedirle permiso a ellos.

Tenían que haber defendido que su Rey era Dios con mayúsculas, y haber buscado Su voluntad, pero el problema para ellos era Jesús. Ni siquiera querían que Pilatos escribiese "El rey de los judíos" (Juan 19:21). Ni por asombro querían que fuera su rey. Su ambición política era tan grande que sólo reconocían al Cesar. ¡Y mandaron crucificar al Rey de Reyes!

El poder lleva a las personas a caer en lo más absurdo. A los sumos sacerdotes no les importó decir y pagar mentiras (¿Y no era toda su vida una mentira total?) para condenar a Jesús. Buscaron gente sin escrúpulos que pronunciasen falso testimonio contra el Mesías, en el mismo templo de Dios. Las personas que estaban guiando espiritualmente al pueblo, mintieron para hacer valer sus derechos. Los que tenían que dar ejemplo eran los más falsos.

¡Los teóricamente representantes de Dios en la tierra condenaron a Dios mismo!

Si ya era suficientemente "increíble" que hubiese dos llamados "sumos sacerdotes" mucho más lo fue que decidieran crucificar a su Creador

"*Y los principales sacerdotes tomaron las piezas de plata, y dijeron: No es lícito ponerlas en el tesoro del templo, puesto que es precio de sangre*" (Mateo 27:6). Si la mentira era parte de la levadura de Anás y Caifás, la hipocresía era otro de los ingredientes más importantes. No quisieron recibir las monedas de Judas porque era un precio de sangre, dijeron que eso iba en contra de la ley de Dios. No les preocupó condenar al Mesías basándose en mentiras y envidias, ni les temblaron las manos al pagar a un traidor para que le entregase. Pero sí pretendieron cumplir la ley al no aceptar las treinta monedas, porque no querían mancharse con la sangre de Judas. Olvidaron que todo su ser era una mancha total, que nadie estaba tan lejos de Dios como ellos.

Desgraciadamente la levadura de Anás y Caifás no murió con ellos. Hay gente que vive como si Dios les debiese algo. Después de pasar tiempo "trabajando" en el nombre de Dios, piensan que en cierta manera, Dios tiene que bendecidlos, que Él aprueba todo lo que hacen. Los preceptos religiosos les pertenecen a ellos, y tienen todo el derecho moral de tomar las decisiones que sólo el Creador puede tomar. Viven en el esplendor y los ritos de su religión e incluso algunos se han nombrado a sí mismos seguidores de Cristo en la tierra, cuando ellos mismos lo están negando con su manera de vivir.

LA LEVADURA DE HERODES

Herodes personificó algunos de los problemas más graves de la humanidad: El orgullo, la arrogancia y la vanidad de la vida eran parte esencial de su carácter. Orgullo al decirle a Dios "mi vida es mía, y no quiero que nadie la controle". Arrogancia y vanidad cuando creemos que no necesitamos a Dios en cada momento, sino sólo cuando lo "llamamos", porque pensamos que tenemos las respuestas correctas a todo, en todo momento.

El poder político suele creer que lo tiene todo y que tiene derecho a Todo

Herodes era la persona más poderosa en Israel. En un momento de lujuria, vencido por el placer y la soberbia de quienes lo tienen todo, y tanto gustan de derrochar orgullo en chabacanerías idiotas ante los que les ríen sus gracias, vendió toda su lealtad para matar a Juan, para quitarle la vida a uno de sus amigos. A alguien a quién admiraba profundamente (Marcos 6:14-29)

Ese es el valor que suele tener la amistad para todos aquellos que no les importa aplastar a quién sea para llegar a dónde quieren. Despreció a Dios, y condenó a su profeta. No quiso saber nada de lo espiritual porque la gente orgullosa no necesita que nadie le enseñe. Vivió como quiso y despreció una y otra vez las oportunidades que tuvo para ser una persona diferente.

Más tarde quiso ver a Jesús y escucharle, pero no pudo. (Lucas 9:9) Esta vez fue el Señor el que no quiso encontrarse con él. Jesús no le concedió una sola de sus palabras. No sólo no las merecía (no las merecíamos ninguno de nosotros) sino que el Maestro quiso dejar claro quién era el que había quitado la vida a su amigo Juan. Jesús demostró con ese hecho que los que viven en la vanidad de sus propias decisiones, tienen que vivir también con las consecuencias de esas decisiones. Cuando el Señor fue juzgado, le llevaron ante Herodes, pero no le dijo una sola palabra, era su manera de hacerle ver que delante de Dios, era culpable, no sólo de la muerte de Juan el Bautista, sino también de no querer escuchar la voz de Dios.

Aquellos que creen que tienen derecho a hacer cualquier cosa, por su poder, su dinero o su inteligencia, terminan dándose cuenta que delante del Creador sus armas no sirven para nada. Puede que en el momento más importante de su vida y cuando más lo necesitan, Dios mismo decida no decirles una sola palabra.

LA LEVADURA DE LOS FARISEOS

Los fariseos eran el grupo más conocido entre los religiosos. Alguien dijo una vez que eran buenas personas en el peor sentido de la palabra.

Su Dios era el legalismo, las normas, lo que está escrito. Todo lo que la ley decía. Vivían intentando cumplir cada uno de los preceptos, porque eso los hacía mejores que los demás. Siempre negaron la gracia, eso era demasiado para ellos. Dios tenía que admitirlos a ellos porque ellos eran buenos. Vivían de una manera arrogante, porque dado que se comportaban de una manera correcta, Dios debería entrar en sus "esquemas" y actuar como ellos decían. Esa era su religión, el orgullo del que mira por encima del hombro, a causa de sus "buenas obras" o de su buena comprensión de la ley. Defendían la doctrina de la ley por encima de cualquier otra cosa.

Por encima de Dios mismo si era necesario.

Lo primero para ellos no era Dios, sino su propio partido religioso. El Señor los desenmascaró al decir *"¡Ay de vosotros, escribas y fariseos, hipócritas!, porque recorréis el mar y la tierra para hacer un prosélito, y cuando llega a serlo, lo hacéis hijo del infierno dos veces más que vosotros" (Mateo 23:15)* Los convertidos de los fariseos eran llevados al fariseísmo, y no a Dios porque lo que realmente les preocupaba era tener más seguidores, más gente que les admirase, que les viese casi como "pequeños dioses"

¿Y no encontramos personas así en el día de hoy? Y lo que es más triste, ¿No actuamos nosotros mismos así en muchas ocasiones?... Un estudio detallado del capítulo 23 del evangelio según Mateo nos lleva a conocer los rasgos que identifican hoy a las religiones y sectas en cualquier parte del mundo (1).

Los fariseos eran "buenas personas" en el peor sentido de la palabra

"Cuidad de no practicar vuestra justicia delante de los hombres para ser vistos por ellos; de otra manera no tendréis recompensa de vuestro Padre que está en los cielos. (...) Lucas 6:1-4. De vez en cuando tenemos que hacernos un pequeño examen. Necesitamos llegar hasta el fondo del corazón y comprobar cuáles son las actitudes por las que hacemos ciertas cosas. Sobre todo las cosas espirituales. Los fariseos servían a Dios "para ser vistos" por los demás. Mal asunto. La peor motivación para hacer cosas buenas. Si preferimos la recompensa del hombre, entonces ya no recibiremos la de Dios. Nosotros escogemos la recompensa que queremos recibir, porque el Señor dice que *"ya ha firmado recibo de recompensa"* (versículo dos), lo cual está escrito en términos comerciales, para que lo entendamos. Los que buscan el reconocimiento en las calles, los que trabajan para que los demás los vean,

los que miden la espiritualidad por lo que se hace en público, "ya están recibiendo toda su recompensa" dijo el Señor.

Lo que hacemos para el Señor está pensado precisamente para demostrar nuestro amor a Dios, y no a los demás. Orar, ayunar, dar, son cosas que le debemos al Señor, no al público. Si hacemos todas estas cosas para que los demás nos vean, ya tenemos nuestra recompensa. Si lo que queremos es impresionar a los demás, habrá algunos que se dejen impresionar, y eso es todo. Para Dios no tiene ningún otro valor lo que hacemos.

Ese es un peligro del que no estamos lejos. La palabra "fariseos" en hebreo significa "separados" y es la misma raíz que nosotros utilizamos al decir que somos ¡santos! Ellos se creían santos porque estaban separados del mal, porque cumplían todas las leyes, y porque su conducta externa era intachable. Pero el Señor les dijo que estaban más lejos de Dios que nadie. Su propia arrogancia los delataba, porque su santidad no era más que una máscara para impresionar a otros. Es muy triste, pero es así. Cuando nos dejamos llevar por la adulación, la arrogancia y el orgullo, no somos tan santos como creemos, porque estamos cayendo en el pecado que más nos separa de Dios.

La arrogancia no es buena ni aunque estemos en la más absoluta intimidad

Lo que Dios espera de nosotros es muy diferente. *"Pero tú, cuando des limosna, que no sepa tu mano izquierda lo que hace tu derecha"* Mateo 6:3. No somos tan santos como creemos. No debemos anunciar las cosas buenas que hacemos ni siquiera a nosotros mismos, la arrogancia no es buena ni aunque estemos en la más absoluta intimidad. Existe un cierto privilegio que Dios nos da cuando hacemos las cosas bien, porque El nos llena de paz cuando terminamos un trabajo bien hecho. Pero cuando empezamos a mirarnos a nosotros mismos para recibir la gloria que "nos pertenece" estamos al borde del abismo. Y un solo pensamiento orgulloso nos puede empujar al fondo.

Los fariseos, escribas y rabinos habían puesto la tradición por encima de la ley, con lo que las cargas que el pueblo tenía que llevar eran insoportables.

Cada día aparecían nuevas tradiciones, nuevas normas, más preceptos que cumplir para ser agradables a Dios, según ellos. Y el pueblo no solamente tenía que saberlas, sino que además debía cumplir todo lo que ellos decían. Aunque ellos no movían un solo dedo para ayudar a nadie. Jamás comprendieron lo que es el amor a Dios y a los demás. Puede que esa sea una de las razones por las que el mismo Señor les acusa de cerrar el reino de Dios a todos. Porque nada aleja más a los que no creen que el mal comportamiento de los que sí dicen creer.

Jesús desnuda también su ceguera moral. Ceguera voluntaria y bien admitida por todos. *"¡Ay de vosotros!, porque edificáis los sepulcros de los profetas, y fueron vuestros padres quienes los mataron" Lucas 11:47* Construían sepulcros a los profetas, ellos mismos que los habían torturado y matado en vida. Era una manera de acallar su conciencia, o mejor dicho, un último acto de hipocresía cruel. Nosotros no somos muy diferentes, porque le levantamos monumentos a los siervos de Dios cuando mueren, con las mismas piedras que les hemos "tirado" cuando estaban vivos. ¡Tantas veces no queremos escuchar lo que hombres y mujeres de Dios nos dicen, pero después los ensalzamos y los admiramos cuando han muerto y están con el Señor!

> *Nosotros no somos muy diferentes, porque le levantamos monumentos a los siervos de Dios cuando mueren, con las mismas piedras que les hemos "tirado" cuando estaban vivos.*

Los fariseos eran buena gente, sabían exponer muy bien la Palabra de Dios. Algunos podían recitar de memoria libros enteros de la ley o los profetas, pero olvidaban que la Biblia necesita explicación y aplicación, no sólo exposición. No es suficiente con conocer la Palabra de Dios, hay que amarla y cumplirla. Muchas veces decimos que la vida cristiana y la Iglesia cambiaría radicalmente con la exposición de la Palabra de Dios, y eso no es del todo cierto. Los fariseos lo hacían, conocían exactamente lo que Dios era y lo que pedía de ellos. Pero eso no significaba un cambio en sus vidas.

Sabían casi todo, y lo conocían hasta el mínimo detalle, pero su conocimiento les añadía orgullo, no amor hacia los demás. Su sabiduría los alejaba de los "pobres pecadores perdidos" que tenían a su alrededor... Y ellos mismos no se daban cuenta que sus conocimientos también los alejaban de Dios mismo. Esa es la levadura de los fariseos: hipocresía, apariencia, tener la religión como lo más importante. Ese es el mayor problema de muchos: perder la belleza del evangelio desde el mismo momento en el que la gracia pierde su sentido.

LA LEVADURA DE LOS ESCRIBAS

La levadura de los escribas es quizás la más difícil de controlar, se introduce dentro de nosotros casi ni nos damos cuenta: Nos vamos alejando de nuestro Creador, porque sólo queremos dominarlo, que haga lo que nosotros decidimos, que se comporte como nosotros esperamos.

Los rabinos enseñaban que Dios se ocupaba un número determinado de horas del día en estudiar la ley y sus preceptos... ¡A tanto llegaba su orgullo!

Cuando nos hacemos religiosos llegamos a pensar que merecemos algo de Dios. El Señor nos enseñó que debemos dejar que El Padre decida todo, sin esperar nada, sino sólo abriendo nuestras manos a su bendición. No tenemos derecho a algo, como el hermano del hijo pródigo pensaba (Lucas 15:28 y ss.). No debemos creer que ya que estamos haciendo tanto por el Señor, El nos debe reconocimiento y agradecimiento, porque esa fue la mala actitud de Marta cuando se enfrentó al Maestro (Lucas 10:41). No debemos pedir nunca lo que creemos que nos pertenece, sino ofrecer siempre nuestro amor, porque los trabajadores de la viña que reclamaron el pago de su trabajo no fueron del agrado de Dios (Mateo 20:10 y ss.).

El Señor Jesús dijo un día "La verdad os hará libres" (Juan 8:32). Palabras que han transformado la vida de muchas personas, culturas y naciones. Pero nadie debe olvidar que el Mesías las proclamó en el contexto de las tradiciones judías, que "obligaban y ataban" a los que intentaban seguir sinceramente la religión…. La verdad de Dios nos libera siempre en primer lugar de las ataduras humanas, nos enseña lo que hay en el corazón del Creador: Gracia inmensa, inmerecida por nuestra parte. Gracia para disfrutar y para llevar a otros. Gracia que sobrepasa cualquier límite que la religión quiera establecer.

LA LEVADURA DE LOS SADUCEOS

Los saduceos establecieron sin saberlo un tipo de "levadura" que ha crecido en los últimos años quizás más que ninguna. Sigue haciéndose respetar en el día de hoy. Es defendida por todos los que no creen en lo espiritual, por todos aquellos que defienden que lo sobrenatural ha de explicarse a la luz de lo natural. La levadura de los saduceos crece al mismo nivel que crece el conocimiento en algunas personas. Para muchos la Palabra de Dios ya no tiene valor, porque ellos han sobrepasado los límites del conocimiento, y ahora se han colocado casi a la misma altura que su Creador. Lo que encuentran en la Biblia es sólo un cierto sentimiento cultural, muchas de las enseñanzas de la Palabra de Dios, dicen, ya han pasado de moda.

Los saduceos siguen con nosotros más vivos que nunca. Para ellos lo importante es el conocimiento, la filosofía, la ciencia por encima de todas las cosas. Conocimiento, filosofía y ciencia que Dios nos regaló para que llegásemos a conocerle y a ayudar a los demás, y que muchas veces nosotros utilizamos para darle la espalda a El y a todos, porque nos volvemos arrogantes y orgullosos.

Los saduceos modernos no creen en nada que suene sobrenatural: No hay otra vida, no hay resurrección, no hay milagros… No hay nada que merezca la pena ser examinado si no cae dentro de sus "conocimientos" o de sus "experiencias". Su mirada no va más allá de lo que hay delante de sus ojos. Y mientras eliminan todo lo sobrenatural, pierden la mayor parte de las cosas que Dios nos regaló para que aprendiésemos a disfrutar de la vida. De la que tenemos ahora y de la que viene en el futuro.

LA LEVADURA DE PILATOS

El último tipo de levadura es casi inapreciable. Tiene que ver con la trascendencia que le damos a lo que otros dicen, al llamado poder social. El preocuparse de la opinión de los demás y querer ser aceptado, querido y admirado por todos, cediendo a cualquier cosa que los demás quieran de nosotros. La tiranía del "qué dirán", las decisiones que tomamos porque otros nos dicen que las tomemos. Vivir poniendo nuestras manos delante de nuestros ojos para no ver, pasando por alto cualquier tipo de injusticia, sólo para quedar bien con los demás. Sólo para no ser señalados como diferentes.

Los diferentes tipos de "levaduras" que existían en aquel momento, siguen presentes hoy, y quizás con más fuerza que nunca

Seis tipos de "enemigos" del Señor Jesús. Seis levaduras destructoras que se han introducido dentro de la humanidad desde los primeros momentos de la historia. Los seis siguen viviendo aún con nosotros, y no es fácil identificarlos. Es más, el mundo admira las mismas cosas que nosotros debemos despreciar. No hay término medio: o nos arrastran o vencemos. O vivimos como ellos, o la diferencia en nuestra vida es tal, que todos tienen que darse cuenta. No hay otra manera, no se puede vivir disimulando o aparentando, porque lo que dejas que vaya creciendo en tu interior terminará por llenar tu mente y tu corazón.

Imagínate que empiezas a vivir de una manera completamente diferente. Imagínate que Dios te ayuda a vencer las ideas dominantes de un mundo que no sabe a dónde va y con el poder del Espíritu Santo vives (¡vivimos!) cada día…

▶ Sin darle importancia a la apariencia y a lo que es más atractivo por fuera. Sin juzgar a otros por lo que ves en el exterior, y sin ceder a la dictadura de las modas y opiniones ajenas.

▶ Amando sinceramente a Dios y a los demás, y no dejándote llevar por "modelos y tradiciones religiosas sin sentido"

❱ Dependiendo siempre de Dios, y no confiando tanto en ti mismo/a.

❱ Agradeciendo sinceramente a los demás, y olvidándote de tu orgullo y de proclamar siempre las cosas que haces bien.

❱ Dejando de decidir las cosas por su valor monetario o por la posición en la que vas a quedar después de tomar una decisión, sino sencillamente haciendo lo que es justo, bueno y correcto. Dando y ayudando a los demás aunque aparentemente no lo merezcan.

❱ Confiando en tu Creador y ayudando a todos, abrazando, amando, sabiendo que las cosas sobrenaturales son las que dan sentido a nuestra vida

Nuestra única opción es parecernos cada día más al Señor Jesús. Reflejar en cada momento su carácter, que todos los que nos conozcan, vean en nosotros algo más del Señor. Por encima de todas las cosas, por encima de dones, trabajos, ministerios, y todo lo que queramos añadir: no hay nada más importante que reflejar el carácter del Señor en nuestra vida, con nuestra familia, con nuestros amigos y enemigos; en circunstancias favorables y en los momentos en los que sólo podemos llorar, sea cual sea nuestra situación o el lugar que ocupamos.

Notas:

(1) Las características de las sectas y religiones, están perfectamente explicadas por el Señor Jesús en el capítulo 23. Las reseñamos aquí para que nos sirva de reflexión, porque la actualidad del tema, y la correcta definición por parte del Señor no pueden pasar desapercibidas.

Las sectas defienden…

1. Una nueva verdad (v. 8 y 9) Una nueva revelación de Dios, la Palabra de Dios no es la revelación final, siempre hay que añadirle algo que alguien ha dicho o escrito.

2. Otra interpretación de la Biblia (v. 16 y ss.)... Añadidos a la Biblia, escritos de líderes al mismo nivel (o superior) a la Biblia. Fuentes de autoridad no Bíblica...

3. Un nuevo Salvador (v. 10) Sólo hombre, o sólo Dios, o un profeta más, pero no aceptan la trinidad, una base de salvación falsa. Su Salvador no es el Señor Jesús, sino Jesús más otro/a para los que dicen creer en El, o simplemente otro dios u otro líder para los que no creen en Jesús, y dicen que fue un profeta más.

4. Rechazo del cristianismo (v. 29 y ss.) Ellos son los únicos que se salvan. Crítica a todo y a todos... son los "santos" en exclusiva.

5. Doble moral y dobles palabras (v. 3 y 25). Para que nos entendamos rápidamente, una moral y una ética para los Jefes, y otra para la tropa. Algunas de las cosas que los líderes pueden hacer, están completamente prohibidas para sus súbditos.

6. Cambios en la teología... (v. 13) Una teología no basada en la gracia de Dios, sino en obras, penitencias, añadidos, trabajos, esfuerzos, etc. que arruinan al hombre.

7. Dependencia de un líder (o de un grupo determinado) (v. 5 y 7) Las palabras del líder/es están al mismo nivel que la de Dios, aunque en principio no lo reconozcan. Control psicológico mental (lavado de cerebro). Te dicen que es imposible leer otras cosas,... Imposible discutir o disentir en nada. Acabas siendo un esclavo de la organización.

8. Salvación por obras (v. 4 y 15)... Necesitas hacer proselitismo para salvarte... No hay seguridad de salvación

9. Profecías falsas (v. 33) Lo que se dice no se cumple, y por lo tanto, cambian su "discurso" en muchas ocasiones

10. Control económico (v. 6, 14 y 23) Lo más importante de los adeptos son sus cuentas económicas. Una de las primeras lecciones que todos deben aprender es a dar, y no preguntar, porque los líderes bien saben lo que hacen con el dinero… Como dijo el Señor, buscan siempre los primeros lugares y los primeros frutos

"Nadie puede servir a dos señores"
— Mateo 6:24

22 | LA LECCIÓN MÁS DIFÍCIL DE APRENDER

"Porque la raíz de todos los males es el amor al dinero, por el cual, codiciándolo algunos, se extraviaron de la fe y se torturaron con muchos dolores" 1 Timoteo 6:10.

Este es uno de los textos claves de la Biblia. A muchos les encantaría quitarlo o dejarlo a un lado, junto con aquel de la aguja y el camello, pero no es posible. Habrían dado mucho dinero para que la Palabra de Dios no fuese tan clara y directa. Podríamos decir que habrían comprado a quién hiciese falta.

Vivimos intentando reajustar un poco las cosas. Cuando predicamos, hablamos o escribimos, solemos echar "tierra" sobre algunos asuntos, para que lo que Dios dice sobre el dinero y sus problemas, no suene tan radical. Defendemos el principio aquel de dar "una de cal y otra de arena". Es más, a lo largo de toda la historia, a la Iglesia en general le ha gustado tener dinero, ha estado buscando la manera de reconciliar sus muchas posesiones con la vida sencilla y pobre que disfrutó su Fundador.

Pero aún con todos nuestros esfuerzos, jamás han dejado de resonar en nuestros oídos las palabras del Señor Jesús *"Nadie puede servir a dos señores; porque o aborrecerá a uno y amará al otro, o se apegará a uno y despreciará al otro. No podéis servir a Dios y a las riquezas" Mateo 6:24* Por mucho que nos empeñemos en ocultarlo, o en intentar darle otro sentido, todo en la vida se reduce a ese dilema: O le damos el primer lugar a las posesiones, a las riquezas, a lo material… o se lo damos a Dios. O Dios es nuestro Dios, o lo son las riquezas.

Sólo hay dos dioses, el único verdadero, nuestro Creador y todos los demás dioses escondidos de alguna u otra manera bajo el brillo del dinero y el poder. Todo en la vida se reduce a esa sencilla decisión, porque si buscamos el fondo de casi todas las disputas sociales, materiales, familiares, e incluso espirituales, nos encontramos con el amor al dinero, el afán de poseer. Nada más y nada menos que eso.

LOS MERCADERES DEL TEMPLO

Cuando El dinero toma el lugar de Dios, incluso en la Iglesia

> *"Haciendo un azote de cuerdas, echó a todos fuera del templo, con las ovejas y los bueyes; desparramó las monedas de los cambistas y volcó las mesas; y dijo a los que vendían palomas: Quitad esto de aquí; no hagáis de la casa de mi Padre una casa de comercio. Sus discípulos se acordaron de que estaba escrito: El celo por tu casa me consumirá" Juan 2:14-17*

Todos recordamos que lo primero que el Señor hizo en su ministerio público fue convertir el agua en vino en la celebración de unas bodas. Después de eso, entró en el templo para echar a los comerciantes. Volcó las mesas, desparramó las monedas, hizo que todo lo material perdiese su lugar, porque por definición el templo debe ocuparse de lo espiritual. "La casa de Dios es casa de oración" dijo, no una casa de comercio. Jesús volvió a hacer lo mismo al final de su ministerio, porque a pesar de los tres años de ministerio, nada había cambiado en la mentalidad de los religiosos.

Hoy mismo, las cosas no han mejorado mucho entre los que nos llamamos sus seguidores. Nos gusta demasiado el dinero y el poder, llenamos la casa de Dios de compras y ventas, de cosas absolutamente innecesarias, de conversaciones y predicaciones sobre el dinero. Pasamos el tiempo hablando de planes y presupuestos, pero no para ayudar a los que no tienen, sino para llevar a cabo nuestros proyectos.

¿Cuánto tiempo pasamos hablando de dinero? ¿Cuántos planes NO están supeditados a la voluntad de Dios, ni a la oración, ni al consejo de los hombres y mujeres de Dios, sino sólo al dinero? ¡Cuántas personas han abandonado las Iglesias cansadas de escuchar que la mayor parte del tiempo en la Iglesia sólo se pide dinero, en lugar de hablar del Señor!

Cuanto más viajamos por diferentes países en el mundo, mas Iglesias encontramos en las que en TODAS las reuniones se pide dinero. Sé que hay muchas razones: "Es parte de la adoración" "Es nuestro servicio y nuestro culto a Dios" "Hay muchos que sólo pueden venir a una reunión, y queremos darle la oportunidad de ofrendar"… Podemos darle un maquillaje espiritual a todo lo que estamos haciendo, pero ¿Por qué no se dedica el mismo tiempo a la importancia de la oración, de la Palabra de Dios, de la evangelización, del servicio, a la vida familiar o a la ayuda a los demás, o a muchas otras cosas imprescindibles para nuestra vida cristiana? ¿Es tan importante el dinero para nosotros?

No nos engañemos, no somos muy diferentes a aquellos mercaderes del templo.

En aquel momento, las cantidades más importantes de ingresos en el templo iban a parar a la familia de Anás. El pueblo era contrario a eso, así que no ofrecieron resistencia a lo que el Señor estaba haciendo. Creían que por una vez se haría justicia. Otra vez vienen a nuestra mente demasiadas preguntas: ¿A dónde van los diezmos y ofrendas de la gente? ¿Cómo vivimos los que estamos a todo tiempo trabajando para el Señor? Ya sé que es muy fácil argumentar, decir que uno merece su salario, que hay que vivir de una manera digna, etc. Todo eso es muy válido, pero ¿Nos parecemos en algo al Señor?¿Vivimos dándole mucha más importancia al dinero y a las posesiones de lo que Jesús le dio? ¿Gastamos la mayor parte del dinero en los templos? ¿Las Iglesias a las que asistimos son casas de oración, o son cualquier otra cosa?

En algunos lugares, incluso la gente que tiene mucho dinero tiene también mucho poder en la Iglesia. Pero Dios nunca dice que dar mucho significa que todo lo que hacemos sea válido. El hecho de que alguien sea el principal donante de una misión o de una obra evangelística no le da derecho a tomar decisiones en esa obra.

¿Qué está ocurriendo en "nuestro" templo? ¿Cuáles son las motivaciones de las cosas que hacemos? ¿Le entregamos a Dios nuestra contabilidad, la limpieza de nuestras cuentas y negocios? ¿Qué ocurriría hoy si el Señor apareciese físicamente en medio de algunos ministerios, misiones, editoriales; si comenzase a hablar de los problemas de los copyright, de las ganancias de algunos dirigentes, predicadores o músicos, de lo que muchos quieren tener, de sus coches, sus gastos o del dinero y el lujo que tienen determinadas iglesias…?

EL TRIBUTO AL CESAR

Así como los impuestos no son optativos, tampoco lo es el tributo a Dios

> "Jesús, conociendo su malicia, dijo: ¿Por qué me ponéis a prueba, hipócritas? Mostradme la moneda que se usa para pagar ese impuesto. Y le trajeron un denario. Y El les dijo: ¿De quién es esta imagen y esta inscripción? Ellos le dijeron: Del César. Entonces El les dijo: Pues dad al César lo que es del César, y a Dios lo que es de Dios" Mateo 22:16-21

Creo que prácticamente se ha dicho todo ya sobre estos versículos. Aunque siempre se nos escapan algunos detalles. Detalles importantes. El hecho de que el Señor tuviese que pedir una moneda, demuestra la pobreza extrema de Jesús y su total independencia del dinero. Vivía sin llevar siquiera una moneda encima. No le preocupaba lo que pudiese comprar o tener. Nunca pidió dinero a nadie. Nunca se preocupó por lo que tenía o no tenía.

Nosotros somos seguidores del Maestro. ¿Qué hay en nuestros bolsillos? ¿Somos capaces de vivir tan despreocupados, tan dependientes de Dios? ¿Le pedimos dinero a otras personas? ¿Buscamos razones espirituales para pedir a otros en lugar de descansar en el Señor? Recuerda que los religiosos sí tenían monedas. Y en esas monedas estaba el rostro del Cesar, por lo que ellos mismos demostraron su condición de súbditos suyos, de ahí la hipocresía de la pregunta. Sabían quién era su rey, y aparentemente no tenían ningún deseo de cambiarlo.

"Dad al Cesar..." dice el Señor, porque hay que darle al Cesar sólo lo que tiene derecho a pedir. Para un cristiano dar tributo al Cesar es parte de su obediencia a Dios. Los fariseos proclamaban la libertad y no daban tributo. Los herodianos ayudaban a los romanos y sí pagaban los impuestos. Si Jesús se ponía al lado de uno, los que seguían al Cesar le desafiarían. Si se ponía en lugar del Cesar el pueblo se rebelaría. Pero Dios siempre toma la decisión correcta. El tributo a nuestro gobierno no es optativo. Darle a Dios lo que le pertenece tampoco es opcional.

Cuando no damos al Cesar, estamos fallando como ciudadanos. Cuando no damos a Dios, le estamos robando a nuestro Creador.

LA PARÁBOLA DE LAS MINAS

No hay diferencia entre lo sagrado y lo secular, Todo es de Dios

"Y se presentó el primero, diciendo: "Señor, tu mina ha producido diez minas más. Y él le dijo: "Bien hecho, buen siervo, puesto que has sido fiel en lo muy poco, ten autoridad sobre diez ciudades." Entonces vino el segundo, diciendo: "Tu mina, señor, ha producido cinco minas." Y dijo también a éste: "Y tú vas a estar sobre cinco ciudades." Y vino otro, diciendo: "Señor, aquí está tu mina, que he tenido guardada en un pañuelo; pues te tenía miedo, porque eres un hombre exigente, que recoges lo que no depositaste, y siegas

lo que no sembraste. " El le contestó: "Siervo inútil, por tus propias palabras te voy a juzgar. ¿Sabías que yo soy un hombre exigente, que recojo lo que no deposité y siego lo que no sembré? "Entonces, ¿por qué no pusiste mi dinero en el banco, y al volver yo, lo hubiera recibido con los intereses?" Y dijo a los que estaban presentes: "Quitadle la mina y dádsela al que tiene las diez minas."
Lucas 19:11-26

Todo lo que tenemos viene de Dios, eso lo sabemos todos. Lo que hemos ganado no es fruto de nuestro trabajo en primer lugar. En eso ya no todos parecen estar de acuerdo. Olvidamos que no podríamos hacer nada si Dios no nos hubiese dado salud, fuerzas, sabiduría, y bastantes cosas más. Todo lo que tenemos lo hemos conseguido porque Dios nos lo dio.

Es Dios el que nos regala la vida para trabajar, las fuerzas para seguir adelante, la inteligencia para hacer nuestro trabajo, la comida que comemos, las amistades que tenemos, y así podríamos seguir mencionando absolutamente todo. Lo que Dios quiere es que llevemos nuestros negocios a Su estilo, no al nuestro. Mucho menos al estilo que el mundo nos dicta. El estilo de Dios, es contrario a lo que los hombres piensan. Nuestra integridad va a desenmascarar a muchas personas, va a poner al descubierto muchas actitudes, muchas maneras de actuar que no son éticamente correctas. Recuerda que la sal es también un freno a la corrupción, y en la economía es dónde Dios quiere que seamos "sal" quizás más que en ningún otro aspecto de la vida, para evitar que los poderosos no sólo vivan de una manera contraria a la voluntad de Dios, sino que incluso puedan hacernos creer que su manera de actuar es la correcta, e incluso la verdaderamente espiritual.

No es sólo de dinero de lo que estamos hablando. Las pérdidas y las ganancias en los negocios tienen lecciones eternas, si sabemos aprenderlas. Todos estamos más o menos involucrados en el uso del dinero, en los negocios y en el sustento de nuestra vida. Es más, Dios permite algunas cosas en nuestra vida para que aprendamos cómo es su carácter y su manera de actuar.

Pocas cosas hay tan espirituales como el uso del dinero

Jesús les había enseñado una de las lecciones más importantes en el reino: *"Si no habéis sido fieles en el uso de lo ajeno, ¿quién os dará lo que es vuestro?"(Lucas 16:12)*. El que es infiel en el uso del dinero, suele ser también infiel en las demás cosas. Si no somos leales en el uso de lo material, no somos dignos de confianza en lo espiritual. Las riquezas pueden ser nuestro mejor siervo, pero siempre son el peor amo. Jesús quería enseñarles a sus discípulos que no hay diferencias en cuanto a lo sagrado y lo secular, todo es de Dios. Si no somos justos en lo secular, raramente vamos a serlo en lo sagrado. Debemos aprenderlo ahora, porque el Señor enseñó que cada creyente tendrá en el reino de los cielos un servicio de acuerdo a lo que haya hecho aquí (Mateo 25:14-29).

Dios prefiere nuestros fracasos e incluso la pérdida del talento, antes que la frialdad del corazón que no quiere comprometerse y que se queda en casa por miedo

Quizás lo que más nos llama la atención en la historia que el Señor Jesús les contó, es que el amo prefiere el fracaso del siervo y la pérdida del talento antes que la frialdad de un corazón que no se compromete. Dios quiere mostrarnos Su carácter y nos enseña que lo más lejano a Dios es un corazón frío, calculador, racional hasta el extremo de la arrogancia. La clave en la vida no tiene que ver en primer lugar con lo que hacemos o dejamos de hacer, sino si nuestro corazón está verdaderamente entusiasmado en el servicio que hacemos para nuestro Creador. Hacer las cosas bien con un corazón distante es una ofensa a Dios. El que esconde su talento no sólo no trabaja para el Señor, sino que tienen una opinión "rara" de él. No le conocía personalmente, no le amaba, no quería acercarse a El.

Jesús le dice a sus discípulos que el Padre mide varias cosas al mismo tiempo. El ve la cantidad y calidad del trabajo, pero también observa la capacidad del obrero (Lucas 19:11-27). Y sobre todas las cosas, Dios observa la motivación por la que hacemos las cosas. El siervo malo no quería trabajar para su Señor. Creía que toda la gloria de su esfuerzo se la llevaría alguien que no había sembrado. Pocas cosas hay tan peligrosas como movernos en nuestra relación con Dios bajo el imperio de las obras y la obligación. Querer hacer las cosas bien porque se lo "debemos" al Señor no es la mejor actitud.

Le servimos porque le amamos. Vivimos bajo el reinado de Su Gracia, y eso es la base de nuestra confianza en El. Nada que hagamos como pago de una deuda tiene valor, porque nuestra motivación no es la correcta. Es la gracia de Dios la que nos da fuerzas para hacer todo. Y esa Gracia no espera recibir pago, sino amor.

Cuando el Señor está terminando la historia, deja caer una frase que nos asombra más todavía *"Porque a todo el que tiene, más se le dará, y tendrá en abundancia; pero al que no tiene, aun lo que tiene se le quitará"* ¿Lo has pensado alguna vez? Los que aman reciben cada día más para invertir en el futuro. Los que arriesgan su vida, sus posesiones, lo que son y tienen para servir a Dios, reciben siempre más. El cristiano que no se arriesga a nada, que sólo quiere conservar lo que tiene, que no quiere incluso que muchos sepan que es cristiano… aún lo que tiene se le quitará.

Pedro comprendió perfectamente lo que Jesús estaba enseñando. Le dijo: *"He aquí, nosotros lo hemos dejado todo y te hemos seguido; ¿qué, pues, recibiremos?"* Mateo 19:27

Cuando servimos al Señor nuestra recompensa es El, y lo que ganamos es lo que damos a los demás

Para responder a esa pregunta, el Señor les explicó varias parábolas sobre las recompensas. Para que los discípulos (¡y nosotros!) jamás olvidasen que todo en la vida cristiana se recibe de gracia, y se da de gracia. No podemos pensar en lo que estamos ganando. Cuando servimos al Señor nuestra recompensa es El, y lo que ganamos es lo que damos a los demás. Dios hace siempre lo que quiere, y lo que es más justo. Cuando los discípulos estaban preocupados por lo que iban a ganar, el Señor les dice que las recompensas son de El, y El hará lo que crea conveniente. No hay lugar en el servicio cristiano para comparaciones o reclamaciones, sino para el servicio humilde en la presencia de Dios. No podemos pensar en nuestros derechos, sino en la gracia de Dios, porque la presencia de Dios es la mayor recompensa. Los momentos con nuestro Creador, el hecho de conocer que El nos ama, que se preocupa por nuestra vida, que vive cada momento con nosotros y no nos abandona.

Saber que nuestro Creador vive pendiente de nosotros.

EL RICO Y LÁZARO

> *"Había cierto hombre rico que se vestía de púrpura y lino fino, celebrando cada día fiestas con esplendidez. Y un pobre llamado Lázaro yacía a su puerta cubierto de llagas, ansiando saciarse de las migajas que caían de la mesa del rico; además, hasta los perros venían y le lamían las llagas. Y sucedió que murió el pobre y fue llevado por los ángeles al seno de Abraham; y murió también el rico y fue sepultado. En el Hades alzó sus ojos, estando en tormentos, y vio a Abraham a lo lejos, y a Lázaro en su seno. Y gritando, dijo: "Padre Abraham, ten misericordia de mí, y envía a Lázaro para que moje la punta de su dedo en agua y refresque mi lengua, pues estoy en agonía en esta llama." Pero Abraham le dijo: "Hijo, recuerda que durante tu vida recibiste tus bienes, y Lázaro, igualmente, males; pero ahora él es consolado aquí, y tú estás en agonía" Lucas 16:19-26*

Muchos han escrito que esta es una historia real. Otros que es una parábola. Algunos dicen que es una historia parabólica y otros una parábola histórica. No quiero que suene irreverente, pero muchas veces en el terreno de las discusiones perdemos la belleza de las enseñanzas del Señor.

En primer lugar porque Jesús dijo que el pobre estaba echado junto al portal del rico, y Dios le pidió al rico responsabilidad por aquel que vivía junto a él. El rico no se preocupó de otra cosa más que de sí mismo. Lo veía todos los días, sabía que tenía necesidad y que se moría sin ayuda, pero no hizo nada por el pobre. Dios a veces envía "gente" cerca de nosotros, y ellos son nuestra responsabilidad. El evangelio no es sólo dar un mensaje, siempre tiene que ver con ayudar al necesitado, con preocuparnos de la gente que tenemos cerca, de los que están echados junto a nosotros. De los que no tienen que comer.

Pocas cosas pueden volvernos tan arrogantes como el dinero

Cuando muere, el rico sigue siendo tan arrogante como lo fue en su vida. Parece que la eternidad no cambia nuestro carácter. El rico sigue conservando su sensación de dominio y su necesidad de que los demás hagan lo que él dice. Le pide a Abraham que mande a Lázaro, como si fuese su siervo. Sigue creyéndose superior al pobre sin darse cuenta que Lázaro está en un lugar mejor, que Dios declaró justo a Lázaro y no a él.

A mi no me gustaría estar en el infierno ni por todo el oro del mundo. Imagínate, todos queriendo mandar sin tener nadie a quién hacerlo, y todos creyéndose amos al mismo tiempo. Ese es el problema de muchos, pensar que el dinero les da derecho a todo.

Mientras tanto, Jesús quiere enseñarnos que cada uno tiene y recibe lo que escoge. El rico había recibido en su vida lo que creía que era bueno, había escogido lo que él creía mejor, y lo tenía. La misma decisión la estamos tomando nosotros cada día, ¿Qué es lo más importante en nuestra vida? ¿Lo material o lo espiritual? En el antiguo testamento leemos que una dádiva al pobre es un préstamo al Creador. Y el mismo Señor Jesús nos explicó que cuando damos, nos parecemos más a Dios, y El nos trata de la misma manera. *"Dad, y os será dado; medida buena, apretada, remecida y rebosante, vaciarán en vuestro regazo. Porque con la medida con que midáis, se os volverá a medir"* Lucas 6:38.

Dios promete que nos devolverá mucho más de lo que nosotros pensamos. Dios no escatima gracia ni favores. El ofrece una medida buena, apretada, remecida y rebosante, y además la vacía en nuestro regazo. Muchas veces con bendiciones que sobrepasan el avaro mundo de la economía. Jesús no está diciendo lo que muchos creen, que "si tu das cinco, Dios te devuelve cincuenta" Eso sigue entrando dentro de la mentalidad terrenal y no espiritual.

Es más, algunos dicen que cuanto más damos más vamos a tener, pero lo que la Palabra de Dios enseña es que cuanto más damos, más ponemos en las manos de Dios, y más nos parecemos a El. Dios nos responderá a su tiempo, a su manera, dándonos lo que El quiera. Porque lo que necesitamos no es tanto recibir económicamente, sino estar más cerca de nuestro Dios. Si sólo pensamos en el dinero, perdemos de vista una de las características más importantes de nuestro Salvador, su absoluta despreocupación en cuanto a lo económico y su enseñanza de que debemos vivir así. Sí nuestra motivación es dar para recibir más a cambio, estamos intentando "comprar" a Dios, y eso no es posible.

EL RICO NECIO E IGNORANTE

La gran locura es vivir pensando en el futuro como si todo fuese nuestro

"La tierra de cierto hombre rico había producido mucho. Y pensaba dentro de sí, (…) "Esto haré: derribaré mis graneros y edificaré otros más grandes, y allí almacenaré todo mi grano y mis bienes. "Y diré a mi alma: Alma, tienes muchos bienes depositados para muchos años; descansa, come, bebe, diviértete." Pero Dios le dijo: "¡Necio! Esta misma noche te reclaman el alma; y ahora, ¿para quién será lo que has provisto?" Así es el que acumula tesoro para sí, y no es rico para con Dios" Lucas 12:16-22

El afán por controlar el futuro y tener más cosas es la característica principal de la codicia. El deseo de aparentar, de poseer más que nadie, incluso tener clasificado lo que se ha ganado para que todos lo vean y hacer graneros nuevos es a lo que nos lleva la locura de la apariencia. Cuando el Señor contó la historia se esforzó en enseñarnos que la riqueza de este hombre no era fruto de su trabajo o su inteligencia. La Biblia dice que "La tierra produjo..." Dios mismo fue el que había bendecido a este hombre con buena tierra y buenos frutos.

El problema es que cuando dejamos a Dios de lado, comenzamos a confiar en nosotros mismos. El rico comienza a hablar de una manera equivocada: mis tierras, mi cosecha... Empezó a creer que todo era suyo, que todo giraba alrededor de él. Pocas cosas nos vuelven tan orgullosos como "nuestras" posesiones.

Uno de los mayores problemas del hombre es su ambición. Nunca está satisfecho.

Este hombre ignoró por completo a Dios. En ningún momento le agradece por lo que tiene o se dirige a El. Piensa que su vida está muy por encima de todas las circunstancias espirituales, al fin y al cabo es su dinero el que le da la seguridad. En su mundo Dios no es necesario.

Olvidando a Dios, ignoró también el valor de su alma. Y si lo primero es grave, casi peor lo segundo. Hay gente que piensa que puede comprar cualquier cosa con dinero, y de repente pierden lo mejor que tienen. Nadie puede comprar su propia alma. Nadie puede tener asegurado el valor de su futuro.

También ignoró la muerte, su propia muerte. ¿Qué harías si fuera hoy el último día de tu vida? No hay nadie que responda "trabajaría más, para tener más" ¿Has pensado en lo qué dice la gente al morir? Siempre recuerda a su familia, los amigos, lo que no pudieron hacer... Todos dicen que disfrutaron poco, que vivieron poco, que le dedicaron poco tiempo a lo importante. Nadie dice que le hubiera gustado trabajar más o tener más cosas, a menos que esté mentalmente enfermo. Porque nadie puede llevarse nada cuando muere.

El rico ignoró también la eternidad. Pensó que con la muerte terminaba todo. Creyó que no era tan grave el hecho de dejar a Dios de lado. Ignoró que hay otra vida, que no todo se termina aquí. No podemos señalar su culpa de una manera demasiado directa sin señalar al mismo tiempo a millones de personas que viven hoy de la misma manera. Viven pensando que no hay nada más y todo se termina.

EL JOVEN QUE LO TENÍA TODO

> *"Cuando salía para seguir su camino, vino uno corriendo, y arrodillándose delante de El, le preguntó: Maestro bueno, ¿qué haré para heredar la vida eterna? Y Jesús le dijo: ¿Por qué me llamas bueno? Nadie es bueno, sino sólo uno, Dios. Tú sabes los mandamientos (...) Maestro, todo esto lo he guardado desde mi juventud. Jesús, mirándolo, le amó y le dijo: Una cosa te falta: ve y vende cuanto tienes, y da a los pobres, y tendrás tesoro en el cielo; y ven, sígueme. Pero él, afligido por estas palabras, se fue triste, porque era dueño de muchos bienes." Marcos 10:17-23*

Casi todos conocen la historia de este joven. Era una persona amable, buena, incluso religiosa. La Biblia dice que se acercó al Señor de una manera más que correcta: no sólo corrió para no dejar perder su oportunidad y acercarse al Señor, sino que además vino a El, "Arrodillándose". Tenía muchas cualidades que quizás nosotros hubiésemos aprobado, de hecho es una persona que nos cae bien. Para nosotros hubiese sido una persona válida:

a. Era sincero

b. Tenía temor de Dios

c. Conocía la ley y era religioso

d. Tenía una buena actitud

e. Tenia una buena posición

f. Tenía mucho dinero

g. Era joven, podía hacer muchas cosas

h. Su conducta era "intachable"

i. Estaba dispuesto a obedecer...

Podría ser miembro de cualquiera de nuestras Iglesias sin ningún problema, y quizás por el hecho de su posición económica se habría convertido en uno de los líderes.

Tenía absolutamente Todo...
Menos lo más importante

Pero Dios no ve las cosas como nosotros las vemos. El Señor supo ir al fondo del asunto. El sabe lo que hay en el corazón. El joven le dijo "Maestro bueno". Habla de bondad porque cree en su propia bondad. Le habla al Maestro considerándolo bueno, porque esa era la característica que él creía más importante. El Señor le enfrentó directamente con el problema: Si la bondad es la medida de la vida eterna, sólo Dios merece vivir en el cielo, sólo El es la bondad absoluta, los demás fallamos. Y fallamos muchas veces. No importa lo que tengamos, lo que seamos, o lo buenos que creamos ser.

La conversación tenía que ir por otro lado, la vida eterna debería estar basada en otros principios y no en la bondad. El joven no lo entendía, y esa es la razón por la que el Señor le "desnudó" públicamente. Si la bondad absoluta es la medida para tener la vida eterna, él debería no sólo guardar todos los mandamientos, sino también dar todo lo que tenía… Y eso era imposible.

No hay nadie tan bueno como Dios, no hay nadie que merezca la vida eterna. Jesús se lo dijo y el joven aparentemente lo entendió.

¿Dónde empezaron los problemas para el joven rico? Quizás ya en su primera pregunta. Recuerda lo que dijo: "¿Qué haré?" Siempre preguntamos a Dios lo que tenemos que hacer, como si todo dependiera de nosotros. Todo era bueno en el hombre, menos el enfoque, porque no es un problema de hacer, sino de descansar. Siempre pensamos que nosotros podemos ser los actores de la trama, sin darnos cuenta que quién debe llevar todos los honores es Dios.

Mateo añade un detalle muy importante, y es que el joven inició su pregunta diciendo ¿qué me falta todavía? (Mateo 19:20) Creía que lo había hecho todo ya, y que tenía derecho a recibir la vida eterna, más concretamente y en sus propias palabras, "heredarla". Era como si la vida eterna le perteneciese, como si fuese una consecuencia de su vida, de lo que él hacía, de ser una "buena persona". Ese es el problema de gente que es demasiado buena para ser feliz en el mundo y demasiado mundana para ser feliz con Dios.

Hay gente que es demasiado buena para ser feliz en el mundo, y demasiado mundana para ser feliz con Dios

La respuesta del Señor nos llena de asombro. El joven afirmaba que había guardado todos los mandamientos, pero cuando Jesús le habla de cumplirlos, menciona los que tienen que ver con su relación con los demás, y no los que hablan de su relación con Dios (v. 19). Estaba pensando que su cuenta con la ley era perfecta, pero la realidad es que no había cumplido ni siquiera el primero, el más importante de todos, el de amar a Dios sobre todas las cosas. Su amor al Creador era sólo aparente. Su obediencia a los mandamientos era externa y sin ningún valor para Dios.

Aún así, Jesús va más allá de lo que nosotros hubiésemos imaginado. La Biblia dice que mirándolo le amó (V. 21). El corazón del Señor no quedó insensible ante ese joven, Jesús sabía que era sincero, pero que no quería pagar el precio. Igual que muchos que saben lo que es correcto, lo que Dios pide, pero no quieren arriesgarse.

A todos les asombró la reacción del Señor cuando el joven se fue entristecido. Les extrañó que le dejase ir, que no le "obligase" a entender lo que estaba diciendo.

Y ante la pregunta de sí es difícil salvarse, el Señor responde abiertamente: Claro que es difícil salvarse, pero no sólo para los ricos, sino para todos. Para los hombres, salvarse es imposible, si uno no descansa en el Señor. Es imposible salvarse si uno lo razona en términos de "lo que hay que hacer".

Dios no necesita nada de nosotros. Nos salva porque quiere. Si no entendemos eso, no sabemos lo que es el evangelio. Dios no envió a su Hijo a una cruz para morir en nuestro lugar, esperando que nosotros también hagamos algo por nuestra parte.

No.

El Sacrificio fue total, perfecto, incomprensible para nosotros, pero absolutamente suficiente y único. No se puede merecer, y mucho menos comprar. No importa el dinero que tengas o lo bueno que creas que eres. Delante de Dios todo eso no vale nada.

Hay muchas cosas que nosotros necesitamos aprender ahora. A pesar del amor del Mesías, de sus palabras, de su mirada, de su cariño hacia él... El joven se fue. Nadie podría haberle dado más. Nadie pudo responder sus preguntas y satisfacer su curiosidad espiritual como el Señor. Podría seguir preguntando, esperar a que le explicase que hacer con sus posesiones, arriesgarse a hablar cara a cara con Dios, porque era su vida la que estaba en juego.

Pero se fue. Abandonó el lugar y la persona que podían cambiar su vida, y regalarle la vida eterna que tanto deseaba. Quería la vida eterna, pero no deseaba con tanto ardor la relación con Dios. Quería las bendiciones, pero no a Jesús.

En cierto modo, muchos viven de la misma manera que el joven rico. Es como si estuviesen pidiendo una transacción comercial: Yo soy bueno "Dios, mira todo lo que hago, ¿Qué me puedes dar por esto? ¿Qué me puedes dar por todas mis limosnas, mi trabajo por ti, el tiempo que te dedico? ¿Qué me pertenece por servirte?"

No creas que es un estilo de gente tan difícil de encontrar. Yo creo que viven en todas las religiones y en todas las Iglesias. Son personas que no tienen tiempo para Dios, aunque no lo digan abiertamente. Gente que no necesita a Jesús.

Lo único que quieren es vivir su religión y ser una "buena" persona. Eso es todo.

El evangelio no es eso. No existe otra manera de seguir a Jesús que "arriesgarlo todo" por El. No existe la posibilidad de quedarnos "a medias". No podemos ofrecer nuestra mano derecha a Dios, mientras con la izquierda controlamos nosotros las cosas que tenemos y nos gustan. Porque podemos terminar creyendo que lo tenemos todo… pero no tenemos a Dios. Incluso podemos ser muy religiosos pero sin tener lo esencial, porque si Dios no nos conoce, no sirve de nada nuestra fama.

EL SALARIO Y LA GRACIA

"Porque el reino de los cielos es semejante a un hacendado que salió muy de mañana para contratar obreros para su viña. Y habiendo convenido con los obreros en un denario al día, los envió a su viña. Y salió como a la hora tercera, y vio parados en la plaza

a otros que estaban sin trabajo; y a éstos les dijo: "Id también vosotros a la viña, y os daré lo que sea justo." Y ellos fueron. Volvió a salir como a la hora sexta y a la novena, e hizo lo mismo. Y saliendo como a la hora undécima, encontró a otros parados, y les dijo: "¿Por qué habéis estado aquí parados todo el día sin trabajar?" Ellos le dijeron: "Porque nadie nos contrató." El les dijo: "Id también vosotros a la viña." Y al atardecer, el señor de la viña dijo a su mayordomo: "Llama a los obreros y págales su jornal, comenzando por los últimos hasta los primeros." (...) Respondiendo él, dijo a uno de ellos: "Amigo, no te hago ninguna injusticia; ¿no conviniste conmigo en un denario? "Toma lo que es tuyo, y vete; pero yo quiero darle a este último lo mismo que a ti. "¿No me es lícito hacer lo que quiero con lo que es mío? ¿O es tu ojo malo porque yo soy bueno?" Así, los últimos serán primeros, y los primeros, últimos" Mateo 20:1-16

Pocas cosas hay tan incomprendidas como la gracia de Dios. Muchos buscan explicaciones. Otros intentan explicar el término diciéndonos que hay una gracia "barata" y otra menos barata, otra gracia como tal y no sé cuantas cosas más. Mientras más tiempo pasa, más me doy cuenta que no hemos comprendido la gracia de Dios. Y quizás no lo hagamos nunca, ni siquiera en la Eternidad, porque Dios es como es, y así es digno de ser amado.

A Dios nadie puede reprocharle nada.

La gracia es gracia. No se puede merecer ni hoy ni nunca. Y seguirá siendo así siempre, es mejor que no lo olvidemos

Jesús quiso enseñarnos parte del corazón del Padre contando esta historia. Explicó que el reino de los cielos era así, de tal manera que no podemos darle más vueltas al asunto, aunque quizás ninguno de nosotros hubiéramos actuado de igual manera que el dueño de la viña, porque la gracia no es una parte esencial de nuestro carácter. Somos egoístas por naturaleza, y seguimos siéndolo aún después de conocer al Señor. Por eso nos cuesta tanto comprender el carácter de Dios. Esa es la razón por la que nos parecemos tanto al hermano del hijo pródigo, y tan pocas veces sabemos comprender y amar a nuestro Padre. Preferimos discutir sobre "gracia barata" y otras cosas por el estilo, en lugar de quedarnos callados, admirados del amor de nuestro Padre, con la boca abierta asombrados de que El nos haya amado a cada uno de nosotros.

El dueño de la viña vive y paga a favor de la gracia, no de la deuda. El quiere dar a todos lo que les hubiese correspondido si el mundo fuese justo y ellos hubieran podido trabajar todo el día. De esta manera no es injusto con los primeros, pero tampoco con los últimos a los que las circunstancias de la vida ("nadie nos llevó a trabajar antes") habían despreciado. Recuerda siempre que Dios da lo que es justo para todos (v. 4). El mismo fue a buscar a los obreros, no fueron ellos los que se presentaron delante de él. Todos estaban desocupados. Todos estaban a punto de perder el día, y el dueño de la viña fue a por ellos.

Al atardecer, cuando todos habían terminado su trabajo, el señor de la viña dijo a su mayordomo: "Llama a los obreros y págales su jornal, comenzando por los últimos hasta los primeros." (20:8) Dios quería que todos aprendiesen la lección de la gracia, por eso empieza a pagar desde los últimos. No quería que ninguno de ellos tuviese envidia de los demás, así que la única manera de saberlo era ver la reacción de los que habían trabajado más. Si hubiese hecho al revés, los primeros habrían recibido su paga, y se habrían ido contentos con lo que era justo. No verían lo que iba a suceder después.

Pero Dios quería que todos aprendiesen a no juzgar, a no envidiarse unos a otros, a disfrutar de lo que los demás estaban recibiendo. Dios quería enseñarles la más grande lección que necesitaban aprender, la lección sobre la gracia.

Dios es bueno por naturaleza, y su mayor virtud es derrochar Su gracia

No es tanto que los primeros sean postreros, sino que los postreros serán primeros.

Dios no es injusto con nadie, más bien lo que hace es "derrochar" gracia. No nos debe extrañar nunca, porque Dios es bueno por naturaleza. ¿O es que Dios les quita la vida a los que blasfeman contra El? ¿Deja de enviar lluvias y crecimiento en las viñas de los que son ateos?, ¿Envía pestes y catástrofes sólo a aquellas naciones que no le mencionan en su constitución?

No, La Biblia nos enseña que Dios siembra el bien a buenos y malos, y eso es parte de su gracia y su misericordia. ¡Y Gracias a Dios que es así!

Estaríamos perdidos todos si fuera de otra manera. ¿Sabes cual es nuestro problema? La envidia. Juzgar las cosas a nuestra manera. "Yo tengo más derecho que él" Y nuestra envidia nos impide comprender la gracia de Dios. Escucha con atención: *¿No me es lícito hacer lo que quiero con lo que es mío? ¿O es tu ojo malo porque yo soy bueno?" Mateo 20:15*

Dios es bueno. Le admiramos, alabamos y le agradecemos a Dios cuando su gracia "cae" sobre nosotros, pero empezamos a envidiar a otros cuando Dios decide dar bendiciones a todos. Ese es uno de los secretos de la historia, una de las claves de la parábola. Detrás de muchas "protestas" o intentos de "explicar" la gracia de Dios, no hay más que actitudes orgullosas llenas de envidia. Lo que el mismo Señor definió como "tener ojo malo", es decir ver con malos ojos los bienes que disfrutan los demás. Por eso a veces nos gusta argumentar sobre la gracia y decir que sólo ciertas personas pueden recibirla, y que sólo los que hacen tal o cual cosa (normalmente cosas que nos gusta hacer a nosotros) pueden recibir el amor de Dios.

Dios da como quiere y a quién quiere. Y por eso su gracia llegó también a muchos de nosotros, afortunadamente. Es mucho mejor disfrutar de la relación, la compañía y la gracia de Dios antes que preocuparnos si otros la merecen o no. Porque Dios tiene todo el derecho a hacer lo que quiera con lo que es suyo.

No tiene que pedirnos permiso. No tiene que cumplir nuestras reglas, o seguir nuestra teología, por muy perfecta que parezca. No tiene que defenderse ante nosotros sobre si su amor y su gracia son baratos o caros. Por eso le amamos. Por eso Dios es como es. Esa es la razón por la que podemos seguir vivos y tenemos un futuro eterno por delante. Por esa misma gracia, aunque nos cueste entenderlo, aunque algunos no quieran entenderlo jamás.

Bueno, hasta que lleguemos a Su Presencia. Ahí empezaremos a darnos cuenta que no merecíamos nada y lo tenemos todo.

23 | LOS DOS CIMIENTOS

Creo que no voy a olvidar la primera vez que visité Roma. La ciudad es impresionante, miles de años de historia están perfectamente guardadas entre monumentos, vías, esculturas y edificios. La visita al Coliseo romano es algo que nadie puede dejar escapar, al recordar el sufrimiento y la muerte de muchos cristianos mártires que no quisieron negar su fe durante los dos primeros siglos de nuestra era. Pero yo no voy a olvidar esa visita por un pequeño detalle personal. Cuando estaba en pleno casco antiguo de la ciudad, el mundo comenzó a dar vueltas y caí prácticamente desmayado y lleno de mareos. Miriam y yo oramos pidiendo ayuda al Señor, y pudimos seguir adelante en nuestra visita con las niñas; pero cuando volví a casa el médico me comentó que tenía un problema de cervicales y que necesitaba descansar y nadar varias veces a la semana. Creo que ya adivinaste lo que ocurrió en las siguientes semanas, seguí el consejo del médico al pie de la letra… sólo por algunos días.

Nos ocurre demasiadas veces. Sabemos exactamente lo que necesitamos, pero no siempre hacemos aquello que nos dicen y que es imprescindible para nuestra salud. Nos dejamos llevar. Conocemos perfectamente la teoría y lo que hay que hacer, pero como dice el refrán "del dicho al hecho, hay mucho trecho"

El conocimiento de Dios, o transforma nuestra vida, o sirve para muy poco

En el idioma hebreo, las cosas están incluso más claras. Hay una unión inquebrantable entre creer y confiar, las dos palabras vienen de la misma raíz. Es como si te dijeran que cuando crees tienes que empeñar tu vida en ello, sino no lo estás creyendo en absoluto. Cuando sabes algo tienes que aplicarlo, sino es cómo si no lo supieras. Incluso el "conocer" tiene un sentido experimental, llega a aplicarse incluso al acto sexual y a la integración total de lo que amamos dentro de nosotros. O se conoce mental, física y espiritualmente o no se conoce en absoluto. ¿Y realmente no es así? El conocimiento de Dios, o transforma nuestra vida o sirve para muy poco.

Muchos piensan que con saber más todo está solucionado. El mundo se arreglará cuando la gente tenga más conocimiento, cuando la cultura llegue a todos. El cristianismo cambiará la sociedad cuando todos conozcan las doctrinas. Déjame decirte que Dios no está de acuerdo con eso. El Señor Jesús explicó una historia contra la tentación de creer que sólo teniendo mucho conocimiento, todo está solucionado…

LA "CASA" DE NUESTRA VIDA

> *"Todo el que viene a mí y oye mis palabras y las pone en práctica, es semejante a un hombre que al edificar una casa, cavó hondo y echó cimiento sobre la roca; y cuando vino una inundación, el torrente rompió contra aquella casa, pero no pudo moverla porque había sido bien construida. Pero el que ha oído y no ha hecho nada, es semejante a un hombre que edificó una casa sobre tierra, sin echar cimiento; y el torrente rompió contra ella y al instante se desplomó, y fue grande la ruina de aquella casa" Lucas 6:47-51*

Cuando construimos una casa seleccionamos los materiales con cuidado, queremos que sean los mejores. Pasamos tiempo estudiando cada uno de los detalles de cada habitación: colores, formas, tamaños... Jesús explicó la historia de dos constructores de casas, pero comenzó por el principio, por lo más importante: los cimientos.

Porque las dos casas son aparentemente iguales, y los constructores edifican prácticamente de la misma manera, el Señor no nos deja adivinar diferencias en la construcción, el tamaño o el gasto de cada uno de los edificadores. Puede incluso que la construida en la arena fuese más vistosa o más cara. No importa. La apariencia no revela lo que hay en el interior, las diferencias externas sirven para muy poco. Lo que mantiene firme a una casa son sus cimientos, porque es en ellos en los que se encuentra la fortaleza cuando llegan las lluvias, los torrentes y los vientos.

En primer lugar aparecen las pruebas que vienen desde el cielo: las lluvias. Si queremos ir al fondo de la ilustración, podemos decir que lo que nos llega desde arriba, son a veces las situaciones que no tienen sentido para nosotros. Momentos de la vida en los que parece que Dios está ausente, o incluso, cuando pensamos que Él mismo es el responsable de nuestro sufrimiento.

En otras ocasiones, lo que ataca nuestra casa son los torrentes: tentaciones y problemas de aquí, de la tierra. Lo que viene del interior, de dentro de nosotros mismos, de nuestros propios deseos, lo que brota desde abajo. Cosas que nos parece casi imposible controlar, y que a veces pueden destrozar nuestra vida.

Por último llega el viento: Lo que nos azota desde afuera, aparece por todas partes disfrazado de circunstancias que no entendemos. Personas que nos hieren, algunos queriendo, otros sin saberlo; noticias inesperadas o altibajos propios de la vida, los vientos que nos hacen tambalear y caer, aparentan siempre ser más fuertes que nosotros mismos.

Ninguno de nosotros elige sufrir. Los malos momentos no son buenos compañeros para nadie, así que intentamos escapar de ellos lo más rápido posible. Sin embargo Jesús enseñó que sólo la tormenta revela lo que hay en el interior de cada persona. Sólo en el quebrantamiento logramos descubrir quién somos realmente y sobre qué está fundamentada nuestra vida. Pocas veces recordamos que Dios permite las tormentas en nuestra vida para que nos asentemos cada vez más en la Roca.

La casa en la roca y en la arena.
Aparentemente iguales

Una casa fundada en la roca y otra en la arena. Aparentemente son iguales, porque nadie puede ver lo que hay debajo, pero cuando llegan las tempestades, una se derrumba, la otra permanece. Lo mismo ocurre en la vida de las personas: aparentemente nuestras vidas son iguales que las de cualquier otra persona, y todo va bien. Externamente parece no haber diferencia entre una persona que confía en Dios y otra que no lo hace. A veces personas no creyentes pueden parecer más íntegras que alguien que cree en Dios. Incluso puedes encontrar verdaderos "charlatanes" que conocen muchas cosas de Dios y hablan de El por todas partes… Pero cuando llega la tempestad se ve lo que hay en el fondo, lo que es la base de la vida. Cuando llegan las tormentas demostramos si hemos construido bien, si no sólo conocemos las verdades de Dios, sino que son nuestra práctica diaria.

"Por tanto, así dice el Señor Dios: He aquí, pongo por fundamento en Sion una piedra, una piedra probada, angular, preciosa, fundamental, bien colocada. El que crea en ella no será perturbado." Isaías 28:15-16. Si decimos que creemos en Jesús, debemos fundar nuestra casa sobre la Roca, poner en práctica todo lo que el Maestro enseñó. Y no sólo descansar en la Roca, sino incluso (6:48) cavar profundamente para que nuestra casa esté bien asentada. Así debe ser nuestra búsqueda del Señor, cavando hasta lo más profundo, trabajando duro para poner los cimientos y obedecer al Señor. Buscando siempre que nuestra relación con El llegue hasta lo más hondo de nuestro corazón, hasta lo más escondido de nuestra vida.

Si no es así podemos correr el riesgo de tener al Señor muy cerca de nosotros, incluso escuchar sus palabras porque nos gustan, pero si no le amamos, sólo estamos edificando sobre la arena. Un hombre llamado Simón lo experimentó en su propia carne…

EL RELIGIOSO Y LA PECADORA

> *"He aquí, había en la ciudad una mujer que era pecadora, y cuando se enteró de que Jesús estaba sentado a la mesa en casa del fariseo, trajo un frasco de alabastro con perfume; y poniéndose detrás de El a sus pies, llorando, comenzó a regar sus pies con lágrimas y los secaba con los cabellos de su cabeza, besaba sus pies y los ungía con el perfume. Pero al ver esto el fariseo que le había invitado, dijo para sí: Si éste fuera un profeta, sabría quién y qué clase de mujer es la que le está tocando, que es una pecadora. Y respondiendo Jesús, le dijo: Simón, tengo algo que decirte: Y él dijo: Di, Maestro. Cierto prestamista tenía dos deudores; uno le debía quinientos denarios y el otro cincuenta; y no teniendo ellos con qué pagar, perdonó generosamente a los dos. ¿Cuál de ellos, entonces, le amará más? Simón respondió, y dijo: Supongo que aquel a quien le perdonó más. Y Jesús le dijo: Has juzgado correctamente. Y volviéndose hacia la mujer, le dijo a Simón: ¿Ves esta mujer? Yo entré a tu casa y no me diste agua para los pies, pero ella ha regado mis pies con sus lágrimas y los ha secado con sus cabellos. No me diste beso, pero ella, desde que entré, no ha cesado de besar mis pies. No ungiste mi cabeza con aceite, pero ella ungió mis pies con perfume. Por lo cual te digo que sus pecados, que son muchos, han sido perdonados, porque amó mucho; pero a quien poco se le perdona, poco ama. ..." Lucas 7:36-50*

Simón quiso saber de primera mano lo que Jesús enseñaba, y pidió al Mesías que visitase su casa. El Señor aceptó su invitación. Todo parecía normal hasta que apareció una mujer, una mujer señalada y marcada por todos. Todos la conocían, sabían quien era, sabían lo que hacía para vivir. El evangelista resalta que "Había en la ciudad UNA mujer pecadora" Era tan conocida, que incluso fue presentada así, como la pecadora por excelencia.

Nadie sabía lo que iba a hacer aquella mujer. Llegó junto al Maestro, y "poniéndose detrás" como sintiéndose indigna no sólo de estar allí sino siquiera de poder mirar al Mesías empezó a llorar y a regar sus pies de lágrimas. No sólo se sentía indigna, sino que sabía su impotencia, su necesidad y al mismo tiempo la imposibilidad de ser perdonada.

Aún así, sabía que por lo menos sus lágrimas limpiarían los pies del Señor, aunque lo que ella necesitaba era que su corazón fuese completamente limpiado.

Simón se enojó, y los que estaban con él también. Ellos sí se creían dignos de recibir y ver a Jesús. Simón era una persona buena. Así se consideraba él al compararse con "esa" pecadora que acababa de entrar. Con esa que ni siquiera le había pedido permiso al Maestro para acercarse, y lo estaba cansando y fastidiando públicamente con sus lloros. Simón jamás haría eso, tenía demasiada educación y conocía muy bien la ley como para ponerse en ridículo delante del llamado Mesías.

Nunca deja de impresionarnos nuestra propia arrogancia. Ese era el caso de Simón y los que estaban con él. No sólo ser creían merecedores de tener al "profeta" consigo, sino que incluso se atrevían a juzgarlo. Pasaron de juzgar a la mujer a creerse con derecho de decirle lo que tenía que hacer Dios mismo. Ese es nuestro peligro cuando nos creemos mejores que los demás, terminamos pensando que quizás seamos tan buenos como el Creador. Jesús demostró que era el Mesías, el verdadero profeta de Dios, no sólo porque conocía quien era la mujer, sino porque descubrió en público lo que había en el corazón y la mente de Simón, sin que éste se lo dijera.

Lo que no sabía Simón es que en esa comparación él salía muy mal parado, porque Dios mira nuestro corazón. El conoce nuestra actitud, y sólo los que se acercan a Su presencia sintiendo que no tienen derecho a nada, pueden ser recibidos... En ese momento, las palabras de Jesús sonaron como la mayor sorpresa de la noche para todos *"Quedan perdonados sus pecados, que son muchos..."* Contrariamente a lo que Simón creía, Jesús conocía perfectamente a la mujer, pero la perdonó, aún sabiendo todos sus pecados.

Esa "pecadora" ni siquiera se sentía digna de mirar los pies del Señor Jesús

Simón conocía la ley y los profetas, pero no las puso en practica. Edificó sobre la arena. Y su casa se derrumbó por completo aún sin necesidad de lluvias, torrentes o vientos.

Poco tiempo más tarde, Jesús contó otra historia. Tres personas pasan cerca de un hombre que está sufriendo. Dos lo observan y se van. Un tercero abandona su horario establecido y su "agenda" para ayudarlo. Los dos primeros conocían perfectamente la ley,, pero no la cumplieron, edificaron sobre la arena. El tercero se afirmó en la Roca, casi sin darse cuenta, porque hizo lo que Jesús hubiese hecho en ese momento.

UN SAMARITANO LLENO DE COMPASIÓN

> *"Cierto hombre bajaba de Jerusalén a Jericó, y cayó en manos de salteadores, los cuales después de despojarlo y de darle golpes, se fueron, dejándolo medio muerto. Por casualidad cierto sacerdote bajaba por aquel camino, y cuando lo vio, pasó por el otro lado del camino. Del mismo modo, también un levita, cuando llegó al lugar y lo vio, pasó por el otro lado del camino. Pero cierto samaritano, que iba de viaje, llegó adonde él estaba; y cuando lo vio, tuvo compasión, y acercándose, le vendó sus heridas, derramando aceite y vino sobre ellas; y poniéndolo sobre su propia cabalgadura, lo llevó a un mesón y lo cuidó.(...) ¿Cuál de estos tres piensas tú que demostró ser prójimo del que cayó en manos de los salteadores? Y él dijo: El que tuvo misericordia de él. Y Jesús le dijo: Ve y haz tú lo mismo." Lucas 10:30-37*

Un levita y un sacerdote. Los dos vieron la necesidad y contemplaron como el hombre herido moría sin ayuda, pero los dos cumplieron con su deber legal y religioso antes que con la voluntad de Dios. Los dos tuvieron la posibilidad de salvar al hombre, pero no lo hicieron.

El sacerdote y el levita vieron al herido, pero los dos pasaron "por el otro lado del camino" (v. 31). Dieron un rodeo para no encontrarse con el necesitado. Ni siquiera quisieron acercarse a él. Sus propias tradiciones les impedían ayudar, porque no podían tocar a un muerto antes de realizar su "oficio" para Dios, y ninguno de los dos quiso acercarse para ver si estaba realmente muerto o no. Para ellos eran más importantes las leyes que la vida de las personas.

Los dos religiosos, los que conocían la ley, dieron un rodeo para no encontrarse con el herido. El "despreciado" samaritano se acercó a propósito

El samaritano pasó y tuvo "compasión" Esa es la palabra clave. Eso es lo que marca la diferencia en una vida. El Señor Jesús dijo que el samaritano "llegó" porque venía del otro lado. Quiso acercarse, fue a ver si el herido necesitaba ayuda. Los otros dos, los religiosos, los que conocían la ley, dieron un rodeo para no verlo, el samaritano se acercó a propósito.

El samaritano entendió perfectamente la ley del amor a pesar de que sabía que siendo él samaritano, un judío nunca le ayudaría a él. El conocía mucho mejor el espíritu de la ley y la compasión de Dios que todos aquellos que eran maestros de la ley. Un samaritano estaba mucho más cerca del corazón de Dios que todos los que teóricamente le estaban dedicando su vida a El.

Se preocupó por el herido, no sólo lo recogió y lo llevó, sino que también vendó sus heridas. Se comprometió con él, se esforzó en curarle. Dio su tiempo y sus fuerzas por un desconocido. Nosotros muchas veces hacemos "obras de caridad" por personas que ni conocemos, damos dinero a gente que vive lejos de nosotros, sin preocuparnos de lo que les ocurre, y pensamos que eso son buenas obras, que estamos haciendo lo que Dios dice. Sin embargo, dar según el modelo de Dios es comprometerse con lo que hacemos, "contagiarnos" con las enfermedades de nuestro prójimo, abrazar al que sufre, y regalar nuestro tiempo a los que tienen necesidad de ser escuchados.

Cualquier otra cosa es sólo dar lo que nos sobra.

El samaritano llevaba consigo aceite y vino, iba preparado para ayudar a otros. No fue algo aislado, era parte de su carácter. La bondad era su estilo de vida. Quizás no era un religioso como los otros, conocía poco de la ley e incluso era despreciado por sus creencias al ser samaritano, pero había comprendido el corazón de Dios. Sabía lo que significaba vivir ayudando a los demás.

Los líderes religiosos en Israel no hicieron nada para salvar a los que necesitaban ayuda. El odio que los judíos tenían por los samaritanos era tal, que el interprete de la ley no quiso responderle al Señor que era el samaritano el que había ayudado a su prójimo, sino que simplemente le dijo "el que tuvo compasión".

Era una frase demasiado clarificadora para ellos. Jamás llegaron a pensar que un samaritano estaría más cerca de la voluntad de Dios que ellos mismos. Para ellos, sólo los judíos eran prójimos de los otros judíos, y el Señor no quiso explicar quién era el prójimo, sino que le dio la vuelta al argumento de ellos. Si se trata de amar, hay que empezar a hacerlo de nuestra parte, no esperar a que los demás nos enseñen el camino. Somos nosotros los que tenemos que ser el prójimo de los demás, sin esperar que los demás nos ayuden a nosotros. Ese es el carácter de Dios, esa es la manera en la que entendemos perfectamente lo que Dios hace cada día por todos: Dar incondicionalmente, sin esperar nada a cambio.

Porque eso es edificar sobre la Roca. Amar y obedecer a nuestro Creador. Eso es una demostración palpable de que amamos al Señor.

Es importante lo que conocemos de El. Nos hace mucho bien escuchar y comprender las aplicaciones de la ley. Pero sólo si construimos sobre la Roca nuestra vida queda a salvo. Lo importante no es el conocimiento en sí, porque a veces incluso ese conocimiento nos lleva a dar rodeos para no encontrarnos con gente que necesita ayuda. Puede incluso que ese mismo conocimiento nos llena de orgullo y nos hace juzgar a otros cuando se acercan llorando a los pies del Señor.

Los sacerdotes, levitas, fariseos, Simones y muchos de sus amigos no supieron comprender el corazón de Dios. Conocían muchas cosas de El, pero edificaron sobre la arena porque no fueron capaces de amar a los que tenían cerca. Y todos debemos recordar que si no amamos a los que vemos, de ninguna manera estamos amando a Aquel a quién no vemos.

La pecadora y el buen samaritano sí fueron aprobados por el Señor Jesús. Sus vidas están seguras en la Roca.

Ellos son nuestro ejemplo.

24 LAS PREGUNTAS DEL MAESTRO

Miles de educadores, profesores y pedagogos llevan años diciéndonos que una de las actividades más importantes en la vida de los niños es jugar, les encanta jugar, disfrutan haciéndolo más que ninguna otra cosa. Creo que algunos lo dicen porque no tienen hijos. Por mucho que jueguen tus hijos, hay otra cosa que les gusta más: Acribillar con preguntas a sus padres.

Pueden alcanzar un ritmo de doscientas preguntas cada día. Preguntas sobre las personas, los animales, las cosas, los trabajos, lo que ven, lo que no ven, preguntas sobre absolutamente todo. Y cuando no hay nada sobre qué preguntar, aparecen los "porqués" de cada actividad en el Universo, por muy simple que parezca ser. De pronto, cuando crees que los temas de las preguntas se han terminado, aparecen las espirituales, las más difíciles de contestar.

Hace muy pocos meses volvíamos de un viaje toda la familia juntos, y nuestra hija Kenia, con cuatro años, nos dejó caer la siguiente pregunta:

"Papá, ¿qué necesitamos más en nuestra vida, el Espíritu Santo o la gloria de Dios?"

Miriam y yo nos miramos y coincidimos en el mismo pensamiento: Si esas son sus preguntas con cuatro años, ¿qué nos preguntará cuando tenga catorce?

Vivimos en un mundo que se pregunta muchas cosas. Incluso aquellos que dicen no creer en Dios, viven haciéndole preguntas, ¿Dónde está Dios cuando alguien sufre? ¿Por qué Dios permite esto o aquello? Creemos que tenemos todo el derecho a preguntar, y puede ser cierto, pero ¿Has pensado alguna vez en las preguntas que Dios nos hace a nosotros?

Pocas veces nos hemos parado a leer las preguntas que el Señor Jesús hizo. No eran para conocer más, El lo sabía todo. Eran preguntas del mejor Maestro, preguntas que en sí mismas son un mensaje, preguntas trascendentales. Preguntas que en cierta manera no necesitan respuesta, porque Dios quiere que busquemos, que nos acerquemos a El, que sepamos que lo más importante no es la solución a nuestros problemas y preguntas, sino entrar en una nueva aventura con El, en cada desafío que enfrentamos.

Ese fue el proceso que "sufrió" Job, cuando quiso saber las razones de su desesperanza y lanzó sus preguntas al Creador. Dios respondió de una manera que nadie podía imaginar. Dios contestó haciéndole muchas preguntas a su siervo, y en ellas, Job encontró el descanso, el consuelo, y la sabiduría que necesitaba para ese momento crucial de su vida. Si muchas veces tenemos cosas que preguntarle a Dios, más vale que ahora escuchemos las preguntas que El nos hace a nosotros.

Muchas veces Dios nos hace preguntas para ayudarnos a vencer nuestra incredulidad

"¿De que le sirve al hombre si gana todo y pierde su alma?" *Marcos 8:36*

Quizás LA pregunta por excelencia.

Muchas de las preguntas del Señor fueron directas a los que estaban a su lado: sus discípulos, la gente, los escribas y fariseos… Esta vez el Señor dejó escrita esta pregunta en el corazón de toda la humanidad.

Todos tenemos que contestarla al menos una vez en la vida, cuando tomamos la decisión de seguir al Señor o no. "¿Qué dará un hombre a cambio de su alma?" (Marcos 8:37). Todos recuerdan esas palabras, todos han tenido que responder alguna vez a esa pregunta. Nadie puede quedarse insensible o ignorante a ese argumento: ganar el mundo entero perdiendo el alma.

No es una pregunta para pensar ni para responder, sino para cambiar de vida.

"¿Cuántos panes tenéis?"   Marcos 6:38

Justo antes de la multiplicación de los panes y los peces, el Señor quiere poner a prueba la fe de sus discípulos. En una situación límite, puesto que no podían dar de comer a tanta gente, Jesús les enfrentó con lo que tenían. Quería que supiesen que delante de Dios, aún lo mínimo puede ser suficiente.

Es una pregunta para vencer nuestra incredulidad, para que miremos a lo que tenemos y lo pongamos delante de Dios, en lugar de preocuparnos por lo que nos falta. Una pregunta para que aprendamos a enfrentar cada situación descansando en el Señor y no tanto en nuestras fuerzas, nuestras posesiones o nuestra sabiduría.

"¿Dónde vamos a comprar pan para tanta gente?"
Juan 6:5

Otra situación límite, otra vez miles de bocas que alimentar.

Ellos todavía no habían comprendido la lección de la dependencia de Dios, así que el Señor permite que vuelvan a tener más de cinco mil personas que alimentar. Ahora no les pregunta por los panes, sino por algo más difícil de encontrar, el dinero. El dichoso dinero. El mismo Juan nos recuerda que Jesús quería poner a prueba a sus discípulos, para que ellos confiasen en El.

Supongo que recuerdas el final de la historia. El Señor hizo que hubiese pan para todos, y que incluso sobrase más de lo que ellos hubieran imaginado, porque Dios nunca es escaso ni tacaño dando. El problema para los discípulos llegó sólo unos momentos después de que la muchedumbre es alimentada. Siguen su camino ese mismo día y de repente se dan cuenta que no tienen pan. ¡El Señor había multiplicado la comida para más de cinco mil, y ellos ahora habían perdido la confianza porque no quedaba pan para ellos, que sólo eran doce! (Mateo 16:8).

Jesús les pregunta ahora con un cierto aire de desánimo, "hombres de poca fe, ¿porqué estáis hablando que no tenéis pan?" Así somos casi todos. Después de ver como el Señor alimenta a las multitudes, nos preocupamos porque creemos que ya no queda pan para nosotros. Después de recibir todo de Dios, vivimos angustiados por los detalles de cada día.

> **¿Aún no comprendéis?...** *"Dándose cuenta Jesús, les dijo: ¿Por qué discutís que no tenéis pan? ¿Aún no comprendéis ni entendéis? ¿Tenéis el corazón endurecido? Teniendo ojos, ¿no veis? Y teniendo oídos, ¿no oís?" Marcos 8:17-21*

Cuando nuestro corazón es insensible a las cosas de Dios nos hacemos incrédulos. Cuando no sabemos ver ni escuchar lo que Dios hace por nosotros, estamos olvidando todo lo que El es y su manera de cuidarnos en el pasado. "¿Aún no entendéis?" Después de tanto tiempo con el Mesías, los discípulos todavía tenían su mente embotada. Es normal. Si nuestro corazón está endurecido, no hay manera de comprender lo que Dios quiere hacer por nosotros.

Jesús fue muy directo preguntando. No necesitaba una respuesta que le diese más luz. El conocía perfectamente lo que los discípulos pensaban, pero quería que ellos quedasen desarmados, que viesen lo que les faltaba todavía y pusieran freno a su incredulidad y su necedad. Que con Su ayuda fueran capaces de vencer el miedo.

Las preguntas del Señor siempre tienen un sentido trascendental

> **"¿Quién es mi madre y quienes son mis hermanos?"**
> *Mateo 12:48*

Puede que esta sea la pregunta más difícil de entender.

Jesús amaba profundamente a su familia. Había pasado la mayor parte de su vida con ellos, trabajando, ayudando, comprometiéndose en cada detalle del "día a día". Pero al comenzar su ministerio, la voluntad del Padre parecía ser otra, porque en ese momento el Señor comenzó a explicar los "secretos del reino" y a mostrar el poder de Dios delante de todas las personas. Delante de su familia y de sus amigos, delante de los que le querían y de los que no le comprendían, de los que le amaban y los que le odiaban.

Hizo siempre la voluntad del Padre, y esa voluntad a veces era muy diferente a la de su propia familia. En ocasiones ellos querían que se diese a conocer, y el tiempo del Padre aún no había llegado. En otros momentos ellos necesitaban que Jesús hiciese milagros en el lugar dónde su familia vivía, pero no pudo hacerlos por la incredulidad de sus vecinos.

No siempre los planes de su familia terrenal y los de la familia celestial coincidían.

Por eso la pregunta es muy importante. De alguna manera el Señor estaba buscando algo más que una afirmación o una respuesta: estaba esperando gente que se comprometiese con El. Personas que fuesen capaces de abandonarlo todo para seguirle. Gente que no discutiese los planes de Dios, sino que los abrazasen casi ciegamente.

Esos iban a ser sus hermanos. Los hermanos de Dios.

"¿Está permitido o no curar en Sábado?" Lucas 14:3

Si su familia no entendió a veces su misión, mucho menos lo hicieron los líderes religiosos. Les faltó tiempo para enfrentarse a El y decir a todos que era un endemoniado. Jesús no quiso discutir con ellos. Sólo los dejó con preguntas que ellos no pudieron resolver.

No hay nada mejor que preguntar a los que creen saberlo todo. Esa es la manera de que ellos mismos (¡y los que escuchan!) descubran su falsedad. No hay mejor manera de revelar el engaño de quienes se creen superiores a todos que dejarles sin saber qué decir.

Con esa pregunta el Señor señala la hipocresía de ellos y las pocas ganas que tenían de hacer el bien. "¿Es lícito hacer bien en Sábado, curar o salvar una vida?" (Lucas 6:9) De la respuesta que demos depende la trascendencia de nuestros principios y nuestra lealtad a Dios.

> **"¿Qué es más fácil, decir tus pecados son perdonados o levántate y anda?"** *Mateo 9:5*

Otra pregunta para los que creen que lo tienen todo controlado.

Jesús no les deja solución posible, porque todos sabían que sólo Dios puede perdonar pecados. Sólo Dios podía hacer las señales que El estaba haciendo. Los escribas y fariseos acosaban al Señor, buscaban como atraparle, y jamás le reconocieron como el hijo de Dios. Ahora tienen que responder una pregunta terriblemente directa, porque cualquiera de las dos cosas, perdonar pecados o sanar, era fácil para El, porque Jesús era Dios mismo hecho hombre, era el Mesías de Dios.

Pero ellos no quisieron reconocerlo. Jamás supieron responder esa pregunta.

Una pregunta clave:
¿Queréis iros vosotros también? ...

Por último, recordamos la pregunta más tierna, la que fue dirigida al corazón de aquellos a quienes amaba. Quizás la pregunta más difícil de hacer, y puede que la más desconcertante que el Señor le hace a sus discípulos.

En esta pregunta está escondido gran parte del carácter del corazón de Dios. No son palabras dichas accidentalmente, Dios las escogió, porque así es nuestro Padre, nunca quiere obligar, espera que nosotros demos el paso, que nos decidamos. Espera que le amemos por lo que El es, no por lo que nos da.

En ese momento, al Señor no le importaba lo que podía suceder, si ellos le abandonaban o no. No cambiaba nada en su vida si ellos le decían "Sí, nos vamos, no aguantamos más"

El Creador cedió todos sus derechos para que sus seguidores no perdiesen los suyos.

"Pero Jesús, sabiendo en su interior que sus discípulos murmuraban por esto, les dijo: ¿Esto os escandaliza? ¿Pues qué si vierais al Hijo del Hombre ascender adonde antes estaba? (…) Como resultado de esto muchos de sus discípulos se apartaron y ya no andaban con El. Entonces Jesús dijo a los doce: ¿Acaso queréis vosotros iros también? Simón Pedro le respondió: Señor, ¿a quién iremos? Tú tienes palabras de vida eterna. Y nosotros hemos creído y conocido que tú eres el Santo de Dios" Juan 6:61-69.

Los que seguían a Jesús no comprendían en ocasiones lo que El estaba enseñando. A veces se escandalizaban. Jamás fueron capaces de asumir que Jesús iba a entregar su vida en una cruz, y que ellos podían terminar de la misma manera. Le veían tan cerca del Padre, que hasta se sentían un poco incómodos.

"¿Esto os escandaliza?" Nuestra reacción al llamado del Señor suele ser esa. Nos escandalizamos de los que viven cerca de Dios. Nos asombra escuchar a los que caminan cerca del Señor y parecen no darle importancia a ninguna otra cosa. Creemos que es un escándalo que algunas personas no puedan pasar un solo momento de su vida, sea lo que sea lo que están haciendo, sin sentir una auténtica necesidad de hablar con su Padre.

Mi padre ya tiene muchos años sirviendo al Señor en su vida y en la Iglesia, así que un día me dijo algo muy importante: "cuando tienes a algún creyente en casa y le hablas de poner alguna predicación en vídeo, o de leer un poco la Biblia juntos y orar, la mayoría te dicen que tienen mucha prisa, y se marchan antes de cinco minutos" La gente dice que ama al Señor, pero no quieren pasar mucho tiempo con El. La gran mayoría de las personas no saben estar cerca del Maestro, disfrutar con El, conocerle más cada día. Por eso muchos se escandalizan con los que quieren vivir tan cerca de Dios, parecerse más al Señor y buscarle en cada momento de su vida.

La grandeza de un Dios que permite nuestras dudas

Como sucedió con los discípulos, Dios permite nuestras dudas. Si no hubiese un lugar para las dudas, ninguno de nosotros podría estar delante de El. El Señor conoce lo que hay en nuestro corazón, no debemos preocuparnos o fingir. El sabe nuestras debilidades, y no quiere empujarnos. El problema más grave es que muchos creen, pero no le conocen personalmente. Pedro le dijo "Tú tienes palabras de vida eterna" y eso es importante, es la base, es la roca de nuestra salvación, pero no lo es todo. Muchos saben que las palabras de Dios son eternas, pero eso no hace ninguna diferencia en sus vidas.

Por eso Pedro no se quedó ahí, y exclamó "Nosotros hemos creído y conocido…" Esa es la diferencia, ¡No sólo creer!, hay que conocer por experiencia, hay que hacer nuestro lo creído. Porque la vida cristiana es antes que ninguna otra cosa una vida espiritual. El Apóstol Pablo lo entendió a la perfección cuando escribió inspirado por Dios "Ya no vivo yo, más vive Cristo en mí".

No estamos tratando de seguir el ejemplo de Cristo, o intentando portarnos de una manera religiosamente correcta.

NO. La única opción es que Cristo viva dentro de nosotros, que El sea el Señor, que le busquemos en todo momento. Lo que vino a nuestra mente tiene que impregnar cada instante de nuestra vida, y cada rincón de nuestro ser:

▶ En las preocupaciones

▶ En los malos momentos

▶ En el trabajo y los estudios

▶ En la familia

▶ En nuestros sueños

▶ En lo que hacemos con nuestro dinero

▶ En nuestro carácter

▶ En nuestras decisiones y nuestra voluntad…

▶ ¡En todo lo que somos y tenemos!

Esa es la mejor manera que tenemos de responder a todas Sus preguntas.

Salmo 8:3-4

Colosenses 1:15-1,

Isaías 28.16

Efesios 3:17-21

"*Cuando* veo tus cielos, obra de tus dedos, la luna y las estrellas que tú has establecido, digo: ¿Qué es el hombre para que de él te acuerdes, y el hijo del hombre para que lo cuides?"

"*Él* es la imagen del Dios invisible, el primogénito de toda creación. Porque en El fueron creadas todas las cosas, tanto en los cielos como en la tierra, visibles e invisibles; ya sean tronos o dominios o poderes o autoridades; todo ha sido creado por medio de El y para El. Y El es antes de todas las cosas, y en El todas las cosas permanecen"

"*Por Tanto,* así dice el Señor Dios: He aquí, pongo por fundamento en Sion una piedra, una piedra probada, angular, preciosa, fundamental, bien colocada. El que crea en ella no será perturbado"

"*Y de conocer* el amor de Cristo que sobrepasa el conocimiento, para que seáis llenos hasta la medida de toda la plenitud de Dios. Y a aquel que es poderoso para hacer todo mucho más abundantemente de lo que pedimos o entendemos, según el poder que obra en nosotros, a El sea la gloria en la iglesia y en Cristo Jesús por todas las generaciones, por los siglos de los siglos. Amén"

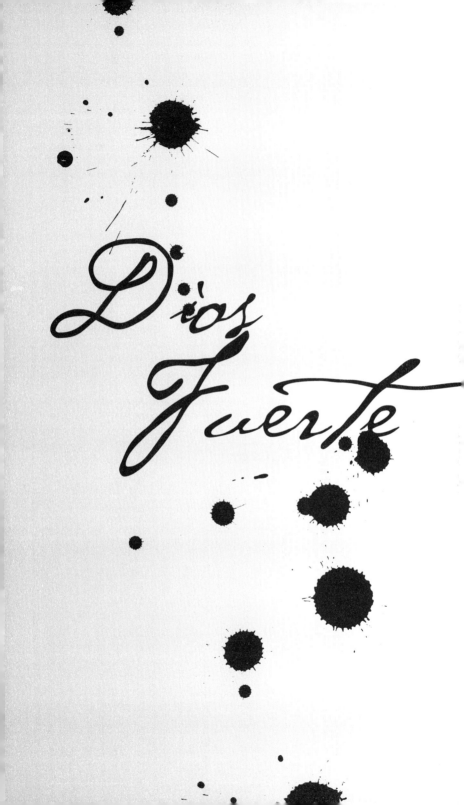

Dios
Fuerte

"Varón de dolores y experimentado en aflicción"
—Isaías 53:3

25 | JAMÁS TIENE PRISA

Cuando alguien necesita buscar trabajo, suele mirar en los anuncios por escrito: Periódicos, revistas, o incluso murales de supermercados tienen ofertas de empleo que merece la pena considerar. En casi todas esas ofertas hay una palabra común: "experimentado". Sea cual sea el trabajo que uno necesita, siempre es imprescindible algo de experiencia en él. Muy poca gente admite a personas que no sepan que hacer.

Cuando la Biblia habla del Señor Jesús dice que era una persona experimentada en aflicción. Nadie podría pensar que Dios se presentaría así. Sus credenciales podrían haber sido: Creador, Maestro, Poderoso, Hijo de Dios... Sin embargo cuando leemos la Biblia encontramos a una persona tranquila, determinada, ejemplar, amable, y acostumbrada al sufrimiento. Alguien disciplinado en su carácter.

1. SU TRANQUILIDAD

Jamás tiene prisa. Sólo tiene tres años para cumplir todo su ministerio, pero nunca se le ve acelerado. Se entretiene con los niños y con la gente sola y despreciada. A veces podía estar presionado por la tiranía de las cosas necesarias, y sus discípulos quizás le acosaron ¿Por qué no haces esto o aquello? Pero él no quiere vivir rápido. Sigue su camino tranquilamente, hablando, bendiciendo, sanando, explicando cada detalle a quién quiera preguntárselo.

No quiso convertir al mundo entero, sino sólo a aquellos que lo aceptaron. No forzó las situaciones, no corrió, no quiso estar en todas partes, sino que hizo lo más sencillo, hablando a una persona en cada situación. Es el mejor ejemplo para nosotros, que buscamos el reconocimiento y las grandes hazañas en nuestra vida, nosotros que queremos estar en todas partes y hacer el trabajo de veinte a la vez, y no nos damos cuenta que nuestro Dios es el Dios de lo sencillo, de la paz, de las conversaciones a solas. El Dios que trabaja y descansa.

2. SU DISCIPLINA Y SUS COSTUMBRES

"Llegó a Nazaret, donde se había criado, y según su costumbre, entró en la sinagoga el día de reposo, y se levantó a leer" Lucas 4:16. A pesar de que El era Dios, asistía a la Sinagoga como era su costumbre. Quizás en muchas ocasiones lo que podía escuchar estaba muy lejos de ser la palabra de Dios. Puede que a veces tuviese deseos de corregir lo que los responsables religiosos decían "en nombre" del Creador. Pero seguía asistiendo a la sinagoga dónde se había criado.

Pasaba noches enteras orando. Quería estar con su Padre. Era una de sus costumbres más importantes. El profeta había anunciado *"Busqué entre ellos alguno que levantara un muro y se pusiera en pie en la brecha delante de mí a favor de la tierra, para que yo no la destruyera, pero no lo hallé" (Ezequiel 22:30)* Y Jesús cumplió la voluntad de Dios. El fue el hombre que siempre estuvo intercediendo por los demás, por su pueblo, por cada uno de nosotros.

Dios se hace hombre, y escoge vivir bajo la "tiranía" de la disciplina. *"A la caída de la tarde, después de la puesta del sol, le trajeron todos los que estaban enfermos y los endemoniados" (Marcos 1:32).* Después de un día agotador, en el que había estado andando, enseñando y sanando, y a pesar de que ya era de noche seguía sanando a la gente. Al día siguiente, aún lleno de cansancio, la Biblia dice que se levantó muy de mañana, cuando todavía estaba oscuro, para orar, como en muchos otros momentos de su vida...

Sabía tratar a los discípulos y no se dejaba llevar nunca por la urgencia del momento. Los llevaba a menudo a descansar y a meditar. En un momento clave en su vida y en la de sus discípulos (no hay que olvidar que alguno de sus discípulos habían sido antes discípulos de Juan) cuando Juan el bautista es decapitado, *"El les dijo: Venid, apartaos de los demás a un lugar solitario y descansad un poco" (Marcos 6:31)*

3. SU RADICALIDAD

"Radical" es una palabra que nos suena un poco rara. Pensamos que una persona radical es alguien que va pegando "tiros" por ahí y odiando a todo el mundo. En el significado original, "radical" es alguien "apegado a la raíz", alguien que busca la razón y la base de las cosas. Alguien desafiante en ocasiones, pero sólo para llegar al fondo de las cosas, porque no quiere llevar una vida superficial.

Jesús fue radical en su manera de enseñar, de vivir y de explicar el reino de Dios a la gente. Nunca fue superficial. No cambió su mensaje por nada del mundo. *"¿Queréis iros vosotros también?" (Juan 6:61)* Les preguntó a sus propios discípulos cuando muchos le abandonaron porque no habían entendido el mensaje del evangelio del reino.

El Señor jamás soportó a los vacilantes, a los que miden los costos de cada decisión, a los que quieren estar en todas partes y no comprometerse. No quiso fundar su reino con personas pusilánimes, tristes o decididos a medias. Para seguir al Señor hay que entregar la vida, a Dios no le valen los que quieren tener un pie en cada lado, como si no quisieran vivir sin Dios y sin el mundo, por si acaso en algún momento necesitan a uno de los dos.

"¿Queréis iros vosotros también?"
Nadie hubiera arriesgado tantos días de enseñanza
y esfuerzo a la posibilidad de que sus discípulos
no le entendieran y le abandonasen...

Fue radical en el cambio de vida que predicó. Le dijo que tenía que nacer de nuevo a uno de los líderes religiosos, a un maestro de Israel (Juan 3), alguien que estaba intentando llevar una vida lo más acorde posible con la ley de Dios. No le dijo que tenía que nacer otra vez a la prostituta, ni a la mujer samaritana, ni a Leví el cobrador de impuestos, aunque ellos también lo necesitaban. ¡Se lo dijo a la mejor persona que se podía encontrar en Israel!

Aceptó el riesgo de cada momento. Nos enseñó que Dios es un Dios que se arriesga, que no depende de la comodidad en Su vida, que le gusta que sus hijos se parezcan a El y tomen riesgos. Jesús se arriesgó y dependió de las decisiones de la gente, tomó riesgos desde su nacimiento porque todo estaba basado en que los que le rodeaban obedeciesen voluntariamente. Vivió una completa aventura dejando que cada persona tomara sus propias decisiones, incluso cuando le afectaban directamente a El. Al Señor nada le cogió por sorpresa, pero jamás dio la imagen de querer tener todo bajo control.

Fue valiente desde el fondo de su corazón. No es un Mesías pusilánime, que siempre está cediendo, y no es capaz de mantener su opinión. La fuerza de su carácter quedó demostrada en muchas ocasiones, no sólo cuando se enfrentó a los escribas, fariseos y maestros de la ley en su propio campo, en la sinagoga, o cuando echó a los cambistas del templo... ¡Incluso cuando guardó silencio al ser acusado falsamente demostró el carácter indomable de su corazón! El mismo enseñó a sus discípulos que en el evangelio no hay lugar para los que se dejan llevar por cualquier cosa, porque "los violentos arrebatan el reino de Dios".

4. SU DETERMINACIÓN

"El, con determinación, afirmó su rostro para ir a Jerusalén. Y
envió mensajeros delante de El; Y ellos fueron y entraron en una
aldea de los samaritanos, para hacerle preparativos. Pero no le
recibieron, porque sabían que había determinado ir a Jerusalén"
Lucas 9:51

Casi en la mitad de su ministerio, el Señor comienza su salida de este mundo. Como quién tiene todo perfectamente planeado, empieza el camino de vuelta a su Hogar, a la gloria que tenía en la presencia del Padre. El camino hacia la cruz está marcado, y todos pueden leer en el rostro del Mesías que había determinado ir a Jerusalén. Todo el pueblo lo supo.

Sabía que iba a morir, pero caminaba delante de todos. Sus discípulos estaban completamente asustados, llenos de miedo, temerosos ante lo que iba a venir, pero El iba adelante. Cuando comenzaron a comprender que tenía que morir, quisieron convencerle y cambiar sus planes, pero al Señor no le importó. Iba delante de todos.

Jesús había pasado muchos días en Getsemaní orando. Sabía que era el lugar dónde iba a sufrir, y actúa como si quisiera acostumbrarse al dolor. Durante el día enseñaba en el templo, pero al oscurecer salía y pasaba la noche en el monte llamado de los Olivos (Lucas 21:37). Nosotros huimos del sufrimiento y el dolor, y no nos damos cuenta que es una parte esencial en nuestra vida. El Señor nos enseñó que el quebrantamiento es a veces lo mejor que nos puede ocurrir.

Esa es Su determinación. Toda su vida es considerada en el evangelio de Lucas como un largo viaje. Viaje del cielo a la tierra en la primera parte del libro, y viaje hacia la cruz en la segunda parte. Jesús está de viaje y Lucas lo menciona una y otra vez, porque Su vida consistía en ir a Jerusalén para obedecer la voluntad del Padre. Por eso leyendo el evangelio de Lucas nos encontramos al Señor orando en casi todos los momentos.

Nuestra vida también es un viaje. ¿Sabemos hacia dónde? ¿Cuánto tiempo pasamos orando, buscando la voluntad del Padre?

5. SU EJEMPLO

Cuando Lucas comienza su relato de los hechos de los apóstoles, habla sobre las cosas que el Maestro "comenzó a hacer y enseñar" (Hechos 1:1) Ese es el verdadero orden, no el que nosotros hemos colocado en nuestra vida, en la que solemos hablar mucho y hacer poco.

En un mundo en el que los grandes "charlatanes" de los medios de comunicación son los héroes, el Señor se preocupó en primer lugar de hacer, y más tarde hablar

"Experimentado en aflicción" ¿Recuerdas lo que decíamos al principio? Esa es la base del carácter de Jesús, su experiencia en el sufrimiento, en el dolor, en la soledad, en muchas de las características que al mundo le desagradan, y sin embargo, el Señor las dignificó con su ejemplo.

> *"Entonces les dijo: Mi alma está muy afligida, hasta el punto de la muerte; quedaos aquí y velad conmigo. Y adelantándose un poco, cayó sobre su rostro, orando y diciendo: Padre mío, si es posible, que pase de mí esta copa; pero no sea como yo quiero, sino como tú quieras. Vino entonces a los discípulos y los halló durmiendo, y dijo a Pedro: ¿Conque no pudisteis velar una hora conmigo? Velad y orad, para que no entréis en tentación; el espíritu está dispuesto, pero la carne es débil. Apartándose de nuevo, oró por segunda vez, diciendo: Padre mío, si esta no puede pasar sin que yo la beba, hágase tu voluntad. Y vino otra vez y los halló durmiendo, porque sus ojos estaban cargados de sueño" Mateo 26:36-45*

El Mesías quería enseñarles la bendición del sufrimiento, la contradicción casi increíble entre seguir la voluntad de Dios para entregar nuestra vida, pero hacerlo llenos de gozo. Les pidió que oraran con El, pero sus discípulos no fueron capaces ni siquiera de comprender lo que está pasando. El Señor, lejos de querer explicarles lo que sentía, o de echarles en cara que está completamente solo y abandonado, los excusa con ternura. No era el momento para sermones o explicaciones… Aunque los necesitaba más que nunca, no quiso reprocharles nada.

La segunda e incluso la tercera vez volvió con las mismas palabras, con la misma actitud. Poniendo toda su vida y su sufrimiento en las manos del Padre. Recuerda que la perseverancia no es insultante para Dios. A veces nos preguntamos si Dios estará cansado de oír nuestras oraciones, de escuchar lo que le decimos y comprobar que seguimos con los mismos miedos, sin darnos cuenta que el Señor volvió una y otra vez a la presencia del Padre con los mismos temores, con los mismos sufrimientos, incluso con la misma petición. Nuestro Padre sabe lo que hay en nuestro corazón, y cuando Él nos ayuda a orar por medio de su Espíritu, sabe también lo que necesitamos. Dios conoce todo lo que ocurre y nos ayuda en nuestra debilidad.

Si creemos que en la vida nunca reinará la tristeza y que todo lo que nos ocurra será un triunfo tras otro, quizás nos hemos equivocado de Maestro

Nuestro Señor fue un hombre experimentado en aflicción, así tenemos que vivir cada uno de nosotros. Si creemos que en la vida nunca reinará la tristeza y que todo lo que nos ocurra será un triunfo tras otro, quizás nos hemos equivocado de Maestro. El Mesías no tuvo nada, no tenía dónde dormir, fue despreciado y desechado. Él mismo nos avisó lo que iba a ocurrir en nuestra vida, jamás quiso engañarnos: *"Estas cosas os he dicho, para que no tengáis tropiezo. Os expulsarán de la sinagoga; pero viene la hora cuando cualquiera que os mate pensará que así rinde un servicio a Dios. Y harán estas cosas porque no han conocido ni al Padre ni a mí"* Juan 16:1-3. Muchas veces no seremos tratados como ciudadanos normales. Puede que perdamos todos los privilegios. Quizás no podamos llevar a nuestros hijos al colegio. Pobres, maltratados, llevados a la muerte. Eso está ocurriendo en muchos países del mundo hoy, miles de personas están pagando con sus vidas el privilegio de seguir al Mesías. Aún así, Jesús no está forzando a nadie a seguirle, nosotros somos los que decidimos. Decidimos si queremos ser tratados como él, perseguidos como le persiguieron a El (Marcos 10:38) Que nadie piense que se puede seguir al Señor y no ser maltratado, que hay alguna posibilidad de vivir cerca del Maestro sin sufrir las consecuencias.

> *"Bienaventurados sois cuando los hombres os aborrecen, cuando os apartan de sí, os colman de insultos y desechan vuestro nombre como malo, por causa del Hijo del Hombre. Alegraos en ese día, y saltad de gozo, porque he aquí, vuestra recompensa es grande en el cielo, pues sus padres trataban de la misma manera a los profetas." (…) "Amad a vuestros enemigos; haced bien a los que os aborrecen; bendecid a los que os maldicen; orad por los que os vituperan. Al que te hiera en la mejilla, preséntale también la otra; y al que te quite la capa, no le niegues tampoco la túnica. Y así como queréis que los hombres os hagan, haced con ellos de la misma manera." Lucas 6:22-23 y 27-31*

"Sois felices cuando los hombres os aborrecen". La pregunta es demasiado directa para nosotros: ¿Cuál es la fuente de nuestra felicidad? ¿Las Iglesias bonitas y llenas? ¿Éxito en la vida? ¿Éxito en el ministerio? ¿Las bendiciones que Dios nos regala cada día? ¿Nuestra situación económica o social?

Jesús dice que somos felices cuando entramos en la "escalera del desprecio" (Lucas 6:22) Fíjate en lo que El enseña, como una cascada de odio, la persecución se va haciendo cada vez mayor:

▶ "Os aborrecen" A veces no somos tratados de una manera justa por ser creyentes

▶ "Os apartan de sí". El siguiente paso es dejarnos de lado, no querer estar con nosotros

▶ "Os colman de insultos" Nos atacan personalmente, dicen mentiras de nosotros

▶ "Desechan vuestro nombre como malo" El último paso es no querer que nadie tenga nada que ver con nosotros

Ante todo esto, sólo tenemos una manera cristiana de reaccionar. El mismo

Señor Jesús lo explica varios versículos más adelante.(Lucas 6:27) Es la única manera de hacer las cosas, la manera divina, lo que necesitamos aplicar en nuestra vida. Demasiado claro como para esconderlo:

1. Os aborrecen	1. Amad
2. Os apartan de sí	2. Haced el bien
3. Os llenan de insultos	3. Bendecid (decir bien)
4. Desechan vuestro nombre como malo	4. Orad por vuestros enemigos

Si nos aborrecen, amamos. Si nos apartan respondemos haciendo el bien. Si los demás nos insultan nosotros bendecimos. Cuando no quieren saber nada de nosotros, respondemos orando por ellos y pidiendo que Dios los proteja. Esa debe ser nuestra manera de vivir.

Una vida completamente diferente. Una vida radical, radiante, llena de belleza. Una vida capaz de transformar al mundo aun en medio del sufrimiento. Una vida con los ojos puestos en nuestro Señor, descansando en lo que no se ve, en lo eterno. Una vida llena del Espíritu de Dios. Una vida cerca de la voluntad del Padre.

Una vida que cada vez se parece más a la del Señor Jesús.

26

CREER
PARA VER...

Los mejores momentos en nuestra casa suelen ser justo antes de dormir. Todas las noches Miriam y yo nos juntamos con las niñas y pasamos un buen tiempo hablando y orando juntos. Ellas lanzan doscientas preguntas imposibles cada noche, y nosotros intentamos responder lo que Dios nos ha ido enseñando con el paso de los años, y la verdad es que son momentos deliciosos.

Más tarde todos oramos, y entonces siempre ocurre: Las oraciones de los niños son uno de los recuerdos más sublimes de Dios aquí en la tierra. Nadie que haya orado con un niño puede argumentar que Dios está lejano. Su sinceridad, su dulzura y sobre todo su sensibilidad es mucho más de lo que nosotros podemos entender o razonar. De hecho creo que perdemos gran parte de la gloria de Dios cuando crecemos y dejamos de orar como niños.

Una de las frases que más repite Kenia, nuestra hija de cuatro años es "Señor, bendice a todo el mundo". Eso sí que es entender la gracia de Dios. Esa es la mejor lección que el Señor Jesús nos dejó a todos: siempre bendijo, amó y sanó a "todo el mundo".

Nos impresionan las cosas extraordinarias, lo sobrenatural. Si encontrásemos hoy al Señor, quizás no le pediríamos una bendición o unas palabras, sino que le diríamos lo mismo que le pedían sus contemporáneos: "haz un milagro". Pensamos que con ver algo sobrenatural nuestra fe es fortalecida. Si vemos un milagro, todo encajaría en nuestro pequeño mundo y seríamos capaces de creer cualquier cosa. De hecho muchos hoy viven engañados por pequeños milagreros y religiosos farsantes.

Demasiadas veces, como en aquel tiempo, creemos que si vemos un milagro, todo encajaría en nuestro pequeño mundo y seríamos capaces de creer cualquier cosa.

El Señor Jesús derrochó bendiciones y amor para todos, y cada milagro fue por una de esas razones. No para convencer a nadie, porque no hizo milagros dónde no le creían; el mensaje era más importante que la demostración de lo sobrenatural. "Si no veis señales" (Juan 4:48-50) dijo el Señor un día ante muchos de los hambrientos de milagros y leyendas, los que no son capaces de confiar serenamente en las Palabras del Maestro, sin más. Los que olvidan que en la vida espiritual no hay que ver para creer, sino creer para poder ver.

El Mesías no vivió demostrando su poder, como muchas veces queremos hacer nosotros. A veces incluso invitamos a los no creyentes con la publicidad del "venga a ver milagros y sanidades...." El Señor no se anunciaba, no sacaba provecho publicitario de sus sanidades: todo lo contrario, en la mayoría de las ocasiones nos sorprendió ordenando que nadie dijera lo que estaba haciendo. Lo importante no era el poder, sino el mensaje. Lo verdaderamente trascendental no era la transformación o la sanidad en el mundo visible, sino el triunfo del reino invisible. La constatación de que las cosas espirituales son las que merecen la pena.

¿QUÉ ES MEJOR, SANAR O PERDONAR PECADOS?

Jesús sanaba porque veía a la gente necesitada y conocía el dolor de las personas: Vino a traer el reino a los suyos, y a enseñar a todos como será el día en el que no habrá lágrimas, ni dolor, ni tristeza, ni muerte. El Mesías siempre sanó de una manera instantánea, no tuvo que esperar o decir como nosotros hacemos a veces "sigue orando, y en algún momento Dios va a sanarte". No hubo circunstancias atenuantes, no encontramos personas que no pudieran ser sanadas. No hay grupos delante del Señor en los que unos fueron sanados y otros no.

Aunque el mismo Señor dice que en algunos lugares no entró a hacer milagros a causa de la incredulidad de ellos, por otra parte la Biblia también nos enseña que curó a personas que ni siquiera lo esperaban, como Malco cuando le restauró la oreja cortada por Pedro (Lucas 22:51). Jesús puede sanar sin que tenga que existir fe alguna por parte del enfermo. Dios hace siempre lo que quiere y como quiere, porque no está limitado por nada ni por nadie. No hay nada imposible para Él.

El Señor tampoco está limitado por el lugar en el que se encuentra. Puede sanar en cualquier momento, incluso sin estar en el mismo sitio que el enfermo. El Señor tenía toda la autoridad sobre el mal. Lucas, el médico que siempre escogía con especial cuidado las palabras que empleaba fue inspirado por el Espíritu Santo para escribir en su evangelio (4:39) que Jesús "reprendió a la enfermedad", la misma palabra que utiliza cuando el Señor reprende al viento y al mar (8:24). Todo le obedecía, toda autoridad estaba en las manos de Jesús, para que nadie tuviese ninguna duda que era Dios mismo hecho hombre.

En ocasiones hizo salir a todos del lugar en el que iba a hacer un milagro, como cuando resucitó a la hija de Jairo (Marcos 5:40), porque no buscaba la publicidad sino la restauración. A veces puede avergonzarnos leer pasajes como ése a nosotros, que vivimos encantados de que la gente conozca lo que hacemos, que buscamos la gloria y nos gusta que todos sepan el "poder de Dios" que demostramos en determinados momentos.

¿Qué preferimos, que Dios transforme nuestro interior, que nos lleve con Él, que perdone nuestros pecados, o que simplemente nos bendiga materialmente?

> "Viendo Jesús la fe de ellos, dijo al paralítico: Hijo, tus pecados te son perdonados. Pero estaban allí sentados algunos de los escribas, los cuales pensaban en sus corazones: ¿Por qué habla éste así? Está blasfemando; ¿quién puede perdonar pecados, sino sólo Dios? Y al instante Jesús, conociendo en su espíritu que pensaban de esa manera dentro de sí mismos, les dijo: ¿Por qué pensáis estas cosas en vuestros corazones?¿Qué es más fácil, decir al paralítico: "Tus pecados te son perdonados", o decirle: "Levántate, toma tu camilla y anda"? Pues para que sepáis que el Hijo del Hombre tiene autoridad en la tierra para perdonar pecados (dijo al paralítico): A ti te digo: Levántate, toma tu camilla y vete a tu casa" Marcos 2:3-12

¿Qué es más fácil, perdonar pecados o sanar? ¿Qué es más mejor, sanar una vida, o asegurarla por toda la eternidad? Parecen preguntas muy sencillas, pero en el fondo ni siquiera nosotros mismos queremos responderlas, porque revelarían dónde están nuestros principios. Respondiendo a estas preguntas descubrimos públicamente si nuestro corazón está en la tierra o en el cielo.

Piénsalo detenidamente, ¿Qué preferimos, que Dios transforme nuestro interior, que nos lleve con El, que perdone nuestros pecados y vivamos una vida llena de su Espíritu, o que simplemente nos bendiga materialmente? ¿Qué es más importante en nuestra vida, lo material o la eternidad? ¿Lo visible o lo invisible? Cuando el Señor les hizo la pregunta, les estaba retando a que tomasen una decisión firme en cuanto al Mesías. El perdón de los pecados no era visible, la curación sí. Jesús, al ser Dios hecho hombre demostró que podía hacer las dos cosas. Ahora son ellos los que tienen que responder.

¿QUÉ ES MÁS IMPORTANTE, EL PAN MATERIAL O EL ESPIRITUAL?

"Pero respondiendo El, les dijo: Dadles vosotros de comer. Y ellos le dijeron: ¿Quieres que vayamos y compremos doscientos denarios de pan y les demos de comer? Y El les dijo: ¿Cuántos panes tenéis? Id y ved. Y cuando se cercioraron le dijeron: Cinco, y dos peces. Y les mandó que todos se recostaran por grupos sobre la hierba verde. Y se recostaron por grupos de cien y de cincuenta. Entonces El tomó los cinco panes y los dos peces, y levantando los ojos al cielo, los bendijo, y partió los panes y los iba dando a los discípulos para que se los sirvieran; también repartió los dos peces entre todos. Todos comieron y se saciaron. Y recogieron doce cestas llenas de los pedazos, y también de los peces. Los que comieron los panes eran cinco mil hombres".
Marcos 6:35-44

Una situación aparentemente desesperada, miles de personas sin nada que comer en un lugar dónde no hay ninguna solución visible. Los discípulos sabían que el Señor podía hacer algo, pero aparentemente, Jesús quiere que ellos mismos resuelvan el problema y den de comer a las personas. ¿Por qué el Señor les pide a ellos que alimenten a la multitud? Los discípulos podían pensar que no era su responsabilidad, pero pronto aprendieron que su fe estaba limitada por los recursos de Dios. Y como los recursos de Dios son ilimitados, confiar en Dios debe ser la primera respuesta en cualquier situación, por muy desesperada que parezca.

Cuando confiamos en Dios, cualquier circunstancia puede ser utilizada por El, por eso Jesús les pidió que trajesen los panes que tenían. Marcos escribe que los hizo sentar en grupos de cincuenta, de la misma manera que Moisés organizaba al pueblo en el desierto (Éxodo 18:21) para recibir el maná. El mismo que les había enviado el maná muchos cientos de años antes, era el que iba a volver a alimentar al pueblo, el Pan vivo que descendió del cielo.

La actitud del Señor sigue siendo la misma hoy: "Trae lo que tienes, aunque sea poco, y vamos a orar" El poder de Dios es siempre mayor cuantos menos recursos tenemos.

Dios deja un detalle para el final: Cuando todos han comido, los discípulos recogieron doce cestas llenas de pedazos. Se llevaron una cesta cada uno para recordar que Dios les estaba cuidando. Volvieron cada uno a su casa con una prueba irrefutable de que Dios había multiplicado el pan, y que jamás debían dudar de El

Recogieron doce cestas llenas de pedazos.
Los discípulos volvieron cada uno con una
cesta a sus casas como una prueba irrefutable de
que Dios les cuidaba, y que jamás debían dudar de El

> "En aquellos días, cuando de nuevo había una gran multitud que no tenía qué comer, Jesús llamó a sus discípulos y les dijo: Tengo compasión de la multitud porque hace ya tres días que están conmigo y no tienen qué comer (...) Sus discípulos le respondieron: ¿Dónde podrá alguien encontrar lo suficiente para saciar de pan a éstos aquí en el desierto? Y El les preguntó: ¿Cuántos panes tenéis? Y ellos respondieron: Siete. (...) También tenían unos pocos pececillos; y después de bendecirlos, mandó que éstos también los sirvieran. Todos comieron y se saciaron; y recogieron de lo que sobró de los pedazos, siete canastas. Los que comieron eran unos cuatro mil; y los despidió"Marcos 8:1-9.

Poco tiempo después se encuentran en una situación parecida. Cuando leemos la historia pensamos que esta vez todos van a confiar en el Señor, "de nuevo había una gran multitud que no tenía que comer" Pero no fue así. Los discípulos olvidaron lo que había sucedido hacía poco tiempo, y a pesar de que se habían llevado cada uno una cesta llena de pedazos de pan, volvieron a hacerse las mismas preguntas de siempre. Volvió la misma incredulidad de otras veces.

"¿De dónde puede sacar alguno pan aquí en el desierto?" (8:4) Era la pregunta clave para ellos. Desconfiaron de su Señor. Olvidaron que Dios puede preparar la mesa y poner pan para nosotros, sea en el lugar que sea. No vamos a morir sin su ayuda.

"Pan en el desierto" una de las imágenes más hermosas del evangelio. El Pan de vida es más necesario cuanto más hambrientos estamos, cuando atravesamos el mayor desierto de nuestra vida. Cuando aparentemente no hay solución posible.

Jesús multiplicó siete panes y los hizo aparecer en medio del desierto. La Biblia dice que "Tomando los panes los partió, y los dio a sus discípulos" (8:6). Parece impresionante, el Señor va repartiendo al pan a los discípulos para que ellos lo den a los demás. Esta vez no es El quien lo hace directamente. El milagro no sale de sus manos directamente, porque ellos no lo habían entendido la primera vez, y ahora tiene que hacer que ellos participen del milagro para que aprendan a confiar en El.

Dios nos bendice espiritualmente para que nosotros podamos compartir nuestro pan con la multitud. El pan físico y el pan espiritual. Dios quiere utilizarnos a nosotros, que nosotros seamos sus manos, sus administradores, que la gente vea en nosotros la misma generosidad que vio en el Señor. Porque lo que ponemos en las manos de los demás es el pan de vida, lo que damos a los que nos rodean es al Señor. La Biblia dice que la noche que Jesús fue entregado, partió el pan y se dio a sí mismo, se "multiplicó para toda la humanidad". El personalmente es el único que puede satisfacer las necesidades de toda la gente.

Y como la vez anterior, también sobró. Recogieron siete cestas llenas de pedazos, tantas como panes tenían.

Lo que más "disgustos" le costó al Señor fue ser incontrolable

Así es Dios, El incontrolable.

El hace siempre Su voluntad, no podemos encerrarle en una caja. Actúa de acuerdo a principios que se nos escapan de las manos. Él es el único que conoce todas las cosas, y por lo tanto sus decisiones son siempre exactas y correctas. Nosotros jamás podemos dominar a Dios, muchas veces ni siquiera podemos explicarlo.

Los escribas, fariseos y maestros de la ley creían que el Señor haría siempre lo que ellos quisieran, por algo eran los responsables de la vida espiritual de la gente.

Controlar a Dios, dominarlo, decir lo que puede o no puede hacer, sigue siendo un gran riesgo hoy. Una tentación demasiado grande para nosotros. De hecho muchos caen en ella.

Dios es Dios, y seguirá siéndolo a pesar de nosotros, de nuestras ideas, de nuestras decisiones. A pesar de lo que conocemos y decimos de El. El siempre tomará las mejores decisiones, a pesar de lo que nosotros creamos.

Una de las presentaciones más conocidas del Señor Jesús en la Biblia es como "el león de la tribu de Judá" ¿Tu te imaginas controlando y dominando a un león para tenerlo tranquilo en tu casa? ¿Piensas que es posible decirle lo que puede o no puede hacer?

Dios no puede negarse a sí mismo, El es Soberano, Todopoderoso, Incontrolable, Majestuoso… Recuerda que incluso el momento más difícil de la vida del Señor Jesús llegó cuando El le dio permiso: Vez tras vez en el Nuevo testamento encontramos la frase "todavía no había llegado su hora" porque todo, absolutamente todo está en manos de Dios.

Esa es nuestra mayor fortaleza, nuestra confianza en un Mesías que es Dios Fuerte, Todopoderoso, Incontrolable, que cumple su amorosa voluntad por encima de cualquier obstáculo. Que nos enseña a ser valientes y a arrebatar el reino de Dios como valientes, como legítimos herederos del Vencedor.

El mal no puede vencerle, la enfermedad y la muerte no tienen poder delante de El. El diablo y sus ángeles no pueden dar su brazo a torcer, no tienen fuerza ni siquiera para impedir que levante Su mano.

Ese es nuestro Salvador, el que bendice y ama a todo el mundo, el que extiende sus manos para abrazar, pero el que las extiende también como Poderoso Guerrero, como el Triunfador de la historia, el Invencible Restaurador del bien y la paz.

Como nuestro Protector.

"El llevó
nuestras
enfermedades
y cargó con
nuestros dolores"
—Isaías 53:4

27

TODO LO HIZO BIEN

Hace muy poco tiempo se celebró en España la boda del príncipe heredero y su prometida. Miles de personas pasaron horas en la calle esperando la comitiva real para ver a los novios, y millones más lo contemplaron tranquilamente en sus casas por medio de la televisión. Madrid, la capital del estado, se había preparado y engalanado como nunca. Todo parecía nuevo, radiante, festivo, toda la gente estaba feliz. Los máximos mandatarios de casi todo el planeta se encontraban entre los invitados, y por esa razón los servicios de seguridad españoles tuvieron que "barrer" literalmente calles y edificios para garantizar que todo estaba bajo control, y que nadie iba a hacer una barbaridad.

Lo que es curioso, es que ese "barrer" implica también dejar las calles limpias de mendigos, pobres y gente más o menos "indeseable" para algunos. Y no sólo ocurre cuando se celebra una boda real como ésta, sino en cualquier evento importante en una ciudad: Juegos Olímpicos, concursos, tratados, visitas reales, etc. Nadie quiere ver un solo pobre, enfermo o despreciado por la calle. No está bien, dicen. No queda bien una ciudad con gente pordiosera pidiendo a los que pasan por el camino.

A pesar de todo eso, ser pobre en el día de hoy es mucho más fácil que en los tiempos del Señor Jesús. Los responsables religiosos del pueblo habían dicho muchas veces que si eras pobre, es porque vivías lejos de Dios. Si estabas enfermo era fruto de tu pecado. Era tu culpa. Y todos creyeron esas palabras. Así que ser pobre y enfermo era lo peor que podía ocurrirte, porque según ellos, Dios te estaba maldiciendo, todos te daban la espalda, nadie iba a darte trabajo, y mucho menos pararse para hablar contigo. Ser pobre y mendigo significaba estar marcado para toda la vida.

Los mismos discípulos del Señor lo entendieron así cuando se encontraron con un ciego, y le preguntaron directamente al Señor: *"Rabí, ¿quién pecó, éste o sus padres, para que naciera ciego?" Juan 9:2*

Jesús se enfrentó a esa manera de ver la enfermedad. Les explicó a todos que para Dios las cosas eran muy diferentes, que el enfermo es amado, el pobre es querido, y los que no tienen nada están más cerca del Padre que ninguna otra persona. El Señor Jesús se introdujo dentro del dolor para llevarlo por causa nuestra. Si algunos creían que la enfermedad y el sufrimiento eran producto del pecado, nadie iba a sufrir tanto como el mismo Hijo de Dios, porque El voluntariamente llevó nuestras enfermedades y cargó con nuestros dolores.

> *Jesús explicó a todos que para Dios las cosas son muy diferentes: el enfermo es amado, el pobre es querido, y los que no tienen nada están más cerca del Padre que ninguna otra persona.*

Si pensaban que el sufrimiento era el castigo de Dios, nadie iba a ser más castigado que su propio Hijo. Jesús no sólo llevó consigo nuestros dolores, sino que dedicó la mayor parte de Su vida para sanar a los que sufrían. Los momentos en los que el Señor se encuentra con los pobres y enfermos, son siempre sublimes…

NUEVE SANADOS Y UNO SALVADO

"Le salieron al encuentro diez hombres leprosos, que se pararon a distancia, y alzaron la voz, diciendo: ¡Jesús, Maestro! ¡Ten misericordia de nosotros! Cuando El los vio, les dijo: Id y mostraos a los sacerdotes. Y sucedió que mientras iban, quedaron limpios Entonces uno de ellos, al ver que había sido sanado, se volvió glorificando a Dios en alta voz. Y cayó sobre su rostro a los pies de Jesús, dándole gracias; y éste era samaritano. Respondiendo Jesús, dijo: ¿No fueron diez los que quedaron limpios? Y los otros nueve... ¿dónde están? ¿No hubo ninguno que regresara a dar gloria a Dios, excepto este extranjero? Y le dijo: Levántate y vete; tu fe te ha sanado" Lucas 17:11-19

Diez leprosos juntos. Era la única compañía que podían tener, porque cualquier otra persona no enferma los hubiese rechazado. Al menos ellos habían aprendido a llevar sus tristezas estando uno al lado de otro. Cuando vieron al Señor pensaron que sus vidas podían cambiar y le gritaron "ten misericordia de nosotros".

Jesús sabía lo que había en el fondo de su corazón, así que su comportamiento es muy diferente al de otras ocasiones en las que toca a un leproso, o lo sana con sus palabras. A estos diez los envía al sacerdote "Id y mostraos" Ellos sólo pueden reaccionar de dos maneras. La primera, obedecer. La segunda volver al Señor y preguntarle "Nosotros queremos ser sanos, ¿Por qué tenemos que ir y mostrarnos al sacerdote si somos leprosos? ¡Va a burlarse de nosotros!

Quizás tenían muchas dudas, pero obedecieron. Y quedaron limpios mientras iban, porque ese era el plan del Señor. Hay que ejercer la fe, dar pasos de fe, vivir por fe. No es cuestión sólo de creer, sino de ponerse en camino. Así que cuando ellos iban, fueron sanados, y todo terminó.

¡No!, todavía hay tiempo para una gran sorpresa. Lucas, el médico amado, explica que fue justo en ese momento en el que la historia realmente comenzó. Lo más importante aún estaba por llegar, porque uno de los leprosos volvió. Volvió a dónde estaba el Señor, consideró que no podía ser sanado sin reconocer y agradecer a su Sanador. Volvió glorificando a Dios.

Los otros nueve lo vieron, pero no le dieron importancia. Escucharon como el samaritano glorificaba a Jesús, porque la Biblia nos dice que lo hizo "en alta voz", no le importaba que todos le oyeran. ¡No quería seguir escondiéndose! Había vivido completamente despreciado por años, y ahora que estaba limpio bien merecía la pena gritar.

Volvió, y los otros nueve lo vieron, pero volvió solo. Nadie le acompañó.

Cuando llegó a dónde estaba el Señor cayó sobre su rostro. Se inclinó a los pies de Jesús dándole gracias. No quería ni siquiera levantar su cabeza porque su corazón lloraba de gratitud, pero justo en ese momento, el Señor comenzó a hablar… Mejor dicho, a preguntar. Una pregunta directa y terrible en cierta manera: *"¿No fueron diez los que quedaron limpios? Y los otros nueve… ¿dónde están? ¿No hubo ninguno que regresara a dar gloria a Dios, excepto este extranjero?"*

¡Cuanta tristeza puede haber en una pregunta cuando Dios la hace!

Muchas personas buscan a Dios cuando lo necesitan, y Dios se deja encontrar. Les regala sanidad, ayuda, bendición, paz, solución a sus problemas o a una situación límite… Muchos aceptan felices lo que Dios da, para olvidarse de El en pocos momentos. Y la presencia real de Dios en la vida pasa como si hubiese sido algo sin importancia.

Consideramos a Dios como nuestro particular "apagafuegos". Cuando lo necesitamos clamamos a El, cuando la vida va bien lo olvidamos. Cuando estamos desesperados oramos, ayunamos, llamamos a otros, buscamos la ayuda de lo alto… Cuando todo vuelve a la "normalidad" nos olvidamos que Dios está ahí. Incluso a veces pasamos días enteros sin hablarle o sin darle gracias.

Es una característica de la modernidad: sólo eres querido cuando eres usado.

No sólo ocurre con nuestro Dios, también solemos hacerlo con nuestros amigos y con la gente que tenemos con nosotros. Cuando ya no eres útil, todos se olvidan de ti. Cuando las cosas van bien, todos desaparecen.

Cuando vivimos así, perdemos lo mejor que hemos tenido. Casi hubiera sido más conveniente no haber visto a Dios, no haber recibido nada de El, que una vez que El nos habla y nos ayuda, seguir viviendo como siempre. Como si nada hubiera pasado.

"Los otros nueve ¿dónde están?"... Las preguntas de Dios llegan más allá de lo que pensamos

¿Qué pensaron los demás? Nueve fueron limpiados de la enfermedad más cruel del momento, pero sólo pero sólo uno volvió a Jesús para ser salvo. Muchos escuchan la Palabra del Señor, incluso algunos puede que sientan el toque de Dios en su vida, pero no quieren volver, no quieren comprometerse. No son salvos. No son capaces de postrarse a los pies de Jesús.

Al fin y al cabo, los nueve judíos siguieron su camino para ir a exponerse delante de los sacerdotes, ¡Para cumplir la ley! Porque para ellos, la ley estaba por encima de la gratitud. Preferían seguir los ritos religiosos antes que volver para dar gracias al Salvador.

Muchos siguen conformándose con lo que tienen en lugar de buscar todo lo que el Señor ofrece. Imagínate cual podría ser el carácter de cada uno de los que no volvieron… De los que siguen sin volver aún hoy…

▶ El religioso no quiere más de Jesús. Le llega con lo que tiene. Como los escribas en tiempos del Señor, vive feliz con sus doctrinas y deja a un lado a Dios. No importa si Dios le ha sanado.

▶ El que sólo quiere sentirse bien, y vive gobernado por sus sentidos admira lo que Dios hace, pero jamás se compromete. Cree que podría perder demasiadas cosas valiosas, no le importa que Dios le haya sanado.

▶ El cómodo, no quiere dar un paso hacia ninguna parte. No quiere moverse lo más mínimo para no correr ningún riesgo ni que nadie lo señale. No le importa que Dios le haya sanado.

▶ El que se cree una buena persona, quiere vivir su vida basado en el orgullo de las cosas que hace bien. Incluso para él era imposible ser sanado, pero no le importa. Ahora se siente mejor.

▶ El que jamás se compromete. Todo le gusta, todo le parece bien, siempre quiere quedar bien con todos, y que nadie se enfade con él. No quiere poner al Creador en el primer lugar de su vida. Aunque sepa que Dios le ha dado todo.

▶ El que quiere seguir a dos señores, porque no quiere dejar de disfrutar de nada. Las cosas de Dios le gustan, pero también las que el mundo ofrece, y ¿qué necesidad hay de dejar uno de los dos? Si, Dios le sanó, pero eso ¿qué importa?

▶ El orgulloso, no necesita rectificar nada. Ni siquiera necesita a Dios, no hay lugar para él en su mundo. Se ha hecho a sí mismo. Y aunque estaba enfermo de muerte, no le importa que Dios le haya sanado.

▶ El "oidor olvidadizo", El Señor Jesús se refirió a él en varias ocasiones: Escucha y le agrada, por lo menos por unos momentos, hasta que alguien le cuenta una cosa diferente. Ahora está sano, pero no le importa quién lo ha hecho.

▶ El que ignora el valor de la eternidad, y sólo vive pensando en lo material. Cree que ya tendrá tiempo para tomar una decisión, al fin y al cabo hay muchas cosas que disfrutar en este momento, y no merece la pena perderse ninguna. Sería imposible disfrutar estando enfermo, pero no reconoce que Dios es el que le da la vida.

Todos ellos necesitaban ser limpios, y lo fueron.

Todos necesitaban volver al Señor para ser salvos pero no lo hicieron. Le llamaron "Maestro", porque eso compromete poco. Todavía hoy en casi todas las Universidades se reconoce a Jesús como uno de los mejores (si no el mejor) Maestro de la historia. Pero de ahí a tomar una decisión para seguirle, hay un abismo para muchos.

*El Samaritano aprendió en un solo instante
lo que a muchos les cuesta la vida entera:
la grandeza del agradecimiento*

El contraste con la actitud del samaritano es impresionante. Para El, su vida sólo tenía sentido si volvía a los pies de su Salvador. Y allí se quedó. No sólo un instante, como tantas veces hacemos cuando necesitamos algo del Señor, para inmediatamente levantarnos "a lo nuestro". El Samaritano se quedó postrado. No le importó el tiempo, es más, no le importaba quedar a los pies del Salvador. Era su dueño, se lo debía todo.

No quiso ni siquiera levantarse.

Jesús tuvo que pedirle que lo hiciera, porque ese samaritano había aprendido en un instante la grandeza del agradecimiento, no se consideraba digno ni siquiera de estar en pie delante de su Salvador. Y volvió a su casa sano y salvo. Nunca mejor dicho.

UN SORDOMUDO CON BUENOS AMIGOS

> *"Le trajeron a uno que era sordo y que hablaba con dificultad, y le rogaron que pusiera la mano sobre él. Entonces Jesús, tomándolo aparte de la multitud, a solas, le metió los dedos en los oídos, y escupiendo, le tocó la lengua con la saliva; y levantando los ojos al cielo, suspiró profundamente y le dijo: ¡Effatá!, esto es:¡Ábrete! Y al instante se le abrieron sus oídos, y desapareció el impedimento de su lengua, y hablaba con claridad" Marcos 7:31-37*

Un sordomudo con muy buenos amigos. No podía expresarse, no podía decir lo que necesitaba ni escuchar las palabras de ninguno de sus amigos, pero los amaba y ellos le amaban a él. No sabía nada del Señor ni podía escucharle tampoco, pero sus amigos le trajeron a Jesús y le pidieron que pusiera su mano sobre él.

El Señor vio la fe de ellos, y le sanó, pero no delante de todos. Marcos escribe que le tomó aparte, a solas. Tenía que prestarle atención y mirar a los ojos de su Sanador. Tomó al sordomudo y le tocó los oídos para que le oyese, y la lengua para que pudiese alabarle.

El proceso es el mismo que cuando nosotros queremos adorar a nuestro Señor: necesitamos estar a solas con El, en intimidad con nuestro Salvador, en el secreto de nuestro cuarto de oración. Necesitamos pasar tiempo con El, que no exista nada más importante que vivir cerca de nuestro Creador.

El sordomudo escuchó por primera vez al Mesías. Esas fueron las primeras palabras en su vida, la primera voz, un sonido eterno. Cuando esto ocurrió, Jesús hizo que el sordomudo mirase hacia arriba. Levantó los ojos al cielo para que el enfermo pudiese ver de dónde venía su ayuda.

> *La reacción de los que conocieron al Señor: "Todo lo ha hecho bien" es un eco de las mismas palabras de Dios en la creación*

Los que vieron el milagro decían "Todo lo ha hecho bien" A pesar de que el Señor nunca quiso admiraciones públicas o curaciones extraordinarias para que la gente lo viese, ellos supieron que era el dedo de Dios quién estaba obrando. Utilizaron la misma frase que Dios dice al final de cada momento de la creación (Génesis 1:31) "Vio Dios que todo era bueno". Comprendieron que Jesús era el Dios Creador.

LA NIÑA QUE SÓLO ESTABA "DORMIDA"

> *"Mientras estaba todavía hablando, vinieron de casa del oficial de la sinagoga, diciendo: Tu hija ha muerto, ¿para qué molestas aún al Maestro? Pero Jesús, oyendo lo que se hablaba, dijo al oficial de la sinagoga: No temas, cree solamente (...) Jesús vio el alboroto, y a los que lloraban y se lamentaban mucho. Y entrando*

les dijo: ¿Por qué hacéis alboroto y lloráis? La niña no ha muerto, sino que está dormida. Y se burlaban de El. (…) Y tomando a la niña por la mano, le dijo: Talita cumi (que traducido significa: Niña, a ti te digo, ¡levántate!). Al instante la niña se levantó y comenzó a caminar, pues tenía doce años. Y al momento se quedaron completamente atónitos" Marcos 5:35-43

Jairo había buscado al Señor para pedir sanidad para su hija. Durante largo tiempo la fe de Jairo fue probada, varias veces el Señor se "entretuvo" con otras cosas y otras curaciones mientras el tiempo iba pasando. Quizás Jairo se desesperaba. Por una parte su confianza en Jesús crecía, porque veía todas las cosas grandes que estaba haciendo, pero al mismo tiempo la situación de su hija era cada vez más grave. Hasta que llegó la peor noticia: "tu hija ha muerto". En ese momento, el Señor le habla, "no temas, cree solamente". Jairo necesitaba seguir creyendo, pero ¿Hasta cuando?

Llegaron a casa, y la fe de Jairo desaparecía poco a poco. El tiempo era su peor enemigo. Cuando entraron en su hogar, la familia estaba acompañada por muchas personas. En principio era una señal de amistad, pero en ese momento lo único que podían hacer era llorar, se lamentaban, pero no podían hacer nada. Y Jairo se compadecía de sí mismo, porque aparentemente nada bueno estaba ocurriendo.

"Mientras estaba hablando"… Su hija muere cuando el Señor estaba con él, y surge la misma pregunta que nosotros tenemos en el corazón en tantas ocasiones ¿Cómo me puede pasar algo malo mientras estoy con el Señor? ¿Cómo puede morir mi hija/o padre/madre, etc. cuando estoy andando con Jesús?

Jairo necesitó aprender a esperar en Dios, y lo mismo tenemos que hacer nosotros. Dios se mueve entre nuestro dolor y nuestra esperanza, y espera que nosotros confiemos más en El, que le demos más valor a la esperanza, y alimentemos menos a nuestro dolor. Aunque a veces nos parezca imposible, porque siempre surgen las mismas preguntas: ¿Por qué me sucede algo malo cuando estoy con el Señor? ¿Cómo puede morir mi hija, mi hijo, mis padres, mi mujer, mi marido, mi mejor amigo, etc? Si Jesús está conmigo ¿Es que no puede hacer algo? ¿No estoy haciendo lo correcto? ¿No estoy con El? ¿Por qué entonces?

Siempre hay esperanza cuando Cristo toca la vida de una persona. Jesús tocó a la hija de Jairo, y ésta se levantó de entre los muertos. Pero no todo terminó ahí: Cuando Jesús le dijo "niña, a ti te digo, levántate" No era sólo una orden para que la vida volviese a ella, el llamado de Cristo es para levantarnos, para devolvernos nuestra dignidad, para que miremos hacia El. No importa si estamos caídos por culpa de la amargura, la ansiedad, las drogas, el dolor, el odio, o cualquier otro enemigo. Aunque hay muchas cosas que nos dejan caídos y prácticamente muertos, Dios nos levanta y restaura nuestra vida.

Y no sólo eso, sino que se preocupa de los detalles que creemos menos importantes, porque lo primero que pidió a sus padres es que le dieran comida a la niña. Así es nuestro Dios, no sólo nos da vida y nos levanta, también quiere que tengamos comida, que no nos falte nada.

Conocemos muchas historias por los evangelios. Sabemos que el Señor Jesús no escondió a los enfermos, sino que se puso de su lado. Los dignificó y los levantó. No sólo los curó, sino que se preocupó por ellos y dio la mayor parte de su tiempo a los que eran despreciados y débiles. Quería que todos aprendiésemos a estar con los que sufren. El sufrimiento no es un castigo de Dios, como creían los religiosos de otros tiempos, sino una oportunidad que Dios nos da para parecernos más a su Hijo. Si queremos vivir como cristianos debemos andar como El anduvo. Si queremos predicar el evangelio, la mejor manera de hacerlo es preocuparnos por los que sufren.

El secreto es vivir siempre cerca del Señor pase lo que pase. Creer en El, porque el Señor tiene poder para cambiar cualquier circunstancia, necesitamos no sólo pedir ayuda en nuestra incredulidad, sino descansar por completo en El. En la salud y en la enfermedad, en la pobreza o en la riqueza… ¿Nos suenan conocidas esas promesas?

Pues no menos que eso debe ser el resultado de nuestro amor al Señor.

28 TRES HERMANOS: MARÍA, MARTA Y LÁZARO

Imagínate que vives en la misma época del Señor Jesús, y tienes tu casa en una de las ciudades que Él visitó. ¿Le habrías invitado a comer y a dormir con tu familia? ¿Tendría tu casa abierta en todo momento? ¿Tendría la confianza como para venir cuando él quisiera, sin tener que dejar recado, sin ni siquiera pedir permiso? Yo creo que la gran mayoría de nosotros respondería que sí. Que no importaría lo que El Señor quisiera, porque nuestra casa sería siempre la suya.

¿Seguro?

La historia nos dice que la mayoría de las noches, el Señor no tenía dónde reclinar su cabeza. No tenía un lugar para dormir, para descansar, para sentirse querido y aceptado. Sólo una familia tuvo siempre la puerta abierta para Él. Eran los amigos de Jesús, la casa a la que Él fue en tantas ocasiones. Esa casa estaba en Betania, y allí vivían Marta, María y Lázaro. Tres hermanos con un carácter bien diferente.

MARTA, LA QUE SE PREOCUPABA DEMASIADO

> *"Mientras iban ellos de camino, El entró en cierta aldea; y una mujer llamada Marta le recibió en su casa. Y ella tenía una hermana que se llamaba María, que sentada a los pies del Señor, escuchaba su palabra. Pero Marta se preocupaba con todos los preparativos; y acercándose a El, le dijo: Señor, ¿no te importa que mi hermana me deje servir sola? Dile, pues, que me ayude. Respondiendo el Señor, le dijo: Marta, Marta, tú estás preocupada y molesta por tantas cosas; pero una sola cosa es necesaria, y María ha escogido la parte buena, la cual no le será quitada" Lucas 10:38-42*

Marta era la responsable de la casa, el mismo Lucas escribe que era la casa de Marta, y María era su hermana. Así pensaban todos, y puede que Marta se haya tomado esa responsabilidad muy en serio. Puede que sus padres hubieran muerto, porque nunca se mencionan en el texto bíblico, y puede que Marta fuese la mayor. Se preocupaba de todos los preparativos, se preocupaba de que todo estuviese bien, se preocupaba por el trabajo...

Se preocupaba demasiado.

Se molestó porque su hermana no la ayudaba. Siempre es así, cuando trabajamos con una motivación equivocada somos los primeros en juzgar a los demás. Marta trabajaba y se quejaba, María había escogido la paz de la adoración, el sentido de estar siempre cerca del Señor.

El trabajo podía esperar un poco.

"Te preocupas y te agitas por muchas cosas, y hay necesidad de pocas, o mejor, de una sola" le dijo el Señor a Marta, dándole la razón a la hermana criticada. María solo quiere estar con Jesús, no quiere perderse nada. ¡No quiere ni comer! Sin que nadie se lo explicase había comprendido perfectamente el secreto del ayuno, la necesidad de estar cerca de Dios para no vivir un solo momento lejos de El.

Jesús quería enseñar a Marta que estar trabajando con El es más importante que estar ocupados para El.

El secreto de la evangelización y de la vida cristiana es un corazón enamorado del Señor, no el trabajo en primer lugar. Hemos hecho de la eficacia un ídolo, y los "resultados" son el producto de la adoración a ese ídolo. El Señor Jesús nunca se preocupó por los resultados de lo que hacía, sencillamente vivió y proclamó el evangelio del reino. Dios no quiere que trabajemos llenos de preocupación, cansancio y a veces amargura. Dios quiere que le amemos en primer lugar. Eso era lo que no había comprendido Marta.

Los hijos no nacen del servicio o el trabajo, sino del amor

Recuerda que del amor al Señor vienen los hijos espirituales, no tanto del servicio. Si nos pasamos la vida sólo trabajando para Dios, será difícil que la gente venga a El, porque lo único que ven es nuestro trabajo, no nuestro amor. Dios NO quiso que los hijos naciesen en el matrimonio como fruto del trabajo, sino como resultado del amor.

Cuando vivimos enamorados del Señor, todos van a ver algo diferente en nosotros. Muchos van a querer escuchar la razón de nuestro amor. El Señor quiere a su novia para amarla, no para que sea su sierva en primer lugar.

Nosotros intentamos vivir como si Dios fuese nuestro Señor, y de hecho lo es, pero olvidamos que es también nuestro novio, y que nuestro primer deber es amarle incondicionalmente, disfrutar en Su presencia, estar a su lado de una manera radiante, casi "orgullosos" por quién llevamos dentro de nosotros.

Igual que cualquiera de nosotros, El Señor quiere a su novia para amarla, no para que sea su sierva en primer lugar

La Biblia dice que Marta "se distraía" con muchas cosas. Ese es el significado literal de la palabra que utilizó el Señor. Muchas veces las cosas buenas, incluso el servicio, nos distraen de estar con el Señor. El trabajo se vuelve más importante que nuestro Dios, y comenzamos a juzgar a otros, porque cuando nuestra medida espiritual es lo que hacemos, la comparación es obligatoria: "yo trabajo más que aquel otro".

Si la medida es el amor, es mucho más difícil de juzgar quién ama más o menos, ¡Cuánto más amemos, mejor!

LA MUERTE DE UN AMIGO, LA PÉRDIDA DE UN HERMANO

Llegó el día más triste para toda la familia. Lázaro enfermó, y Jesús lo supo.

Hasta aquí todo parece normal. Lo que extrañó a todos fue que el Señor no se preocupase por su amigo, que no hiciese nada por ayudarle. Los fariseos, que buscaban cualquier situación para intentar desacreditar a Jesús, avergonzaron a María y a Marta cuando el Maestro no vino.

Peor se pusieron las cosas cuando el Señor anunció que la enfermedad no era para muerte y más tarde todos vieron que se había "equivocado". Esos fueron los peores momentos en la vida de María y Marta. Sobre todo en el caso de Marta, que le gustaba tener todo "controlado"

No se habían dado cuenta que el retraso era parte del plan de Dios, porque el Señor amaba a Marta (Juan 11:5) y tenía algo trascendental que enseñarle. Se preocupaba por ella y quería que Marta supiese que El estaba a su lado y que podía hacer cualquier cosa por ella.

A nosotros nos pasa muchas veces también. No somos capaces de comprender que cuando Dios parece que no llega a tiempo, siempre tiene un propósito. Aparentemente todo va mal, y todos se burlan de nosotros preguntándonos dónde está el Dios en quién confiamos. A veces puede llegar a pasar así en nuestra vida, y los silencios de Dios no son más que pruebas para fortalecer nuestro corazón.

> *"Marta dijo a Jesús: Señor, si hubieras estado aquí, mi hermano no habría muerto. Aun ahora, yo sé que todo lo que pidas a Dios, Dios*

te lo concederá. Jesús le dijo: Tu hermano resucitará. Marta le contestó: Yo sé que resucitará en la resurrección, en el día final. Jesús le dijo: Yo soy la resurrección y la vida; el que cree en mí, aunque muera, vivirá, y todo el que vive y cree en mí, no morirá jamás. ¿Crees esto? Ella le dijo: Sí, Señor; yo he creído que tú eres el Cristo, el Hijo de Dios, el que viene al mundo. Y habiendo dicho esto, se fue y llamó a su hermana María, diciéndole en secreto: El Maestro está aquí, y te llama (…) Cuando María llegó adonde estaba Jesús, al verle, se arrojó entonces a sus pies, diciéndole: Señor, si hubieras estado aquí, mi hermano no habría muerto. Y cuando Jesús la vio llorando, y a los judíos que vinieron con ella llorando también, se conmovió profundamente en el espíritu, y se entristeció, y dijo: ¿Dónde lo pusisteis? Le dijeron: Señor, ven y ve. Jesús lloró. (…) Jesús dijo: Quitad la piedra. Marta, hermana del que había muerto, le dijo: Señor, ya hiede, porque hace cuatro días que murió. Jesús le dijo: ¿No te dije que si crees, verás la gloria de Dios? Entonces quitaron la piedra. Jesús alzó los ojos a lo alto, y dijo: Padre, te doy gracias porque me has oído. Yo sabía que siempre me oyes; pero lo dije por causa de la multitud que me rodea, para que crean que tú me has enviado. Habiendo dicho esto, gritó con fuerte voz: ¡Lázaro, ven fuera! Y el que había muerto salió, los pies y las manos atados con vendas, y el rostro envuelto en un sudario. Jesús les dijo: Desatadlo, y dejadlo ir" Juan 11.20 y ss.

Cuando el Señor llegó ¡por fin! a la casa, Marta no pudo esperar más y salió corriendo. Llegó adonde estaba Jesús mucho antes de que él llegase a la casa. Casi le gritó lo que estaba pasando. Marta tenía problemas con sus actitudes, le habla al Señor casi como si se lo reprochara, con la firmeza de quién sabe que tiene la razón y le da explicaciones a quién ha hecho algo indebido o se ha olvidado de cumplir su deber.

Cuando nuestra primera motivación es el trabajo, corremos el riesgo de tener como arma preferida el reproche. Usamos esa arma delante de todos a la primera oportunidad que tenemos, porque nosotros estamos trabajando, cumpliendo nuestro deber. Y punto.

Los que viven para el trabajo corren el riesgo
de tener como arma preferida el reproche

El Señor se sonrió y buscó la manera en la que ella pudiera pararse a reflexionar.

Porque siempre que el trabajo lo es todo en nuestra vida, Dios nos hace parar para que tengamos tiempo para pensar. Tiempo de encontrarnos con El. Tiempo para escucharle.

"Yo soy la resurrección y la vida" le dijo. Era una manera de explicarle a Marta que no importaba que Lázaro estuviese muerto, que El podía resucitar a su hermano. Aquí empezaron los problemas para Marta, porque si ella creía sólo intelectualmente lo que estaba escuchando, su fe servía de poco.

Jesús la enfrentó también con ese problema. Su respuesta es impresionante: "Yo soy".

Estaba allí, a su lado, de la misma manera que está con nosotros. Aunque Marta no creía que Jesús pudiera hacer algo en ese momento.

Dios tiene paciencia con nosotros. Mucha paciencia. Jesús llevó a Marta al lugar que ella necesitaba: "Cree en mi". Eso es, un conocimiento personal, íntimo, profundo, directo. Implica descansar toda nuestra vida, nuestra mente y nuestras emociones en El. Mucho más en un momento como éste, en el que la muerte se había apoderado de la situación.

Jesús estaba hablando a Marta y a los millones de millones de Martas que han existido en la historia de la humanidad. Personas a las que nos ha costado mucho descansar en lo que Dios dice.

"Todo el que vive y cree en mí, no morirá jamás" La promesa es para todos sin excepción. Sólo hay una condición, estar vivos. Se necesita reconocer a Jesús como Salvador mientras uno está vivo. No sirve de nada lo que hagamos por alguien que ya está muerto, porque la condición es muy clara: Creer en Jesús. No sirven de nada la religión, la tradición, las obras, las ideas, ninguna otra cosa. La perdición no existe para el que pone su confianza en Cristo, esa es la diferencia. No moriremos jamás. Viviremos para siempre.

El Señor podía haber terminado la frase aquí, y esperar la reacción de Marta. Pero no lo hizo. Le lanzó la pregunta más importante de toda su vida

"¿Crees esto?"

La pregunta más importante de la historia de Marta. La pregunta más importante en la historia de cada persona en este mundo.

Marta respondió "Yo he creído..." y se fue.

¿Se puede creer que Jesús es la vida en persona, que puede hacer cualquier cosa, que tiene poder para resucitar a cualquiera de los muertos y marchar? ¿Se puede tener al Mesías a nuestro lado, sabiendo que es el Hijo de Dios, y darse media vuelta siguiendo el camino?

Marta tenía una fe constante y firme (Juan 11:17) Creía y conocía la verdad perfectamente, pero no supo dar el siguiente paso. No fue capaz de descansar completamente en el Señor, y ver lo que El iba a hacer. Inmediatamente fue a buscar a su hermana María, diciéndole que el Señor la llamaba, lo que era una verdad a medias solamente. Esa misma actitud nuestra cuando le decimos a alguien que está cerca del Señor "ora por mi, porque sé que Dios te escucha" Es curioso, porque cuando toda nuestra motivación espiritual es el trabajo, siempre terminamos yendo a buscar a los que viven cerca del Señor. Sabemos que nos falta algo

Entonces aparece María. Ella se había quedado esperando a Jesús, no se preocupó de nada porque sabía que el Señor tarde o temprano vendría. No necesitaba ir a buscarle, sabía que El iba a solucionarlo todo.

Esa es la gran diferencia entre la confianza que espera y la inseguridad que va a la búsqueda de soluciones, para luego irse cuando las encuentra, por no tener paciencia. La gran diferencia entre la oración que descansa en la presencia del Señor de aquella otra que son sólo palabras.

María se levantó deprisa para ir a dónde estaba el Señor, y se arrojó a sus pies. Esa es la actitud de un adorador, de alguien que ama verdaderamente. María se emocionó delante del Señor. Le habló llorando, y el sufrimiento de un corazón que ama siempre conmueve a Dios. Por eso lloró Jesús, y sus lágrimas fueron un llanto manos por sus mejillas.

Pero no sólo lloró por lo inevitable, la muerte de su amigo, sino que lo hizo evitable en ese mismo momento. Mandó abrir la tumba.

Marta no pudo soportarlo. Estábamos convencidos de que el Señor había hablado a su corazón y ella había entendido lo que el Salvador quería explicarle, pero Marta aún no lo creía. Cuando el Señor ordena quitar la piedra, es Marta la que dice que no es posible, que ya han pasado cuatro días. Una tras otra engancha mil excusas para no cumplir la voluntad del Señor. NO lo cree.

¿No le había dicho que El era la resurrección y la vida?

¿No es capaz de obedecer al Mesías ni siquiera en este momento? ¿No le creía?

El conocer que se utiliza en la Biblia es un conocimiento experimental, personal, que llega a lo profundo del corazón y la vida

Jesús no argumentó otra vez con Marta. No le volvió a explicar que El era la resurrección ni buscó los argumentos teológicos. Sencillamente la dejó con una pregunta, la misma que sigue con nosotros día tras día, en todas las decisiones, en todos los momentos en los que nuestra fe flaquea. Cada vez que no sabemos lo que va a ocurrir.

"¿No te he dicho que si creyeres verás la gloria de Dios?"

"Quitad la piedra" dice antes de resucitar a Lázaro. Podía haber hecho que Lázaro saliese, pero pide que ellos hagan algo, que quiten la piedra. Es como si Dios nos recordase que nosotros tenemos que hacer nuestra parte, que debemos confiar y cumplir con nuestro trabajo antes de que El haga lo milagroso.

Sólo entonces Jesús llamó a Lázaro, y éste obedeció la voz de su Creador, y salió a la vida. La historia parecía haber terminado por el momento, porque ahí empezó la fiesta. Ganar un hermano que estaba en la tumba no es algo que ocurre todos los días.

Pero justo al final de la historia, encontramos una frase que no puede pasar desapercibida. "La gente venía a ver a María" (v. 45). Es curioso, los vecinos no venían a encontrarse con Lázaro el resucitado, sino con María. No venían para ver a Marta, la que siempre tenía todo a punto, la que hacía todas las cosas de una manera perfecta, todos querían estar con María.

María tenía una cualidad difícil de encontrar, y al mismo tiempo la más sencilla de adquirir: Amaba profundamente al Señor.

Cuando terminamos de leer la historia, vuelve a nuestra mente como un eco, el "reproche" de Marta. "Si hubieras estado aquí…" Suena igual que lo que le decimos a Dios muchas veces: "¿Dónde estabas cuando te necesitábamos? ¡Si hubieras estado aquí no me habría pasado nada malo! ¡Si hubieras estado aquí, tal o cual persona no habría enfermado, o fallecido, o este problema no sería tan grande o…!

Como si nuestro Señor a veces estuviera ausente, o no se preocupase de nosotros. Los fariseos avergonzaron a María y a Marta cuando Jesús no vino. A veces puede llegar a pasar así en nuestra vida, y otros nos avergüenzan por creer y descansar en nuestro Padre. No saben que los silencios de Dios son pruebas para fortalecer nuestro corazón. No se han dado cuenta nunca que cuando más callado está nuestro Padre es cuando está más cerca de nosotros.

Jesús sí vino.

Hizo lo que tenía que hacer y transformó completamente la situación. Nada escapó, escapa ni escapará al control de sus manos. El llega siempre en el momento exacto para hacer TODO lo que necesitamos.

Y siempre será así, aunque a veces tengamos que esperar. Si creemos, llegaremos a ver la gloria de Dios aún en las circunstancias más difíciles.

Aunque nos parecía que El no estaba con nosotros cuando lo necesitábamos.

29 ENCUENTROS EN EL MAR

El mar fue uno de los lugares preferidos por el Señor. Los evangelios mencionan que él se acercaba a la playa algunas veces para pasear, otras para orar, incluso en ocasiones se menciona que sencillamente se sentaba cerca del mar y observaba. Muchas de sus enseñanzas se escucharon con el dulce susurro de las olas de fondo. Algunos de sus milagros sucedieron con el fondo azul en el horizonte. A veces sus palabras y sus gestos "olían" a pescado. Los discípulos aprendieron a seguirle, caminando con sus pies semienterrados en la arena de la playa.

Uno de los evangelistas, Marcos, era discípulo del pescador. Pedro incluso lo llama "su hijo" cuando envía los saludos en la primera de sus cartas (1). A Pedro no se le olvidaron sus orígenes, aunque el tiempo fuera pasando. Cuando le explicó muchos de los momentos pasados con el Señor a Marcos, nos damos cuenta que al lado del mar pasaron gran parte de los días con el Maestro. Jesús no sólo escogió a pescadores para que fueran sus discípulos, sino que utilizó muchas circunstancias relacionadas con el mar para enseñarles lecciones eternas. Lecciones imprescindibles en la vida. Ellos no olvidarían nunca esas enseñanzas, porque el mar estaba en su corazón.

1. EL SEÑOR LLAMA A SUS DISCÍPULOS

El Señor llamó a los que iban a ser sus discípulos. Los escogió Él personalmente.

No los buscó en el templo, donde estaban los intérpretes de la ley, los maestros y los religiosos. Tampoco lo hizo entre la familia real, ni entre los soldados, ni fue al Sanedrín, en dónde se encontraban los más preparados espiritualmente de todo el pueblo de Israel. Jesús fue directamente al mar de Genesaret, al lugar dónde a menudo ocurrían las tempestades, para llamar a aquellos que estaban acostumbrados a vivir al límite del riesgo para dar que comer a sus familias. El Señor llamó a pescadores.

Pescadores. Sabían bien su oficio, no eran holgazanes. La historia nos dice que cuando el Señor los llamó, algunos de ellos estaban remendando las redes y otros pescando. Todos estaban trabajando duro. Los pescadores saben esperar, y saben lo que es el desaliento de no pescar nada y tener que volver a empezar con las mismas energías al día siguiente. Saben confiar en Dios para lo que deben hacer, saben que casi todo depende de lo que Dios pueda ofrecerles, más que de su habilidad en el trabajo.

> *Jesús fue directamente al mar de Genesaret, al lugar dónde a menudo ocurrían las tempestades, para llamar a aquellos que estaban acostumbrados a vivir al límite del riesgo*

Marcos escribe bajo la inspiración del Espíritu Santo, pero también con la influencia del apóstol Pedro. Esa es la razón por la que conocemos tantos detalles del momento en el que Jesús llamó a sus discípulos. Parecía un día normal, y se estaban preparando para salir a su trabajo, pero Jesús llegó…

> *"Mientras caminaba junto al mar de Galilea, vio a Simón y a Andrés, hermano de Simón, echando una red en el mar, porque eran pescadores. Y Jesús les dijo: Seguidme, y yo haré que seáis*

pescadores de hombres. Y dejando al instante las redes, le siguieron. Yendo un poco más adelante vio a Jacobo, el hijo de Zebedeo, y a su hermano Juan, los cuales estaban también en la barca, remendando las redes. Y al instante los llamó; y ellos, dejando a su padre Zebedeo en la barca con los jornaleros, se fueron tras El" Marcos 1:16-20

El Señor Jesús paseaba bordeando el mar, como si quisiera que ellos supieran que los estaba buscando. El era Dios y sabía dónde tenía que buscar, pero en cierta manera estaba haciendo más larga su búsqueda, para que los que iban a ser sus discípulos viesen que había venido a encontrarlos a ellos.

Jesús los llamó, y ellos dejando al instante las redes le siguieron. No necesitaron ninguna señal, sólo a Cristo (v. 19). "Los vio" Había muchos otros pescadores, pero los escogió a ellos. Dios sabe quienes somos cada uno de nosotros, nos ve en nuestro trabajo, conoce nuestros sueños, sabe lo que hay en nuestro corazón: El nos ve, aunque nosotros creamos que tenemos poca importancia. Recuerda que Jesús "llamó a los que El quiso" (Marcos 3:13) No hay ninguna posibilidad de argumentar, de discutir, de decidir si alguien es válido o no. Dios siempre llama a quienes quiere y de la manera que El quiere. Para eso es Dios.

Cuando el Señor los llamó estaba muy cansado. Había recorrido un largo camino, y la noche anterior la había pasado en vela orando, hablando con su Padre. Sin embargo comenzó a enseñar a todos en ese mismo momento. Estaba mostrando también a sus discípulos lo que significa el llamamiento, lo que es hacer el bien aún en medio del cansancio. Ellos dejaban de pescar cuando habían terminado su trabajo, o cuando no había fruto de él. El trabajo del Señor no terminaba nunca. Jamás debían olvidar esa primera lección.

Los ahora seguidores del Maestro, dejaron las barcas, algunos dejaron incluso a su propio padre, y se fueron tras El. Ese era el objetivo, "que estuvieran con El" (Marcos 3:13). Ese fue el mensaje del Señor "Seguidme". Esa era una de las lecciones que necesitaban aprender que no se puede dar lo que no se ha recibido, que tenían que estar muy cerca del Maestro. No podemos ser fuentes de vida si no estamos dentro de la Fuente con mayúsculas.

El Señor no escogió a sus discípulos entre los miembros del Sanedrín, el templo o el Palacio. Fue directamente a buscar a aquellos que trabajaban y arriesgaban sus vidas en el mar

Los capacitó de una manera inmejorable. No quiso examinarlos en cuanto a sus conocimientos o aptitudes, sino que los enseñó a vivir. Les dio autoridad y los envolvió en el ministerio (Mateo 17:14-21) Desde el mismo momento en que los llamó pasaron a ser "uno" con El. Muchas veces le siguieron fielmente, muchas otras se equivocaron, le fallaron e incluso en algún momento le abandonaron. Pero el Señor se comprometió con ellos, y los amó y defendió aún más allá de la muerte.

El llamado del Señor fue inolvidable para todos. Cada evangelista recuerda detalles concretos de su llamado, e inspirado por Dios nos enseña lo que significó para él aquel momento de su vida. El día en que encontraron al Señor, hablaron hasta bien entrada la noche. Juan, el que sería llamado el discípulo amado jamás olvidó la hora en la que encontró al Señor *"Y se quedaron con El aquel día, porque era como la hora décima" Juan 1:39.*

Ninguno de sus discípulos olvidó jamás los detalles y el momento de su llamado

"Y El salió de nuevo a la orilla del mar,(…) Y al pasar, vio a Leví, hijo de Alfeo, sentado en la oficina de los tributos, y le dijo: Sígueme. Y levantándose, le siguió". Marcos 2:13-17

Leví (Mateo) era judío, pero era un publicano. Los cobradores de impuestos estaban excomulgados de la sinagoga y calificados en muchas ocasiones como homicidas y ladrones. La Biblia dice que era un publicano de la peor clase, un aduanero, uno de los que se ponía en los puertos recibiendo las barcas de pesca, para cobrarles sus impuestos. Habitualmente aumentaban las cargas de impuestos para su propio provecho. Los publicanos estaban descalificados para ser testigos en un juicio y no tenían, según los judíos, ninguna posibilidad de arrepentirse y volver a Dios. Pero Cristo lo llamó, y no le puso ninguna condición. Una sola palabra bastó: "Sígueme".

Jesús sólo había invitado a Leví, pero el evangelista escribe que muchos otros llegaron, Mateo invitó a todos sus amigos e hizo un gran banquete para celebrar su encuentro con el Señor. Hasta ese momento había vivido preocupado por el dinero quizás, pero de repente llegó el Señor, y Mateo lo abandonó todo. Su casa se llenó de alegría, y el Maestro se unió a la fiesta.

2. LAS TEMPESTADES DE LA VIDA

> *"Se levantó una violenta tempestad, y las olas se lanzaban sobre la barca de tal manera que ya se anegaba la barca. El estaba en la popa, durmiendo sobre un cabezal; entonces le despertaron y le dijeron: Maestro, ¿no te importa que perezcamos? Y levantándose, reprendió al viento, y dijo al mar: ¡Cálmate, sosiégate! Y el viento cesó, y sobrevino una gran calma. Entonces les dijo: ¿Por qué estáis amedrentados? ¿Cómo no tenéis fe?" Marcos 4:36-41*

Las situaciones "límite" eran muy normales entre los pescadores, en casi todos los viajes se jugaban la vida por culpa de las tempestades. Vivían atrapados en su "destino" sin poder hacer nada para cambiarlo. Eran gente acostumbrada a confiar y descansar. Muchas veces toda su fuerza no bastaba para controlar el barco, así que se "abandonaban" a lo que Dios quisiera hacer con ellos. No porque lo hubiesen querido así, sino porque no tenían otro remedio.

A pesar de estar acostumbrados a todo, Marcos relata un momento que jamás habían vivido antes. En este viaje llevaban consigo al Maestro y de pronto pensaron que eso era un "seguro de vida" para cualquier circunstancia, así que se hicieron a la mar con más confianza de lo habitual. No era para menos. El Creador de cielos y tierra viajaba en su misma barca.

Cuando la tempestad se desata, sus vidas empiezan a correr peligro. En ese momento nada tiene sentido. Todos trabajan achicando agua y esforzándose en mantener el barco bajo control. Todos menos El. Todos están preocupados, excitados, nerviosos, llenos de miedo, y El duerme. Todos van perdiendo poco a poco sus fuerzas y con ellas su vida, y el Maestro no sólo no se preocupa, sino que incluso se mantiene dormido. Eso les desconcierta, les preocupa, a algunos incluso les llena de rabia. Porque mientras el Señor sigue "durmiendo" ellos están trabajando duro y creen que Dios no oye.

Muchas veces en las situaciones más difíciles de la vida, aparentemente, Dios "duerme"

Los discípulos le despiertan y le reprochan: "¿No te importa que perezcamos?"

No le pidieron ayuda. No le gritaron para que calmara los vientos y el mar. No le despertaron para decirle que confiaban en El, y esperaban un milagro. No. Le despertaron para reprocharle que no le importase que ellos murieran. Porque aparentemente mientras ellos estaban llegando hasta el último aliento de su vida y sus fuerzas, el Creador estaba durmiendo.

Lo mismo hacemos nosotros cuando nos encontramos en una situación que no entendemos. Clamamos a Dios y le culpamos, porque no entendemos lo que El hace. Le reprochamos que no venga en nuestra ayuda de una manera inmediata. Pensamos que a El no le importa lo que nos sucede, que vive lejos de nosotros. Somos más rápidos para reprochar su "dormir", su estar lejos de nosotros, que para pedirle ayuda. Nos sentimos mejor reprochando y culpando que confesando nuestra necesidad.

Lo más curioso de todo es que mientras nosotros nos debatimos entre el reproche y la duda, El Señor sólo necesita una palabra, un simple gesto para controlar la situación. Alza su mano y le dice al mar "Cálmate". Y con un solo gesto de Dios todo cambia. Nosotros seguimos preguntándonos ¿por qué el Señor no actúa antes? Y la respuesta sigue siendo siempre la misma: Dios obra en el tiempo exacto.

Siempre espera a que nuestra fe salga a flote. Porque la confianza en Dios es lo que marca la diferencia, y nuestra fe crece cuando es probada. Puede que

Pedro recordase esta situación cuando escribió *"para que la prueba de vuestra fe, más preciosa que el oro que perece, aunque probado por fuego, sea hallada que resulta en alabanza, gloria y honor en la revelación de Jesucristo"* (1 Pedro 1:7)

Jesús es el Señor de la naturaleza. Da órdenes y el mar obedece, "Yo te mando" le dice. Habla con poder, sin titubeos, ordenando, sabiendo que El es el Rey (Marcos 9:25). Podía dormir tranquilamente porque El mismo había creado la naturaleza.

Entonces llega la pregunta crucial para ellos ¿Por qué tenéis miedo?

Por mucho que el mar rugiese, nunca podría hacerles daño. El estaba con ellos. El seguía siendo el Todopoderoso aún durmiendo. Dios tiene todas las cosas en sus manos, aún cuando a nosotros nos de la impresión de que está dormido. Podemos descansar tranquilos.

Pedro jamás lo olvidó. Cuando en los primeros tiempos de la Iglesia, está en la cárcel para ser ejecutado al día siguiente (Hechos 4), duerme tranquilamente confiando en Dios. El ángel que viene a ayudarle casi tiene que golpearle para despertarlo. Pedro sabía que Dios no le iba a abandonar. Aún en la noche anterior a lo que iba a ser su propia muerte duerme profundamente. Tranquilo. Descansando en Dios. Sabía que aún cuando dormimos Dios cuida de nosotros. Había aprendido una de las lecciones más importantes de su vida.

3. APRENDIENDO A ANDAR SOBRE LAS AGUAS

"Y a la cuarta vigilia de la noche, Jesús vino a ellos andando sobre el mar. Y los discípulos, viéndole andar sobre el mar, se turbaron, y decían: ¡Es un fantasma! Y de miedo, se pusieron a gritar. Pero enseguida Jesús les habló, diciendo: Tened ánimo, soy yo; no temáis. Respondiéndole Pedro, dijo: Señor, si eres tú, mándame que vaya a ti sobre las aguas. Y El dijo: Ven. Y descendiendo Pedro de la barca, caminó sobre las aguas, y fue hacia Jesús. Pero viendo la

fuerza del viento tuvo miedo, y empezando a hundirse gritó, diciendo: ¡Señor, sálvame! Y al instante Jesús, extendiendo la mano, lo sostuvo y le dijo: Hombre de poca fe, ¿por qué dudaste? Cuando ellos subieron a la barca, el viento se calmó". Mateo 14:24-33

Una vez más, los discípulos salieron a pescar, pero el Señor no fue con ellos.

Muchas situaciones difíciles aparecen en nuestra vida cuando dejamos al Señor en tierra. Cuando pensamos que podemos hacer cualquier cosa nosotros solos, y nos volvemos arrogantes y autosuficientes sin preocuparnos de que estamos emprendiendo un viaje (por muy pequeño que sea) sin llevar al Señor con nosotros. Creemos que en ciertos momentos no le necesitamos. Creemos que tenemos que "descansar" de El, quedarnos un poco al margen, sentirnos menos agobiados con Su presencia.

A veces estamos completamente convencidos que unos momentos sin Dios no nos harán daño. Y en esos momentos nos sentimos más desgraciados que nunca. Más ansiosos que nunca. Más desesperados que nunca, porque no podemos llegar a nuestro destino sin que El viaje con nosotros. No importa si nos referimos a una pequeña decisión, a algo que queremos hacer, o incluso al viaje entero de nuestra vida. Si dejamos a Dios de lado, nos fatigamos tratando de llevar nuestra barca a algún lugar.

A veces creemos que tenemos que "descansar" de El, quedarnos un poco al margen, sentirnos menos agobiados con Su presencia.

Porque sin Dios en la vida, el viento siempre es contrario. Podemos agotarnos hasta el sufrimiento sin ir a ningún lugar. Lo más grande de todo es que Dios no nos abandona. Aunque lo hayamos dejado en la orilla.

Jesús se aparece a la cuarta vigilia: quizás la hora más complicada, el momento menos apropiado, el instante menos esperado. Pero es el Señor, y es bueno que venga. Sea cuando le esperamos, o sea de madrugada, sea cuando todo está preparado o cuando parece que no tenemos fuerzas para verle. Le necesitamos siempre, no podemos dejar que pase de largo.

Todos lo vieron, pero creyeron que era un fantasma. ¡Gritaron de miedo! A pesar de conocerle perfectamente y de conocer su poder, se asombraron al verle. Algunas personas cuando escuchan todo lo que Dios les ofrece, creen que no es cierto, que todo son fantasías. A veces nosotros mismos, cuando escuchamos la voz de Dios creemos ver fantasmas y lo dejamos "pasar de largo".

La respuesta del Señor es la más tierna y emocionante que podemos escuchar. Les dice "Tened ánimo..." porque quería que ellos aprendieran a confiar en El.

"Soy yo..." porque quería que volvieran a tener esperanza.

"No temáis..." porque quería que dejaran de tener miedo, que le sintieran lo más cerca posible.

Para saber lo que significa andar sobre las aguas ¡Hay que salir de la barca!

Podía haber terminado así la historia, y las enseñanzas serían impresionantes. De hecho para los discípulos, la historia terminó en ese momento.

Bueno, para todos menos para Pedro. Pedro siempre buscaba "algo más". Y gracias a él, nosotros podemos conocer más cosas de nuestro Señor. Dios ama a aquellos que no se conforman, que siempre quieren más, que desean acercarse al Señor un poco más. Pedro no se conformó con un milagro y quiso otro. Quiso andar sobre las aguas, nada menos.

Si el Señor podía hacerlo, él también. Al fin y al cabo, Jesús les había dicho que harían las mismas cosas que El, e incluso mayores. Así que Pedro se desafió a sí mismo delante de todos y quiso ir hasta dónde estaba Jesús. Esa es la actitud que todos necesitamos. El deseo de desafiar al Señor en el buen sentido de la palabra. La necesidad de esperar siempre lo más grande del Maestro sin importarnos si los demás van a reírse de nosotros. El querer ir a dónde está Jesús aunque tengamos que soportar algunas burlas en el camino..

La barca es el lugar seguro, cómodo. Nos ayuda a vivir una vida "tranquila" y "pacífica". En la barca tenemos confort, seguridad, disfrutamos de las cosas, vivimos bien. Puede que estemos siguiendo al Señor, pero de una manera que nadie nos moleste. A veces sin que muchos sepan que somos creyentes. Tranquilidad, seguridad, control, Iglesias sin problemas... Si tomamos la decisión de crecer y salir adelante, si nos arriesgamos a desafíos nuevos, siempre vamos a sentir la intranquilidad de lo desconocido.

Pedro comenzó a andar sobre el agua. Le gritó al Señor "si eres Tu, mándame..." Puso sus pies sobre el agua agarrado firmemente a la palabra del Maestro. Jesús había dicho "Soy yo, no temáis", así que Pedro decide confiar en su palabra. Si es Él, yo voy, pensó. Así debe ser siempre, hacer todo en el nombre del Señor. Pedir a Dios que nos enseñe su voluntad, que nos ordene hacer las cosas, incluso aunque sean arriesgadas. Desafiar a Dios y confiar en Él.

Pero al poco tiempo comenzó a hundirse. El viento, la tempestad, la oscuridad, las olas, la lógica, quizás los gritos de los demás discípulos... Demasiados enemigos para Pedro, demasiadas cosas como para vivir tranquilo. Puede que lo que más le hundiese fueran sus propios ojos. Cuando dejaron de mirar al Maestro, los pies dejaron de obedecer. Pedro sólo cometió una equivocación, dejar que el miedo fuese más fuerte que Dios. El miedo no nos deja hablar a otros, no nos deja decir cosas de Jesús, nos quita la fe, destroza nuestra vida, nos quita la confianza en Dios...

¡¡¡EL MIEDO NOS HUNDE!!!

No sabemos cuanto tiempo anduvo Pedro sobre el agua. A pesar de que Jesús seguía allí, y sus promesas también, Pedro había dejado de caminar por fe.

La única manera de vencer el miedo es confiar en el Señor, aunque uno esté hundiéndose, y eso fue lo que Pedro hizo, una vez más. Volvió a gritar, pero esta vez pidiendo ayuda, y el Señor le sostuvo. Pedro no intentó alcanzar la barca a nado (podía hacerlo) sino que buscó ayuda del Maestro. Supo a quién dirigirse. Y en ese camino de vuelta, quizás Jesús le preguntó a Pedro la razón de su duda, cuando estaba afuera de la barca, sin que le escuchase ningún otro discípulo.

Había tenido poca fe, pero había ido más lejos que ningún otro.

Si Pedro tenía poca fe, ¿cuánta tenían los que estaban en la barca? Porque más vale hundirse en las aguas, luchando y siendo sostenidos por el Señor (aunque tengamos miedo) que quedarse toda la vida en la barca.

Todos volvieron a tierra y siguieron su trabajo, pero sólo Pedro tenía una experiencia con el Señor para contar y para fortalecer su vida. Los demás podían contar que habían visto a Jesús caminar sobre el agua. Los demás podían criticar a Pedro por su poca fe, pero lo único cierto es que Pedro fue capaz de ir al Señor, capaz de confiar en El de una manera desesperada. Capaz de andar sobre las aguas. Capaz de lo que hiciese falta.

Si Pedro tenía poca fe ¿Cuánta tenían los que se quedaron mirando desde la barca?

Pedro había comprendido lo que significa andar sobre el agua en medio de una tempestad. Porque no es bueno que olvidemos que Jesús no calmó la tempestad hasta que ellos llegaron a la barca (v. 31). No es bueno que olvidemos que muchas veces Dios no calma las tempestades de la vida, porque lo que quiere es andar con nosotros en medio de ellas para darnos confianza. No es bueno que olvidemos que hasta una gran tempestad puede ser una bendición en nuestra vida si nos obliga a ir de la mano del Maestro.

4. LA PESCA IMPOSIBLE DE OLVIDAR

"Subiendo a una de las barcas, que era de Simón, pidió que se separara de tierra un poco; y sentándose, enseñaba a las multitudes desde la barca. Cuando terminó de hablar, dijo a Simón: Sal a la parte más profunda y echad vuestras redes para pescar. Respondiendo Simón, dijo: Maestro, hemos estado trabajando toda la noche y no hemos pescado nada, pero porque tú lo pides, echaré las redes. Y cuando lo hicieron, encerraron una

gran cantidad de peces, de modo que sus redes se rompían, (…) Al ver esto, Simón Pedro cayó a los pies de Jesús, diciendo: ¡Apártate de mí, Señor, pues soy hombre pecador! Porque el asombro se había apoderado de él y de todos sus compañeros, por la redada de peces que habían hecho; Y Jesús dijo a Simón: No temas, desde ahora serás pescador de hombres" Lucas 5:2-11

Todos estaban agotados. Habían estado trabajando toda la noche, y ahora seguían trabajando lavando las redes para que éstas no oliesen a pescado muerto cuando volviesen a salir a pescar.

El Señor subió a la barca de Pedro. No fue una casualidad, lo hizo a propósito porque le interesaba enseñar algunas cosas a Pedro. A veces Dios nos prepara. Permite ciertas circunstancias porque El quiere hacer algo en nuestra vida. Pedro no discutió, siempre es mejor hacer lo que el Maestro dice.

Pedro sabía muy bien que después de escuchar al Señor había que actuar. Los buenos mensajes siempre deben llevar a la acción. No se entiende que escuchemos a veces la Palabra de Dios y nos quedemos de brazos cruzados sin hacer nada. La ocasión parecía increíble. Jesús, un carpintero les dice a los pescadores cómo deben pescar. Sonaba ridículo, pero ellos obedecieron. Era de madrugada, y en ese mar sólo había peces por la noche; nada tenía sentido, pero ellos obedecieron.

"Ve a lo más profundo" le dijo Jesús a Pedro, como si quisiera enseñarle que servir a Dios siempre nos va a llevar a lo más difícil, a dónde están los problemas, dentro de situaciones que quizás no podemos resolver. A lo más profundo.

Pedro quiso exponer sus razones. Puede que Jesús supiese mucho del evangelio del reino, pero la pesca era cosa suya. Argumentó con el Señor y le explicó que habían trabajado mucho tiempo. Esa no era la mejor motivación. Se puede trabajar mucho y no servir de nada. Pedro se da cuenta, y él mismo deshace sus argumentos.

Pedro quiso exponer sus razones. Puede que Jesús supiese mucho del evangelio del reino, pero la pesca era cosa suya

"Porque Tu lo pides, echaré la red" le dice, porque en un solo instante ha encontrado la motivación perfecta: la obediencia a la palabra de Dios. Aunque quizás no tenía la mejor actitud. Como cuando decimos, "Vamos, no hay otro remedio" Como cuando trabajamos, evangelizamos o hacemos otras cosas para el Señor, porque El lo dice, pero no por amor.

Aún sin estar completamente convencido, Pedro hizo lo mejor que podía hacer, echó la red.Los peces aparecieron de una manera sorprendente. No uno ni dos, sino cientos de ellos. Dios siempre bendice de una manera abundante nuestra obediencia. Eso no es una especie de chantaje divino, de manera que mientras más obedecemos, más nos va a dar El. No, la obediencia es en sí misma la bendición. Por eso merece la pena.

Cuando Pedro vio la cantidad de peces, y la ayuda de sus compañeros, se inclinó a los pies del Señor y dijo "Apártate de mi, que soy un hombre pecador" Ahora su actitud es perfecta.

Los discípulos siguen asombrados, casi con miedo. Miedo porque Dios había hecho un milagro con ellos y no se creían dignos. Como casi siempre, el Señor endulza con sus palabras la situación en el momento más complicado. Jesús le dice "No temas", y añade "Desde ahora serás pescador de hombres".

La vida ha dado un giro absoluto para Pedro. Ya no se trata de trabajar para vivir, para comer, para mantener a la familia. Desde ahora el trabajo tiene que ver con el reino de Dios. Sólo después de negarse a sí mismo, se puede seguir a Cristo. Se puede pescar a otros. Y no podemos olvidar que el verbo que el Señor utiliza para pescar es "atrapar vivo", porque solo quién sigue libremente al Señor puede conocer su libertad.

5. LA PREGUNTA MÁS IMPORTANTE

"Cuando ya amanecía, Jesús estaba en la playa; pero los discípulos no sabían que era Jesús. Entonces Jesús les dijo: Hijos, ¿acaso tenéis algún pescado? Le respondieron: No. Y El les dijo: Echad la red al lado derecho de la barca y hallaréis pesca. Entonces la echaron, y no podían sacarla por la gran cantidad de peces.

> *Entonces aquel discípulo a quien Jesús amaba, dijo a Pedro: ¡Es el Señor! Oyendo, pues, Simón Pedro que era el Señor, se ciñó la ropa (porque se la había quitado para poder trabajar), y se echó al mar (...) Cuando bajaron a tierra, vieron brasas ya puestas y un pescado colocado sobre ellas, y pan. Jesús les dijo: Traed algunos de los peces que habéis pescado ahora (...) Jesús les dijo: Venid y desayunad. Ninguno de los discípulos se atrevió a preguntarle: ¿Quién eres tú?, sabiendo que era el Señor" Juan 21:1-14*

El Señor había resucitado y se les había aparecido en varias ocasiones, pero ellos no sabían cuales eran sus planes. Pedro tenía hambre, así que decidió ir a pescar y los demás le siguieron. Era una decisión acertada mientras esperaban a que el Maestro les explicase lo que sería la voluntad de Dios para sus vidas. Y allí, en la playa de nuevo, Jesús iba a encontrarse con ellos.

El problema fue que cuando se acercó a ellos, no le reconocieron. Creían que era un extraño. Jesús estaba allí, pero no sabían que era El.

Más adelante, se dieron cuenta que era el Maestro el que estaba allí. Eso estaba mejor, pero no era suficiente (v. 5). Si el Señor es sólo un Maestro para nosotros, pocas cosas tenemos que darle. Pocos cambios habrá en nuestra vida.

El siguiente paso fue reconocerle como el Rey de la naturaleza, el Creador, el que lo hizo todo, un ser sobrenatural... le habían visto calmar la tempestad y también hacer que la pesca fuese abundante. Pedro lo sabía, así que se echó al agua para llegar antes que los demás. Ya no le importaba el pescado ni el hambre que tenía (Cf. v. 3 y 8)

El Señor se presentó ante ellos como su Anfitrión (v. 9), el que está invitando, el que nos da las cosas cada día, el que está siempre a nuestro lado hablándonos, el que quiere establecer una relación con cada hombre y cada mujer en este mundo... Pedro sigue observándolo todo. Por primera vez en su vida, está en silencio, no dice nada, sabe que le ha fallado al señor, y no quiere ni levantar la voz, ni que se le escuche decir una palabra.

La pregunta más importante en la vida, sigue siendo para nosotros la misma que el Señor le hizo a Pedro: "¿Me amas?"

Pero el Señor no se siente tan herido como Pedro piensa. Sigue siendo El Pastor con mayúsculas, el que nos conoce y nos llama por nuestro nombre. Comienza a hablar con Pedro, y lo hace con una pregunta muy sencilla "¿Me amas?". Pedro se había enorgullecido de que él amaba más que nadie, que aunque todos abandonaran al Maestro, él no lo haría…

Ahora tiene que aprender que si quiere servir al Señor, necesita preocuparse por los demás, ayudarlos, cuidarlos. Amar a Dios es dar nuestra vida por los demás. Y esa es la única razón para hacerlo. Porque si cuidamos a las ovejas porque nos gustan, sólo vamos a amar a aquellas que son "como nosotros". Si lo hacemos por orgullo, sólo vamos a servir a Dios, cuando los demás nos agradecen y nos ensalzan. Si trabajamos por obligación, tarde o temprano vamos a sentirnos desesperados. Sea cual sea el motivo por el que trabajamos para Dios, es equivocado si no es por amor. Si no es respondiendo a esa sencilla pregunta: ¿Me amas?"

En Palestina había dos mares. Uno era el llamado "mar muerto". Imagínate la razón por la que le pusieron ese nombre, era un mar que siempre estaba en calma. Hoy mismo puedes visitarlo y ver que en él no hay olas ni tempestades. Aparentemente es un mar increíblemente dócil y apto para bañarse y disfrutar en él, pero el problema es que no hay pesca, no hay vida. Es un mar inútil

El otro es el mar de Genesaret. Casi todos los meses muere alguna persona en él. En muchos momentos del año hay vientos y olas de varios metros. Es peligroso, y complicado para los pescadores. Pocos son los valientes que se adentran en él. El premio es que está lleno de vida… Hay abundancia de peces.

Los dos mares son como una parábola de la vida. Puedes amar la apariencia y la tranquilidad sin fruto o puedes arriesgarte en la tempestad y la lucha. La elección del Señor Jesús fue muy clara… Jesús fue siempre al mar del riesgo y la aventura, al mar de la vida. Jamás quiso acercarse al mar muerto.

La vida cristiana no es un viaje por la desidia bajo el dominio de una holgazanería inútil. No. El seguidor del Maestro está acostumbrado a adentrase en las tempestades más peligrosas aún a riesgo de perder su vida. La inutilidad no cabe en su vocabulario, todo lo que el cristiano hace tiene sentido en la aventura de cada día.

Vivimos para encontrarnos con el Señor en cada momento, en nuestro trabajo, en nuestros miedos, en los momentos difíciles, cuando nos azota el mal, cuando le necesitamos y cuando creemos que podemos hacer las cosas por nosotros mismos. Somos valientes porque sólo los que son así arrebatan el reino de los cielos, aunque no lo somos por ser mejores que los demás, sino por arriesgarnos a vivir en el mar de la aventura, en el que merece la pena, en el que nos jugamos la vida en cada momento.

Todo cambia con un encuentro con el Señor. Incluso lo que está ocurriendo ahora mismo en nuestra vida. No importa si es dolor o aburrimiento, cansancio o excitación, soledad, amargura o sencillamente la incomprensión de otros. Todo cambia con un encuentro con el Maestro y una conversación a solas con él en medio del riesgo o de la tranquilidad, de la paz o de la tempestad, en los tiempos buenos o en los malos. Todo puede cambiar ahora mismo si hablas con el Señor Jesús, si pones todo tu corazón y tu mente en un encuentro cara a cara con él.

Si eres lo suficientemente valiente como para seguirle, para andar sobre el mar, para pescar en las mayores profundidades o incluso para estar tranquilo durmiendo con Él en medio de la tempestad más grande. Si somos lo suficientemente valientes como para descansar tranquilamente momentos antes de la prueba más difícil o incluso cuando tenemos que mirar a la cara a la misma muerte. Si nos arriesgamos a dejar nuestra propia comodidad para salir a pescar a Su lado, para servir a los demás, para trabajar para que este mundo se parezca más a lo que Él mismo diseñó, para ayudar muchas veces, resistir muchas otras y terminar venciendo siempre.

Para luchar por lo que merece la pena.

Notas:

(1) 1 Pedro 5:13 La que está en Babilonia, elegida juntamente con vosotros, os saluda, y también mi hijo Marcos.

30 LA MIRADA DE DIOS

No sabemos como eran los ojos del Señor. No podemos ni imaginarnos como serían las pupilas del que un día dijo "sea la luz" y por su palabra todos pudieron ver. La Biblia no nos habla del color ni de las características, no nos dice si sus ojos eran pequeños o grandes; pero la Palabra de Dios nos deja algunos detalles clarificadores en cuanto a la manera en la que Jesús veía las cosas y las personas. Nos ayuda a imaginar como fueron las miradas del Señor.

Cada una de esas miradas está adornada con todo tipo de detalles y circunstancias, como si Dios mismo quisiera enseñarnos lo que había en el corazón del Señor. Cada una de esas miradas nos enseña parte del carácter del Señor. Miradas de alegría y gozo desbordante, miradas escudriñadoras, miradas de alguien que sabe lo que va a decir, miradas llenas de compasión y tristeza...

¡Cuánto bien nos hace a nosotros el hecho de que Pedro haya aprendido a mirar en los ojos del Señor!

Casi todas las referencias a las miradas del Señor Jesús, están en el evangelio de Marcos. El era el discípulo amado de Pedro, y éste fue el impulsor de ese evangelio.

Pedro siempre miraba a los ojos del Señor para saber lo que había en su corazón. Quería saber lo que había en la mente del Maestro. Pedro no perdía una sola oportunidad de mirar fijamente a su Amigo. ¡Cuánto bien nos hace a nosotros el hecho de que Pedro haya querido fijar siempre su mirada en los ojos del Señor! Hoy podemos conocer mucho del carácter del Señor por sus miradas, porque Pedro era uno de esos amigos que cuando le hablas, quiere mirarte a los ojos. Siempre quiso conocer algo más allá de las palabras que escuchaba. Quiso saber lo que había en el alma del Señor.

Los discípulos tuvieron que enfrentarse algunas veces con su mirada

También los discípulos se enfrentaron a veces con su mirada. Ellos que siempre habían recibido el amor y la comprensión de su Maestro, tuvieron que bajar su cabeza en algunas ocasiones. Una de esas miradas las sufrió el mismo Pedro cuando se atrevió nada menos que a rectificar el plan de Dios. Pedro se creía tan valiente y tan sabio que era capaz de enfrentarse al mismo Señor. Llegó a creer que sabía mucho mejor que Jesús lo que estaba pasando, y tenía que "aconsejarle" El Señor le reprendió duramente *"Mas El volviéndose y mirando a sus discípulos, reprendió a Pedro y le dijo: ¡Quítate de delante de mí, Satanás!, porque no tienes en mente las cosas de Dios, sino las de los hombres" Marcos 8:33*

Pedro era un tipo legal. Tan sincero que quiso contarle a Marcos cada palabra que el Señor le dirigió en su reprensión. No quiso esconder que Jesús le había llamado "Satanás" porque sus planes eran muy diferentes a los que Dios había establecido. Para nosotros sigue siendo un placer que Dios haya escogido a Pedro, tenemos mucho que aprender de su sinceridad y su amor por el Maestro. Como Pedro, tenemos que aprender a mirar en los ojos del Señor.

1. UNA MIRADA QUE COMPRENDE

Los discípulos abandonaron todo y siguieron al Señor. Se comprometieron con El, asumieron sus palabras como propias y públicamente fueron tras El cuando el Maestro los llamó. Jesús premió siempre su actitud y sus deseos. Y una de sus miradas más gloriosas fue exclusivamente para ellos.

> *"Y mirando en torno a los que estaban sentados en círculo, a su alrededor, dijo: He aquí mi madre y mis hermanos" Marcos 3:34.*

Cuando todos le preguntaron acerca de su familia, el Señor miró a los que estaban con El. Dirigió sus ojos a sus discípulos y a las mujeres que le seguían, y esos ojos demostraron su amor, su aceptación, su comprensión y hasta su admiración por ellos.

Nadie hubiese escogido a esos discípulos. Ningún maestro hubiese puesto su confianza en ese tipo de seguidores. Jamás habrían sido elegidos para instaurar un reino celestial. Jesús sin embargo los amó. Para ser justos habría que decir que los aceptó, los comprendió y los amó, sin que importe demasiado el orden de los factores, o qué fue primero, si el amor o la aceptación, porque más allá de lo que podemos comprender, llegó a sentirse "orgulloso" de ellos.

Con una sola mirada enseñó a todos que aquellos eran los que gozaban de su cariño, que se comprometía con ellos, que quería llegar con ellos hasta el final. Que aunque le defraudasen (y de hecho lo hicieron muchas veces), El iba a seguir considerándolos como parte de su propia familia.

En su mirada había aceptación, comprensión y amor... sin que importase mucho saber qué iba primero o qué era lo más importante de las tres cosas

Si yo fuera uno de los que estaban allí, esa mirada del Señor habría sido un regalo del cielo. Jamás la olvidaría. Exactamente como ocurrió con los seguidores del Maestro. Cuando el Señor los exaltó en público, todo el pueblo comprendió quienes eran esa gente despreciada por muchos, pero a quienes el Mesías había presentado como sus discípulos, sus amigos, su propia familia.

2. UNA MIRADA QUE BUSCA

El Salvador miró una vez buscando algo, mejor dicho, buscando a alguien. Una mujer le había tocado, y él lo sabía. Una mujer había sido sanada de una enfermedad cruel, y el Señor era quién la había sanado. Sabía quién era, pero quería verla. Quería anunciar lo que esa mujer tenía que enseñar a todos. Quería que la que había sido sanada lo reconociese públicamente, porque había tenido tanta fe que pensaba que sería sana sólo con tocar al Maestro.

Rodeado de gente que le aprisionaba y que casi le arrastraba por las calles, Jesús descubrió que una mano tocaba su manto buscando el poder sanador de Dios. Y entonces el tiempo se paró por un momento, el Maestro se detuvo y con sus ojos buscó a la mujer que había sido sanada: *"Pero El miraba a su alrededor para ver a la mujer que le había tocado" Marcos 5:32*

Fue esa mirada la que la restauró por completo. Ella buscaba ser sana, pero cuando el Señor la miró se dio cuenta que Dios le estaba devolviendo su dignidad. Con sus ojos brillantes de gozo se la regaló para siempre.

3. UNA MIRADA QUE LLEGA AL CORAZÓN

A veces Jesús también tuvo que mirar de una manera poco amable. La Palabra de Dios no esconde que en algunos momentos, el Señor se enojó y se entristeció al mismo tiempo. *"Se les quedó mirando enojado y entristecido por la dureza de su corazón" Marcos 3:5*

El Mesías quería sanar a un hombre y los religiosos le retaron. Le desafiaron a que lo hiciera infringiendo la ley, según sus palabras. Los ojos del Señor se llenaron de enojo y tristeza a partes iguales al darse cuenta que a ellos no les importaba el sufrimiento de nadie, ni querían hacer bien a nadie. Sólo estaban enamorados de sus propios principios y leyes. Sólo se amaban a sí mismos, sólo querían vencer, su corazón estaba tan endurecido que no cabía en él otra cosa que orgullo y arrogancia.

> *"Y después de mirarlos a todos a su alrededor, dijo al hombre: Extiende tu mano. Y él lo hizo así, y su mano quedó sana. Pero ellos se llenaron de ira, y discutían entre sí qué podrían hacerle a Jesús" Lucas 6:9-11*

La tristeza del Señor los señaló, su propia ira y orgullo los condenó. Jesús sintió una tristeza inmensa al ver la incredulidad y el carácter fingidamente santo de ellos. Los miró desafiante porque Dios no admite el fingimiento. Ellos se llenaron de ira.

Cuando a una mirada del Señor, nosotros reaccionamos con ira, damos la prueba irrefutable de que nuestro corazón está radicalmente enfermo. Casi sin solución.

Una mirada diferente fue dirigida al enfermo, Jesús le devolvió su confianza. Parece un detalle sin importancia, pero cuando Jesús dijo "extiende tu mano" como si quisiera darle algo, él lo hizo con la mano enferma, y fue sano. Pudo haber extendido su mano sana como para recoger lo que el Maestro podía darle, o para saludarlo. Pero extendió la mano enferma porque vio en el rostro de Jesús que quería sanarle.

Muchas veces las preguntas que Dios nos hace no esperan una respuesta lógica o pensada, sino una respuesta de fe, una respuesta de completa confianza en que lo que Dios hace siempre está bien hecho. A veces las "órdenes" que Dios nos da no parecen tener sentido común, porque El espera nuestra confianza absoluta en El. En esos momentos necesitamos mirarle a los ojos y descansar en El. Porque de sus ojos mana la vida.

Cuando reaccionamos con ira a una mirada del Señor, estamos demostrando que nuestro corazón está radicalmente enfermo.

4. UNA MIRADA LLENA DE AMOR

¿Recuerdas la historia del joven rico? Lo tenía todo: una buena educación, un buen carácter, una vida triunfante económicamente hablando, respeto por su familia y la religión de sus padres. Era una persona intachable. Quizás todos lo hubiésemos buscado como amigo, pero quizás también, todo era parte de su propia "fachada". Sólo él mismo sabía cuanto había de sinceridad en sus palabras y sus actitudes.

Cuando se acercó al Señor lo hizo pensando más en todas aquellas cosas que merecía que en lo que el Señor podía darle. Creía que lo tenía todo, que sólo le faltaba la vida eterna, e incluso eso mismo era parte de sus derechos como buen cumplidor de la ley. Le faltaba muy poco para alcanzarla. Por lo menos eso era lo que creía. Dios le enfrentó consigo mismo, con la misma ley en la que él confiaba y con su Creador. Jesús lo puso todo demasiado claro como para querer seguir aparentando. Y por primera vez en su vida el joven se vio descubierto y sin saber que hacer.

Lo grande de nuestro Dios es que ama antes que ninguna cosa. El Señor Jesús le miró y le amó aún sabiendo que iba a fallar en el examen, aún conociendo que su respuesta (y lo que es más grave, su decisión) sería completa y trágicamente equivocada. Así es el carácter de Dios, no espera a que nosotros respondamos correctamente, no aguarda que seamos lo suficientemente "santos" o "limpios" como para poder acercarnos a El. Nos ama, y lo dice con su mirada. Aún sabiendo que vamos a rechazarle.

"Jesús, mirándolo, le amó y le dijo: Una cosa te falta: ve y vende cuanto tienes, y da a los pobres, y tendrás tesoro en el cielo; y ven, sígueme" Marcos 10:21. El joven se fue. Se sintió amado pero se fue. Vio como su Creador colocaba en su corazón una mirada llena de amor, pero no le importó en absoluto. Se gustaba demasiado a sí mismo.

Dios nos ama, y lo dice en primer lugar con su mirada... Aún sabiendo que vamos á rechazarle

5. UNA MIRADA CASI IMPOSIBLE

En ese mismo momento, el Señor comenzó a buscar con sus ojos. Buscaba a quienes no querían ser encontrados. Era una mirada casi imposible. Pocos segundos después de haber puesto todo su cariño en el joven rico, lanza una de las exclamaciones más directas del evangelio mientras mira a todos. Habla y busca respuestas, aunque sabe que va a ser muy difícil encontrarlas…

"Jesús, mirando en derredor, dijo a sus discípulos: ¡Qué difícil será para los que tienen riquezas entrar en el reino de Dios!" Marcos 10:23. Nadie puede responder a esas palabras. Nadie tiene una respuesta válida cuando Dios exclama. Pero El mismo no quiere que reine la ansiedad de una pregunta imposible.

Vuelve a mirarlos a todos de una mirada directa. No quiere que lo vean como alguien casi ausente que tiene cosas importantes que decir o hacer un poco más tarde. Jamás quiso que ellos pensaran que le gustaba condenar a las personas, o que hablaba desde una superioridad divina. Marcos nos dice que los miró profundamente, conocía hasta el fondo del corazón la vida de cada uno. Les dice que es imposible que los que tienen riquezas y viven sus vidas alrededor de ellas, aunque sean personas buenas y quieran creer en Dios, puedan entrar en el reino queriendo "comprar a Dios". Pero, menos mal que Dios admite un pero… *"Mirándolos Jesús, dijo: Para los hombres es imposible, pero no para Dios, porque todas las cosas son posibles para Dios" Marcos 10:27*

6. UNA MIRADA QUE QUIERE SALVAR

"Bendito el reino de nuestro padre David que viene; ¡Hosanna en las alturas! Y entró en Jerusalén, llegó al templo, y después de mirar todo a su alrededor, salió para Betania con los doce, siendo ya avanzada la hora" Marcos 11:10-11

"Después de mirar todo a su alrededor" ¡Cuáles habrán sido los pensamientos del Señor en esos momentos!, ¡Cómo habrá visto a cada persona! Puede que en esos instantes su corazón le recordase todo, sus palabras, su entrega, su muerte, su dolor, sus deseos profundos de dar vida... Quizás buscaba a alguien que realmente le siguiera por amor. Quizás esperaba una respuesta, un momento en la historia, una razón válida para su dolor.

¿La encontró? Creo que sí. La encontró en el corazón de cada persona que le sigue y le ama. La encontró en el puñado de mujeres que no le abandonaron nunca. La encontró en los discípulos que aún con sus infidelidades fueron capaces de volver a El y confiar en El. Y creo que no me equivoco al decir que en ese momento eterno encontró respuesta en su mirada más allá del tiempo y del espacio, encontró quizás a muchos que a través de los siglos y con todas sus imperfecciones le han amado.

Y perdóname que pueda escribirlo aquí, pero creo que también encontró una respuesta en mi vida. Y en la tuya. Porque creo que estarás de acuerdo conmigo que esa sencilla mirada del Señor merece toda nuestra vida.

Un día, casi al final de su ministerio, el Señor miró "alrededor" como buscando una respuesta, un momento en la historia, y una razón válida para su dolor...

7. UNA MIRADA QUE RESTAURA

> *"Pero Pedro dijo: Hombre, yo no sé de qué hablas. Y al instante, estando él todavía hablando, cantó un gallo. Entonces el Señor se volvió y miró a Pedro. Y recordó Pedro la palabra del Señor, cómo le había dicho: Antes que el gallo cante hoy, me negarás tres veces. Y saliendo fuera, lloró amargamente"* Lucas 22:60-62

Pedro había estado muchas veces con el Señor cara a cara. Le había hablado sinceramente en muchas ocasiones, y de la misma manera Jesús tuvo que responderle a él en muchas otras. Ahora, en el momento más crucial de la amistad entre ambos, el Señor no puede hablarle, está cansado, dolido y distante, así que sólo puede dirigirle una mirada.

No puede explicarle nada, no puede ayudarlo, animarlo o reprenderlo. Sólo puede mirarlo, y lo hace. "Volvió los ojos" para ver a Pedro después de que éste le había negado por tres veces. Sus ojos hablaron, escudriñaron el corazón de Pedro. Vieron lo que había en ese corazón y conocieron el engaño, la vergüenza, el miedo, la amargura que había en el discípulo que prometió seguirle con toda su vida, sólo para apostatar de él unos minutos más tarde.

Los ojos del Señor pudieron comprobar en un solo momento todo lo que Pedro sentía. Pero esos ojos no reprocharon absolutamente nada, sólo expresaron el profundo amor del corazón del amigo que se preocupa por ti, aunque se sabe traicionado. En ese mismo momento Pedro supo que Jesús había orado por él, como le había prometido. Pedro supo que Dios le concedía la esperanza y la certeza de saberse perdonado. Pedro vio en la mirada del Señor que no debía desesperarse, que aunque llorase y se sintiese a las puertas del infierno por su traición, hasta allí llegarían los brazos de su Amigo para rescatarle.

Esa mirada restauró la vida la vida del apóstol. Es en cierta manera, la mirada que todos sentimos cuando hemos caído, cuando nos hemos ido lejos del Padre, y el Señor nos busca para restaurarnos. Es una mirada que no podemos olvidar jamás.

> *Pedro vio en la mirada del Señor que no debía desesperarse, que aunque llorase y se sintiese a las puertas del infierno por su traición, hasta allí llegarían los brazos de su Amigo para rescatarle*

Los ojos de nuestro Señor están siempre llenos de salvación. Aún cuando se supo rechazado, el Señor miró a las multitudes y lloró. El Creador Todopoderoso se sintió casi ciego de amor para salvar a aquellos por quienes iba a morir. Lloró por la ciudad que amaba, lloró de tristeza por sus amigos. Lloró por la incredulidad de los que no quisieron ver la Gracia de Dios.

Si no nos llega la eternidad para comprender las miradas del Señor, mucho menos para entender sus lágrimas. Los ojos que llenaron de belleza el mundo mientras era creado son los mismos que nos contemplaron a todos nosotros a través del llanto. Esa fue y sigue siendo la "locura" del amor de Dios por cada uno de los habitantes de este mundo.

Puede que todavía hoy el Señor tenga que llorar al ver cómo tantas personas pierden el sentido de su vida y le dan la espalda. Cómo tantos y tantos son engañados hasta el destino más cruel mientras no quieren ni escuchar las palabras que les dirige su Creador.

Puede que quizás haya lágrimas en los ojos de Dios por alguien que esté leyendo ahora mismo este libro.

31
EN EL LÍMITE
DE LO
INCREÍBLE

"Así fue desfigurada su apariencia más que la de cualquier hombre, y su aspecto más que el de los hijos de los hombres.(…) Los reyes cerrarán la boca ante El; porque lo que no les habían contado verán, y lo que no habían oído entenderán" Isaías 52:14-15

Muchos se asombraron

Todos admiramos las demostraciones de poder del Mesías cuando sana enfermos, resucita muertos o cuando el viento y el mar le obedecen con sólo decir una palabra, pero quizás lo más increíble de El sean algunos otros detalles.

No deja de asombrarnos la ternura de su trato con cada persona.

Su propio desafío al poder establecido para hacer lo que cree que se debe hacer, mucho más allá de lo que nosotros consideraríamos "políticamente correcto"

Su amor por los débiles: los niños, los que no se creían nada, las mujeres, los que estaban solos, los leprosos… Dios vino a establecer un reino de despreciados, un ejército de débiles, una legión de solitarios y enfermos para transformar el mundo.

Nos asombra la manera en la que enseñaba, llevando al límite deliberadamente sus enseñanzas, para que pudiéramos recordarlas y comprenderlas sólo con escucharlas una vez. Incluso los que no querían escucharle afirmaron que nadie enseñaba como El. Vivimos admirados por Su sabiduría, su manera de expresarse, la dulzura de su rostro, su atracción irresistible para niños y mayores, la claridad y radicalidad de su mensaje...

Jesús nos muestra el verdadero carácter de Dios, y nos sorprende con sus expresiones. Lo valioso no es lo que los hombres hacen, ni su búsqueda de Dios. Lo verdaderamente trascendental es lo que Dios hace por el hombre, como se acerca a El, como mueve todos los hilos para que su gracia se manifieste y el hombre tenga la oportunidad de conocerle.

El Mesías no quiso hablar en primer lugar de la ira de Dios, ni siquiera de la necesidad de volverse a El. Jesús comienza hablando de la felicidad, de los bienaventurados, de los que llegan a conocer la gracia de Dios. El fracaso del hombre queriendo acercarse a Dios, y pretendiendo hacer las cosas bien encuentra respuesta en la gracia de Dios, cuanto más fracasado está el hombre, más se revela el amor y la gracia de su Creador.

Un gorrión cae, Dios lo ve.
Nada escapa a su divino control

Nos asombra que se preocupe por nosotros hasta los más mínimos detalles. Ni nuestro padre, madre, esposo o esposa, ni nuestro mejor amigo saben lo que hay en nuestro corazón y nuestra vida, pero Dios sí. Por mucho que ellos nos amen, y por mucho que disfrutemos juntos, no somos tan importantes para ellos como lo somos para Dios.

El Señor explica a todos que Dios sabe lo que necesitamos y ve cuando caemos. De la misma manera que cuando cae un gorrión, El lo ve. La diferencia no es que el gorrión deje de caer, sino que Dios lo sabe. Ese es el sentido de Romanos 8:28: en todo lo que nos ocurre Dios está trabajando, y Dios siempre trabaja para nuestro bien.

> *"¿Qué os parece? Si un hombre tiene cien ovejas y una de ellas se ha descarriado, ¿no deja las noventa y nueve en los montes, y va en busca de la descarriada?." Mateo 18:12-14*

Nadie puede llegar a entender lo profundo del carácter de Dios. El es el único capaz de abandonar noventa y nueve ovejas para salir a buscar la que falta, y cuando la encuentra, hacer una fiesta. Si pensáramos en términos económicos, perder una de cien es algo perfectamente asumible. Cualquier dueño de empresa lo hubiera dado por bueno. Dios no se conforma, no quiere perder ni una sola de sus ovejas, no quiere dejar abandonado jamás ni uno sólo de sus hijos.

Es más, Jesús dice que es Dios quién halla a la oveja perdida, el Padre sabe dónde estamos cada uno de nosotros. El problema sigue siendo nuestro, la cuestión es si "queremos" que El nos encuentre. Nunca podemos olvidar que nuestra vida tiene significado en las manos del Señor ¡Cuando El nos encuentra hay que dejarse abrazar! La voluntad de Dios es que no se pierda nadie, ¡ni uno sólo! El carácter de Dios es no castigar a la oveja cuando la encuentra, sino acariciarla y hacer una fiesta. Ya habrá tiempo para corregir más adelante.

Los fariseos creían que Dios odiaba a los pecadores y quería castigarlos. Algunas personas piensan en Dios como un padre que corrige en primer lugar y más tarde ama. La Biblia nos muestra que Dios ama en primer lugar, que busca nuestra salvación y nuestra restauración antes que ninguna otra cosa

Nadie arriesga un rebaño entero para ir a buscar una sola oveja. Todos la hubiésemos dado por perdida y creeríamos que es un buen porcentaje perder una sola entre cien. Todos no: Jesús sale a buscarla, arriesga todo por encontrar a la que falta, a la que echa de menos

LAS GRANDES ESTRELLAS: LOS NIÑOS

> *"Le traían niños para que los tocara; y los discípulos los reprendieron. Pero cuando Jesús vio esto, se indignó y les dijo: Dejad que los niños vengan a mí; no se lo impidáis, porque de los que son como éstos es el reino de Dios. En verdad os digo: el que no reciba el reino de Dios como un niño, no entrará en él. Y tomándolos en sus brazos, los bendecía, poniendo las manos sobre ellos" Marcos 10:13-16*

Jesús se indignó con sus discípulos porque no dejaban que los niños se acercasen. Ellos no entendían que el Mesías que venía para dar un nuevo destino al mundo, se detuviese a conversar con los niños. Siempre encontró tiempo para acariciar a los más pequeños, para sentarlos sobre sus rodillas y hablarles del reino.

Recuerdo que Iami, nuestra hija mayor, cuando tenía tres años sólo quería estar con nosotros. Cuando llegaba la noche, siempre quería quedarse con su papá y su mamá... Incluso si le decíamos que íbamos a castigarla, nos decía que era igual, porque lo que ella quería era estar con nosotros. Muchas veces la encontramos llorando detrás de nuestra puerta, esperando a que saliésemos para darnos un abrazo. Tristemente, cuando nos hacemos mayores, ya no queremos estar con nuestros padres, nos hacemos independientes: queremos vivir "nuestra vida" y a nuestra manera. Así hacemos con Dios, cuando le conocemos sólo queremos estar con él... Cuando creemos que somos "maduros" y "fuertes en la fe" ya no le necesitamos. Queremos vivir nuestra vida espiritual a nuestra manera. Mientras tanto, Dios sigue queriendo sentarnos en su regazo para enseñarnos los secretos del reino.

Necesitamos volvernos como niños. Cuando Iami me pide algo, sea lo que sea, siempre viene junto a mí con las dos manos abiertas, porque cree que le voy a dar muchas cosas. No extiende sólo una mano, porque sabe que su padre le da lo mejor y lo máximo que puede. Esa debe ser nuestra actitud delante de Dios, esperar y confiar en que él nos va a dar lo máximo

El Señor Jesús pasa tiempo con los niños porque juega. En medio del juego le da a cada detalle trascendencia eterna, nos enseña que todo lo que hacemos es importante y no debemos vivir con la sensación de que no tenemos tiempo para nada. Jesús predicó sólo durante tres años, su misión fue cambiar la historia de la humanidad en esos pocos días, pero tiene tiempo para todo y se detiene a hablar con los niños. Nuestra segunda niña, Kenia, es muy pequeña y todavía no se expresa perfectamente, pero sé lo que quiere de mí cuando viene con los brazos abiertos y su rostro sonriente: quiere que la abrace y juegue con ella. Dios espera que nosotros tengamos tiempo en nuestra vida para venir a El con los brazos abiertos, sin pedir nada, sin necesitar nada, sólo para estar con El, para sonreírle y para que su rostro ilumine nuestra vida.

UNO DE LOS MAYORES DESAFÍOS DE SU ÉPOCA: EL TRATO CON LAS MUJERES

La mujer en la época de Jesús, no era considerada casi ni como un ser humano. Muchos rabinos y religiosos "oraban" cada mañana agradeciendo a Dios por no ser "gentil, mujer ni animal". El culto en la sinagoga se podía celebrar cuando hubiese diez varones, pero no podía empezar aunque se hubiesen reunido cien o doscientas mujeres. Eran despreciadas por los religiosos, y tomadas como ciudadanas de segunda clase, no podían pasar adentro en el templo a los lugares reservados para los hombres. Lo único que podían hacer era ofrendar…

No podían ser testigos de ningún tipo de juicio. Su palabra no valía absolutamente nada a nivel público. Bastaba la mentira de un solo hombre para desacreditar a docenas de mujeres. Los rabinos no las admitían en sus charlas, para ellos no tenían nada que pudieran añadir u opinar. Ellos mismos decían que deberían pedirse "cuentas" al varón por cada conversación innecesaria tenida con su mujer. Ningún maestro admitía a una mujer como seguidora suya, eso sería un serio desprestigio, tan grande que la mayoría de los hombres le abandonarían. Se conoce incluso el caso de un senador romano expulsado del Senado por abrazar a su mujer en público. Nadie podía expresar amor a su esposa, ni mucho menos confesar que estaba enamorado de ella, eso era una señal de debilidad.

El imperio romano había destrozado toda la dignidad de las personas, sobe todo de las mujeres y los niños. Cualquier padre podía arrojar al estercolero a su hijo si no le gustaba, estaba enfermo o si era una niña. La gente con dinero podía comprar esclavos de ambos sexos, como niños y niñas menores de diez años para satisfacer los deseos sexuales. El propio Julio Cesar llegó a tener una esposa de once años. Gente admirada hoy por muchos como "sabios" y "filósofos" de la humanidad explicaron que la mujer era considerada como un ser netamente inferior al hombre, únicamente útil para la procreación. La historia nos recuerda también que seres humanos devorados por animales en las fiestas, y eran obligados a matarse unos a otros en los espectáculos de gladiadores.

Ese fue el mundo en el que el Señor apareció. Y no se quedó callado. Destrozó activa y pasivamente todos estos conceptos, e incorporó a la mujer a lugares que nunca antes había tenido. Mujeres le siguieron y le ayudaron. Habló públicamente con ellas, las ensalzó, les dio categoría trascendental en muchos momentos. Las dignificó hasta el máximo.

Jesús quiso que el evangelio entrase en Samaria por una mujer con cinco maridos. Dios quiso que las primeras en proclamar el evangelio en Betania fueran dos hermanas, que la persona que más habló del Señor en público y en la ciudad santa, Jerusalén, fuera María Magdalena. Las mujeres fueron los primeros testigos de la resurrección de Jesús. El evangelio entró en el mundo por la fe y la confianza en Dios de María… Esa era la manera en la que Dios estableció la dignidad de la mujer en una época en la que todos se hubiesen burlado de ellas.

Tuvieron que pasar incluso cientos de años para que la propia sociedad, y a veces los seguidores del Señor tratasen a las mujeres de la misma manera y con la misma dignidad que el Maestro las había tratado.

Muchos pueden pensar que esa era una revolución para su tiempo, pero la verdad es que lo sigue siendo hoy y a lo largo de toda la historia. La mayor revolución social que jamás haya existido. En algunos países en los que la

Palabra de Dios no es apreciada en el día de hoy, muchos padres abortan o asesinan a sus hijas al nacer al ver que son niñas. Y no digamos nada de la utilización del cuerpo de la mujer en la publicidad denigrante de nuestro primer mundo en pleno siglo XXI

Sería imposible la historia de los evangelios sin la trascendencia de la ayuda de las mujeres

El Mesías destrozó todas esas ideas.

¿Te has fijado alguna vez en los detalles que leemos en los evangelios sobre las mujeres? Nadie hubiese inventado algo así. Dios no quería que pasaran desapercibidos, y por eso muchas historias quedaron escritas.

> *"Y había una profetisa, Ana, hija de Fanuel, de la tribu de Aser. (…) Nunca se alejaba del templo, sirviendo noche y día con ayunos y oraciones. Y llegando ella en ese preciso momento, daba gracias a Dios, y hablaba de El a todos los que esperaban la redención de Jerusalén..." Lucas 2:36-38*

Ana es una vida casi desconocida para nosotros, pero la Biblia nos dice que era profetisa, y hablaba a todos públicamente. Estaba en el templo día y noche adorando a Dios, con ayunos y oraciones, y hablaba del niño a todos los que esperaban la redención en Israel. Hablaba en público de parte de Dios, a pesar de ser una mujer. Lo hacía en el templo y fuera del templo, rompiendo así todas las "normas" de su época, y de bastantes hombres en nuestra época también, todo hay que decirlo.

> *"El comenzó a recorrer las ciudades y aldeas, proclamando y anunciando las buenas nuevas del reino de Dios; con El iban los doce, y también algunas mujeres que habían sido sanadas de espíritus malos y de enfermedades: María, llamada Magdalena, de la que habían salido siete demonios, y Juana, mujer de Chuza, mayordomo de Herodes, y Susana, y muchas otras que de sus bienes personales contribuían al sostenimiento de ellos..." Lucas 8:1-3*

La Biblia enseña que iban con Jesús las mujeres que habían sido sanadas. Era impensable que un Maestro llevase tras de sí a mujeres que no sólo le escuchaban, sino que le servían y conversaban con El. Ellas sostenían económicamente al Señor y a sus discípulos. Si era una vergüenza publica que las mujeres fuesen sus seguidoras porque ningún maestro de la época lo hubiese consentido, mucho más lo era que colaborasen para su sostenimiento.

Al Señor no le importó. Todo lo contrario, el Espíritu de Dios quiso que esos datos quedaran registrados en Su Palabra. Que no tuviésemos ninguna duda de hasta que punto son importantes las mujeres en la obra del Señor.

"Cuando Jesús la vio, la llamó y le dijo: Mujer, has quedado libre de tu enfermedad. Y puso las manos sobre ella, y al instante se enderezó y glorificaba a Dios." Lucas 13:12-13. Poner las manos sobre una mujer para sanarla era motivo de escándalo en aquel momento. Ninguno de los líderes podía creer en El, porque ese gesto era ir mucho más allá de lo que todos pudieran imaginar.

Algunas personas explican doctrinas diciendo lo que pueden o no pueden hacer las mujeres. ¡Incluso hay los que quieren que permanezcan calladas sin poder dar ni siquiera testimonio de cómo Dios ha tocado su corazón! Mejor sería para todos volver a leer en los evangelios y aprender como Jesús las trató. La dignidad que les dio, cómo las escuchó y admitió entre sus seguidores. Como les permitió glorificar públicamente a Dios, e incluso El mismo buscó que lo hicieran. Si queremos seguir a Dios más vale que le escuchemos a El antes que a ninguna otra persona. Más vale que le demos valor a lo que El Señor hizo, y no a lo que muchos intentan explicarnos.

El Señor permitió a las mujeres muchísimos detalles que escandalizaron a Todos

"Entonces María, tomando una libra de perfume de nardo puro que costaba mucho, ungió los pies de Jesús, y se los secó con los cabellos, y la casa se llenó con la fragancia del perfume (…)

Entonces Jesús dijo: Déjala, para que lo guarde para el día de mi sepultura " Juan 12:3 y 7

María utilizó sus cabellos para secar los pies del Señor. Sólo las mujeres llamadas "de mala vida" hacían eso en público. El cabello era considerado la "gloria" de la mujer, y María quiso demostrar a todos que Jesús merecía toda la gloria en su vida. Si ellos creían que su cabello era su gloria como mujer, ella lo puso a los pies del Señor.

Los discípulos no habían comprendido que Jesús iba a morir y ser sepultado, pero María sí lo hizo. Amaba profundamente al Señor y lo demostró. Y Jesús la ensalzó en público en ese momento y para el futuro.

No olvides nunca que las mujeres fueron las únicas que le siguieron hasta el final. *"Y María Magdalena y María, la madre de José, miraban para saber dónde le ponían" Marcos 15:47* Las únicas que fueron lo suficientemente valientes como para identificarse con el Señor después de muerto. Mientras los discípulos estaban juntos y escondidos por miedo a los judíos, a las mujeres no les importó ir a la tumba del Señor públicamente y preocuparse de lo que pudiera ocurrir.

Los rudos y fuertes pescadores temblaron y huyeron. Las mujeres señaladas y débiles no temieron enfrentarse con la guardia romana si fuera necesario, para ungir el cuerpo del Mesías. *"Pasado el día de reposo, María Magdalena, María, la madre de Jacobo, y Salomé, compraron especias aromáticas para ir a ungirle" Marcos 16:1*

Las mujeres fueron los primeros testigos de la resurrección del Señor. En una época en la que su palabra no servía de nada, ni eran admitidas en ningún juicio, Jesús hace descansar el evento más importante de la historia en la palabra de ellas

Ellas no podían hacer prácticamente nada. No podían hablar públicamente, ni encontrarse con Pilatos. No podían hablar con la gente del Sanedrín, ni luchar con los soldados romanos, pero hicieron lo que pudieron: se quedaron con el Señor al pie de la cruz. Acompañaron su cuerpo hasta la tumba. Fueron las primeras en conocer que El había resucitado.

Su testimonio no era válido en los juicios. No eran aceptadas como testigos. Dios las escogió para el testimonio más grande en el juicio más grande de la humanidad: la resurrección de Jesús. No podían hablar, no podían decir nada en público. Dios hizo que diesen la noticia más importante de la historia: "El Señor ha resucitado".

Si no hubiese sido por ellas, quizás la humanidad aún no lo sabría. Sé que lo que escribo tiene un sentido difícil de entender, porque Dios podría haber utilizado cualquier medio para proclamar que su Hijo, el Mesías que había resucitado.

¡Dios no quiso hacerlo de otra manera! No quiso que fuesen los discípulos los que diesen la noticia públicamente. Quiso que lo hicieran las mujeres.

Que ellas hablasen a todos y que sus palabras quedasen escritas para la historia.

Que fueran testigos directos y reales del evento más importante de la historia.

Si sabemos que Jesús resucitó, fue en primer lugar porque las mujeres no callaron.

Isaías 49:15

Jeremías 31:3

Oseas 11:4

Isaías 53:6-8

"*¿Puede* una mujer olvidar a su niño de pecho, sin compadecerse del hijo de sus entrañas? Aunque ellas se olvidaran, yo no te olvidaré…"

"*Desde lejos* el Señor se le apareció, diciendo: Con amor eterno te he amado, por eso te he atraído con misericordia…"

"*Con cuerdas* humanas los conduje, con lazos de amor, y fui para ellos como quien alza el yugo de sobre sus quijadas; me incliné y les di de comer"

"*Todos* nosotros nos descarriamos como ovejas, nos apartamos cada cual por su camino; pero el Señor hizo que cayera sobre El la iniquidad de todos nosotros. Fue oprimido y afligido, pero no abrió su boca; como cordero que es llevado al matadero, y como oveja que ante sus trasquiladores permanece muda, no abrió El su boca. Por opresión y juicio fue quitado; y en cuanto a su generación, ¿quién tuvo en cuenta que El fuera cortado de la tierra de los vivientes por la transgresión de mi pueblo, a quien correspondía la herida?"

Padre
Eterno

EL SEÑOR COMO ANFITRIÓN, DIOS INVITANDO A TODOS

Imagínate que lees los evangelios por primera vez, y que no conoces nada de la historia del Mesías. ¿Qué te llama más la atención? ¿Cómo definirías a Jesús? Tengo que reconocer que una de las cosas que más me asombran es que casi siempre está invitando. El Mesías es alguien que quiere estar con la gente, con nosotros, que quiere disfrutar de nuestra presencia y que nosotros disfrutemos de la suya. Alguien que vino para vencer nuestra soledad. ¿Recuerdas estas palabras?....

> *"Porque donde están dos o tres reunidos en mi nombre, allí estoy yo en medio de ellos" Mateo 18:20*

"Allí estoy yo" dice, como quién está esperando a que todos lleguen. El es el que nos invita y nos espera cada vez que nos encontramos en Su nombre. El es el anfitrión que nos abre la puerta sonriendo y nos abraza cuando llegamos a su casa. El amigo que espera que vayamos a El en cualquier momento, el que desea abrirnos su habitación para que descansemos, para que hablemos, para que seamos restaurados y animados en Su amistad. El que jamás está ocupado para nosotros, el que nos espera siempre.

Como en la historia de David y Mefiboset (2 Samuel 9:6-13) el Rey siempre tiene preparada la mesa para que comamos con El. Ese es el secreto del evangelio, nuestro Creador llamando a nuestra puerta, queriendo cenar con nosotros.

Sólo se cena con los íntimos. Podemos tener comidas de negocios, por placer o por otras razones, pero la cena en casa es sólo para los mejores amigos. Para los que no necesitas recordarle la hora de marchar, porque puedes estar con ellos disfrutando de la conversación y la compañía hasta la madrugada. Jesús quiere cenar con nosotros, hablarnos, abrazarnos, consolarnos, sumergirnos en su Espíritu cuando estamos desanimados. Conversar hasta el amanecer cuando no podemos dormir. El quiere estar con nosotros, y nosotros podemos pasar los mejores momentos de nuestra vida cuando aprendemos a cenar con nuestro Señor. "He aquí, yo estoy a la puerta y llamo; si alguno oye mi voz y abre la puerta, entraré a él, y cenaré con él y él conmigo" Apocalipsis 3:20

*Jesús quiere cenar con nosotros,
hablar y escuchar hasta el amanecer*

LOS INVITADOS A UNA GRAN CENA

"Cierto hombre dio una gran cena, e invitó a muchos; y a la hora de la cena envió a su siervo a decir a los que habían sido invitados: "Venid, porque ya todo está preparado." Y todos a una comenzaron a excusarse. El primero le dijo: "He comprado un terreno y necesito ir a verlo; te ruego que me excuses." Y otro dijo: "He comprado cinco yuntas de bueyes y voy a probarlos; te ruego que me excuses." También otro dijo: "Me he casado, y por eso no puedo ir." Cuando el siervo regresó, informó de todo esto a su señor. Entonces, enojado el dueño de la casa, dijo a su siervo: "Sal enseguida por las calles y callejones de la ciudad, y trae acá a los pobres, los mancos, los ciegos y los cojos." (...) "Sal a los caminos y por los cercados, y oblígalos a entrar para que se llene mi casa" Lucas 14:16-23

Jesús invitando a todos, ese es su carácter. Dios ofreciéndose al hombre y el hombre excusándose, rechazando la invitación de su Creador, ese parece ser nuestro carácter.

En aquellos tiempos, la invitación a una boda se hacía en dos etapas. En primer lugar el invitado aceptaba el convite, y la segunda invitación (sólo para los que habían aceptado) servía para confirmar todos los detalles. Es de esa invitación que habla el Señor. Ellos habían aceptado la primera y ahora se habían echado atrás. No quisieron comprometerse. Como en el día de hoy, todo parece ir bien cuando nos damos cuenta que necesitamos a Dios. Hasta los que se dicen ateos exclaman y buscan a Dios cuando lo necesitan, cuando se encuentran sin salida o cuando están desesperados. El problema comienza con el compromiso, con la segunda invitación, con el momento de decir a Dios que El es lo más importante en la vida.

¿Por qué ponemos excusas? Las disculpas eran terriblemente deshonestas e ilógicas. Nadie compra un campo sin haberlo visto bien, sin haberlo examinado a fondo, y aún en ese caso improbable, es seguro que el campo seguiría allí al día siguiente. Nadie invierte dinero en un animal de carga sin haberlo visto antes. El tercero no quiso ir por haberse casado, cuando todos sabían que en el pueblo judío los jóvenes dejaban de ir a la guerra y trabajar en el primer año de casados, con lo que tenían todo el tiempo del mundo para ir. Y además ¿por qué no llevar consigo a su mujer?

Nuestras excusas siguen siendo iguales.

Comprar un terreno hoy es hablar sobre la preocupación por el futuro, la carrera, lo que va a suceder más tarde. Muchos creen que eso es lo más importante en su vida, sin darse cuenta que todo lo que pueda acontecer en el futuro está en manos de Dios. Y que no debemos darle más importancia las "matemáticas" que a Aquel que hizo los números como un pequeño pasatiempo. Que nuestra mejor carrera no es un doctorado, aunque sea bueno, sino la carrera de la vida.

La necesidad de probar las cinco yuntas de bueyes explica nuestra preocupación económica, y el afán por nuestro trabajo. Lo hemos oído muchas veces: "voy a ocuparme de Dios cuando tenga un poco más de dinero". Más tarde "cuando mis hijos sean un poco más mayores". Conforme va pasando el tiempo "cuando tenga una mejor posición económica y los niños ya sean grandes". Cuando uno se da cuenta, tiene más de cincuenta años y casi ninguna fuerza como para tomarse el compromiso con Dios en serio.

La excusa del matrimonio no tiene que ver en primer lugar con el matrimonio en sí, sino con los que ponen las cuestiones sentimentales por encima de Dios. Muchos y muchas destrozan sus vidas cuando las unen con una mujer o un hombre que no ama a Dios.

Las excusas que inventamos para traer a la presencia de Dios pueden ser miles, y muchas de ellas nos parecen lógicas... pero ninguna es válida

EXCUSAS

Durante mucho tiempo consideré seriamente ir anotando las excusas que muchas personas ponen para no aceptar la invitación del Señor. Al principio, alguna excusa parece más o menos seria. Con el paso del tiempo, se cae como un castillo de naipes al más mínimo soplo. Incluso yo mismo creo haber utilizado alguna de esas excusas en ciertas ocasiones. La lista es interminable porque todos creemos que nuestras excusas tienen algún valor delante de Dios. ¿Te resultan conocidas?

- Estoy muy ocupado
- Estoy muy cansado
- No sé hacerlo
- Todos son unos hipócritas
- Mis amigos se reirían de mí
- Pierdo el tiempo si voy
- No hay santidad en la Iglesia

- Tengo mucho trabajo
- Tengo mucho que estudiar
- No me cae bien tal persona
- Perdería mi programa favorito de televisión
- Me aburro
- La gente me mira mal
- Mañana voy

▶ No me siento bien espiritualmente

▶ No me siento bien físicamente

▶ Estoy pasando un mal momento

▶ Lo primero es lo primero ¿?

▶ Eso es cosa de los ancianos, en los pastores y los responsables

▶ Eso es cosa de los que trabajan la obra

▶ Eso es cosa de los jóvenes

▶ Tengo un compromiso

▶ También tengo derecho a divertirme ¿no?

▶ Tengo la cabeza cansada de estudiar

▶ La gente se va a salvar igual sin nosotros

▶ La gente no tiene interés

▶ La última vez, se burlaron de mí

▶ Tengo que arreglar la casa

▶ Yo doy buen ejemplo, y es suficiente

▶ En mi trabajo pensarán que soy un fanático

▶ No me viene bien la hora

▶ Ya fui el mes pasado

▶ La última vez que fui ni siquiera me dieron las gracias

▶ No estoy de acuerdo con los responsables

▶ No estoy de acuerdo con lo que hacen

▶ A mi marido le parece mal que vaya

▶ Hoy hay partido de fútbol y no quiero perdérmelo

▶ No voy porque ellos no predican el verdadero evangelio

▶ Los que van, no son mejores que yo

▶ Yo voy los domingos, y ya hago bastante

▶ No tienen visión

▶ No me dejan hacer lo que quiero

▶ Mi mujer no me deja ir

▶ Yo no valgo para eso

▶ Cuando tengas hijos, ya sabrás lo que es eso

▶ Mis padres hablan mal de todo lo que hacéis

▶ No predican la verdadera doctrina

¿Podemos añadir nosotros una burla más al sufrimiento del Salvador clavando nuestra excusa en el mismo cartel en el que se lee "Jesús Nazareno, Rey de los Judíos"? ¿Podemos tener el descaro de escribirla al lado?

Puedes añadir la excusa que quieras, y escoger la que prefieras en cada momento. Después, podemos hacer dos cosas, colocar la excusa en un lugar dónde podemos leerla todos los días, o incluso tener una excusa diferente para cada día, o podemos dejarlas todas a los pies de la cruz, ver a nuestro Salvador sangrando, con las manos perforadas y el pecho herido, sudando sangre y aguantando como le escupen y se ríen de él, mientras El no quiso dar una sola excusa, no dijo una sola palabra, mientras El guardaba silencio...

Porque si seguimos rechazándole, sería como añadir una burla más a su sufrimiento clavando nuestra excusa en el mismo cartel en el que se lee "Jesús Nazareno, Rey de los Judíos", Señor, yo no voy a seguirte ni trabajar para ti, porque...

Sigue siendo difícil ser un discípulo. Es mucho más fácil estar convencido que comprometido

> "En verdad, en verdad os digo que si el grano de trigo no cae en tierra y muere, queda él solo; pero si muere, produce mucho fruto. El que ama su vida la pierde; y el que aborrece su vida en este mundo, la conservará para vida eterna. Si alguno me sirve, que me siga; y donde yo estoy, allí también estará mi servidor; si alguno me sirve, el Padre lo honrará" Juan 12:24-26

Para tener fruto, el grano tiene que morir, tiene que arriesgarse, tiene que caer a tierra. Hay que estar dispuestos a morir a muchas cosas para ser útiles a

Dios y transformar el mundo. Hay que arriesgarse a caer en tierra y que nuestra vida se pierda. Un grano puede guardarse y no se perderá, pero siempre será un solo grano. Nunca llegará a nada.

Si nosotros nos empeñamos en vivir NUESTRA vida, Dios no podrá usarnos. Si nosotros no queremos morir, Dios nos quebrantará hasta que aprendamos a morir. No importa cuanto tiempo le lleve el proceso.

Algunas personas llegan a reconocerlo cuando ya está terminando su vida y entonces recuerdan lo necios que han sido por no haber querido obedecer antes al Señor, por no haber entregado antes su vida. Pasaron demasiado tiempo luchando por tener cosas, en vez de seguir al Maestro. Olvidaron que si las cosas tienen mucho valor para nosotros, si las agarramos con demasiada fuerza, más nos dolerá cuando tengamos que desprendernos de ellas, cuando tengamos que soltarlas.

Dios sigue invitándonos a una vida extraordinaria, la mejor que existe. Sigue invitándonos a una conversación eterna con El, y a seguir al Señor Jesús como el camino más excelente que nadie pueda haber encontrado. Muchos siguen despreciando su invitación. Puede que no lo hagamos directamente, nos gusta demasiado la religión y las ideas bonitas, como para rechazarlas frontalmente, pero...

No nos gusta que Dios se meta en nuestros asuntos, Nos gusta que gobierne el universo, que tenga un plan para todas las cosas, pero no queremos que gobierne nuestra vida. Debemos reconocer que somos inútiles, y que sólo Él puede enseñarnos a vivir. Cualquier tipo de confianza en nuestras posibilidades, dones o actitudes sólo nos llevará al fracaso. Quizás aparentemente, las cosas puedan ir bien, pero el vacío en nuestro corazón será inmenso, porque sólo Dios puede llenarnos. Ninguna otra cosa, actividad, servicio o persona puede hacerlo.

Cuando queremos vivir y llegar a hacer todo con nuestras fuerzas estamos en el momento más peligroso de nuestra vida. La vida cristiana es una total dependencia de Dios, una lucha continua, un morir continuo.

O es eso, o no es nada.

33 EL DIOS DE LA LIBERTAD

"Si el Hijo os libertare, seréis verdaderamente libres"

Esa frase resume el motivo clave en el ministerio del Señor. La mejor definición de Dios y su carácter, su relación con el hombre, su manera de establecer los principios, su libertad extraordinaria para no forzar a sus criaturas. Dios nos concede una libertad completa para que podamos vivir y encontrar la libertad eterna, la que no muere jamás.

El Señor Jesús da y regala libertad aun a costa de no ser correspondido. Sólo quiere que los hombres descubran su propia libertad amando y conociendo a Dios. El respeta hasta el final la decisión de los que quieren o no quieren seguirle.

EL DIOS QUE NO QUIERE CONDENAR A LA GENTE

"Porque Dios no envió a su Hijo al mundo para juzgar al mundo, sino para que el mundo sea salvo por El" Juan 3:17.

El versículo más conocido de la Biblia es Juan 3:16, millones de personas pueden recitarlo de memoria. Se ha dicho que es el evangelio en miniatura. Correcto. Pero cuando le hablamos a los demás del evangelio del Señor, deberíamos "obligar" a que todos aprendiesen también el siguiente versículo, el que acabamos de leer ahora. Juan 3:16 no es la mejor definición del evangelio, recuerda que la frase no termina, que el versículo siguiente comienza diciendo "Porque…" Esa es la conclusión.

No podemos comprender el evangelio si no sabemos lo que hay en el corazón de Dios. La Biblia dice que Dios sigue buscando al hombre para salvarlo. El mayor deseo de Dios es que el mundo sea salvo. Dios no quiere condenar al mundo, sino salvarlo, pero como el gran Libertador con mayúscula, espera a que nosotros tomemos una decisión. Se compromete con la misma libertad que nos ha regalado.

EL DIOS QUE LLORA POR LOS QUE SE PIERDEN

> *"Cuando se acercó, al ver la ciudad, lloró sobre ella, diciendo: ¡Si tú también hubieras sabido en este día lo que conduce a la paz!"*
> Lucas 19:41

Jesús no quiere obligarles a creer, no quiere hacer señales extraordinarias para que le acepten. Sólo llora como lo haría quién no quiere utilizar su poder a costa de vencer la libertad de otro. La humanidad ha intentado llegar a Dios por todos los medios posibles, pero jamás ha comprendido que el Dios Creador, el único que existe, es también el que es capaz de llorar por nosotros.

No quiso matar sino dar vida. No entró en sus planes hacer justicia inmediata, sino aplicar misericordia

Pocos le pidieron perdón, pero El perdonó unilateralmente. Ofreció su perdón de una manera incondicional: Alguien dijo que el oficio de Dios es perdonar, y aunque no es una frase del todo cierta, si nos acerca mucho al corazón del Creador. El Señor Jesús era el Mesías enviado por Dios para cumplir las condiciones del perdón de la humanidad. No vino a condenar sino a salvar. No quiso matar sino dar vida. No entró en sus planes hacer justicia inmediata, sino aplicar misericordia. Esperar, ejercitar la paciencia de Dios, una de las cualidades más incomprensibles para el ser humano.

Las consecuencias y la aplicación de la gracia vienen después. La imagen de Dios que nos mostró el Señor es la del Padre con las manos extendidas, queriendo abrazar, esperando un mínimo deseo nuestro para poner su mano sobre nuestro hombro.

Dios no busca revelar su poder, sino su gracia. Para Dios lo más importante no es que la gente descubra en primer lugar Su grandeza, sino que se bañe en su misericordia. No está tan interesado en mandar, como en amar. No necesita demostrar que es Dios, porque eso no admite discusión, no cabe ninguna duda: El seguirá siendo el Dios Todopoderoso hagan lo que hagan los hombres, lo entiendan o no, lo admitan o no. Eso es algo ya determinado. El que le sigue lo hace por acercarse a Él, por sentirse atraído por su Espíritu, no por miedo a la ira, o por la admiración de lo desconocido o lo milagroso.

> *"Al ver esto, sus discípulos Jacobo y Juan, dijeron: Señor, ¿quieres que mandemos que descienda fuego del cielo y los consuma? Pero El, volviéndose, los reprendió, y dijo: Vosotros no sabéis de qué espíritu sois, porque el Hijo del Hombre no ha venido para destruir las almas de los hombres, sino para salvarlas". Lucas 9:54-56*

Nosotros somos muy diferentes. Aprendemos rápidamente el lenguaje de la justicia vengativa. Nos gusta decir lo que se puede o no se puede hacer y nuestra aspiración más secreta es que se imparta la justicia que nosotros creemos. Tener la última palabra en todo.

En ese peligro cayeron los discípulos: No fueron escuchados y se creyeron con derecho a tomar la justicia por su mano. Querían vender caro su desprecio. Menos mal que el Señor no hizo caso de su petición de venganza, y tuvo que explicarles que El "había venido para salvar vidas" que cualquier otra cosa que hagamos es seguir a un espíritu muy diferente al Espíritu de Dios.

A pesar de ser el Creador y el Señor, Jesús siempre dejó en completa libertad a la gente para que le rechazase. No se sintió herido como sus discípulos cuando alguien le daba la espalda. Nosotros no dejamos que la gente reaccione, los enviamos al infierno rápidamente. Cuando hablamos a alguien del Señor y no nos quiere escuchar, sacudimos el polvo de nuestros pies con una velocidad vertiginosa. Muchas veces no somos capaces de dejar entrever en nuestros ojos ni siquiera un poco de compasión, de tristeza, unas lágrimas de cariño por quién se pierde.

UN DIOS AMABLE Y DULCE

Jesús es extremadamente amable y dulce. Llama a la puerta, no la golpea para tirarla o para abrirla aún con todo el derecho a hacerlo. Es el rey del Universo, pero espera pacientemente una respuesta. Busca el sí, pero sabe que la respuesta puede ser no, y en lugar de reaccionar con el enfado del que se sabe superior, experimenta la compasión del que es capaz de hacer cualquier cosa por amor.

¿Quieres ver algunos ejemplos? Piensa en el ladrón en la cruz. La Biblia nos dice que en principio los dos ladrones le injuriaban, se burlaban. No sabemos si no entendían quién era el que estaba con ellos, pero decidieron burlarse. El Señor los vio y los escuchó, y una vez más guardó silencio. Sabía que podía ganar la lealtad de por lo menos uno de los dos.

Otro ejemplo, los dos que van a Emaús. Jesús les explica todas las cosas, pero no se aleja de ellos hasta que no entienden lo que está pasando, no los abandona a su incredulidad y su tristeza. Sabe que son insensatos, y sobre todo incrédulos como el resto de discípulos, pero no los abandona a su suerte. Decide perder unas horas más para convencerlos. Decide amarlos, decide poner todo su corazón en que aquellos dos sean capaces de ver más allá de sus ojos físicos. Y cuando por fin lo ven, desaparece.

¿Qué pensó cuando dio vida a Judas, a Pilatos, a los soldados que se burlaron de él, a los que gritaban en su contra, a los que le escupieron?

Jamás puedo dejar de pensar en ese "momento" de la eternidad en el que el Creador decide dar vida a cada una de las personas del mundo: ¿Qué pensó cuando dio vida a Judas, a Pilatos, a los soldados que se burlaron de él, a los que gritaban en su contra, a los que le escupieron?

¿Cómo fue capaz de permitir momentos de felicidad a aquellos que iban a quitarle la vida? Dios no le negó el derecho a nacer a Herodes, ¡a pesar de que quería matar a su hijo!

Dios les regaló a todos la libertad para actuar, ¿Quisiera que no hubieran nacido? ¡¡¡NO!!! Pudo haber impedido que tuviesen vida, pero no quiso hacerlo.

Ninguno de nosotros hubiésemos dejado ver la luz a aquellos que iban a maltratarnos, escupirnos, a los que iban a matar a nuestro hijo. Nosotros habríamos enviado fuego del cielo aún antes de que nacieran. Jamás hubiéramos hecho nada bueno por ellos…

EL DIOS PADRE QUE ESPERA CON PACIENCIA CADA DÍA

¿Y la llamada historia del hijo pródigo?

El padre tenía todo el derecho de ir a buscar a su hijo, explicarle las razones de su rebeldía y traerlo de nuevo a casa, y ya con eso hubiera demostrado su cariño hacia él. No hay que olvidar que el hijo se marchó, renunció a su familia y a su nombre y no quiso saber nada de nadie.

Un buen castigo no hubiese estado mal… Pero mientras nosotros pensamos en la amplitud de la disciplina, el padre espera en casa. Espera a que las circunstancias hagan reflexionar a su hijo. Espera ansioso cada noche a que llegue el momento de abrazarle.

La llamada historia del "hijo pródigo"
es una de las muestras más sublimes
del carácter de Dios

Ese capítulo quince del evangelio de Lucas es uno de los más importantes en la Biblia para "descubrir" el carácter de Dios. La primera historia que el Señor Jesús cuenta, la de la oveja perdida nos enseña mucho en cuanto a cómo es nuestro Señor, capaz de ir a buscar una oveja, capaz de todo por recuperar una sola alma. Capaz de ir a la muerte en lugar de cada uno de nosotros.

La historia de la moneda nos enseña la cualidad más importante del Espíritu Santo: la luz. Imprescindible para acercarnos a Dios, trascendental para que nuestra vida le agrade a El. Sin el trabajo del Espíritu de Dios ninguno de nosotros podría abrazar al Padre ni amar al Hijo. Al final del capítulo Jesús habla sobre un hijo pródigo. Esa historia que más bien debería llamarse la historia del Padre bueno.

> *"No muchos días después, el hijo menor, juntándolo todo, partió a un país lejano, y allí malgastó su hacienda viviendo perdidamente. Cuando lo había gastado todo, vino una gran hambre en aquel país, y comenzó a pasar necesidad. Entonces fue y se acercó a uno de los ciudadanos de aquel país, y él lo mandó a sus campos a apacentar cerdos.(…) Entonces, volviendo en sí, dijo: "¡Cuántos de los trabajadores de mi padre tienen pan de sobra, pero yo aquí perezco de hambre! (…) Y levantándose, fue a su padre. Y cuando todavía estaba lejos, su padre lo vio, y sintió compasión por él, y corrió, se echó sobre su cuello y lo besó. Y el hijo le dijo: "Padre, he pecado contra el cielo y ante ti; ya no soy digno de ser llamado hijo tuyo." Pero el padre dijo a sus siervos: "Pronto; traed la mejor ropa y vestidlo, y poned un anillo en su mano y sandalias en los pies; y traed el becerro engordado, matadlo, y comamos y regocijémonos; porque este hijo mío estaba muerto y ha vuelto a la vida; estaba perdido, y ha sido hallado. "Y comenzaron a regocijarse. Y su hijo mayor estaba en el campo, y cuando vino y se acercó a la casa, oyó música y danzas (…) Entonces él se enojó,*

y no quería entrar. Salió su padre y le rogaba que entrara.(…) Y él le dijo: "Hijo mío, tú siempre has estado conmigo, y todo lo mío es tuyo. "Pero era necesario hacer fiesta y regocijarnos, porque éste, tu hermano, estaba muerto y ha vuelto a la vida; estaba perdido y ha sido hallado." Lucas 15:13-32

Todo comienza con un acto de rebeldía, el del hijo menor. No quiere seguir con su padre. Piensa que la vida real está afuera, lejos del control de su familia. El padre lo dejó ir, y eso significaba perderlo por completo, verlo morir para siempre. Recuerda la época de la que estamos hablando, el padre no podía saber dónde estaba, ni recibir noticias de él, ni llamadas, ni cartas. Su hijo dejaba de serlo, la distancia era la muerte. Puede que ese fuese el deseo del hijo: cualquier cosa con tal de estar lejos, con tal de no volver a casa.

Detrás de todo está la realidad de la acción del pecado: nos aleja de Dios. Nos deja muertos. Sin salida, sin esperanza. Lejos de nuestro Padre.

La parábola es un ejemplo del trato de Dios, Cuando no queremos hacer su voluntad, nos deja que lleguemos hasta el final de nuestros propios errores. El hijo derrochó todo lo que el padre le dio como si no tuviese ningún valor.

Los problemas para el pródigo comienzan cuando se da cuenta de cuál es el pago del pecado: Comienza a pasar miseria y necesidad, y todos le abandonan. Había perdido su dignidad por completo, y supo lo que es la insatisfacción continua, porque después de haber probado todo, nada le valía. Ese es uno de los mayores engaños del pecado. Creemos encontrar satisfacción en lo que sólo agranda más nuestra necesidad y nuestra miseria.

Cuando se encuentra así llega el momento clave en su vida. Quiere volver a casa. Muchos reconocen su situación, pero no dan el siguiente paso, el de tomar el camino de vuelta. Cuando el hijo pródigo tuvo hambre se alimentó de bellotas, cuando se vio morir de hambre, volvió al Padre. De la misma manera nosotros sólo solemos ir a Dios cuando estamos verdaderamente desesperados, y no cuando creemos que nosotros mismos podemos arreglar las cosas.

Los motivos del hijo pródigo fueron exclusivamente materiales: no tenía trabajo, no podía comer, tenía hambre y buscó una justificación espiritual.

Pero volvió, y... ¡Dios le perdonó de todos modos! Dios quiere que volvamos a El. En cierto modo, los motivos no importan. Las motivaciones pueden ser incluso equivocadas si en el fondo reconocemos nuestra necesidad de volver al Creador.

El hijo no se siente digno de nada. Piensa en pedirle a su padre que sólo quiere ser uno de tus trabajadores. No le importa nada más, sólo quiere volver a casa. Cree que quizás su padre no será capaz de perdonarle, de restaurarle, de devolverle la condición de hijo. ¡Qué poco conocía a su Padre! Quiso humillarse así al reconocer que no merecía nada. Pero su padre seguía amándole a pesar de no saber nada de El. A pesar de haberle ofendido de una manera tan cruel.

Jesús añadió un detalle importantísimo:
El Padre estaba esperando.

Muchas veces debió salir a la puerta por si su hijo volvía. Quizás entraba en su habitación y lloraba su pérdida. Puede que cada mañana despertase preguntándose ¿Volverá hoy? ¿Dónde estará?... Casi podemos verlo día tras día yendo al borde del camino para ver si su hijo volvía. No sabía nada de él, y ese desconocimiento le dolía en el fondo del corazón. Sólo deseaba que volviese... Y entonces ocurrió.

Cuando aún faltaba mucho para llegar a casa, "lo vio su padre" El hijo fue amado siempre, aún cuando estaba lejos. La actitud del padre revela un perdón completo y un deseo de restauración: Era indigno para un hombre mayor levantar sus vestidos y salir corriendo como lo hizo el padre. Corrió a buscarlo, y no para reprocharle su comportamiento y castigarlo aunque eso era lo que el hijo merecía. Corrió con todas sus fuerzas para abrazarlo.

En ese momento, todo le pareció poco. Le dio la mejor ropa, el anillo de distinción, sandalias... Su hijo había estado por meses trabajando entre cerdos, sucio, descuidado y oliendo mal, pero el padre no lo mandó lavar primero, simplemente lo abrazó como estaba y lo aceptó como estaba. Lo besó, literalmente "Lo besó una y otra vez". Lo besó efusivamente, aún antes de que el hijo dijese una sola palabra. El beso era la señal del perdón. El padre le perdonó aún antes de que dijese nada, y lo hizo de una manera pública, para que todos supiesen que amaba a su hijo.

EL DIOS QUE ORGANIZA FIESTAS

El último detalle parece increíble: Dios organiza una fiesta.

Jesús dijo que el padre mató un becerro especialmente engordado para la situación. Porque le esperaba, sabía que iba a volver. Y había que estar preparado para una gran fiesta en ese momento.

Una historia con un final feliz de no ser por un simple detalle. El hijo mayor se enojó cegado por la amargura. El padre amaba también a su hijo mayor, La Biblia dice que "salió afuera y le rogaba" (15:28). ¡Se preocupó por él! Dios sigue dándonos lecciones casi increíbles sobre Su gracia. Aunque el hermano mayor no entendió el fondo de la historia. Sólo quería seguir las cosas por la ley, como hacían los fariseos. Creía que él era superior porque había cumplido la ley externamente aún cuando su interior estaba lleno de orgullo. Ni siquiera quería reconocer a su hermano, cuando le habla a su Padre dice "ese hijo tuyo" ¡No podía considerarse hermano suyo alguien tan pecador!

Pocas veces nos damos cuenta de que la diferencia entre el gozo y la amargura es la capacidad para perdonar…

¿Por qué no entrar y participar de la fiesta? ¿por qué no disfrutar de la alegría del Padre? El hijo mayor pudo haber entrado, abrazado a su hermano y disfrutado de la fiesta, o pudo haberse quedado afuera enfadado. Dios no nos dice el final, para que se lo pongamos nosotros mismos, para que hagamos un examen a nuestro corazón y pensemos qué hubiésemos hecho cada uno de nosotros. Qué decisión estamos tomando cada momento de nuestra vida. Podemos comprender lo que Dios hace en términos de Su gracia y disfrutar de la fiesta… O podemos pensar que lo que hacemos es digno de recompensa, que nos hemos ganado lo que somos y por lo tanto, quedarnos afuera solos. Lejos de los que vuelven. Lejos de la fiesta. Pero sobre todo, muy lejos de nuestro Padre.

Podemos quedarnos afuera solos.
Lejos de los que vuelven. Lejos de la fiesta.
Pero sobre todo, muy lejos de nuestro Padre

Durante muchos años se conoció esta historia como la del "hijo pródigo", más bien deberíamos hablar del hijo "amado". Era amado, aún cuando estaba separado de su padre, era amado aún cuando no lo sabía. Era amado, aún cuando estaba pecando. Así es Dios. Dios busca lo inútil, lo que no tiene valor. Tira la casa por la ventana para encontrar algo que aparentemente, no tiene ningún valor como un dracma perdido. Abandona todo y se cansa saliendo a buscar una oveja poco disciplinada. Hace una fiesta cuando vuelve un derrochador, mentiroso, y malagradecido.

Los fariseos enseñaban que había gozo en el cielo cuando un impío perecía y se hacía justicia, por eso le echaban en cara a Jesús que sólo los publícanos y pecadores le seguían y él comía con ellos. Jesús nos enseñó que hay gozo en el cielo por un pecador que vuelve a Dios, y no por los muchos justos que no le necesitan.

¡Qué bueno es para nosotros saber que cuando el hijo vuelve, Dios hace una fiesta! Saber que cuando encuentra la oveja no la envía otra vez al rebaño como si tal cosa, sino que la toma en sus hombros y la acaricia. Todos tenemos valor eterno para Él. No importa si somos ovejas que nos perdemos fácilmente, monedas casi sin valor o hijos que quieren vivir a su aire. Para Dios tenemos todo el valor del mundo. Y lo recuperamos cuando estamos con Él. No tiene ningún sentido perderse.

Eso es lo que los dos hijos necesitaban aprender. Lo más importante era la relación con su padre. Disfrutar de su presencia conociéndole y amándole. Disfrutar de lo que nuestro Padre es sin necesidad de marcharse como el hijo menor, o de trabajar en la casa amargado como el mayor.

Si estás lejos de Dios, vuelve. Nadie te ama como Él.

Si estás cerca de Dios pero crees que eso te da derecho a todo, vuelve. Quizás estás más lejos de lo que crees. Nadie te ama como Él.

34
NO HAY LUGAR PARA EL CREADOR

Vivimos en un mundo que admira a los vencedores. Nosotros adoramos a alguien que fue considerado como un verdadero perdedor. Nuestra sociedad sigue a los que están en la cima del poder político, económico, o religioso, se dedican miles de libros y de horas en los medios de comunicación a esos "héroes". Mientras tanto millones de personas se declaran voluntariamente discípulos de un crucificado.

Desde el mismo momento de su nacimiento el Señor Jesús fue despreciado, desechado, desfigurado, insultado, perseguido... Fue llevado a la muerte de tal manera que incluso en ese momento nadie le hubiese admirado como un mártir por cuanto había perdido toda su hermosura. Fue desamparado por todos, incluso por su propio Padre, pero El fue el que nos enseñó que casi nada es como parece ser, que en nuestro mundo de luces y brillos externos y vacíos, la Luz con mayúsculas resplandece siempre desde adentro. ¡Y dónde menos lo esperamos!

Hay una característica común para todos los que son despreciados por los demás: Nadie quiere tenerlos cerca. Nadie tiene lugar para ellos. El Señor llevó la etiqueta de perdedor consigo desde su nacimiento, todos lo dejaron de lado. Nadie se preocupó por él. Sus padres no tuvieron un lugar en el mesón para que pudiese nacer, porque eran pobres. Nació de una familia muy humilde, en una ciudad pequeña, Belén, la menor entre las de la tribu (Mateo 2:6). El Mesías escogió nacer en un lugar completamente desconocido, en una aldea despreciada.

LA HUMANIDAD NO TIENE UN LUGAR PARA DIOS

"No hay lugar" Esa parece ser una de las frases más repetidas en la vida del Señor. No hubo lugar para sus padres en el mesón. Quizás habría lugar para otras personas, para gente de más dinero o mejor posición, pero no había lugar para ellos (Lucas 2:7)

El Señor, el Creador del mundo entero, el Mesías enviado de Dios no tuvo nada en su vida, nada le pertenecía. Se acostumbró a vivir sirviendo a los demás sin preocuparse en absoluto por su propia vida. "No tenía un lugar dónde recostar su cabeza" (Mateo 8:20), pasaba muchas noches sin más techo que las estrellas, y en muchas otras, sólo la misericordia de sus amigos (los de Betania, a veces la familia de alguno de sus discípulos…) le impedía dormir bajo la lluvia o en la oscuridad fría del invierno. Hacía el bien, curaba enfermos, cambiaba vidas, predicaba, pero no tenía un lugar dónde poder dormir. Nunca tuvo un hogar.

Todos se escandalizaban por causa de Él, tanto que no tenía ningún lugar en el que dormir, o que pudiese considerarse "su" casa

Jesús tuvo que trabajar duro para vivir, era un carpintero, nada más. Cuando comenzó su vida pública enseñando y ayudando a la gente, su familia y sus amigos le despreciaron. A veces El mismo y sus discípulos tenían hambre y no tenían nada que comer (Mateo 12:1). Cualquiera que los hubiera visto diría que eran gente perdedora, despreciada, gente sin futuro alguno.

"Jesús les dijo: No hay profeta sin honra sino en su propia tierra, y entre sus parientes, y en su casa" Marcos 6:4 Si es muy difícil de entender que El Rey del Universo fuese despreciado, mucho más lo es reconocer que El quiso vivir así. Vino para ofrecerse a sí mismo en amor a quienes le quitamos la vida. Su objetivo fue cubrir las deudas que nosotros teníamos, y no le importó sufrir el dolor que sólo nosotros merecíamos. Fue despreciado

1. En su tierra,
2. Entre sus parientes,
3. En su casa,

Podríamos comprender que no tuviese honra en su propia tierra, aunque eso es muy triste. Más triste es cuando no nos reconocen nuestros propios parientes, pero lo que va más allá de nuestra imaginación es que fuese despreciado por su propia familia.

El evangelio dice que en ocasiones su madre y sus hermanos se quedaban lejos de dónde él estaba enseñando, como si no quisieran escucharle. Incluso llegaron a decir que estaba "fuera de sí" que lo que hacía era propio de un loco (Mateo 12:46) "Se escandalizaban a causa de él" su familia, y los que se llamaban sus amigos.

El Señor sufrió el desprecio, pero no dejó que ese desprecio variase lo más mínimo la voluntad de Su Padre para El. Jesús dio prioridad a los enfermos, a los pobres, a los despreciados, a estar al lado de los que vivían solos y oprimidos. El evangelio no es en primer lugar una teoría o un ideal, algo que se predica, sino que se introduce hasta lo más profundo de la miseria humana para transformarla. El Mesías se puso al lado de los indefensos

Jesús no inició una lucha por restablecer la pureza doctrinal, sino por estar al lado del desvalido. Esa sigue siendo nuestra misión. Si a nosotros no nos desprecian como a El, puede que sea porque estamos demasiado lejos de los que nos necesitan. Lejos de los pobres y de los que están solos, lejos de los que no tienen nada para vivir, de los despreciados y de los considerados perdedores.

Puede que uno de los problemas más graves de la Iglesia en el día de hoy (sobre todo en el considerado "primer mundo") sea el querer defender un evangelio de los vencedores, de los ricos, de los poderosos, de los que no les falta nada. Un evangelio sólo de bendiciones materiales, un llamado evangelio del reino en el que quizás el Rey no tiene lugar.

> *"Entonces los fariseos les contestaron: ¿Es que también vosotros os habéis dejado engañar? ¿Acaso ha creído en El alguno de los gobernantes, o de los fariseos? Pero esta multitud que no conoce de la ley, maldita es"* Juan 7:44-49

Los seguidores del Señor fueron considerados perdedores también: Gente con poca trascendencia económica y sin ningún valor para la sociedad. Gente a la que nadie hubiera escogido, pero a los que Jesús llamó para seguirle.

Los discípulos del Señor no tenían nada, no eran importantes en la sociedad, no tenían dinero ni poder. Nadie les conocía ni podían tomar decisiones que influyeran en otros, pero su confianza estaba en Dios. Habían sido llamados por el Hijo de Dios, la dignidad que el mundo no tuvo para ellos, Dios se la regaló en abundancia.

LA SOLEDAD DE UN PERDEDOR

> *"Y tomando consigo a Pedro y a los dos hijos de Zebedeo, comenzó a entristecerse y a angustiarse. Entonces les dijo: Mi alma está muy afligida, hasta el punto de la muerte; quedaos aquí y velad conmigo"* Mateo 26: 37-38.

La noche más cruel de su vida la pasó en el Getsemaní, y pidió a sus discípulos que oraran y velaran con El. Por primera vez les estaba pidiendo algo, pero los discípulos no fueron capaces de ayudarle y permanecer a su lado. A pesar de que estaba sufriendo una tristeza mortal, *"Todos los discípulos dejándole, huyeron"* (Mateo 26:56) El lo sabía. Sabía que lo iban a dejar solo. *"Mirad, la hora viene, y ya ha llegado, en que seréis esparcidos, cada uno por su lado, y me dejaréis solo; y sin embargo no estoy solo, porque el Padre está conmigo"* Juan 16:32

Esa es una de las grandes paradojas de la vida de Cristo. Y la más triste, sin ninguna duda. ¿O no es triste que quién dedicó su vida a amar a los demás, se queda solo cuando más lo necesita? El que jamás abandonó a nadie, ahora es abandonado.

El Señor reacciona casi como cualquier otra persona podía haber reaccionado. Sintió el mismo dolor, la misma tristeza, el mismo abandono…En ese instante de su vida, Jesús podría haber sido considerado el perdedor más grande de la historia, pero no estaba solo. Le quedaba la relación más inquebrantable y firme, el amor de Su Padre. Esa es la razón por la que pasó esos momentos a solas con el Padre, orando. El es el único que le comprende. Aún los ángeles que le acompañaban y le confortaban eran incapaces de entender lo que el Rey del Universo estaba sintiendo.

Cuando más tarde fue juzgado, la humanidad encontró por fin un lugar para su Creador, el llamado "Lugar de la calavera" (Mateo 27:33). La tradición decían que el nombre de ese lugar era debido a que allí estaba enterrada la calavera de Adán, y ese fue el lugar que el hombre dio a Jesús. Aunque realmente era el único lugar que nosotros merecíamos. El Salvador quiso llevar todo nuestro dolor y ocupar nuestro lugar.

El hombre encontró un lugar para su Creador, el "lugar de la calavera"

Cuando el Mesías se enfrentó voluntariamente con la muerte, se quedó completamente sólo. Todos le abandonaron, y no sólo eso, ni siquiera se preocuparon de lo que podría pasar con su cuerpo. Tuvo que ser "un hombre bueno y justo" (Lucas 23:50), José de Arimatea el que pidiese el cuerpo del Señor, porque nadie quiso saber nada del crucificado.

Una tumba. "Ved el lugar dónde le pusieron" (Mateo 28:6). Cuando todo parecía haber terminado, el hombre encontró el lugar que Dios debía ocupar, una tumba.

Muchos han querido tener a Dios en ese lugar desde entonces. No faltan los que han proclamado a los cuatro vientos "Dios ha muerto" como si eso fuese la mejor solución a su problema personal, y la mejor noticia que el mundo podía escuchar. Como si Dios mismo les estorbase.

El diablo creyó que el Señor estaba muerto para siempre, y con él la esperanza de todos los humanos, por lo que jamás habría primicias de resurrección, pero no fue así. Nosotros podemos vivir para siempre, porque el lugar dónde pusieron al Señor fue sólo circunstancial y momentáneo. Por el poder del Espíritu de Dios, el Señor fue resucitado y ahora está sentado a la diestra del Padre, recordándonos que la muerte sigue siendo sólo circunstancial y momentánea.

Y así son todas las dificultades en la vida también, circunstanciales y momentáneas.

DIOS PREPARA EL MEJOR LUGAR PARA NOSOTROS

¿Qué habríamos hecho nosotros si nos hubiesen tratado así? ¿Cuál sería nuestra reacción si hubiésemos sido despreciados, escupidos, abandonados, heridos? Creo que si tuviéramos el poder suficiente, habríamos revolucionado cielos y tierra para que se hiciese justicia. Nadie tiene derecho a tratarnos así. Y de hecho nos comportamos así muchas veces, cuando creemos que alguien nos ha herido.

El Salvador respondió de una manera muy diferente.

El nos invita a su propia casa, prepara un lugar para nosotros. Vive trabajando para que nadie se quede sin lugar en la gran fiesta eterna. Quiere que todos los que le hemos crucificado seamos invitados, rescatados, perdonados, queridos...

> *"Sal enseguida por las calles y callejones de la ciudad, y trae acá a los pobres, los mancos, los ciegos y los cojos." (...) "Sal a los caminos y por los cercados, y oblígalos a entrar para que se llene*

mi casa" *Lucas 14:21-23 "En la casa de mi Padre hay muchas moradas; si no fuera así, os lo hubiera dicho; porque voy a preparar un lugar para vosotros." Juan 14:2-3*

Jesús está preparando el mejor lugar para nosotros en Su presencia. El está vistiendo de gloria el cielo para nuestra llegada. Trabaja para que tengamos un lugar digno, quiere tener consigo a todos los que le aman.

El Señor Jesús está trabajando ahora, preparando un lugar para nosotros

Puede que aparentemente la vida del Señor Jesús parezca ser la historia de un perdedor, pero sólo aparentemente.

El es mayor Vencedor de la historia. Todavía hoy miles de científicos, políticos, poderosos hombres y mujeres de dinero, y otros andan desgastando sus vidas y sus posesiones en la llamada "lucha contra la muerte". Intentando alcanzar la inmortalidad y vencer al más poderoso enemigo. El Señor lo venció en cuestión de horas. Una victoria definitiva, total, eterna. Una victoria sin límites, una victoria para todos.

Nadie influenció tanto la vida de la humanidad como El.

Puedes negarlo si quieres. Puedes intentar esconderlo. Puedes incluso despreciar todo lo que hizo el Señor Jesús, pero un día tendrás que estar cara a cara con El, porque El es el Creador y el Vencedor al mismo tiempo.

No fue Buda, Confucio ni Mahoma los que vencieron a la muerte. No fue ningún líder sectario, no fue el presidente o el rey de ningún país. No fue ningún científico, empresario, actor o deportista famoso. No fue nadie en el que tu puedas creer o admirar. Cualquier persona o dios en los que pongas la confianza de tu vida te hará fracasar. Ahora y para siempre.

El que estará sentado en el trono es el Vencedor, el Señor Jesús

"Decían a gran voz: El Cordero que fue inmolado digno es de recibir el poder, las riquezas, la sabiduría, la fortaleza, el honor, la gloria y la alabanza. Y a toda cosa creada que está en el cielo, sobre la tierra, debajo de la tierra y en el mar, y a todas las cosas que en ellos hay, oí decir: Al que está sentado en el trono, y al Cordero, sea la alabanza, la honra, la gloria y el dominio por los siglos de los siglos" Apocalipsis 5:12-13

"Se retiraba a lugares solitarios"

35

CARA A CARA

"Y aconteció que estando Jesús orando en cierto lugar, cuando terminó, le dijo uno de sus discípulos: Señor, enséñanos a orar" Lucas 11:1,

Los discípulos le pidieron pocas cosas al Señor. Vivieron tres años con El, pero no le dijeron "enséñanos a hablar como Tú" o "Enséñanos a dominar la naturaleza" ni siquiera le pidieron poder para hacer milagros. Eso lo habríamos hecho nosotros. De hecho es lo que seguimos haciendo hoy. Nos preocupan los dones, el poder, el prestigio espiritual, el control de las personas, las actuaciones sobrenaturales…

Pero a los discípulos lo que más les impresionó fue la relación de Jesús con su Padre. Por eso Le pidieron que les enseñara a orar. ¡Sabían lo que era realmente importante en la vida del Señor! Nadie como el Señor, llegó a comprender el valor del tiempo a solas con el Padre,

▶ El gozo de hablar con Dios y escucharle, la osadía de conocer todos sus planes y seguirlos.

▶ El privilegio de desnudar el corazón delante del Padre, sabiendo que Él le escuchaba y le amaba, que no quería esconder nada en Su presencia.

▶ El mayor ejemplo de oración de toda la Biblia y de toda la historia, a pesar de ser el Todopoderoso Hijo de Dios. Ejemplo de alabanza y adoración en las palabras que pronuncia en público hacia su Padre.

▶ La confianza absoluta que tiene en su Padre, jamás hace nada sin orar, no toma ningún paso que se salga de la perfecta voluntad de Dios.

▶ El apoyo y la ayuda constante del Espíritu Santo en Su vida.

¿Qué le pediríamos al Señor si se nos apareciese ahora mismo cara a cara?
¿Le diríamos que nos enseñara a orar?

Todas las enseñanzas del Señor comienzan en la oración. El llamado a los discípulos, los milagros, lo sobrenatural, la evangelización, el camino a la cruz, cualquier cosa que creamos importante en la vida del Mesías comenzó con una conversación íntima y profunda con su Padre. No podemos entender la vida de Jesús sin remarcar la trascendencia de la oración en cada momento. No podemos entender nuestra propia vida si no pasamos diariamente muchos momentos a solas con nuestro Padre.

El diablo tiembla cuando nos ve de rodillas.

Se preocupa si leemos la Biblia, pero no mucho. Le preocupa que trabajemos y sirvamos al Señor, pero tampoco demasiado, es más, cuando quiere hacernos inútiles, lo que hace es ponernos más trabajo del que podemos soportar. Pero sabe que cuando oramos Dios toma el control, y eso le asusta.

Esa es la razón por la que ha logrado confundir a muchos sobre la oración. No puede destruirla, pero si imitarla. No puede quitar su poder, pero sí puede engañarnos a nosotros para que no oremos, o para que hagamos inútil nuestra oración.

"Cuando oréis, no seáis como los hipócritas; porque a ellos les gusta ponerse en pie y orar en las sinagogas y en las esquinas de las calles, para ser vistos por los hombres. En verdad os digo que ya han recibido su recompensa. (...) Y al orar, no uséis repeticiones sin sentido, como los gentiles, porque ellos se imaginan que serán oídos por su palabrería. Vuestro Padre sabe lo que necesitáis antes que vosotros le pidáis" Mateo 6:5 y ss.

Pocas cosas hay que descubran su falsedad tan pronto como la apariencia de piedad. Mucha gente quiere aparentar espiritualidad, pero en el fondo no tienen nada. Jesús explicó que algunas personas eran tan devotas que no podían esperar a llegar al templo, tenían que orar por las calles. Sus rezos eran sólo una manera de ensalzarse a sí mismos. Oraban en las esquinas, para ser vistos por lo menos en dos calles, tenían tanta carga de oración que hacían que oraban en cualquier lugar, eso sí, siempre dónde pudieran verlos.

Terrible.

Una vida de oración sólo para ser vista es el engaño más grande que nos hacemos a nosotros mismos. Nada hay más triste que una religiosidad de apariencia, porque se pierde lo más hermoso de la vida, la relación con Dios.

La raíz de esta manera de actuar es no conocer personalmente al Creador. De la misma manera que algunos jueces se dejan seducir por discursos más o menos bien realizados, ellos creían que Dios podía ser movido por las palabras elocuentes. Como si nosotros escuchásemos mejor a un amigo si sus palabras son más acertadas. Ese es el problema, nuestra actitud cuando oramos. La manera cómo nos acercamos a Dios, porque muchas veces, nuestro corazón no está limpio.

"El fariseo puesto en pie, oraba para sí de esta manera: "Dios, te doy gracias porque no soy como los demás hombres: estafadores, injustos, adúlteros; ni aun como este recaudador de impuestos. "Yo ayuno dos veces por semana; doy el diezmo de todo lo que gano." Pero el recaudador de impuestos, de pie y a cierta distancia, no quería ni siquiera alzar los ojos al cielo, sino que se golpeaba el pecho, diciendo: "Dios, ten piedad de mí, pecador." Os digo que

éste descendió a su casa justificado pero aquél no; porque todo el que se ensalza será humillado, pero el que se humilla será ensalzado" Lucas 18:10-14

Dos hombres subieron a orar, pero uno de ellos era el típico arrogante que no necesitaba en absoluto hablar con Dios, sino que sólo se sentía bien alardeando de sí mismo y de su comportamiento. Si todo lo hacía bien, ¿para qué oraba? Quizás subía frecuentemente al templo para hacer el mismo estilo de oración, para que todos le escuchasen, pero lo que es claro (El Señor mismo lo aseguró) es que sus oraciones no llegaban a ningún lugar.

El fariseo se ponía "aparte" como no queriendo mezclarse con los demás que habían subido a orar. Su "santidad" le obligaba a guardar distancias con los pecadores. Día tras día volvía a casa lejos de Dios, aunque él mismo creyese cosas muy distintas en cuanto a su propia santidad. Es más, casi podríamos decir que no le importaba el hecho de que Dios no le escuchase: su estilo de vida era buscar en primer lugar que los demás le viesen. El fariseo recibe lo que quiere, la admiración de los que tiene cerca. Y también recibe el desprecio de Dios, a quién tiene lejos. Muy lejos.

El otro era un pecador. Tan pecador que no quería ni siquiera levantar la mirada al cielo, y lo único que pedía era un poco de misericordia. Nada más. Nada de favores, bendiciones, súplicas o necesidades espirituales... sólo perdón. Y Dios le perdonó. Lo único que quería era que Dios tuviese compasión de él, y Dios la tuvo.

Lo que el Señor quiso enseñarnos es muy claro, pero lo olvidamos con frecuencia. Nosotros mismos nos comportamos como fariseos en muchas ocasiones. Porque si negamos nuestra necesidad espiritual y nuestro orgullo, caemos en la trampa de aquella oración *"Señor, te doy gracias porque no soy como aquel fariseo...".*

Sin embargo, cuando nuestra actitud es la de venir humildemente de rodillas delante del Señor, podemos descansar en sus brazos abiertos. Porque todos nos equivocamos, caemos muchas veces y necesitamos el perdón de Dios. Por eso debemos aprender a orar con la misma actitud que tenía el publicano.

Jesús se ocupaba primero de orar,
y más tarde, de todo su trabajo

"Y su fama se difundía cada vez más, y grandes multitudes se congregaban para oírle y ser sanadas de sus enfermedades. Pero con frecuencia El se retiraba a lugares solitarios y oraba"Lucas 5:15-16

El Señor Jesús oró toda la noche cuando tuvo que llamar a sus discípulos. Oraba por largas horas cuando tenía que decidir si se trasladaba de un lugar a otro para predicar el evangelio. Oraba en momentos de angustia, buscaba la presencia total del Padre y la comunión absoluta con el Espíritu Santo. A pesar de que El era Dios mismo manifestado en carne, demostraba con su actitud, sus palabras y su vida la dependencia continua del Padre en el poder del Espíritu Santo.

Varias veces Jesús se retiró al monte o al mar para orar, para estar tranquilo hablando con su Padre, para encontrarse con El a solas. Nos enseñó que orar es estar hablando continuamente con Dios, "metiéndole" dentro de nuestros planes, preguntándole su opinión sobre todo lo que hacemos, compartiendo con El como con nuestro mejor amigo, conociéndole cada día mejor…

Hablando y escuchando.

En todo momento, en todas las circunstancias. Descansando en El y abriéndole nuestro corazón. Sin querer aparentar nada. Sin sentirnos dueños de nada.

Nadie es más grande que cuando está de rodillas delante de su Creador.

36 Y ÉL LES ENSEÑÓ A ORAR...

Sonrió quizás con más ganas de lo que lo había hecho nunca. Con un corazón agradecido al Espíritu de Dios por haberles ayudado a comprender lo que realmente merecía la pena. Sabía que ellos lo habían entendido. Estaba seguro ahora de que lo importante era enseñarles a orar, y lo hizo. Les habló de una manera sencilla y todos lo recordaron. La oración tenía sólo unas cuantas frases, pero encerró en ellas la eternidad de una relación sin límites con el Padre.

No era tan importante conocer cada una de las palabras exactas, sino saber la razón por las que las decía. No es tan trascendental que recordemos exactamente cada expresión y las repitamos una y otra vez, sino que nuestro corazón llegue al trono de Dios.

> "Vosotros, pues, orad de esta manera: "Padre nuestro que estás en los cielos, santificado sea tu nombre. "Venga tu reino. Hágase tu voluntad, así en la tierra como en el cielo. Danos hoy el pan nuestro de cada día. Y perdónanos nuestras deudas, como también nosotros hemos perdonado a nuestros deudores. Y no nos metas

en tentación, mas líbranos del mal. Porque tuyo es el reino y el poder y la gloria para siempre jamás. Amén." Mateo 6:9-13

"PADRE"

La primera palabra de la oración es la más impresionante de todas. Nadie habría comenzado así. Los judíos se dirigían a Dios como el "Señor del Universo", ni siquiera mencionaban su nombre directamente por miedo y por una falsa sensación de reverencia. Jesús enseña a sus discípulos a orar y comienza diciendo "Abbá" (Papá).

Dios se hace cercano, tanto que podemos tratarlo como a nuestro papá, algo que los religiosos jamás entendieron. Jesús presenta una nueva relación de Dios con el hombre, un Padre eterno que está cercano a cada uno de nosotros. El mismo que nos dio la vida. Dos veces, cuando nos creó y cuando nos salvó. Recibimos de El nuestra vida y podemos llamarle Padre. Nos conoce antes de que naciéramos (Salmo 139, Jeremías 1...) y nos escucha siempre. Si alguien supiese todo lo que hay en nuestro corazón tendría un control completo sobre nosotros y quizás sería nuestro enemigo por lo que pudiese contar de nosotros. Dios es la persona que conoce absolutamente todo lo que hay en nuestro interior, y es el que nos ama absolutamente, sin reservas.

Como un verdadero Padre nos espera en todo momento y en todo lugar.

El es el único que conoce en todo momento lo que necesitamos (Mateo 6:8... *"Vuestro Padre celestial sabe lo que necesitáis antes de que vosotros le pidáis"*) Aún no nos hemos acercado a El, y ya sabe incluso las palabras que vamos a pronunciar. Por eso podemos venir con confianza. Por eso podemos llamarle Padre. Quiere escucharnos y relacionarse con nosotros. No es un Dios de momentos aislados, de días religiosos, incluso de lugares sagrados, Es el Dios de lo cotidiano. Como un verdadero Padre nos espera en todo momento y en todo lugar. Está dispuesto a ayudarnos siempre. No debemos olvidarlo nunca. Por esa razón quiere que empecemos nuestras oraciones llamándole Padre.

Ese fue el ejemplo del Señor. Siempre que Jesús oró se dirigió a Dios como a Su Padre. Sólo en una ocasión, en la cruz, Jesús dijo: "Dios mío, Dios mío para qué me has desamparado" En ese momento la "lejanía" del Padre era tal, que el Señor se sintió solo. Es una de esas verdades teológicas que nunca lograremos entender. Dios le desampara para ampararnos a nosotros. Para que nosotros nunca nos sintamos desamparados, para que aprendamos a orar así, para que podamos llamarle Padre en todo momento.

Jesús quiso comenzar con esta palabra, para enseñarnos que lo más importante en la oración es la relación y no el éxito de nuestras palabras. Lo verdaderamente trascendental es pasar tiempo con el Padre, bajo la confianza del Espíritu Santo y en el nombre del Señor Jesús. Hablar con El, escucharle, vivir en Su presencia. Esos momentos con Dios son lo importante, no tanto lo que necesitamos o pedimos. Dios quiere que sepamos siempre que lo importante es hablar con él, la felicidad descansa en la conversación de amigos. Las consecuencias de esa conversación son accesorias. La belleza de las respuestas no es sino un reflejo inmensamente pequeño de la radiante hermosura de los momentos pasados juntos.

Dios ya no está lejano, sino cercano. Como un padre con sus hijos pequeños, porque ese es el primer balbuceo que los niños expresan casi desde recién nacidos. En todas las lenguas, en cualquier lugar del mundo. "Abba" es la primera expresión que un bebé dirige a sus padres.

> *La belleza de las respuestas a la oración no son sino un reflejo inmensamente pequeño de la radiante hermosura de los momentos pasados junto al Padre*

Por último, cuando oramos y comenzamos diciendo "Padre", recordamos que debemos venir delante de Dios como niños. El Señor Jesús afirmó en varias ocasiones que sólo si somos como niños podemos acercarnos al reino de

Dios. Sólo si nos hacemos niños, podemos ver a Dios como nuestro papá, y no como alguien lejano o vestido con un manto religioso. Cuando oramos y le llamamos "padre" estamos aprendiendo día a día a confiar y descansar en El de una manera incondicional y completa, como un niño confía en su papá.

"NUESTRO"

Si la primera palabra de la oración nos enseña a mirar hacia arriba, la segunda nos "obliga" a abrir nuestros ojos y mirar a nuestro alrededor. Estamos hablando con el Padre si, pero nunca debemos olvidar que es nuestro Padre, estamos orando al mismo tiempo con todos los hijos de Dios. Orando juntos. Aunque la oración es individual, el Señor nos enseñó a darnos cuenta en cada momento que somos parte de un cuerpo, que debemos preocuparnos de los demás. Que jamás estamos solos, aunque nos sintamos así, aunque estemos en un lugar desconocido y con miedo, o en una situación difícil, Dios nos enseña a orar "en compañía".

Estamos orando también con el mismo Señor Jesús. Estamos hablándole al mismo Padre aunque la relación sea diferente. *"Porque tanto el que santifica como los que son santificados, son todos de un Padre; por lo cual El no se avergüenza de llamarlos hermanos" Hebreos 2:11*

Cuando oramos lo hacemos en el nombre del Señor, porque estamos dirigiéndonos también a Su Padre, el Padre común, porque la Biblia nos enseña que Jesús es también el primogénito entre muchos hermanos. Y el mismo Espíritu de Dios nos ayuda en nuestra debilidad para que nos demos cuenta que en la oración toda la Trinidad está involucrada.

Recuerda: Ninguna Iglesia está más cerca de Dios que cuando ora y adora en unidad. Discernir el cuerpo de Cristo, saber que el que está a nuestro lado es parte del mismo cuerpo del Señor, es el principio básico de la oración en común *"Porque el que come y bebe sin discernir correctamente el cuerpo del Señor, come y bebe juicio para sí" 1 Corintios 11:29.* Si oramos sin comprender el sentido de la palabra "nuestro" es el orgullo que vive dentro de nosotros el que no nos deja llegar al Padre. Nuestro propio orgullo nos juzga, porque todos somos indignos de ser hijos del Rey, pero Dios no se avergüenza de llamarnos hijos. Si El no lo hace, nosotros no tenemos ningún derecho de avergonzarnos de nuestros hermanos.

Discernir el cuerpo de Cristo, es ver a los demás creyentes como miembros del mismo cuerpo del Señor. Y eso empezamos a hacerlo cuando oramos

"QUE ESTÁS EN LOS CIELOS"

Durante toda la historia de la humanidad, y sobre todo en la época de los imperios romano y griego, la gente adoraba a dioses que eran ídolos, y los tenían con ellos. Numerosos dioses, con sus nombres y sus características. Cada templo estaba lleno de estatuas de diferentes dioses. Ellos los conocían porque los habían construido con sus propias manos. Dioses presentes pero inútiles, solitarios y mudos.

Jesús les dijo a todos que el Dios verdadero está en los cielos y es invisible. Nuestro Dios no es una estatua, ni alguien que se pueda encerrar en un templo, sino que está en los cielos y gobierna todo el Universo.

No puedo olvidar el día que visitamos la Acrópolis de Atenas, en Grecia, y nuestra hija mayor Iami, (tenía seis años en ese momento) vio las estatuas de los dioses de los griegos colocadas ordenadamente, rodeando en su interior todo el templo. Después de contemplarlas más o menos un minuto, me dijo "Papá, la gente entonces era muy tonta, porque creían en dioses que no pueden moverse, que no curan a nadie, y aún encima, no pueden escucharte".

Los que creían en estatuas muertas llamaban a los israelitas "los adoradores de nubes" porque adoraban a un Dios que no se veía. Jesús les explica que Dios está en los cielos, que no se ve porque está por encima de todo, que es imposible controlarlo, o ponerlo en un pedestal. Que es muy poco inteligente confiar nuestra vida a un montón de madera o piedra que nosotros mismos hemos construido.

"Papá, la gente entonces era muy tonta, porque creían en dioses que no pueden moverse, que no curan a nadie, y aún encima, no pueden escucharte".

Nuestro Dios es el Supremo Ser, perfectamente inteligente, diseñó el mundo y todo lo que hay en El. Dios está en los cielos, y lo que ocurre en la tierra no escapa a sus manos. Hay una justicia final, podemos estar tranquilos porque nuestro Padre está en los cielos. Es como si nuestro padre terrenal fuese el rey o el presidente del gobierno, en las dificultades siempre podríamos decir. "mi padre está en palacio, o en el lugar de gobierno, él arreglará esta situación"

A veces vivimos preocupados por nuestros derechos, por hacer las cosas a nuestra manera, por que todo quede "atado y bien atado". Preocupados cuando alguien nos hace daño y no podemos reaccionar. En lugar de vivir preocupados deberíamos recordar que Dios está en los cielos, en su trono. El es quien tiene la última palabra en todo. No tenemos que arreglar todas las cosas nosotros necesariamente, muchas veces hay que dejar que nuestro Padre tome las decisiones correctas de acuerdo a Su voluntad. El está en los cielos para escucharnos, para buscarnos, para pasar tiempo con cada uno de nosotros.

> *"El Señor ha mirado desde los cielos sobre los hijos de los hombres para ver si hay alguno que entienda, alguno que busque a Dios" Salmo 14:2.*

"SANTIFICADO SEA TU NOMBRE"

Santificar el nombre de Dios es vivir de tal manera que honremos su nombre en todo momento. De tal manera que cuando la gente nos ve, glorifica a Dios por lo que nosotros hacemos, ya que nosotros somos sus hijos. Vivir de manera que la gente conozca el carácter de nuestro Padre al ver nuestro comportamiento. *"Así brille vuestra luz delante de los hombres, para que vean vuestras buenas acciones y glorifiquen a vuestro Padre que está en los cielos". (Mateo 5:16)*

Santificamos el nombre de Dios cuando nuestra vida y nuestros actos son santos... *"Por consiguiente, quiero que en todo lugar los hombres oren levantando manos santas, sin ira ni discusiones"* 1 Timoteo 2:8.

Santificamos el nombre de Dios cuando le adoramos en la tierra como se hace en el cielo. Las personas que nos rodean llegan a conocer a Dios cuando escuchan nuestra adoración, cuando nos ven de rodillas delante de El. Cuando reconocemos que El es todo para nosotros.

Santificamos el nombre de Dios cuando confiamos en El, porque esa es la base de la oración y de la relación con nuestro Padre. Lo santificamos cuando todos ven que dejamos las cosas en las manos de Dios, que confiamos en El completamente, que no le tenemos miedo al mañana porque descansamos en nuestro Creador. De esta manera le "hacemos" santo delante de todos. *"Pues en El se regocija nuestro corazón, porque en su santo nombre hemos confiado."* Salmo 33:21.

Santificamos el nombre de Dios cuando El responde a nuestras oraciones, y nosotros ofrecemos una vida de gratitud por esas respuestas. *"Porque grandes cosas me ha hecho el Poderoso; y santo es su nombre"* Lucas 1:49.

Santificamos el nombre de Dios cuando oramos por otros. Cuando intercedemos por los que conocen y por los que no conocen al Señor. *"Busqué entre ellos alguno que levantara un muro y se pusiera en pie en la brecha delante de mí a favor de la tierra, para que yo no la destruyera, pero no lo hallé"* Ezequiel 22:30.

Cuando oramos unos por otros, demostramos el poder de Dios, y lo santificamos cada vez que El responde a nuestras oraciones. *"Por tanto, confesaos vuestros pecados unos a otros, y orad unos por otros para que seáis sanados. La oración eficaz del justo puede lograr mucho"* Santiago 5:16

Lo santificamos cuando todos ven que dejamos las cosas en las manos de Dios, que confiamos en El completamente, que no le tenemos miedo al mañana porque descansamos en nuestro Creador.

Santificamos el nombre de Dios cuando nuestro corazón está dispuesto a venir a Su presencia de una manera humilde. Sabiendo quién es Dios y reconociendo quienes somos nosotros, porque esa es la única manera de acercarse a El. Reconociendo que estamos hablando con el Alto y Sublime, que los cielos de los cielos no pueden contenerle, y sin embargo, El escucha y responde a nuestra oración. No por lo que nosotros somos, sino por lo que El es. *"Porque así dice el Alto y Sublime que vive para siempre, cuyo nombre es Santo: Habito en lo alto y santo, y también con el contrito y humilde de espíritu, para vivificar el espíritu de los humildes y para vivificar el corazón de los contritos" Isaías 57:15*

"VENGA TU REINO"

Jesús va a volver para instaurar Su reino. Vino para volver. Dios nos enseña que oremos para que ese reino venga pronto, para que el Mesías regrese pronto a la tierra.

Algunos piensan que el Señor está hablando de una manera alegórica, y que la instauración del reino es simplemente que muchas personas le conozcan como Salvador y Señor. Eso es parte de la verdad, pero no lo es todo.

Cuando Jesús ascendió a los cielos, sus discípulos le preguntaron... *"¿Restaurarás en este tiempo el reino a Israel? Y El les dijo: No os corresponde a vosotros saber los tiempos ni las épocas que el Padre ha fijado con su propia autoridad" Hechos 1:6-7.* El no les respondió que estaba hablando espiritualmente, y que ellos llevarían el reino de Dios a todos cuando predicasen el evangelio, sino que les prometió que ese reino iba a llegar un día.

Cuando los dos hermanos le pidieron los lugares principales en el reino *"El le dijo: ¿Qué deseas? Ella le dijo: Ordena que en tu reino estos dos hijos míos se sienten uno a tu derecha y el otro a tu izquierda" (Mateo 20:21)* Jesús volvió a hablarles de un reino literal, de la misma manera que al ladrón en la cruz (Lucas 23:42)   Por eso nos pide que oremos para que El vuelva como Rey. Con el mismo deseo que tuvo el ladrón en la cruz *"Acuérdate de mí* cuando vengas como Rey" Porque cuando oramos "venga tu reino", estamos reconociendo al Señor como el único que tiene todo el derecho a reinar.

Cuando evangelizamos estamos proclamando el reino de Dios. Cuando intercedemos por personas que no le conocen, trabajamos para que el reino de Dios venga.

Oramos para que El reine en nuestra vida, que El tenga la última palabra en todo. En las relaciones con los creyentes y los no creyentes. Nuestro deseo es que Dios imponga su voluntad. Cuando vemos como sufren inocentes, y los malvados hacen su voluntad, y cómo el mundo se llena de corrupción, oramos para que El venga como Rey. En todos los problemas, en las enemistades, en las situaciones difíciles, decirle a Dios "Venga tu reino" es pedirle de corazón que El sea el que ponga Su mano sobre todas las cosas. Que se haga su voluntad. Que tenga la última palabra en todo.

> *Cuando vemos como sufren inocentes, y los malvados hacen su voluntad, y cómo el mundo se llena de corrupción, oramos para que El venga cómo Rey*

Si no es así, caemos en una situación casi irreal. En Europa existen varios países que son llamadas monarquías parlamentarias. Los reyes están ahí pero no gobiernan. Simplemente son figuras constitucionales que pueden tener un papel importante en determinado momento, pero que no pueden tomar decisiones, no pueden gobernar.

Muchos cristianos han adoptado como propio ese estilo de vida. Dios es el rey, pero un rey menor. Nuestra vida la gobernamos nosotros, es el Rey a cierta distancia. Está ahí, pero no puede tomar decisiones, no puede gobernar, no le dejamos que intervenga en nuestra vida. Nosotros tenemos la última palabra en nuestros asuntos.

Cuando vivimos así, demostramos que no es sincera nuestra oración "Ven como Rey" porque El no es el Rey en nuestros negocios, en los estudios, en nuestra casa, en nuestra familia, en el uso del dinero, o en la manera que tenemos de divertirnos… Lo mejor que podemos hacer es orar de corazón "Ven y reina en mi vida" Esa es la aplicación personal de la oración. No sólo desearlo, sino permitir que Dios venga como Rey cada día de nuestra existencia.

"QUE SE HAGA TU VOLUNTAD"

No podía existir otra manera de continuar la oración, porque si queremos que Dios sea el Rey de nuestra vida, nuestro deseo debe ser que se haga siempre Su voluntad. En los cielos, en la tierra y en nosotros mismos.

En el cielo se hace la voluntad de Dios, y por eso el cielo es el lugar más perfecto y maravilloso que existe. El cielo es el lugar soñado, porque el Señor está en el trono. *(Apocalipsis 4:2)*

De la misma manera que Dios gobierna en el cielo, pedimos que lo haga aquí en la tierra. Que su voluntad sea lo más importante en todas las decisiones. Esa fue la misión del Señor Jesús. Su propio ejemplo. *"Esta es mi comida, que haga la voluntad de mi Padre" Juan 4:34*

Esa debe ser la aplicación en nuestra vida. Buscar la voluntad de Dios de la misma manera que deseamos comer, con el mismo ansia con que buscamos la vida misma.

> *"En El tenemos redención mediante su sangre, el perdón de nuestros pecados según las riquezas de su gracia que ha hecho abundar para con nosotros. En toda sabiduría y discernimiento nos dio a conocer el misterio de su voluntad…" Efesios 1:7-10*

Conocer el misterio de la voluntad de Dios es la clave para nuestra libertad. A veces resulta difícil saber cuál es la voluntad de Dios para nosotros, pero olvidamos que si algo es un misterio es porque no es fácil explicarlo o comprenderlo. Las célebres discusiones de hasta dónde llega nuestra libertad y hasta dónde va la voluntad de Dios existieron siempre y seguirán existiendo, porque Dios no nos ha revelado ese misterio. Es algo profundo. Demasiado difícil para nosotros.

Por eso orar que se haga la voluntad de Dios es lo mismo que decir que Dios se manifieste como El es. Que refleje su carácter en las circunstancias y en nuestra vida. Que lo veamos como el Incomparable, incontenible, impresionante, incontrolable…

¡¡¡ Que Dios sea Dios en nuestra vida !!!

Puede que algunas veces no entendamos las razones por las que El actúa de una determinada manera. Seguirán siendo un misterio. Pero jamás debemos olvidar que nuestra confianza, nuestra tranquilidad y también nuestra libertad dependen siempre de que Dios sea tal como El es. Aunque no lo entendamos a veces, vivimos seguros. Porque El es así. Y nosotros reflejamos el carácter de hijos suyos cuando vivimos en Su voluntad. No como una obligación, sino como el deseo profundo de nuestro corazón.

> *"Me deleito en hacer tu voluntad" Salmo 40:8*

"EL PAN NUESTRO DE CADA DÍA"

Hasta ahora, todas las frases que el Señor pronunció en su "oración modelo" sonaban bastante espirituales. Aunque todas tienen aplicaciones prácticas, cien por cien, siempre nos da la impresión de que no hemos descendido todavía a la vida "real". Cuando Dios nos dice que pidamos por el pan de cada día, todo cambia.

Dios se preocupa por nuestras necesidades, por nuestra comida, sabe que tenemos que comer y no le importa que se lo recordemos "Vuestro padre celestial sabe de qué tenéis necesidad" La otra cara de la moneda es que el Señor nos enseña a no pedir más que el pan de cada día, que no vayamos más allá, que no convirtamos nuestras oraciones en una lista de peticiones, como si fuera la lista de la compra. Que no pensemos en lo que necesitamos mañana y pasado mañana y al otro y el próximo año…

Dios se preocupa por nuestras necesidades, por nuestra comida, sabe que tenemos que comer y no le importa que se lo recordemos

Lo que necesitamos es el pan de este día, el del día de hoy. Necesitamos aprender a vivir un día a la vez, a descansar en Dios por lo que pueda ocurrir mañana. *"Oíd ahora, los que decís: Hoy o mañana iremos a tal o cual ciudad y pasaremos allá un año, haremos negocio y tendremos ganancia" (Santiago 4:13)* Lo que suceda más allá del día de hoy está en las manos de Dios. Lo que podamos hacer mañana será si Dios quiere.

Si buscamos a Dios cada día, nuestra oración será pidiendo por el pan del día que empieza, poniendo en las manos del Señor todo lo que ocurra en ese día. Orando juntos como matrimonio, como familia, o con nuestros amigos. Comenzando el día de una manera completamente diferente.

Jesús nos enseñó a vivir confiando en Dios. Su vida, las circunstancias y todas las cosas que podían suceder estaban en el control absoluto de su Padre. Esa es la fuente de confianza y descanso. Si Él que era Dios, sabía hacerlo así ¡Cuánto más será en nuestra vida!

Necesitamos además otro pan en cada momento. Cristo es el pan de vida que descendió del cielo, y cada día tenemos que "comer" algo de Él, tomar algo de Él, conocerle más, amarle más. Hablar con Él y escucharle para que nuestro amor crezca. Recibir cada día nuestra dosis del "pan del cielo"

"PERDÓNANOS NUESTRAS DEUDAS, ASÍ COMO NOSOTROS PERDONAMOS A NUESTROS DEUDORES"

Tan importante como el pan, es el perdón de cada día. Lo pedimos a Dios, aunque sabemos que ya lo tenemos. Un perdón único, incondicional de parte de nuestro Padre, la Biblia dice que cuando confiamos en Dios, Él deposita nuestros pecados en el fondo del mar, *"Volverá a compadecerse de nosotros, hollará nuestras iniquidades. Sí, arrojarás a las profundidades del mar todos sus pecados" (Miqueas 7:19)* y los hace alejar de nosotros, *"Como está de lejos el oriente del occidente, así alejó de nosotros nuestras transgresiones" (Salmo 103:12)*

Cuando pasamos a ser hijos de Dios, el Señor Jesús ya no es en primer lugar nuestro Salvador sino nuestro Abogado. Entiéndeme, es nuestro Salvador y lo será siempre, pero no necesitamos pedirle cada día que nos salve de la paga del pecado, porque ya lo ha hecho. Ahora lo que necesitamos es el perdón del poder del pecado, de los problemas de nuestra lucha espiritual de cada día, de lo que hay en nuestra vida que le desagrada a El, de la presencia del pecado en cada rincón de nuestra existencia.

Muchas personas no encuentran respuestas de Dios ni fruto de su trabajo, porque no son capaces de perdonar a sus hermanos

Necesitamos ser perdonados cada día. El pecado y el polvo del camino nos ensucian, y el Señor quiere limpiar nuestras vidas. "Jesús le dijo: El que se ha bañado no necesita lavarse, excepto los pies, pues está todo limpio" (Juan 13:10) Cuando Jesús lavó los pies a sus discípulos les explicó que todos los días necesitamos el perdón de Dios y el de los demás. Todos los días tenemos que perdonarnos unos a otros.

> *"Y Jesús respondió, diciéndoles: Tened fe en Dios. En verdad os digo que cualquiera que diga a este monte: "Quítate y arrójate al mar", y no dude en su corazón, sino crea que lo que dice va a suceder, le será concedido. (...) Y cuando estéis orando, perdonad si tenéis algo contra alguien; para que también vuestro Padre que está en los cielos os perdone vuestras transgresiones"* Marcos 11:22-26

Muchas personas no encuentran respuestas de Dios ni fruto de su trabajo, porque no son capaces de perdonar a sus hermanos. Jesús habla sobre el poder de la fe, pero en el mismo contexto el Señor dice que si perdonamos a otros, Dios también nos perdonará a nosotros... Recuerda que el Señor nos enseña a orar "perdónanos nuestras deudas, ASÍ como nosotros perdonamos a nuestros deudores" Esa es la relación entre el poder que Dios nos da, y el perdón a otros. Muchas veces Dios no obra en nuestra vida porque tenemos rencor hacia otras personas, porque no las hemos perdonado. Jesús enseñó que el poder y la respuesta a la oración dependen de nuestro perdón a los demás.

En el llamado sermón del monte, Jesús había dicho "Felices los de corazón limpio, porque ellos verán al Señor". Si perdonamos a otros, y tenemos limpio nuestro corazón, lograremos ver a Dios en muchas circunstancias, en las bendiciones que otras personas reciben, en las palabras de nuestros hermanos, etc. Si no aprendemos a perdonar no podemos ver a Dios cada día. Si tenemos celos o envidia, lo único que llegaremos a ver es nuestra propia imagen.

El Maestro todavía fue más allá en su oración, porque dijo literalmente "como nosotros hemos perdonado". Como lo hemos hecho en el pasado, dando por sentado que nuestro paso fue el primero. Recuerda que el perdón de Dios no es condicional, pero sí lo son los efectos de sentirse perdonado. Es cuestión de perdonar a los demás, y aprender también a perdonarnos a nosotros mismos. Perdonar nuestras decisiones, nuestras equivocaciones. Saber que uno de los mayores regalos que Dios nos dio es el perdón, y por lo tanto es el mejor regalo que nosotros podemos hacernos a nosotros mismos y a los demás.

Jesús enseñó a sus discípulos "perdonad y seréis perdonados" (Lucas 6:37) Literalmente "soltad y seréis soltados". Porque cuando no perdonamos es como si estuviésemos atados a una persona, a las circunstancias, a nuestro pasado, y a nuestros pecados. Jamás llegamos a tener descanso, porque las personas a las que no están en todo momento con nosotros. Viven atadas a nuestros pensamientos y no podemos "Quitárnoslas de encima".

Cuando Iami, nuestra hija mayor tenía sólo tres años y hacía alguna travesura, la "castigábamos" a quedarse sentada unos minutos en una silla. Tan pronto como se sentaba, comenzaba a decirnos "te perdono, te perdono" porque pensaba que esa era la manera de pedir perdón. Yo sonreía y la abrazaba, porque me estaba enseñando una lección trascendental en la vida…

No podemos seguir orando si no somos capaces de decir sinceramente "te perdono".

"NO NOS DEJES CAER EN LA TENTACIÓN"

'Que nadie diga cuando es tentado: Soy tentado por Dios; porque Dios no puede ser tentado por el mal y El mismo no tienta a nadie. Sino que cada uno es tentado cuando es llevado y seducido por su propia pasión". Santiago 1:13-14

Todos tenemos que reconocer que las tentaciones son uno de nuestros mayores problemas. Nosotros mismos somos tentados por nuestros propios deseos, el diablo nos tienta porque conoce nuestras debilidades, y en cierta manera, Dios como origen último de todas las cosas permite esas tentaciones para que nuestra vida sea fortalecida.

Jesús nos enseñó a orar no para que seamos libres de la tentación, sino para no caer en ella. El problema no son las luchas que enfrentamos, sino las derrotas. La cuestión no es vivir sin tentaciones sino vencerlas. Jesús mismo fue tentado en todo, pero El resultó vencedor.

Jesús nos enseñó a orar, no para que seamos libres de la tentación, sino para no caer en ella

Esa es nuestra victoria también, porque sabemos que el Señor no cayó derrotado. El conoce exactamente lo que sentimos, y nos enseña que la mejor manera de vencer es apropiarnos de su sangre, la sangre de un vencedor. Nuestro Salvador venció al pecado y por lo tanto, nosotros sabemos que podemos vencerlo también por medio de su sangre. Si confiamos y descansamos en El, el diablo no tiene ningún poder sobre nosotros.

"Por tanto, tenía que ser hecho semejante a sus hermanos en todo, (...) Pues por cuanto El mismo fue tentado en el sufrimiento, es poderoso para socorrer a los que son tentados" Hebreos 2:17-18.

El Señor Jesús puede, quiere y sabe socorrernos. ¡No debemos caer en la mentira de que no podemos soportar la tentación o la prueba que estamos pasando! El conoce lo que sentimos y lo ha vencido. Y su sangre corre por nuestras venas.

Aún así debemos recordar siempre que cuando oramos "no nos dejes caer", tenemos que ser sabios con nosotros mismos, con nuestro Dios y con las circunstancias. Nuestro papel no es acercarnos lo más posible o jugar con la tentación, sino vivir cerca del Señor y huir del mal. El ejemplo para nosotros jamás debe ser el de Sansón, sino el de José. Jamás debemos preguntarnos "¿hasta dónde puedo ir sin que me pase nada malo?" Sino decidir: "Debo escapar antes de que sea demasiado tarde"

> *"No os ha sobrevenido ninguna tentación que no sea común a los hombres; y fiel es Dios, que no permitirá que vosotros seáis tentados más allá de lo que podéis soportar, sino que con la tentación proveerá también la vía de escape, a fin de que podáis resistirla" 1 Corintios 10:13*

Oramos para no caer en la tentación, porque sabemos que el diablo nos tienta para sacar lo peor de nosotros, para derrotarnos, para que vivamos vencidos. Todo lo contrario de lo que Dios quiere. El nos prueba para sacar lo mejor de nosotros. Dios permite situaciones difíciles para que podamos salir aprobados, fortalecidos, vencedores. (Santiago 1:12)

Todo gira en torno a nuestra oración, al hecho de hablar con Dios. Oramos antes de ser tentados para estar preparados, para no caer. Oramos cuando somos tentados, elevamos nuestro corazón a Dios en ese mismo momento, para darnos cuenta que El está con nosotros. Pedimos a Dios sabiduría en cuanto a lo que hacemos, dónde vamos, y dónde estamos, para no ser vencidos por el maligno.

"LÍBRANOS DEL MAL"

Nuestro deseo ahora es que el mal no pueda hacernos daño. Oramos y pedimos la protección de Dios en cuanto al mal físico, enfermedades, situaciones que no conocemos, peligros, y cientos de cosas más que tenemos que enfrentar en la vida.

Necesitamos la protección de Dios contra el mal moral, las malas decisiones, el hacer lo que no es no es justo, caer en nuestras propias maldades, etc.

Necesitamos la protección de Dios cuando otros intentan engañarnos o hacernos daño.

Tenemos que buscar a Dios en oración para que el mal espiritual no nos alcance. Para no equivocarnos al seguir Su voluntad, para buscar la presencia del Espíritu Santo en todo. Para que todo lo que hacemos glorifique a nuestro Padre y nos haga parecernos más al Señor Jesús. .

Le pedimos a Dios que nos libre de uno de los males más traicioneros, que es el de nuestra mente natural, los pensamientos que el diablo pone en nuestro corazón, las ideas crueles que aparecen en nuestra mente y no somos capaces de vencerlas. Oramos a Dios y le pedimos que nos dé la victoria.

> *Le pedimos a Dios que nos libre de uno de los males más traicioneros, que es el de nuestra mente natural*

Cuando pedimos a Dios que nos libre del mal, El envía ángeles para que nos guarden, para que vean nuestra manera de vivir y confiar en el Señor. Oramos para que Dios mueva todas las circunstancias y nos libre. Oramos para que Dios restaure lo que nosotros hemos hecho mal, y aunque pagamos las consecuencias de nuestros errores, El ve nuestra humillación y nuestro sufrimiento y nos ayuda a no caer en el mismo lugar.

Oramos para tomar la armadura de Dios y poder resistir en los días malos, que son prácticamente todos. Oramos para entrar en la lucha espiritual y no quedarnos quietos disfrutando de la comodidad natural que nos aleja de Dios. Oramos para aprender a descansar en el Señor en todas las circunstancias y fortalecernos con Su poder mientras seguimos en la lucha…

> *"Por lo demás, fortaleceos en el Señor y en el poder de su fuerza. Revestíos con toda la armadura de Dios para que podáis estar firmes contra las insidias del diablo. (…) Con toda oración y súplica orad en todo tiempo en el Espíritu, y así, velad con toda perseverancia y súplica por todos los santos" Efesios 6:10-18*

"PORQUE TUYO ES EL REINO, EL PODER Y LA GLORIA, POR LOS SIGLOS DE LOS SIGLOS..."

Hay personas que cuando terminan de orar, parecen estar más desanimados que cuando comenzaron. Es como si el mundo se les viniese encima. Dios no quiere que sea así.

Existen momentos en los que tenemos que llorar delante del Señor, poner delante de El la amargura de nuestro corazón, o pedir perdón de rodillas porque hemos caído. Pero en la mayoría de las ocasiones, venir a la presencia del Padre significa encontrar la fuente de la vida, la victoria sobre cualquier mal, y el entusiasmo de Su presencia. El tiempo que estamos con nuestro Padre nos llena de Su poder y Su majestad. No existe un mayor privilegio que pasar tiempo a solas con el Señor, desnudar nuestro corazón delante de El, y venir a Su presencia. El secreto de la vida es encontrarse con Dios. En cualquier lugar del mundo, a cualquier hora, Dios está a la distancia de una oración, escuchando nuestras palabras...

Hay personas que cuando terminan de orar, parecen estar más desanimados que cuando comenzaron. Es como si el mundo se les viniese encima

Suyo es el reino, la proclamación de lo que Dios es y hace, la espera de la segunda venida del Señor, ¡Una de las cosas más importantes en nuestra vida! ¡Así comenzamos a orar y de la misma manera terminamos! Todos nuestros días deben estar llenos del deseo de que el Señor vuelva pronto.

Suya es la gloria, y el poder. Suya es nuestra alabanza y nuestra adoración. Toda nuestra vida debe ser un sacrificio de alabanza al Creador, buscar la gloria de Dios en todas las cosas es aprender a adorarle.

En los primeros años del cristianismo, las doxologías eran una de las expresiones más comunes de los creyentes. Palabras llenas de gloria, himnos de alabanza al Señor Jesús. Expresiones marcadas por el brillo del Espíritu Santo... En el Nuevo Testamento tenemos muchos ejemplos:

"Y a aquel que es poderoso para guardaros sin caída y para presentaros sin mancha en presencia de su gloria con gran alegría, al único Dios nuestro Salvador, por medio de Jesucristo nuestro Señor, sea gloria, majestad, dominio y autoridad, antes de todo tiempo, y ahora y por todos los siglos. Amén" Judas 1:24-25

"Por tanto, al Rey eterno, inmortal, invisible, único Dios, a El sea honor y gloria por los siglos de los siglos. Amén" 1 Timoteo 1:17

"Y a aquel que es poderoso para hacer todo mucho más abundantemente de lo que pedimos o entendemos, según el poder que obra en nosotros, a El sea la gloria en la iglesia y en Cristo Jesús por todas las generaciones, por los siglos de los siglos. Amén" Efesios 3:20-21

Cuando hablamos con Dios, nuestras palabras deben estar llenas de gloria. Así lo haremos eternamente. Para siempre, porque nuestra relación con Dios nos enseña a vivir, y esos momentos cara a cara con El nos preparan para disfrutar en toda la eternidad.

Amén. Ese es el deseo de nuestro corazón. Que todo sea tal como Dios quiere que sea. Necesitamos decirlo. Es imprescindible para nosotros saberlo y sentirlo. Que Dios tiene la primera y la última palabra en todo, y nosotros deseamos que sea así. Porque el descanso en nuestra vida nace de ese deseo.

Y nuestro corazón se llena de paz cuando oramos.

37

EL "EQUIPO" DE DIOS

Alguien dijo una vez que la mejor manera de saber cual es el carácter de una persona es conocer quienes son sus amigos.

Amigos, una de las cosas más importantes en la vida. A veces son las circunstancias las que los ponen a nuestro lado, en la mayoría de las ocasiones somos nosotros quienes los escogemos. Podemos saber mucho de una persona por los amigos que elige, por como trata a sus conocidos, por la trascendencia que da a la amistad y lo que es capaz de hacer por ellos.

A lo largo de toda la historia, han sido siempre los discípulos quienes escogen a su maestro. Siguen a quien quieren seguir, a quien les parece más interesante o a quien les ofrece más. Toman el nombre de aquel a quién siguen y se sienten dignos y orgullosos de su escuela.

Como casi siempre también, Dios hace lo contrario de lo que esperamos. Es Jesús el que escoge a sus seguidores (Juan 15:16) De acuerdo a su sabiduría y en constante conexión con la voluntad del Padre y el discernimiento del Espíritu Santo, el Señor buscó a sus discípulos. No fue una elección al azar, fue la más cuidada de la historia. No son ellos los que le escogen, sino que es El quién los llama.

La gran sorpresa es que el equipo del Señor no está formado por personas escogidas por sus talentos, su conocimiento, sus estudios, o su capacidad económica, sino que son llamados para estar con El. Escogidos para seguirle, para vivir con El. Seleccionados sin ninguna cualidad aparente. *(Mateo 4:18)* Conocimos unos capítulos atrás las características de los discípulos: Trabajadores, decididos, acostumbrados a sufrir y enfrentar adversidades, acostumbrados a ayudarse unos a otros... Acostumbrados a trabajar con paciencia, a saber esperar. Pero a pesar de todas sus buenas cualidades, ninguno de nosotros los hubiésemos escogido como seguidores nuestros. La Biblia se encarga de recordarnos las más profundas ambiciones de cada uno de ellos.

"¡QUÉ GENTE! ¿LOS HABRÍAS ESCOGIDO TU?"

Pedro es conocido porque hablaba casi siempre sin pensar, para bien y para mal. Era capaz de pasar de lo sublime a lo absurdo en cuestión de pocos minutos. Se creía más fuerte que los demás, se escudó multitud de veces en su arrogancia y solía salir bien parado en sus propias comparaciones con los otros. Fue capaz de explicarle al mismo Señor que no debía ir a la cruz, que se estaba equivocando en su ministerio, y muchas veces no le importó discutir y enfadarse con todos. Era impulsivo y peleador como el que más, pero en cuanto se sintió señalado y con riesgo de ser perseguido, abandonó a su Maestro. Nosotros nunca nos hubiésemos fijado en él, pero Dios lo escogió.

Nosotros nunca nos hubiéramos fijado en ellos, pero Dios los escogió

Juan tenía alrededor de los 20 años. Por lo que sabemos era el más joven de todos, y deseaba ardientemente estar siempre lo más cerca posible del Señor. Era sectario, tanto que un día quiso mandar fuego del cielo para quemar a los que no querían escucharle. Como a casi todos los demás también le mataba la ambición de querer ser el primero en todo. Un día incluso urdió una conspiración con su hermano y su madre para tener los lugares privilegiados en el futuro reino. Yo nunca le habría escogido para ser uno de los discípulos, pero Dios sí lo hizo.

Tomás podría ser el siguiente de la lista: Llevaba escrita en sus genes la palabra incredulidad. No sólo porque no creyese las cosas, sino porque en muchas ocasiones ni siquiera las entendía. Nunca se quedaba callado, y era capaz de contagiar a todos con su falta de tacto y de fe. Lo peor es que cuando no entendía las cosas se burlaba de todo y de todos. Nadie le hubiese escogido para ser apóstol de una fe que basa todo en la confianza. Dios sin embargo si lo hizo, y Tomás fue uno de los doce.

Felipe es la típica persona que jamás falta en un grupo. El crítico del equipo, el que siempre ve las cosas "con los pies en el suelo". El que no le importa mucho lo espiritual, sino que es capaz en cada momento de reflejar lo que "la mayoría" piensa. El defensor de lo real, siempre capaz de ver y comprender las razones por las que algo no puede funcionar. El que por carácter, sería denominado "antirreligioso". No tendría lugar en ninguna organización espiritual de nuestros días. Pero Dios lo escogió.

¿Y Mateo? ¡Con él sí que no tenemos dudas! ¿Qué pintaba un recaudador de impuestos en el grupo de gente que debía proclamar el reino de Dios? Era la persona más despreciada por todos a causa de su trabajo. Todos sabían que era un colaboracionista con el imperio, y sus cuentas eran poco claras en cuanto a lo que cobraba o lo que dejaba de cobrar. Para todos sería un estorbo en el avance del reino de Dios. Pero Dios lo escogió para ser uno de los doce.

El siguiente de la lista es Jacobo. Él y su hermano eran conocidos como Los hijos del trueno, por su carácter fogoso y su energía… No sabemos si era uno de los más orgullosos o sencillamente se dejaba llevar y no tenía personalidad como para parar cierto tipo de conversaciones, el caso es que se presentó junto a su madre para recibir el derecho a sentarse al lado del Señor en el reino. Nadie como ellos. Era del tipo de personas que estorba a menudo, porque siempre está queriendo llegar a los primeros lugares a cualquier precio. Nos hubiera estorbado incluso a nosotros, Pero Dios lo escogió para ser uno de los doce.

No merece la pena seguir. Quedamos vencidos por completo, nosotros no hubiéramos hecho una buena elección.

¡Un momento! Hay uno en el que sí encontramos razones objetivas para rechazarlo: Judas, el llamado Iscariote. Era mentiroso, traidor, le gustaba el dinero y buscaba siempre lo mejor para él. Le robaba a los demás discípulos, al Señor, y a los pobres. Un día incluso llegó a vender a su propio maestro por el precio de un esclavo. No necesitamos decir más.

La Biblia dice que él también fue ungido con poder de lo alto. Habló sobre el reino, e hizo los mismos milagros que los demás. Ninguno supo que era el traidor hasta que el Señor lo descubrió públicamente. Pasó completamente desapercibido. Cuando salieron a predicar y sanar, nunca despertó la sospecha de que no amaba aquel "trabajo" Cuando salieron de dos en dos, uno de los discípulos fue con Judas y jamás reconoció que era diferente. Hablaba e incluso hacía milagros como cualquier otro. Nosotros no sólo no le habríamos escogido, ¡No habríamos aguantado una sola semana con él! ¡Aunque el mismo Señor nos lo pidiese! ¿Cómo vivir con semejante tipo? ¡Y además, Dios sabía que iba a terminar entregándole! ¡Traicionando al único que confió en él!... Sin embargo Dios sí lo escogió y no sólo eso, también lo amó.

Esos fueron los discípulos que Jesús seleccionó. Pasaron gran parte de su tiempo preocupándose por quién sería el líder de todos ellos. Eran incrédulos. No entendieron que Jesús tenía que ir a la cruz y morir. Abandonaron al Señor en el sufrimiento. Lo dejaron sólo cuando más los necesitaba. Se durmieron cuando El derramaba sudor de sangre por amor a ellos. Se dejaron dominar por el miedo a que se les identificase con el único que había creído en ellos. Cuando más se les necesitaba, se escondieron. Nunca pensaron que el Señor iba a resucitar, por lo que se escondieron cuando Jesús fue enterrado. Aparentemente no tenían remedio.

No había manera de que se entendiesen. Eran demasiado diferentes, incluso contradictorios: Un celote y un recaudador de impuestos, varios pescadores, dos hermanos soñadores y materialistas en el mismo equipo que un amante del dinero y otro que sólo creía lo que veía. Era un grupo pequeño, pero parecía siempre a punto de estallar. Cuando Jesús intentaba enseñarles las cosas más sencillas "Si un ciego guía a otro ciego, ambos caerán en el hoyo", hablando sobre los fariseos y el hecho de que ellos no seguían a Dios, Pedro le dice "Explícanos esta parábola" Jesús tiene que responderles "¿También vosotros estáis faltos de entendimiento?"

Eran todos jóvenes poco influyentes, vestían pobremente y eran odiados por los poderosos. Eran todos muy pobres, no tenían cultura, títulos ni apoyos económicos. Dios los escogió para enseñarnos a nosotros que El es quién toma las decisiones. Para que en ellos veamos reflejados nuestros propios errores, nuestra propia indignidad, y al mismo tiempo sepamos dar gracias a Dios por ser sus siervos inútiles.

Quizás no entendieron muchas cosas, pero estuvieron dispuestos a ir hasta dónde el Señor quisiera. Eso es lo que Jesús sigue esperando de sus discípulos

LA MANO DE DIOS LOS TRANSFORMÓ POR COMPLETO

La mano de Dios los transformó por completo, el contacto diario con el Señor Jesús hizo de ellos personas impresionantes. El poder del Espíritu Santo los tomó de tal manera que fueron capaces de trastornar al mundo entero.

Nadie hubiera pensado que eran los mismos. Dios puede y quiere utilizar a hombres y mujeres que fracasan, que fallan, que quizás no tengan las cualidades que el mundo espera de un llamado "líder", pero que tienen la humildad suficiente como para ponerse en las manos de Dios en todas las circunstancias. Dios utiliza aquellos que han sido desechados por todos. Dios escoge a los que han sido menospreciados hasta lo sumo. Dios fija sus ojos en los que a base de golpes en la vida terminan por creer que son nada en absoluto, y que no podrían hacer nada sin El. Dios se identifica con nosotros. Cada vez que nosotros abrimos la boca, Dios habla. Si nos equivocamos, le ofendemos a El. Cada vez que nosotros trabajamos, Dios actúa. Si hacemos lo que no es correcto, manchamos Su nombre.

Dios conoce lo bueno que hay en nuestro corazón, y lo utiliza. Puede más lo que El ve en nosotros, que nuestro propio desánimo. Andrés, por ejemplo, tiene un corazón de evangelista. No sé si habías notado que siempre que aparece en los evangelios es para hablarles a otros del Señor Jesús y traerlos a El. Esa era la motivación de su vida (Juan 1:41) Habló de Jesús a su propia familia, a su hermano, a sus conocidos… ¡A todos los que encontraba!

Felipe se hizo casi imprescindible por su practicidad. Lo que podía ser su mayor debilidad Dios lo usó para Su gloria. Cuando Felipe conoció al Señor y le explicó a otros que podía ser el Mesías, ellos se excusaron con preguntas, pero Felipe no discutió. Sencillamente dijo "Ven y ve" (Juan 1:46). En cualquier momento, por muy difícil que pareciera la situación, siempre encontraba una solución: "Aquí hay un muchacho con unos panes y unos peces" ¿Lo recuerdas?

¿Por qué leía un hombre sincero como Natanael, la historia de un engañador como Jacob?

> "Y Natanael le dijo: ¿Puede algo bueno salir de Nazaret? Felipe le dijo: Ven, y ve. Jesús vio venir a Natanael y dijo de él: He aquí un verdadero israelita en quien no hay engaño. Natanael le dijo: ¿Cómo es que me conoces? Jesús le respondió y le dijo: Antes de que Felipe te llamara, cuando estabas debajo de la higuera, te vi. (…) En verdad, en verdad os digo que veréis el cielo abierto y a los ángeles de Dios subiendo y bajando sobre el Hijo del Hombre..." Juan 1:45-49

Natanael era otro de ellos. Un hombre sin engaño, sin hipocresías ni duplicidad. Jesús le presentó así. Cuando encontró al Señor, lo reconoció como Hijo de Dios, como Rey de Israel, y como Maestro. Jesús había visto a Natanael debajo de la higuera, leyendo la ley. Puede que estuviese leyendo el libro del Génesis, la historia del sueño de Jacob, porque el Señor hizo referencia a ese momento, el caso es que Natanael vio que se había encontrado con alguien mayor que Jacob, el mismo Señor Jesús. Alguien que le vio cuando estaba completamente solo aunque nadie estaba allí, no había nadie en cientos de metros a la redonda....

Jesús le prometió señales más grandes. Le explicó que El mismo era la escalera de Jacob. La que lleva nuestras oraciones y nuestra adoración hasta el mismo cielo. "Veréis el cielo abierto y a los ángeles de Dios subiendo y bajando SOBRE el hijo del hombre". La que hace que las bendiciones del cielo desciendan hasta nosotros.

Natanael era un hombre leal. Fue el mismo Felipe quién lo llevó a Jesús. A partir de este momento, siempre que aparece su nombre en los evangelios estará unido al de Felipe (Mat.10:3, Marcos 3:18, Lucas 6:4). Fueron amigos inseparables y esa era una de las cualidades que el Señor buscaba en sus discípulos, la amistad, la fidelidad, la lealtad. Esa sigue siendo una de las primeras cualidades que Dios espera de nosotros. En un mundo competitivo y egoísta por naturaleza, los que somos llamados a ser sal y luz destacamos en primer lugar por nuestra lealtad al Señor y por nuestra amistad y fidelidad hacia nuestros hermanos.

Nunca la sociedad se asombra más que al ver como nos tratamos unos a otros, como nos cuidamos y expresamos prácticamente el amor de Dios por cada uno de nosotros. Como somos leales y nos preocupamos por la vida de los demás.

Ese amor incondicional y esa fidelidad inquebrantable quedó afirmada en la última cena. El Mesías se sienta a la mesa con sus discípulos. Doce hombres escogidos y su Salvador compartían los momentos anteriores a su muerte. Jesús lo sabía, ellos aún no lo habían entendido. Siempre que alguien se encuentra a pocos minutos de su muerte, las palabras que pronuncia están bien pensadas. Cada una de ellas valen su peso en oro. Cada una de las frases de los capítulos trece y siguientes del evangelio de Juan nos hacen temblar de emoción cada vez que las leemos.

CUANDO ASCENDIÓ A LOS CIELOS DEJÓ TODO EN MANOS DE SUS DISCÍPULOS

Si nos asombra la manera en la que el Mesías escogió y capacitó a sus seguidores, prepárate a saber lo que sucedió después de la resurrección del Señor: Jesús lo dejó todo en manos de sus discípulos.

¿Te imaginas al Señor regresando triunfante y resucitado al cielo? Quizás los ángeles empezaron a preguntar ¿Quién proclamará el mensaje del evangelio del reino? ¿Quién tiene la responsabilidad de hablar de la cruz y de la salvación? ¿Vas a enviar a algún profeta? ¿Vas a utilizar a alguno de los santos del Antiguo Testamento? ¿Vas a volver tú?

Jesús dijo: No. Toda la responsabilidad queda en manos de ellos: De mis discípulos y de algunas mujeres. ¿Dejar la responsabilidad de anunciar el mensaje más importante de la historia a once personas que le habían abandonado un montón de veces, y que su cualidad más conocida era el miedo? ¡Si los propios discípulos no habían llegado a entender exactamente lo que tenían que predicar!

> *"Recibiréis poder cuando el Espíritu Santo venga sobre vosotros; y me seréis testigos en Jerusalén, en toda Judea y Samaria, y hasta los confines de la tierra. Después de haber dicho estas cosas, fue elevado mientras ellos miraban, y una nube le recibió y le ocultó de sus ojos" Hechos 1:7-10.*

Cuando el Señor se despidió de sus discípulos les pidió que esperasen. Algunos no querían hacerlo, quizás estaban ya tramando un plan para demostrar el hecho de la tumba vacía, convocando a todos los responsables del sanderín y del imperio romano para demostrar que el Señor estaba vivo. Muchos otros podían haber discutido en cuanto a la poca inteligencia de quedarse callados y quietos en ese momento, porque nosotros siempre preferimos la actividad, y no nos gusta esperar los tiempos de Dios.

Jesús les dice que tienen que esperar, y que lo importante no es lo que puedan hacer, o los argumentos que puedan desarrollar, sino que todo estará basado en lo que son: testigos. Seguir al Señor no es cosa de hacer, sino de ser. El Señor no nos pide que trabajemos en primer lugar, sino que SEAMOS testigos. No es cuestión de programas, de hechos, de campañas... Es cuestión de ser testigos, de no poder vivir de otra manera, de no poder estar callados. De ser sal y luz.

En cierta manera no es un mandato, ni mucho menos una decisión. No es algo que podemos escoger, pensar o calibrar. NO. Somos testigos, lo queramos o no. Está dentro de nuestra propia vida, en nuestra sangre. Nadie puede esconderse ni esconderlo a El.

Dios nos llama a vivir como un reflejo de su gloria, a proclamar con nuestra vida lo que El ha hecho en nosotros, y lo que puede hacer en la vida de todos los que nos rodean. No es una cuestión de hacer, planear o desarrollar, es cuestión de SER, de VIVIR. A eso nos llama el Señor: todo lo demás es sólo un juego religioso.

Esos fueron los protagonistas de la historia, los apóstoles y las mujeres... Nadie más. Ningún maestro de la ley, ningún sacerdote del tempo ni hombre rico o importante. Sólo once hombres asombrados e incrédulos a partes iguales, unas cuantas mujeres a las que no se les permitía hablar en público ni testificar sobre nada y poco tiempo más tarde un perseguidor y asesino de cristianos. Una vez más la dulce "ironía" de Dios usando mujeres y hombres sencillos, utilizando personas pobres y despreciadas para cambiar el mundo. Se puede decir que más que de los hechos de los apóstoles, estamos contemplando los hechos del Espíritu Santo de Dios.

Ese era su secreto, el poder del Espíritu Santo.

Porque Jesús se identifica totalmente con ellos, a través de Su Espíritu. Cuando le habla por primera vez a Saulo el perseguidor le dice: "Yo soy Jesús, a quién tu persigues" (Hechos 9) Jesús se identifica con la Iglesia, no sólo con sus discípulos, o con los fieles seguidores del primer siglo, sino con Su Iglesia en general. Aunque para nosotros sea difícil entenderlo, El pasa por las mismas adversidades de la Iglesia (Hechos. 8:3, 9:1-2 y 22.4) y se identifica con los sufrimientos de los suyos.

Esa misma Iglesia sigue escribiendo el futuro. Jesús sigue utilizando a las mismas mujeres y hombres en todos los lugares del mundo. Con sus defectos, con su manera de no entender a veces las cosas, con sus dudas y temores. Con el poder del Espíritu Santo.

Jesús sigue siendo nuestro Señor, nuestro Rey, nuestra Cabeza. Y nuestro mejor amigo. Buscar Su voluntad es encontrar lo mejor que puede ocurrirnos. Saber que a veces podemos defraudarle nos hace tener miedo a que eso realmente ocurra. Vivimos con la seguridad y la confianza que El nos oye y nos ama, y al mismo tiempo con el temor de hacer algo que nos distancie de El.

Dios sigue escogiendo a todo tipo de personas para estar con El, no tanto para destacar o gobernar, sino para reflejar Su imagen gloriosa en todo el mundo. Para ser muchos Jesús en todas partes.

El se compromete con nosotros. Todos tenemos un lugar en el equipo del Señor. El sigue utilizando personas con errores, gente imperfecta que se equivoca muchas veces, y no se avergüenza de llamarse el Dios de ellos. El Dios de Abraham, de Isaac y de Jacob: el Dios de los que fueron engañadores y mentirosos. De los que fallaron, de los que muchas veces le defraudaron. Dios sigue siendo Su Dios.

Dios sigue siendo nuestro Dios.

Esa es la manera en la que Dios nos ve. Esa es la manera en la que Dios se presenta delante de todos. Esos son los instrumentos que Dios ha escogido para revolucionar el mundo y llenarlo de Su gloria.

38 EL MAYOR EN EL REINO DE LOS CIELOS...

Un día a alguien se le ocurrió hacer un libro de "records" Sabía lo que tenía entre manos, la vanidad humana y la necesidad de reconocimiento no tienen límites. No importa lo que quieras medir, siempre tiene que haber alguien "mejor" que aparezca en primer lugar. Uno mayor que todos los demás. Alguien a quién rendir reconocimiento y admiración.

No podemos engañarnos, a casi todos nos gusta saber quién es el mejor, quién ha quedado el primero, quién está en lo más alto de la lista. Detrás de los millones de admiradores de competiciones de todo tipo siempre está el deseo secreto de que "los nuestros" sean los mejores, los que ganen, porque de esa manera nosotros también recibimos un poco de gloria.

LA "MADRE" DE TODAS LAS DISCUSIONES

Un día los discípulos tuvieron una discusión grande. La madre de todas las discusiones. Se trataba de saber quién era el mayor en el reino de los cielos, quién tenía el derecho de creerse superior a los demás. Quién recibiría la mayor gloria. Y esa discusión no fue cosa de un solo momento, no, fue la pregunta que más veces presentaron delante del Maestro, lo que más le preocupó a los discípulos, la discusión que más veces tuvieron delante de él y a escondidas: ¿Quién es el mayor?

Desgraciadamente esa misma preocupación sigue en el corazón de muchos hoy.

> *"Se suscitó una discusión entre ellos, sobre quién de ellos sería el mayor. Entonces Jesús, sabiendo lo que pensaban en sus corazones, tomó a un niño y lo puso a su lado, y les dijo: El que reciba a este niño en mi nombre, a mí me recibe; y el que me recibe a mí, recibe a aquel que me envió; porque el que es más pequeño entre todos vosotros, ése es grande. Y respondiendo Juan, dijo: Maestro, vimos a uno echando fuera demonios en tu nombre, y tratamos de impedírselo, porque no anda con nosotros. Pero Jesús le dijo: No se lo impidáis; porque el que no está contra vosotros, está con vosotros" Lucas 9:46-56*

Jesús estrechó a un niño entre sus brazos. Tenía toda su aprobación y cariño. Si queremos estar en los brazos del Señor, tenemos que ser como niños. Los discípulos tenían que haberlo entendido, porque habían salido a la luz las motivaciones de casi todos y se había descubierto que estaban muy lejos de ser como niños.

Fue difícil de aprender esa lección para los discípulos y sigue siendo difícil aprenderla para nosotros. Aunque el Señor les dice que tienen que ser como niños, ellos responden queriendo controlar a los demás. Siempre es así, queremos ser más importantes que otros, controlar a los que tenemos al lado, y en cierta manera, pasar por encima de ellos.

La pregunta que más veces presentaron delante del Maestro y lo que más le preocupó a los discípulos... "¿quién es el mayor?"

No sabemos quienes eran los que estaban echando fuera demonios, ni las razones por las que lo hacían, pero sí sabemos dónde estaba el problema de los discípulos.

"En TU nombre" y "no NOS sigue"

Nos creemos los únicos que pueden servir a Dios y obedecerle a El. Pensamos que todo tiene que pasar por nuestro control, que todos tienen que pedirnos permiso a NOSOTROS, que la gente no tiene que seguir en primer lugar al Señor, sino a nosotros. El mismo problema que tenían los fariseos. Y creo que no es nada bueno intentar servir a Dios con la misma actitud y las mismas motivaciones que tenían los fariseos.

El Señor pone las cosas en su sitio al hablar de "mi nombre". Muchas veces nos preocupa más que nos sigan a nosotros que lo que ocurra con el nombre del Señor. Y todo termina de una manera fatal: Si estamos siempre discutiendo con los demás, y queremos ser sectarios, terminamos perdiendo nuestro sentido en la vida. Dejamos de ser sal para el no creyente (cf. v. 50). Si somos orgullosos nuestra vida espiritual no sirve para nada, porque sólo estamos buscando que la gente nos reconozca, que vengan a nuestras Iglesias, que defiendan nuestro nombre y no el nombre del Señor.

Por fin los discípulos comienzan a entenderlo. Reconocen que no tienen que tomar decisiones precipitadas ni deben querer controlar a otros, ni mucho menos atribuirse a sí mismos el nombre del Señor. Lo entienden durante más o menos veinte segundos, porque cuando el Señor continúa su viaje, y llegan a un lugar en el que nadie quiere recibirlos, la pregunta de los discípulos es increíble "¿Quieres que mandemos fuego del cielo?" (Lucas 9:54) ¡Se creían capaces de hacerlo!

Parece una buena manera de mantener la integridad doctrinal: Todo el que no piense como nosotros, lo quemamos con fuego del cielo. ¿? Desgraciadamente eso ha sido demasiado común en la historia del hombre y sigue siendo muy común hoy. Quizás no con muerte física, aunque en algunos países si ocurre, pero en muchas ocasiones nuestra manera de asesinar a otros es hablando mal de ellos. Diciendo mentiras de otros que sirven a Dios, cerrándoles puertas, juzgándolos sin darles una oportunidad de que se defiendan. A veces muchos de los jóvenes que sinceramente se interesan por el evangelio, son casi "asesinados" por nuestras tradiciones y nuestras luchas. En muchas ocasiones la gente deja de creer en el Señor Jesús al ver nuestras disputas, nuestros juicios, nuestras malas palabras y nuestro orgullo.

Hacemos caer fuego del cielo de una manera demasiado rápida y sin sentido, quemando a enemigos, amigos y a todo aquel que se ponga por delante.

"¿Quieres que mandemos fuego del cielo?" Desgraciadamente, bajo la defensa de la integridad doctrinal hemos "quemado" a demasiada gente, sin contar con la opinión del Señor.

La respuesta del Señor es humillante para ellos "No sabéis de qué espíritu sois"

No merecían menos que eso, porque estaban viviendo en el espíritu de la ley, y por lo tanto, bajo el imperio de lo que Satanás pusiese en su mente… No estaban pensando en salvar sino en destruir. No querían amar sino controlar. No aprendieron todavía a extender sus manos para abrazar, sino a cerrar los puños para herir. No estaban siguiendo al Espíritu Santo sino al espíritu del diablo. Eso sí que es serio. Es una de las situaciones más peligrosas para nosotros.

> *"El les dijo: Mi copa ciertamente beberéis, pero sentarse a mi derecha y a mi izquierda no es mío el concederlo, sino que es para quienes ha sido preparado por mi Padre. Al oír esto, los diez se indignaron contra los dos hermanos. Pero Jesús, llamándolos junto a sí, dijo: Sabéis que los gobernantes de los gentiles se enseñorean de ellos, y que los grandes ejercen autoridad sobre ellos. No ha de ser así entre vosotros, sino que el que quiera entre vosotros llegar a ser grande, será vuestro servidor, y el que quiera entre vosotros ser el primero, será vuestro siervo; así como el Hijo del Hombre no vino para ser servido, sino para servir y para dar su vida en rescate por muchos" Mateo 20:20-28*

Muy poco tiempo después, el Señor tiene que enfrentarse con la petición de los hijos de Zebedeo y su madre. El problema era que todos deseaban lo mismo, aunque no se habían atrevido a decirlo. Tampoco debemos ser muy rápidos para juzgar a esa familia, ellos fueron al Señor con la actitud correcta, querían estar lo más cerca posible del Maestro, pero su motivación era equivocada, anhelaban estar por encima de los demás. A veces nuestras actitudes son buenas, pero nuestras motivaciones no son de acuerdo a la Palabra de Dios. Una mala motivación puede ser más peligrosa que ninguna otra cosa.

Dos de los discípulos se atreven a pedir públicamente lo que todos deseaban

Me encanta que los hijos de Zebedeo hayan sido valientes cuando el Señor les dijo si podían sufrir por El. No necesitaron pensar para responder al llamado del Señor. Dijeron "sí, podemos" sin medir el costo, sin preocuparse de lo que estaban prometiendo. Lo triste es que a veces, quienes menos experiencia tienen en el sufrimiento son los más osados. Somos rápidos para prometer cosas al Señor, sin pensar en lo que estamos diciendo. Creemos que el hecho de que otros nos escuchen es motivación suficiente para sacar a relucir toda nuestra arrogancia y pensar que somos capaces de hacer cualquier cosa para Dios.

No les juzgues demasiado rápido, porque puedes caer en la misma envidia que tuvieron los demás discípulos. No olvides que es frecuente indignarse por los pecados que nosotros tenemos, cuando los vemos en los demás.

Cuando leemos la historia recordamos lo que el Señor dijo sobre los niños. La grandeza de un seguidor del Señor no se mide jamás por los siervos que tenemos, sino por la cantidad de personas a quienes servimos y nuestro trabajo para ellos. Nos encanta hablar de nuestro ministerio, corremos y luchamos con todas nuestras fuerzas para tener un equipo "tan grande como", o para alcanzar los presupuestos de tal persona, o llegar hasta dónde aquel otro llega. Olvidamos que el éxito de Dios es servir, que la eternidad mide la grandeza por nuestro servicio a otros, no por las personas que nos sirven a nosotros.

EL PELIGRO MÁS GRANDE, QUE EL SEÑOR NO NOS CONOZCA

> *"No todo el que me dice: "Señor, Señor", entrará en el reino de los cielos, sino el que hace la voluntad de mi Padre que está en los cielos. Muchos me dirán en aquel día: "Señor, Señor, ¿no profetizamos en tu nombre, y en tu nombre echamos fuera demonios, y en tu nombre hicimos muchos milagros?" Y entonces les declararé: "Jamás os conocí; apartaos de mí, los que practicáis la iniquidad" Mateo 7:21-23*

Al final llegamos a la clave de todo: Lo que hacemos en cuanto a nuestro futuro eterno. ¿Cuál es la base de nuestra vida? ¿En qué descansa nuestra salvación?

a. Algunos confían en la doctrina adecuada. Le llaman Señor, por lo tanto saben quién es y lo que ha hecho. Conocen que es el Señor de todo, pero no les sirve de nada.

b. Otros confían en su propio fervor. Repiten dos veces la palabra Señor, como alguien que está acostumbrado a llegar a la presencia de Dios, como alguien que pone todo su empeño en acercarse al Altísimo. Pero no sirve de nada.

c. Muchos más confían en su propio poder: Al fin y al cabo, profetizar, echar fuera demonios, hacer milagros no es cualquier cosa. El Señor Jesús tiene que estar detrás de todo eso, por cuanto lo hacían en su nombre... Pero no les sirvió de nada. Se pueden hacer auténticos milagros viviendo lejos del Señor. Se puede incluso hablar de parte de Dios, y obtener victorias sobre el demonio sin conocer quién es el Salvador.

Muchos confían en la doctrina, otros en el fervor, muchos otros en el poder, algunos en una combinación de las tres cosas para demostrar que son seguidores de Jesús. Incluso pueden ser líderes de la Iglesia, porque las señales siempre son muy llamativas: El poder, la sabiduría o la intensidad de las creencias. Lo triste es que ninguna de esas cosas es válida, sino sólo el Señor, la relación con El, el ser conocidos por El.

Las palabras de Jesús son terribles, y nos explican que ellos nunca fueron creyentes.

"NUNCA os conocí"

No fueron salvos ni en el pasado ni en el presente y no lo serán en el futuro, porque ese es el peligro más grande, que el Señor no nos conozca. Que el ministerio tome el lugar que sólo le corresponde a nuestro Salvador, que estemos tan ocupados con las cosas de Dios, que olvidemos que El nos quiere a nosotros. El peligro de no reconocer que no hay nada más importante en la vida que conocer al Señor, y que El nos conozca a nosotros. Todo lo demás pasa. Todo lo demás es intrascendente. A la luz de la eternidad, lo que queda es el nombre de Dios en nuestro corazón. Y nuestro nombre guardado en el corazón de Dios.

"QUIÉN ES EL MAYOR?" JESÚS NO DEJA LUGAR A DUDAS...

Cuando el Señor Jesús está pasando los momentos más difíciles de su vida responde a "la" pregunta. Les explica lo que más les preocupa a ellos, les responde acerca de quién es el mayor...

El, que tenía todos los derechos como Hijo de Dios y Rey del Universo, toma el oficio de un esclavo y nos enseña la lección más importante en la historia de la Iglesia. Una lección que hemos olvidado cientos de veces incluso antes de aprenderla. Una lección de la que se habla poco, se predica menos y casi no se practica en absoluto. Parece tan repulsiva para nosotros como lo fue para los discípulos. Muchas veces hubiésemos querido sacarla de los evangelios, y en más de una ocasión hemos intentado espiritualizarla, explicarla, modelarla... todo menos aprender del ejemplo de nuestro Señor.

> "Y durante la cena, como ya el diablo había puesto en el corazón de Judas Iscariote, hijo de Simón, el que lo entregara, Jesús, sabiendo que el Padre había puesto todas las cosas en sus manos, y que de Dios había salido y a Dios volvía, se levantó de la cena y se quitó su manto, y tomando una toalla, se la ciñó. Luego echó

agua en una vasija, y comenzó a lavar los pies de los discípulos y a secárselos con la toalla que tenía ceñida" Juan 13:2-5

Una lección que hemos olvidado cientos de veces incluso antes de aprenderla. Una enseñanza de la que se habla poco, se predica menos y casi no se práctica en absoluto

¿Recuerdas la pregunta? "¿Quién es el mayor en el reino de los cielos…?"

Si quieres conocer la respuesta comienza a lavar los pies de los demás. Toma una toalla y vístete como un esclavo.

Un esclavo sirve a todos. No tiene derechos. Eso es lo que quiso enseñarnos el Señor, todos tenían derecho sobre El, todos podían mandarle, y él obedecería con cariño, con un amor inquebrantable hasta la muerte. Con un servicio abnegado limpiando los pies de sus discípulos, incluso los pies del traidor.

Todos estaban esperando que algún siervo viniese a hacer ese trabajo, y todos se creían dignos de que alguien les lavase los pies. Ninguno pensó que él mismo podría ser el que se humillase para limpiar los pies de los demás. De ahí la gran sorpresa al comprobar que era el Mesías quién haría el trabajo de un esclavo.

Todo surge de las primeras palabras del capítulo. El Espíritu de Dios quería enseñarnos cual era la razón de todas las cosas, y la deja escrita en una frase sencilla y sublime al mismo tiempo. Una afirmación de esas que no puedes olvidar en toda tu vida. Una simple y llana oración que dice más del Maestro que miles de libros escritos sobre El.

"Habiendo amado a los suyos, los amó hasta el fin"

Nos amó hasta lo sumo, eternamente, hasta el límite, hasta el máximo que nadie siquiera hubiera podido imaginar, hasta el último momento.

De esa fuente de amor surge todo lo demás. Ningún judío podía verse obligado a lavar los pies de otro, porque eso significaba que era esclavo de esa persona. Y los judíos no querían ser esclavos de nadie. Nosotros tampoco. Jesús se hizo nuestro siervo voluntariamente y comenzó a lavar los pies de todos.

Todos se sintieron incómodos. Descolocados. Impresionados por lo que estaba pasando. Sin ninguna capacidad de reacción ante lo que veían: su Maestro estaba haciendo el trabajo que deberían haber hecho los esclavos de la casa... Mientras tanto, Jesús lavaba sus pies sin resentimientos ni dudas. Disfrutando de lo que estaba haciendo. Sonriéndoles y hablándoles. Eso era demasiado para ellos.

Uno reaccionó, no pudo aguantar más. No podía permitir tal afrenta, era imposible que aquella situación durase un solo segundo más. Era Pedro claro, no podía ser otro.

¡Cuánto orgullo hay detrás de una falsa humildad!

"Entonces llegó a Simón Pedro. Este le dijo: Señor, ¿tú lavarme a mí los pies?, ¡Jamás!" Juan 13:6.

¡Cuánto orgullo puede haber detrás de una falsa humildad!... Ninguno de nosotros estaría dispuesto a que el Señor tomase el oficio de esclavo en nuestro lugar. Sería humillante que alguien nos viese. Nosotros sí estaríamos dispuestos a hacer algo así por El, que todos viesen lo humildes que somos y cuanto amamos al Maestro... Pero dejar que El nos lave los pies, ¡jamás!

Jesús le explicó sus razones: Lo que hacía era parte de Su mensaje. Lavar los pies a otros y que otros lo hagan por nosotros es vivir el cristianismo. Es tener parte con el Señor. Pedro comprendió lo que estaba pasando y sus dudas desaparecieron. Las nuestras también.

Cuando somos descubiertos, la mejor reacción es dejar que Dios haga las cosas a Su manera. Pedro lo entendió perfectamente: *Le dijo: Señor, entonces no sólo los pies, sino también las manos y la cabeza" (Juan 13:9)* Sonreímos al leer su respuesta, pero es que somos así. Somos capaces de pasar de un extremo a otro muy fácilmente. Pedro sabe que no sólo necesita que el Señor lave sus pies, sino todo su cuerpo. Quiere comprometerse por completo con el Maestro, que no quede ni una sola parte de su cuerpo sin ser limpiada por el Señor.

Pedro es impresionante. Sigue teniendo un corazón sincero con el Señor, reconoce que se equivoca en un momento, y siempre quiere algo más de Jesús. No le importa equivocarse si puede seguir al lado del Maestro. Jesús podría haber lavado los pies de los discípulos y todos habrían quedado sorprendidos, pero ninguno diría nada. Nos habríamos quedado sin la respuesta del Señor de no haber sido por Pedro…

> *"Vosotros me llamáis Maestro y Señor; y tenéis razón, porque lo soy. Pues si yo, el Señor y el Maestro, os lavé los pies, vosotros también debéis lavaros los pies unos a otros" Juan 13:13-14*

El Mesías es Señor en primer lugar y después Maestro. Nosotros solemos darle la vuelta al argumento. Nos gusta conocer más cosas de Dios antes que obedecerle, pero eso no es posible. No podemos conocerle más profundamente si no le obedecemos, si no vivimos como El. Porque El Señor siguió lavando los pies de sus discípulos…

Sabía que le iban a abandonar, pero El les lava los pies.

Sabía que Pedro le iba a negar, y El le lava los pies.

Sabía que Judas le iba a entregar, y El le lava los pies.

Sabía que todos se esconderían llenos de miedo e incapaces de comprender que tenía que resucitar, pero Jesús les lava los pies a todos. Ninguno de ellos es digno de llevar su nombre y ser considerado un discípulo suyo, pero no le importa. Sigue lavando los pies de todos. Sigue acariciando la piel de cada uno de aquellos que han pasado esos tres años con él. Y mientras les lavaba los pies, pasan por su corazón muchísimos sentimientos. Dolor, incomprensión, sufrimiento, soledad… Pero también un amor profundo que nadie puede entender. Un amor que llegó hasta el final, que nunca se agotó, que continuó incluso en el momento más difícil, el momento en el que el amor se transformó en gozo instantes antes de morir.

Los perdonó antes de que hubiesen pecado, les lavó los pies antes de ser abandonado.

> *Todos vieron que el Rey del Universo se arrodilló para lavar los pies de Judas, el que iba a ser el traidor*

Lo sigue haciendo con nosotros. Siempre busca nuestra restauración.

Todos comprendieron por fin que esa era la respuesta, que el mayor es el que sirve, el que lava los pies. El que se arrodilla para ayudar a los demás. No volvieron a preguntarle quién era el mayor. No necesitaron más enseñanzas. Comprendieron que el mayor en el reino de los cielos es el que sirve, el que lava los pies, el que es esclavo de todos.

Días más tarde todos recordaron que el Mesías, el Rey del Universo había estado a sus pies, arrodillado, quitándoles el barro y la suciedad. Que les había lavado los pies a cada uno de ellos, que lo había hecho también con Judas, no quiso dejar pasar la ocasión de lavarle los pies a él también. Podría haber esperado a que el se fuese para no tener que lavar los pies al traidor, pero quiso hacerlo al principio de todo, para que todos recordasen que se había arrodillado a los pies de Judas, que Dios se arrodilló para servirnos a cada uno de nosotros.

Esa es la actitud que el Señor toma para limpiarnos. Dios desciende y se pone de rodillas para ayudarnos. Esa es la única actitud que nosotros debemos tener con nuestros hermanos. La única motivación válida en la Iglesia. La única manera de ayudar, de corregir, de consolarnos unos a otros.

¿Seguimos queriendo saber quién es el mayor en el reino de los cielos?

Después de leer Juan 13, nos duele sólo preguntarlo. No nos engañemos, a veces dentro de la Iglesia vivimos de una manera orgullosa y arrogante. Nos disfrazamos de humildad, de servicio, de santidad y de muchas cosas buenas, pero nuestro corazón está muy lejos todavía del corazón del Señor.

Discutimos, creemos que tenemos razón, defendemos nuestras doctrinas, juzgamos a otros, vivimos disfrutando del orgullo de que los demás nos reconozcan y alaben nuestro nombre, controlamos la vida de los que están con nosotros y se dejan y maldecimos de una manera muy espiritual a aquellos infelices que se atreven a ir en contra de nuestras ideas y decisiones… Mientras el Rey del Universo sigue arrodillándose día a día para lavar nuestros pies, para enseñarnos que tenemos demasiado polvo del camino con nosotros y entre nosotros.

Para recordarnos que el mayor en Su reino es el que sirve. El que se arrodilla. El que llora porque quiere tener un corazón como el Suyo.

*"Cada cual
se apartó por
su camino"
—Isaías 53:6*

39
PEDRO...
EL PRIMERO

De todos los discípulos que el Señor escogió, hay uno que merece un capítulo aparte. Siempre habla y dice lo que siente, sus frases tienen sentido, no es alguien irrelevante. A veces se adelanta a lo que va a suceder, y otras destroza toda su credibilidad equivocándose hasta el fondo. No puede quedarse callado en ningún momento. Siempre que hay algo que se debe decir, Pedro lo hace. Cuando el Señor necesita algo es Pedro el primero que quiere hacerlo, el primero que responde. Una persona única, desde luego.

*Simón Pedro, una vida llena de problemas:
o los tenía, o los buscaba*

Todo en la vida de Pedro es una aventura. Vivía siendo un problema permanente. O tenía problemas, o los buscaba. No aguantaría una vida rutinaria, sin sentido, tranquila...

Tenía problemas con el perdón. Jesús tuvo que explicarle la lección más importante sobre ese tema. Había escuchado que los rabinos decían que era justo perdonar a una persona tres veces. Pedro quiso ser un poco más espléndido y le dijo al Señor que quizás perdonaría siete veces; Jesús le dijo que el número era casi infinito, que había que perdonar siempre. Pedro lo guardó en su corazón. En el momento más difícil de su vida recordó que Dios le perdonaría y eso fue el principio de la restauración de su alma.

Tuvo problemas con su propio orgullo. Proclamó delante de todos que jamás abandonaría al Maestro; para caer en la cobardía y el llanto poco tiempo más tarde. Le falló al Señor en el momento más decisivo de su vida. Y no fue una caída repentina, fue cayendo poco a poco. Casi sin darse cuenta.

TODA CAÍDA TIENE SUS PASOS DESCENDENTES, CASI INAPRECIABLES

El primer paso, su problema con la arrogancia. Después de decirle al Señor que era el Mesías, el hijo del Dios viviente, Jesús le respondió que tendría las llaves del reino de los cielos, y que era Dios mismo quién había hablado por él. En ese momento Pedro se creyó casi el jefe de todos, y... *"Y tomándole aparte, Pedro comenzó a reprenderle, diciendo: ¡No lo permita Dios, Señor! Eso nunca te acontecerá"* Mateo 16:21-22

Pedro comprendió que podía hablar de parte de Dios y de parte del diablo con muy pocos minutos de diferencia

Quiso hacer cambiar el propósito del Señor y el mismo plan de Dios. Aún sin entender nada de lo que estaba pasando, le habló al Mesías para que de ninguna manera se le ocurriese sufrir por todos. ¡Mucho menos morir, él no iba a consentirlo! Jesús tuvo que decirle que estaba hablando de parte del diablo: ¡Quítate de delante de mí, Satanás! Y Pedro comprendió que su misma lengua podía hablar de parte de Dios y de parte del diablo con muy pocos minutos de diferencia.

"Esta noche todos vosotros os apartaréis por causa de mí, pues escrito está: "Heriré al pastor, y las ovejas del rebaño se dispersarán." (…) Pedro, respondiendo, le dijo: Aunque todos se aparten por causa de ti, yo nunca me apartaré. Jesús le dijo: En verdad te digo que esta misma noche, antes que el gallo cante, me negarás tres veces. Pedro le dijo: Aunque tenga que morir contigo, no te negaré. Todos los discípulos dijeron también lo mismo"
Mateo 26:31-35

A veces creía vivir en un nivel superior a los demás. No le importaba compararse con otros. Tenía muy claro que El nunca dejaría al Maestro. Jesús podía estar seguro de su ayuda. El mismo le defendería si hacía falta..

Desgraciadamente, la arrogancia suele traer consigo la autosuficiencia y el descuido de la oración. Casi llegamos a creer que no necesitamos a Dios, por lo que Pedro y los demás no fueron capaces de orar con su Maestro y velar con El en el momento más difícil de su vida. A pesar de que el mismo Señor se lo había pedido. *Marcos 14:34*

Desde nuestra arrogancia y nuestra falta de dependencia de Dios, solemos llegar a la pereza espiritual "Entonces vino y los halló durmiendo, y dijo a Pedro: Simón, ¿duermes? ¿No pudiste velar ni por una hora?" Marcos 14:37 Pedro no sólo no oró sino que se durmió. Si el sueño es más importante que la oración, vamos a caer muchas veces. Jesús se encontró solo, y fue directamente dónde estaba Pedro. Le preguntó a él, porque Pedro había asegurado una y otra vez que no le dejaría, que iba a estar con él; pero ahora que el Señor lo necesita, Pedro duerme.

Tres veces fue el Señor a pedir que oraran con él y tres veces los encontró durmiendo. Pedro jamás olvidó ese número, porque poco tiempo más tarde negó al Señor tres veces también.

El cuarto paso de la caída fue tomar decisiones equivocadas, impensadas y descontroladas… Errores en contra de la voluntad de Dios. Pedro intentó defender al Mesías a su manera, y puso su propia vida en peligro *"Pero uno de los que estaban allí, sacando la espada, hirió al siervo del sumo sacerdote, y le cortó la oreja" Marcos 14:47*

El quinto paso, miedo. Pedro tuvo problemas con la presión que los demás ejercían en él. Cuando el Señor fue entregado y llevado delante de Pilatos, Juan entró en el patio junto con la guardia para seguir de cerca al Señor, pero Pedro se quedó afuera (Juan 18:15). Quizás se quedó inquieto, yendo de un lado al otro sin saber lo que pasaba. Quizás tuvo miedo.

El miedo nos hace seguir al Señor de lejos. *"Pedro le siguió de lejos hasta dentro del patio del sumo sacerdote; estaba sentado con los alguaciles, calentándose al fuego" Marcos 14:54* Cuando nos encontramos lejos del Maestro, aquellos que tenemos a nuestro lado no suelen ser una buena compañía. Pedro se juntó con los malos en una situación conflictiva. Se acercó a los soldados que acababan de golpear a su Señor. Quiso acercarse al fuego. Sentía frío en su cuerpo y en su alma. Un frío aterrador, imposible de vencer con unas cuantas brasas.

Cuando nos encontramos lejos del Maestro, aquellos que tenemos a nuestro lado no suelen ser una buena compañía

"Pero Pedro dijo: Hombre, yo no sé de qué hablas. Y al instante, estando él todavía hablando, cantó un gallo" Lucas 22:58-60

El último paso fue la caída en sí misma, la negación. Ellos reconocieron que Pedro era galileo, y que si estaba allí, tan lejos de su región, era porque estaba siguiendo al Maestro. Pedro responde literalmente "yo no soy" negándolo todo. Llegando a negarse incluso a sí mismo.

Cuando no queremos comprometernos con el Señor, perdemos nuestra identidad. Lo perdemos todo, nuestra vida carece de sentido. No somos nada. Si alguien hubiese escuchado a Pedro en ese momento diría que apostató de todo, que no es un seguidor del Mesías, y que jamás lo ha sido. Pero muchas veces las cosas no son como parecen. Dios no apostata de nosotros, sino que nos ama, permanece a nuestro lado aún cuando le negamos.

Pedro estaba completamente fuera de sí. Los criados recibieron al Señor a golpes, y Pedro no hizo nada. Comenzaron hablar mal del Señor, y Pedro se quedó callado. Siguió allí con ellos. No se marchó con el Mesías ni se separó de ellos. Tampoco dijo nada o intentó defender a Jesús. Era uno más, no había diferencia en su comportamiento. Quiso jugar a dos bandas, no quería abandonar al Señor, pero tampoco le defendió. En ese momento, la Biblia nos dice que salió afuera, al portal (v. 68) ¿No tuvo el valor para irse? ¿No quiso abandonar completamente a Jesús? ¡Cuantas veces vivimos así, sin el valor para seguir a Jesús, y sin el valor para alejarnos definitivamente de él! No somos capaces de seguirle ni de abandonarle.

De repente cantó un gallo. Pedro lo escuchó, pero no quiso volver al Señor. Perdió su primera oportunidad. Jesús le había hablado que el gallo cantaría dos veces ¿Por qué no quiso abandonar su conducta después de escuchar la primera señal?

> *¡Cuantas veces vivimos así, sin valor para seguir a Jesús, y sin valor para alejarnos definitivamente de él!*

Pedro siguió negando al Señor y cada vez va más lejos. Se desliza poco a poco. Como nos ocurre a nosotros muchas veces, se va "dejando caer" sin darse cuenta.

La primera vez asegura que no le conoce. Le habla a una sierva, aparentemente alguien sin mucha importancia y sin ningún peligro para él. La segunda vez niega delante de los soldados. En la tercera negación, Pedro comenzó a maldecir y a jurar, diciendo "no conozco a tal hombre" Lo hace delante de todos, y por si eso fuera poco, pone a Dios por testigo.

Estaba completamente perdido y vencido. Se sujetó a maldición delante de Dios si era cierto que conocía a Jesús (v. 72) Entró en la noche más oscura de su alma. Renunció a Dios y lo maldijo. Y en ese momento piensa que quizás Dios ya no puede perdonarle. Ha ido demasiado lejos. Es incapaz de levantar su cabeza, sabe que ha negado a su Señor. Pedro desistió de si mismo, creyó que no tenía salvación, pensó que había sido derrotado para siempre… Pero Dios no desistió de Pedro. Jesús alzó sus ojos y le miró, y en esa mirada estaba escrito el perdón.

DIOS "SE EMPEÑÓ" EN RESTAURAR A PEDRO

Llegaron días terribles. Momentos desoladores en los que Pedro no podía hablar con su Maestro porque éste había sido crucificado, muerto y puesto en una tumba. Aunque se acordó de las palabras del Señor, su mente le decía una y otra vez que nada sería igual, que había abandonado a su mejor amigo en el momento más difícil, y no sólo eso, había apostatado de El. Lo había entregado públicamente a la solitaria vergüenza de sentirse traicionado. Durante muchas horas Pedro luchó con la idea de quitarse la vida porque su propia vida no tenía sentido. Aunque sabía que Jesús le había enseñado a perdonar ¡setenta veces siete, nada menos! él se creía indigno de ese perdón. Los días pasaban, y sus lágrimas no tenían consuelo.

Todo cambió trascendentalmente el primer día de la semana, porque cuando el Señor resucitó, hizo que fueran a buscar a Pedro. "Decid a sus discípulos y a Pedro" (Marcos 16:7) anunció el ángel a las mujeres; era un mensaje directo. Dios mismo se preocupó de restaurarle. Dios salió a buscarle. No somos nosotros los que volvemos a El, es Dios mismo quién nos busca.

Aunque sabía que Jesús le había enseñado a perdonar ¡setenta veces siete, nada menos! él se creía indigno de ese perdón

Cuando Pedro conoce la noticia corre a la tumba vacía y espera. Sabe que en cualquier momento aparecerá su Maestro. Quiere pedirle perdón directamente, quiere llorar delante de El, porque se ha cansado de hacerlo encima de los lienzos que una vez abrazaron el cuerpo del Señor.

> *"Simón Pedro subió a la barca, y sacó la red a tierra, llena de peces grandes, ciento cincuenta y tres; y aunque había tantos, la red no se rompió" Juan 21:11.*

Finalmente llega el día en el que Pedro se encuentra con el Señor. Cuando lo ve, reacciona como lo hubiésemos hecho cualquiera de nosotros. Se pone a trabajar más que nadie, para merecer de alguna manera el perdón de su

Maestro. Trae todos los pescados a tierra y quiere tenerlo todo bien preparado, como para decirle al Señor que seguía siendo el mismo, que quería trabajar para El. Aún no había entendido que el perdón de Dios es unilateral, que El le ama y no espera nada a cambio.

> *"Jesús dijo a Simón Pedro: Simón, hijo de Juan, ¿me amas más que éstos? Pedro le dijo: Sí, Señor, tú sabes que te quiero. Jesús le dijo: Apacienta mis corderos" Juan 21:15.*

Aunque Pedro apostató del Señor, Jesús nunca apostató de Pedro, y lo buscó hasta restaurarlo

Cuando Jesús lo ve cara a cara, le hace la pregunta más importante que Dios puede hacernos: "¿Me amas más que estos?" Esa pregunta es demasiado directa para Pedro. El había asegurado que aunque todos abandonaran al Señor, El no le dejaría. Quería demostrar a su Maestro que él le amaba más que nadie, que estaba dispuesto a hacer lo que otros no harían. Que iría con él hasta la muerte.

Pero lo abandonó cuando más le necesitaba. Le negó y lo maldijo públicamente.

Jesús no quiere reprocharle nada. No le explica las razones de su caída. No pierde tiempo hablándole de los problemas del orgullo y la arrogancia. No, el Maestro es mucho más sabio que todo eso; mucho más tierno que cualquiera de nosotros. Mucho más directo que nadie. Le pregunta si le ama, y Pedro responde que sí.

Ahora sí que le seguirá hasta la muerte. Pedro está preparado para morir por su Señor. Es el amor el que debe estar en la base de todo, y no el orgullo, nuestras propias fuerzas o el deseo de hacer las cosas bien. Pedro ¡por fin! Lo ha comprendido.

Jesús no le deja. Aunque Pedro responde que le ama, el Señor no se va. Se lo pregunta tres veces.

¡Tres veces!

La tercera vez, Pedro se da cuenta de lo que pasa. Mira el fuego que el Señor hizo para cocinar los peces y recuerda el momento en el que negó a su Amigo: estaba delante de otras brasas prácticamente idénticas, y por tres veces dijo que no le conocía. Jesús lo había preparado todo, hasta el mínimo detalle. Sabe que le negó tres veces, y que necesita ser restaurado de la misma manera. Le hace las preguntas de una manera pública, delante de los demás. Necesita restaurarlo y la única manera es hacerlo de la misma forma que él le ha negado. Delante de todos dijo que no le negaría, y delante de todos reconoce ahora que le ama.

Pedro se sintió más que perdonado. Supo que estaba restaurado por completo y volvió a llorar como el día de su negación. Esta vez no lloró amargamente, esta vez las lágrimas se confundieron con las risas y los abrazos del Maestro.

Dios no desiste de nosotros, no se conforma con que le neguemos, nos alejemos de Él o intentemos vivir de cualquier manera. Dios quiere que volvamos a Él. Nos busca para que volvamos a Él.

No sé si ha pasado mucho tiempo desde la última vez que estuviste con el Señor. No sé si estás intentando huir de Él, o vivir lo más lejos posible de Su presencia, de Su Palabra, de Su Iglesia. Las causas, sólo Dios y tú las sabéis. Conocemos los problemas de Pedro ¿Son parecidos a los tuyos? Déjame decirte que muchos se alejan de Dios por culpa de otras personas en la Iglesia, por culpa de palabras mal dichas, por culpa de malos ejemplos. A veces por culpa de algún pecado escondido. Otras veces por no tener el valor de seguir al Señor más de cerca. Muchas veces sencillamente por desidia o por dejarse llevar en la vida.

Déjame decirte que no encontrarás un lugar mejor para vivir que los brazos del Padre. Déjame escribir que Él está haciendo lo imposible para llegar hasta dónde tu estás, abrazarte y restaurarte. Aunque tú no lo creas.

Vuelve. Responde a la sencilla pregunta del Señor y dile de corazón que le sigues amando. Dile que sientes haber ido tan lejos, haberle negado, haber cedido a la presión de los demás y decir que no lo conoces de nada.

Vuelve y responde que aún le amas. El Señor ya encendió las brasas, y ahora está preparando la cena para invitarte y estar contigo.

"Dios hizo que cayera sobre Él la iniquidad de todos nosotros"
— Isaías 53:6

40 | ERA DE NOCHE

Dos historias muy cercanas durante los tres últimos días de la vida del Señor Jesús. Dos de los discípulos más conocidos. Dos personas que despreciaron y rechazaron lo más querido que tenían. Un final muy diferente para cada uno de ellos. Uno restaurado y el otro perdido. Uno confió en el perdón de Dios, el otro lo rechazó por completo.

Estuvimos en los últimos momentos con Pedro. Nos toca acercarnos ahora al segundo, se llama Judas. La Biblia dice que tras la decisión más terrible de su vida, la de negar a su Maestro, se hizo de noche. De noche en la ciudad, de noche en el corazón de Judas, de noche en la historia de la humanidad, de noche para los discípulos, era de noche en todos los sentidos. Satanás acaba de entrar en Judas, y el reino de las tinieblas comenzó a desplegar toda su fuerza.

Todos hubiésemos creído que era fácil desenmascarar a Judas, conocerle, saber sus intenciones y descubrirlo, pero no fue así. Toda su vida fue "normal"; lo máximo que notaron el resto de los discípulos fue que le "gustaba el dinero". Aparte de eso, los tres años de ministerio público del Señor no revelaron nada aparentemente extraño en el comportamiento de Judas. Incluso en el momento decisivo, los demás discípulos no comprendieron que Judas era el traidor. (Mateo 26:21-23)

Jesús les dijo que era uno de ellos, porque todos estaban comiendo con él, y nadie lo sabía. ¡Tanto nos queda que aprender en cuanto a la gracia y la fidelidad de Dios al hacer todas estas cosas! Judas salió a predicar como todos, hizo milagros como los demás, vivió con el Señor todos esos años, tomó el pan y el vino… Jesús le dio las mismas oportunidades que a los otros. Lo tuvo todo, pero lo vendió por 30 piezas de plata. Nadie sospechaba nada, pasó completamente desapercibido. Sólo después de su traición, los propios evangelistas descubrieron quién era: *"Judas Iscariote, que llegó a ser un traidor"* Lucas 6:16 "Llegó a ser" Es como si día a día, prefiriese vivir así. Como si fuese dándose cuenta que no quería acercarse al corazón del Maestro, y si traicionarlo, venderlo, despreciarlo…

¿Qué había en el corazón de Judas? ¿por qué le entregó? ¿por dinero? Creo que no. Podía disponer de todo el dinero que necesitaba, porque robaba de la bolsa que tenía el Señor, así que traicionar a Jesús era una forma de traicionarse a sí mismo. Por otra parte, no pidió una gran cantidad a los líderes religiosos, sencillamente les pidió "lo que quisieran darle" *"¿Qué estáis dispuestos a darme para que yo os lo entregue? Mateo 26:15-16.* No le importaba la cantidad, le daba igual con tal de que le dieran algo. Su pregunta es despreciable: "¿Qué me queréis dar?" Como cuando uno quiere deshacerse de algo que le sobra, algo que no quiere tener, y no importa lo que le den. El Señor no tenía ningún valor para El, más bien le resultaba un estorbo. Casi podía haber hecho el trabajo gratis, puede que así hubiera sido si ellos se lo hubiesen pedido.

La historia de Judas es demasiado conocida, pero desgraciadamente demasiado repetida también en la vida de muchos otros

LAS CIRCUNSTANCIAS DE LA TRAICIÓN

Judas no soportaba la santidad de Jesús, una santidad alegre, no como la de los fariseos. No soportaba que el reino no tuviese nada que ver con el orgullo del dinero ni la ambición de los poderosos. No soportaba que Dios midiese las cosas de una manera completamente diferente a como nosotros lo hacemos.

Jamás soporto la gracia del Mesías, no fue capaz de entender nunca el amor del Creador

Quizás lo entregó por miedo; pensaba que si prendían a Jesús todos sus discípulos serian atrapados también y llevados a la muerte. Quizás para ascender en su ambición, podría llegar a tener un buen puesto en el templo, puede que llegar a ser el encargado del tesoro del templo… Por otra parte, todos los sacerdotes y líderes estaban de acuerdo con entregarle, así que lo mejor era ir con la mayoría. La mayoría siempre tiene razón.

A pesar de que había comido con el Maestro en el mismo plato, una de las mayores muestras de amistad y lealtad por parte del Señor, seguía guardando rencor por alguna ocasión en la que el Señor había tenido que rectificarle, siempre por el uso del dinero. Incluso en el momento crucial de la traición, su propia actitud le delata. Sigue viviendo de la apariencia (Mateo 26:49). Besó al Señor para traicionarle, pero el término griego que utiliza Mateo da a entender que fueron varios besos efusivos, como queriendo demostrar algo. Como si nada fuese su culpa.

> *"Entonces Judas, el que le había entregado, viendo que Jesús había sido condenado, sintió remordimiento y devolvió las treinta piezas de plata a los principales sacerdotes y a los ancianos"*
> *Mateo 27:3*

Todo se precipitó tan rápidamente que Judas comenzó a dudar. Reconoció que lo que había hecho era injusto. Le pesa en el alma haber traicionado a su Maestro, y mucho más al ver que El va a la muerte voluntariamente y no le preocupa nada, todo está dentro de sus planes. Quizás Judas pensase que Jesús haría algo sobrenatural y huiría. Pero no fue así.

Judas confesó su pecado, pero lo hizo al sacerdote, a una persona equivocada. Una historia demasiado conocida, porque muchos confiesan sus faltas a sacerdotes, psicólogos, psiquiatras, pastores, líderes… En lugar de confesarlos a Dios y recibir el perdón. De una vez por todas tenemos que aprender que nadie puede ayudarnos si no es el mismo Señor.

Judas quedó marcado para toda la eternidad. Nadie quiere que le comparen con él. Ninguna mente sana quiere verse en un papel así en ninguna situación. Es uno de los calificativos que más pronto nos quitaríamos de encima si alguien llegase a sospechar que nuestra vida llega a parecerse a la del traidor. Aunque se quitó la vida, desgraciadamente para él, ese no fue su final. Ni en si vida personal (la condenación le esperaba), ni siquiera en su propia fama como ser humano.

"Y Jesús le dijo: Amigo…" Mateo 26:50

Despreció todas sus oportunidades. Incluso en el último momento el Señor mismo le ofreció un puente de plata para volver diciéndole "Amigo", hablándole al corazón. Pero El lo despreció. Escogió perder su vida, alejarla de quién más le amaba, conducirla poco a poco hasta la oscuridad más absoluta.

Nosotros ahora podemos ver las cosas de otra manera. No sigas el camino de Judas, deslizándote suavemente casi sin darte cuenta. Sea lo que sea que te aleja de Dios, abandónalo. ¡Examina tu vida! No dejes que nada ni nadie te engañe, no vendas a tu Creador por unas pocas monedas, por lo que los demás dicen, o por una secreta ambición diabólica.

Vuelve al Señor, escucha como te llama y sigue diciéndote "amigo"…

*"**Mas Él** fue herido por nuestras transgresiones, molido por nuestras iniquidades. El castigo, por nuestra paz, cayó sobre El, y por sus heridas hemos sido sanados"*

Isaías 53:5

Isaías 26:3

Mateo 27:37

Isaías 9:2-7

Juan 14:27

*"**Al** de firme propósito guardarás en perfecta paz, porque en ti confía"*

*"**Y pusieron** sobre su cabeza la acusación contra El, que decía: ESTE ES JESUS, EL REY DE LOS JUDIOS"*

*"**Él** aumento de su soberanía y de la paz no tendrán fin sobre el trono de David y sobre su reino, para afianzarlo y sostenerlo con el derecho y la justicia desde entonces y para siempre. El celo del Señor de los ejércitos hará esto"*

*"**La paz** os dejo, mi paz os doy; no os la doy como el mundo la da. No se turbe vuestro corazón, ni tenga miedo"*

Príncipe de Paz

LOS CIELOS LE ACLAMAN… LA TIERRA TAMBIÉN, AUNQUE SÓLO POR UN MOMENTO

El lugar en el que nos encontrábamos era impresionante. El pequeño hotel en Andorra, el principado que se encuentra entre España y Francia estaba rodeado de nieve por todas partes. Aunque no había sido un mes de Enero muy frío, en esta ciudad puedes encontrar nieve casi en cualquier momento del año. Habíamos hecho un pequeño viaje de un par de días con las niñas, para poder disfrutar tanto de la nieve como de un pequeño descanso. Nuestro hotel tenía varias piscinas de agua caliente y un jacuzzi, así que lo aprovechamos y nos fuimos a nadar un poco.

Realmente parecía algo casi sobrenatural sentir con toda la familia esos chorros de agua caliente en la pequeña piscina mientras a través de los cristales del hotel veíamos como todo estaba completamente lleno de nieve, y la gente paseaba abrigada hasta las orejas por el intenso frío. En ese momento, Iami que sólo tenía cinco años y que estaba disfrutando como nunca, se quedó pensativa por unos momentos (algo muy peligroso en una niña) y me dijo "Papá, ¿Esto es la vida eterna?" Para ella, aquello era lo máximo que había podido imaginar nunca.

"Papá, ¿Esto es la vida eterna?"

Un día los discípulos se encontraron en un lugar que no esperaban. El Señor había subido con ellos a un monte, y en un momento se manifestó ante ellos con una gloria que jamás antes habían visto ni conocido. Ellos pensaron que era imposible estar mejor que en aquel lugar...

> *"Mientras oraba, la apariencia de su rostro se hizo otra, y su ropa se hizo blanca y resplandeciente. Y he aquí, dos hombres hablaban con Él, los cuales eran Moisés y Elías, (...) Pedro y sus compañeros habían sido vencidos por el sueño, pero cuando estuvieron bien despiertos vieron la gloria de Jesús y a los dos varones que estaban con Él. Pedro dijo a Jesús: Maestro, bueno es estarnos aquí; hagamos tres enramadas, una para ti, otra para Moisés y otra para Elías; no sabiendo lo que decía. Entonces, mientras él decía esto, se formó una nube que los cubrió; y tuvieron temor al entrar en la nube. Y una voz salió de la nube, que decía: Este es mi Hijo, mi Escogido; a Él oíd.." Lucas 9:28-36*

Todo sucedió ocho días después de que el Señor les dijera a sus discípulos que iban a contemplar su gloria. Sus palabras habían sido *"Pero de verdad os digo que hay algunos de los que están aquí, que no probarán la muerte hasta que vean el reino de Dios"* (Lucas 9:27). Ellos no lo entendieron. Como en otras ocasiones, daba la impresión de que iban un poco por detrás de lo que el Señor les iba anunciando. Pasaron ocho días, Jesús no les había dicho cuando iba a ocurrir. Quizás alguno de ellos, incluso se había olvidado de sus palabras, porque aparentemente nada sucedió.

A veces cuando el tiempo pasa y la rutina aparece, pensamos que nada tiene sentido, pero Dios nos está preparando para una visión de Su gloria. Cada día es un regalo de Dios, ocurra lo que ocurra. Aún en la soledad o la monotonía de un trabajo sencillo pero bien hecho, Dios está sembrando bendiciones en nuestra vida. Porque de repente todo cambió. La apariencia del Mesías se hizo gloriosa y vinieron Moisés y Elías.

Nadie en la tierra había comprendido el corazón de Jesús, así que Dios envió a dos de sus profetas. En el momento en el que el Señor se encaminaba al Calvario, su alma fue confortada por dos amigos. Quizás hablaron de su partida, de la misión que tenía en Jerusalén, o de las profecías que iba a cumplir. Durante varios momentos, el Señor pudo conversar con dos amigos que entendían lo que había en su corazón, que sabían que iba a ser despreciado por todos y que iba a morir en una cruz. Entonces el Señor se vuelve para ver a sus otros amigos, a los discípulos. A aquellos con quienes sabía que podía contar en todo momento…

Ellos estaban muy cansados. Casi ni se habían dado cuenta de que era la misma gloria de Dios la que brillaba delante de ellos. Aún así comprendieron que debían vencer su sueño porque algo grande estaba pasando. Recuerda que no podemos disfrutar la gloria del Mesías si tenemos los ojos entreabiertos. Jamás la veremos en la holgazanería o el sueño, muy pocas veces encontraremos las revelaciones de Dios en la comodidad y la cama caliente, Dios nos habla cuando somos capaces de vencer cualquier cosa para estar con Él.

Pedro, como en otras ocasiones, no quiso quedarse callado ni quieto. Lo que vio le deslumbró de tal manera que quería quedarse allí para siempre. Su deseo era muy normal, pensaba que no había nada mejor que aquello. La verdad es que siempre queremos quedarnos dónde recibimos bendiciones espirituales. Nos gusta disfrutar y que nadie estorbe nuestras celebraciones. Pero Dios quiere que sigamos adelante, que salgamos a hacer Su voluntad, que ayudemos a la gente. Que no nos quedemos toda la vida celebrando, ¡Aunque estemos en Su misma presencia!

Lo que Pedro vio, le deslumbró de tal manera, que quiso quedarse allí para siempre

El problema de Pedro era el mismo que el nuestro. Queremos hacer siempre las cosas a nuestra manera. Le marcamos el camino a Dios, y le "obligamos" a hacer lo que nosotros decimos. Por lo menos eso creemos, "Dios va a hacer algo grande en tal o cual lugar" "Él va a sanar personas, porque voy (vamos) a ir y Dios se va a mostrar con poder" Muchas veces afirmamos cosas como éstas o parecidas, sin hacernos antes una pregunta muy simple: ¿Alguien se ocupó de pedirle a Dios su opinión sobre el asunto?

En nuestra vida, Dios siempre debe ser mucho más importante que las bendiciones que El nos da. Pedro quería quedarse con las bendiciones a cualquier precio, y le estaba perdiendo de vista a El. A veces nos gustan más las sensaciones trascendentales e incluso las bendiciones materiales, que la voluntad de Dios. Pero mientras Pedro decía estas cosas, llega la respuesta de Dios. Clara, contundente, directa y sin que quede lugar a ninguna duda: "Este es mi Hijo amado".

¿Recuerdas las palabras de Pedro? En su deseo de quedarse allí, había puesto a Moisés y a Elías a la misma altura que a Jesús. Tres enramadas, una para cada uno. Todos iguales. Pedro comenzó a caer en una de las mayores equivocaciones de la historia del cristianismo, creer que profetas, maestros, discípulos, hombres y mujeres de Dios pueden estar a la misma altura que el Unigénito Hijo de Dios.

Sólo hay alguien digno de gloria, el Señor Jesús. Sólo hay un Hijo Amado de Dios, sólo hay uno a quién debemos escuchar. El cielo habla y sus palabras son para siempre. "A El oíd". No importa lo que otros hagan. No importa el bien que nos hagan sus predicaciones, sus escritos, sus canciones o sus hechos. Sólo el Señor Jesús merece la gloria. Absolutamente toda. Compartirla con alguien sería uno de los mayores pecados de nuestra parte.

Dios Padre quiso que justo en ese momento el Mesías se quedase solo. Esa fue la respuesta del Creador a la proposición de Pedro. Jesús es único, y nos basta con El.

Mateo, el evangelista, describe la misma historia pero la escribe de una manera mucho más vívida que Lucas. Mateo explica muchas cosas de la actitud de los discípulos. El mismo estaba allí y sabía lo que estaba pasando. Conoció las cosas desde dentro, sabía lo que sentían los demás. En cuanto todos escucharon la voz del Padre, "cayeron sobre sus rostros" (17:6) En un acto que implica tanto adoración como humildad, se dieron cuenta de que era Dios mismo quién estaba reflejando Su gloria.

Jesús supo lo que había en el corazón de ellos. Sabía que estaban llenos de miedo (v. 8), así que se acercó a dónde ellos estaban y puso su mano sobre ellos y los abrazó. Cuando tenemos miedo, pocas cosas nos ayudan tanto como sentir la mano de un amigo. Les dijo "Levantaos" porque ellos habían quedado postrados vencidos por el cansancio y el temor, y les habló "No temáis" para que su fe fuera fortalecida, porque el temor nos hunde, pero las palabras del Señor nos levantan y llenan de paz nuestra vida.

¿Te imaginas como se sintió el Señor Jesús? Los cielos proclamaron Su gloria en el monte de la transfiguración, pero sólo unos meses más tarde, en otro monte, el calvario, los cielos guardaron silencio.

En este momento Moisés y Elías vinieron a estar con él. En el Getsemaní sólo tuvo ángeles para fortalecerle. En el monte de la transfiguración, Dios habló y proclamó públicamente que Ese era su Hijo amado, que estaba "orgulloso" de El; Cuando el Señor estaba en la cruz, el Padre permaneció en silencio, y sólo se oyó el grito desgarrador del Hijo "Dios mío, Dios mío, para qué me has desamparado"

En el llamado monte de la transfiguración, los discípulos ven como la apariencia del Señor se vuelve blanca y gloriosa; en el Getsemaní le verían con su rostro completamente cubierto de sangre. Su gloria se manchó de sufrimiento. Pedro quería hacer tres tronos para Jesús, Moisés y Elías, en el calvario se vieron tres cruces, y el Creador ocupó la del centro entre dos malhechores.

Los discípulos se quedaron despiertos admirando al Señor; a pesar de estar cansados, quisieron disfrutar de la gloria del Mesías y escuchar la voz del Padre glorificando al escogido de Dios. En el Getsemaní se durmieron. Dejaron sólo a su Maestro. Jesús estaba sufriendo por los pecados de ellos, pero sus amigos huyeron cuando más los necesitaba.

Una lección inmensa para nosotros: La gloria nos mantiene despiertos, el sufrimiento no. Las grandes bendiciones nos hacen abrir los ojos y disfrutar. Los momentos difíciles nos vuelven cobardes y nos enseñan a escapar. Pedro quería quedarse en el monte con Jesús, con Moisés, con Elías… Cuando vinieron a tomar preso al Señor todos escaparon, todos le abandonaron. Y Pedro le negó, no quiso saber nada de El. Juró que no le conocía.

La gloria nos mantiene despiertos, el sufrimiento no

Descendieron todos del monte después de que el cielo proclamase al Mesías como el Escogido de Dios. Poco tiempo más tarde la tierra le aclama también. Aunque muchos no son capaces de entender lo que hacen, le lanzan hosannas al Rey. Pero si la gloria en el cielo es permanente, en la tierra sólo es temporal. Si la adoración en el cielo es sincera, en la tierra sólo fue la moda de un momento. La llamada "Entrada triunfal" sólo fue eso, una entrada, un suceso, una simple fiesta para muchos.

> *"Toda la multitud de los discípulos, regocijándose, comenzó a alabar a Dios a gran voz por todas las maravillas que habían visto, diciendo: ¡Bendito el Rey que viene en el nombre del Señor! ¡Paz en el cielo y gloria en las alturas! Entonces algunos de los fariseos de entre la multitud, le dijeron: Maestro, reprende a tus discípulos. Respondiendo El, dijo: Os digo que si éstos callan, las piedras clamarán. Cuando se acercó, al ver la ciudad, lloró sobre ella"Lucas 19:35-41*

El Señor está cumpliendo fielmente la voluntad del Padre. Hay "paz en el cielo" Jesús va a Jerusalén a morir. El cielo llora lleno de paz en la contradicción más grande que nadie jamás haya podido imaginar. Porque el castigo de nuestra paz fue sobre el Señor Jesús, se aproximaba el momento de su muerte en nuestro lugar. Y el cielo disfrutó del momento de paz más difícil y tenso de la historia.

Puede que algunos recordaran las palabras de los ángeles cuando anunciaron el nacimiento del Señor, "Paz en la tierra" Porque ese día, aunque muchos no lo entendieran, la Gloria majestuosa del Hijo de Dios había dejado los cielos y se había trasladado a la tierra en la persona del Rey que nacía en Belén.

Jesús sí sabía lo que estaba pasando. Todos esperan que El diga algo, que se manifieste con poder, que de un gran discurso quizás. Que termine de una vez por todas con los enemigos de Dios y haga justicia en este mundo… Pero Jesús llora. Llora sobre Jerusalén cuando la multitud le aclama. Conoce que la gran mayoría de los que le aclaman nunca se acercarán con un corazón sincero al Padre. Sólo hacen lo que los demás hacen, pero no quieren saber nada de que Dios restaure sus vidas.

Sabe que muchos de los que ahora le vitorean van a gritar para que lo crucifiquen. Es una demostración más del engaño en el que viven los que siempre hacen lo que los demás hacen. El Señor deja de lado la alabanza de la multitud, sólo se siente feliz con las palabras de los más pequeños, de los niños, de los que no sabían nada acerca de crucificar al Mesías.

> *"Cuando los principales sacerdotes y los escribas vieron las maravillas que había hecho, y a los muchachos que gritaban en el templo, y que decían: ¡Hosanna al Hijo de David! se indignaron, y le dijeron: ¿Oyes lo que éstos dicen? Y Jesús les respondió: Sí, ¿nunca habéis leído: "De la boca de los pequeños y de los niños de pecho te has preparado alabanza"? Mateo 21:8-16*

Entonces, el Señor entró en el templo. Lo limpió. Quiso dejar claro que Dios no estaba de acuerdo con lo que estaban haciendo en Su casa. Todos esperaríamos que los religiosos y los responsables del templo, se rebelaran contra ese hecho, pero no lo hicieron. No les preocupó el desafío directo de Dios hacia sus fechorías porque hubo algo que les preocupó mucho más. Su disgusto mayor fue que los niños estaban gritando en el templo, alabando al Señor Jesús. Decían "Bendito el que viene en el nombre del Señor" y eso era demasiado para ellos. Su dios era la solemnidad, de ninguna manera podían permitir el escándalo que había en el lugar sagrado.

Su reacción es directa y descontrolada. A las personas que defienden sus creencias no les importa gritarle al mismo Dios. No tienen ningún problema en exhortar al Señor porque no sabe lo que está haciendo. "Reprende a tus discípulos para que callen" le ordenan a Jesús. Sigo asombrándome de que no les importó en absoluto lo que hizo el Señor en el templo. Liberó a los animales, volcó las mesas, tiró las monedas por los suelos… Les dio igual. Lo que no soportaron fue que los jóvenes estuviesen alabando a Dios. Lo que realmente les ponía enfermos era ver a los más pequeños cantando alegremente y gritando alabanzas al Mesías.

No importa que los utensilios del templo se destruyan, lo peligroso es que la gente sea feliz. Lo que les movió a prender a Jesús fue ver a la multitud y a los jóvenes yéndose detrás de Él.

Dios sólo nos hace necesarios
cuando somos como niños

El Señor no tardó un solo momento en contestarles. "De la boca de los niños" dijo, y el término que utilizó nos enseña que la alabanza está fundada en los pequeños como si fuera una "fuerza" militar. El Señor de los ejércitos tiene a esos guerreros y escuderos, los niños y los que maman, y no necesita otros. Toda "revolución" empieza siempre en el corazón de los jóvenes, de los que saben disfrutar con la gloria del Mesías que entra triunfante en Jerusalén.

Porque nosotros no somos necesarios, Dios no nos necesita si nos creemos imprescindibles. Si nos preocupamos demasiado por el ruido que pueda haber en el templo, y muy poco por la felicidad de los más pequeños, dejamos de ser necesarios para El. Dios nos busca cuando nos volvemos como niños. Sólo somos imprescindibles cuando aprendemos a alabar a Dios y descansar incondicionalmente en El. Entonces somos fuertes.

Muchos dejaron de aclamar a Dios en pocos días, para pedir que lo crucificasen. Gran parte de los que tendían sus mantos ante él y llevaban palmas en sus manos, animaron y vitorearon a los que le quitaban el manto al Señor, lo escarnecían y lo escupían, y no dudaron un solo momento para comenzar a gritar "¡crucifícale!".

La naturaleza no pudo aguantarlo. Tal como el mismo Mesías había anunciado, las rocas se partieron y la tierra tembló en la muerte del Señor (Mateo 27:51) Las piedras hablaron cuando los hombres dejaron de alabar a su Creador.

Pero la tierra saltó de gozo en la resurrección del Señor, la piedra que había sido puesta para asegurar el sepulcro se movió, porque no podía retener al que era la Vida misma (Mateo 28:2). Los cielos le aclamaron como Vencedor, como Rey de Reyes y Señor de Señores. La tierra comprendió de alguna manera que Dios se había hecho hombre y venía a libertarla. Los niños gritaron sus alabanzas sin dejar que nadie les hiciese callar, estaban siguiendo y cantando a su Salvador, al Hijo de Dios.

Los niños saben mejor que nadie quién es la Vida eterna.

"Fue despreciado y no le estimamos" —Isaías 53:3

42 | ¿CUÁL ES EL VALOR DE JESÚS?

Mel Gibson fue el director y productor de la película "La pasión" basada en las últimas doce horas de la vida del Señor Jesús. Mucho se ha escrito y discutido sobre las imágenes de la película, sobre su crudeza, y sobre la realidad del sufrimiento del Mesías. Para algunos las secuencias estaban llenas de sangre y dolor, para otros la película ha sido uno de los momentos claves en sus vidas al ver de una manera cruda lo que tantas veces habían leído, pero casi siempre de una manera superficial.

Lo que pocos conocen es lo que ocurrió con la película antes de grabarla: Ningún estudio en Hollywood quiso llevar a cabo el proyecto, porque creyeron que una película sobre la muerte de Jesús y además rodada en arameo y griego no tenía ningún interés para nadie, y por lo tanto iba a ser un fracaso comercial y económico. Mel Gibson tuvo que poner todo el dinero para la producción y rodaje de la película de su propio bolsillo. Hoy casi todos se lamentan al ver los miles de millones de dólares que el propio Mel ha ganado con la distribución de la película en todo el mundo, los derechos, la música, la venta de vídeos, Dvd´s, etc. Podría decirse, que a pesar de lo que muchos pensaban, la historia del Mesías sigue siendo actual, y sigue dando muchas ganancias económicas para algunos.

Millones de dólares ganados hoy alrededor de la historia de la cruz, pero ¿Cuál fue el valor que le dieron al Señor Jesús cuando estaba a pocas horas de ser juzgado?

Hablamos de cientos de millones de dólares ganados alrededor de la historia de la cruz, pero ¿Qué ocurrió hace casi dos mil años? ¿Cuál fue el valor que le dieron al Señor Jesús cuando estaba a pocas horas de ser juzgado? ¿Cuál fue su precio para muchos?

> *"Los principales sacerdotes y los escribas buscaban cómo prenderle con engaño y matarle (...) Y estando El en Betania, sentado a la mesa en casa de Simón el leproso, vino una mujer con un frasco de alabastro de perfume muy costoso de nardo puro; y rompió el frasco y lo derramó sobre la cabeza de Jesús. Pero algunos estaban indignados y se decían unos a otros: ¿Para qué se ha hecho este desperdicio de perfume? Porque este perfume podía haberse vendido por más de trescientos denarios, y dado el dinero a los pobres. Y la reprendían. Pero Jesús dijo: Dejadla; ¿por qué la molestáis? Buena obra ha hecho conmigo. Porque a los pobres siempre los tendréis con vosotros; y cuando queráis les podréis hacer bien; pero a mí no siempre me tendréis.(...) Judas Iscariote, que era uno de los doce, fue a los principales sacerdotes para entregarles a Jesús. Cuando ellos lo oyeron, se alegraron y prometieron darle dinero. El primer día de la fiesta de los panes sin levadura, cuando se sacrificaba el cordero de la Pascua (...) Y envió a dos de sus discípulos, y les dijo: Id a la ciudad, y allí os saldrá al encuentro un hombre que lleva un cántaro de agua; seguidle; y donde él entre, decid al dueño de la casa: "El Maestro dice: ¿Dónde está mi habitación en la que pueda comer la Pascua con mis discípulos?"' Y él os mostrará un gran aposento alto,*

amueblado y preparado; .(…) Y mientras comían, tomó pan, y habiéndolo bendecido lo partió, se lo dio a ellos, y dijo: Tomad, esto es mi cuerpo. Y tomando una copa, después de dar gracias, se la dio a ellos, y todos bebieron de ella. Y les dijo: Esto es mi sangre del nuevo pacto, que es derramada por muchos". Marcos 14:1-24

Muchas personas se preparaban para la Pascua, pero sólo una de ellas sabía que sería la última de su vida. Siete tipos de personas diferentes le rodeaban, ¿Cómo reaccionaron todos ante esta última pascua del Señor Jesús? Lo que les hace aparecer en la historia es el trato de ellos con el Mesías. Mejor dicho, el valor que ellos le dieron al Mesías en este momento concreto. Para cada uno de ellos Jesús tenía un cierto valor. Algunos le odiaban, para otros su vida era casi indiferente, unos pocos le amaban. En cierta manera, todos estábamos allí en la última Pascua, y todos tenemos que encontrar nuestro lugar.

En cierta manera, Todos estábamos allí en la última Pascua, y Todos tenemos que encontrar nuestro lugar

Marcos comienza relatando que muchas personas seguían la tradición de la pascua y disfrutaban con la fiesta, eso era una de las cosas más importantes en su vida. Para ellos y para sus líderes, los principales sacerdotes y los escribas, el valor de Jesús era menos que cero. Creían que El Mesías era un estorbo para sus planes, que era mejor "quitárselo de en medio" (v.1). Su odio absoluto los llevó a decidir que lo mejor era matar al Autor de la vida.

En segundo lugar nos encontramos con el pueblo. Muchos seguían al Señor (Mateo 26:47) por todo lo que había hecho, pero no fueron capaces de defenderle, ni siquiera de estar con él cuando le acusaron. Al contrario, gritaron para que el Señor fuese crucificado. No le odiaban tanto como los escribas y fariseos, pero tampoco querían que fuera su Rey. El valor que Jesús tenía para ellos era muy pequeño.

Judas es el siguiente de la lista. El valor que el Señor tenía para él era un precio exacto: treinta monedas. Aunque para ser justos, habría que decir que sí ellos le hubiesen dado veinte, o diez, Judas le habría vendido de la misma manera. Jesús significaba muy poco para él. Esas treinta monedas eran el precio que se pagaba por un esclavo. Al igual que Judas, muchas personas le dan ese valor a Dios: sólo lo quieren cuando hace lo que ellos le piden, cuando obedece sus órdenes. Muchos viven como si Dios fuese un esclavo que tiene que hacer siempre lo que le dicen. Cuando no lo necesitan, lo olvidan.

Un nuevo personaje aparece y es Simón el leproso. Jesús era importante para él, había sido sanado y era creyente, y esa fue la razón por la que invitó al Mesías a su casa. Simón se comprometió públicamente con el Señor, y tenía muchos deseos de seguirle, pero lo hacía hasta cierto punto, porque como algunos dicen, "todo tiene sus límites".

Marcos había demostrado mucho más. Estaba arriesgándolo todo por el Señor, justo en el momento en que el Maestro iba a ser entregado. Se cree que la última cena tuvo lugar en el aposento alto propiedad de Marcos, esa era la manera de demostrar su amor inquebrantable hacia Jesús, porque no le importó que le identificaran con El en los momentos más difíciles. Otro evangelista nos dice que incluso en el momento en el que el Señor Jesús iba a la cruz, Marcos fue el único que le siguió, cubierto por una sábana. Quiso estar con El hasta el final, le amaba realmente. Jesús tenía muchísimo valor para él.

En la misma escena aparecen también los discípulos: Lo dejaron todo para seguir al Señor, abandonaron sus trabajos, sus casas, sus familias, sus propios sueños. El valor que el Mesías tenía para ellos era prácticamente el máximo.

Prácticamente, porque a veces se sentían con derecho a conservar algunas cosas, entre ellas sus propias ideas. Abandonaron al Señor cuando los demás lo acusaron. No le creyeron en algunas ocasiones, y les faltó tiempo para criticar a cualquiera que hacía algo que ellos no aprobaban. Es como si quisieran correr la vida cristiana, pero con el freno de mano puesto, por si acaso. Seguir al Mesías, pero conservando sus propias opiniones, su manera de ver las cosas. Demasiado parecido a algunos de los seguidores de Jesús en el día de hoy.

Por último, apareció una mujer, María. Ella dio todo lo que tenía.

Ese era el valor del Señor para ella. No sólo dio el perfume más costoso que se conocía, sino que rompió el frasco, porque no quería quedarse con nada ni quiso esconder nada, decidió que jamás volvería a utilizar ese perfume. No quería guardar nada para ella, sólo quería derramarlo todo en la presencia de Dios.

Esa es la gran lección de la última Pascua: La necesidad de darlo todo para el Señor Jesús. La valentía de romper algo muy costoso, quizás nuestros malos hábitos, cosas que nos gustan mucho, situaciones que amamos y que son contrarias a Dios… Puede que algunas cosas que toman el lugar de nuestro Creador, aunque sean buenas. Cosas que nos separan de Dios y nos alejan de su Hijo.

Aquella mujer rompió el frasco. Entregó todo a Dios en un acto de adoración. Nuestra adoración depende del valor que le damos al objeto al que adoramos. Cuando nos acercamos a Dios, nuestro corazón arderá en la medida en la que consideremos a Dios como lo más valioso que tenemos. La mujer jamás volvió a ser la misma. Nos enseñó a todos que no se puede esconder absolutamente nada en la presencia de Dios.

Eso es lo que Dios espera de nosotros, que hagamos TODO lo que podemos. Ese es el nivel, no el hacer mucho, o un poco más que los demás, sino lo máximo que tenemos y somos. Dios no quiere decisiones bonitas, compromisos parciales o promesas solemnes. Dios no espera que le ofrezcamos "fuegos artificiales" que lucen muy bien y nos hacen pasar muy buenos momentos, pero no sirven para nada. O le damos todo, o estamos fallando en nuestro compromiso con El.

Lo que ocurrió en ese momento de entrega total, es lo que sucede normalmente. Cada vez que alguien se acerca más al Señor, muchos le critican, (Marcos 14:4) Los actos de adoración genuina, a menudo son mal interpretados por otros.

Los mal pensados siempre encuentran excusas buenas para sus malos pensamientos

¿Por qué todos reaccionaron así en contra de la mujer? Creo que la respuesta es muy simple: Ella estaba sacando a la luz el valor que el Señor tenía para todos. Si, es cierto que el Señor era muy valioso para sus discípulos, pero ellos no habían entendido que El iba a morir en la cruz, y que necesitaba que su cuerpo fuese ungido para la sepultura: por eso pensaron que ese acto de adoración era superfluo. Pensaban que María estaba derrochando su tiempo y su dinero.

Mucho menos valioso era el Señor para Simón, que aunque le había invitado, y había sido sanado por El, seguía creyendo que una simple mujer de mundo no podía darle lecciones espirituales. Era cierto que El antes había sido leproso, pero ahora que estaba curado ya empezaba a ser considerado como un hombre de bien. "Lo pasado, pasado está" creyó Simón, y si bien es cierto que El había necesitado al Maestro, ahora era un invitado más en su casa. ¡Tantas veces nos ocurre que cuando empezamos a creer que somos alguien dejamos de darle valor a nuestro Señor! Nuestra gloria crece siempre en la misma medida que la que le vamos quitando a Jesús. Y eso es lo más peligroso que puede ocurrirnos, porque muchas veces llegamos a olvidar quienes éramos, ¡y quienes somos aún!

Esta pobre mujer despreciada, señalada como pecadora y arrinconada por la sociedad, demostró que no había nada más valioso para ella que su Señor. Enseñó a la humanidad entera que la verdadera adoración nace de un corazón para el cual el Señor es siempre lo más amado. Quizás todos los que estaban allí sabían que en oriente sólo se derramaba un perfume tan costoso delante de los reyes. María ungió al Rey de reyes justo antes de ir a la cruz, y Jesús lo reconoció y lo recompensó: *"Y en verdad os digo: Dondequiera que el evangelio se predique en el mundo entero, también se hablará de lo que ésta ha hecho, para memoria suya." Marcos 14:9*

El Señor premió su gesto. Lo hizo de una manera extraordinaria. Quedó marcado para la historia y para toda la eternidad. No se puede hablar del evangelio sin mencionar el valor que el Señor Jesús tuvo para aquella mujer. No podemos explicar algunas cosas de la muerte y la resurrección del Señor sin decir que una sencilla mujer ungió su cuerpo antes de morir para que fuese sepultado como un rey.

Porque El era el Rey. El único. El que tiene el máximo valor. Esa es la única manera de adorarlo, de conocerlo, de escucharlo, de acercarse a El. La única posición en la que podemos tener algún derecho para estar en Su presencia: postrados y adorándole.

Porque El lo merece todo.

Era la Pascua, ¿Recuerdas? El cordero iba a ser sacrificado para salvar una vida. Los padres se lo habían contado muchas veces a sus hijos. Así había ocurrido cuando el pueblo de Israel había sido liberado por Dios de la esclavitud en Egipto. Todos sabían de qué iba la historia.

Cuando Juan el Bautista presentó al Señor públicamente antes de ser bautizado, dijo unas palabras que muchos no olvidaron jamás "Este es el Cordero de Dios". La Pascua recordaba que Dios pasó por alto las casas de los israelitas al matar a los primogénitos, y les regaló la vida. Ahora, en la última Pascua, Dios no pasa por alto su propia casa, sino que ofrece para morir a su único Hijo. Lo da por el pecado del mundo.

Dios estaba escribiendo en la historia que el valor que nosotros tenemos para El es absoluto y total. Su propio hijo fue el precio que tuvo que pagar por amor a nosotros. Dios está tratando de decirnos que tenemos tanto valor para El como su propio Hijo. Que nos ama tanto que lo dio por nosotros. Por eso la historia termina de una manera impresionante. Es como si Dios quisiera darle la vuelta a la pregunta que nos hemos hecho todos.

¿Sabes cuál es el valor que el Señor nos da a nosotros? El máximo.

Nosotros no merecíamos nada, pero El nos da TODO. Se dio a sí mismo por cada uno de nosotros. El versículo veintidós dice "Se dio a ellos". Se dio a sí mismo por los escribas y fariseos, por el pueblo, por Judas, por Simón, por los discípulos, por Marcos, por María...

Por ti y por mí. Porque delante de El seguimos teniendo el máximo valor. Jesús dio su propia sangre hasta la última gota. Su vida hasta el último suspiro. Se entregó por todos.

*El valor que el Señor nos da a nosotros
es el máximo... "Se dio a sí mismo"*

¿Cuál es el valor del Señor Jesús para ti y para mi? La pregunta no es sobre lo que decimos, lo que sabemos, las veces que vamos a la Iglesia, o incluso sobre nuestro trabajo para El. La pregunta tiene que ver con lo que somos y lo que tenemos.

¿Hay algo en la vida más importante para nosotros que El? ¿Estamos escondiendo algo, negándole algo, o hemos roto absolutamente todo para dárselo a El?

*"Por sus llagas
hemos sido
sanados"
—Isaías 53:5*

43 | LAS MANOS DEL SEÑOR

Miriam, mi esposa, siempre dice que fue el momento más difícil de su vida. Cuando nació nuestra primera niña, Iami, Miriam sufrió un desequilibrio hormonal que desencadenó una deshidrosis y las palmas de sus manos comenzaron a hinchar y llenarse de llagas. Durante varios meses no pudo utilizar sus manos para nada, no podía tocar nada, incluso no podía vestirse por sí misma; sólo mantener sus manos extendidas cara arriba sintiéndose completamente inútil. Lo que más daño le hacía era no poder abrazar a su hija. A veces yo la encontraba llorando, pero no podía hacer nada para consolarla, porque para Miriam lo peor no era el dolor ni la enfermedad, sino el hecho de no poder tomar en sus manos a Iami y acariciarla.

Las manos son esenciales en nuestro cuerpo. Trabajan, se estrechan a los amigos, nos acarician, nos ayudan, nos defienden, nos sirven para abrazar a quienes queremos y para expresar lo que a veces no saben decir nuestras palabras. Incluso lo que hacemos es obra de nuestras manos, aunque sea nuestra mente la que dirija el trabajo. A veces encontramos personas ciegas, sordas, mudas, gente que sufren enfermedades, y sabemos que sus vidas están limitadas, pero pocas cosas nos impresionan tanto como ver a alguien que no tiene manos.

El universo entero fue hecho por las manos de Dios (Salmo 8:6 "Las obras de tus manos") y de alguna manera que no entendemos, la creación sabe que Jesús lo hizo, siente el toque de las manos del Creador. Las manos del Señor crearon a todas las personas en el mundo y el profeta Isaías explica poéticamente que El *"Midió las aguas del mar en el hueco de su mano" Isaías 40:12* Si para nosotros nuestras manos son una parte esencial de nuestro cuerpo, Dios utiliza un lenguaje humano para explicarlos que sus manos son el origen de todo lo que somos y tenemos.

Las manos del Señor Jesús son únicas. Son manos que se ofrecen, extendidas siempre, por cuanto El es el Salvador. Como una mano que se acerca para ser aceptada, para ser estrechada, para ser apretada en una sonrisa cordial. Muchas veces los enfermos se acercaban a El y le rogaban que "pusiera su mano sobre ellos" (Marcos 1:41) Todos sabían que esas manos podían curar, que Dios mismo las extendía hacia ellos. Porque la mano extendida de Dios es gracia pura.

La mano extendida de Dios es gracia pura

Las manos de Jesús hablaban con cada gesto, con cada caricia. *"Y extendiendo Jesús la mano, lo tocó, diciendo: Quiero; sé limpio. Y al instante quedó limpio de su lepra" Mateo 8:2-3*

Jesús tocó al leproso con su mano. Los leprosos vivían olvidados incluso por sus propios parientes, y siempre lejanos a cualquier persona por miedo al contagio. Jesús no sólo se acercó a ellos sino que los tocó. Puso sus manos sobre ellos y los abrazó; y ese gesto habla más sobre la gracia de Dios que miles de palabras explicando el cuidado, la sanidad o el amor profundo.

El Mesías era el enviado de Dios, y sus manos siempre quisieron demostrar ese amor incondicional a los que eran sanados. Jesús no sólo hablaba a los enfermos, sino que los tocaba. No sólo los sanaba, sino que hacía que todos sintiesen el toque de sus manos:

"Le tocó la mano, y la fiebre la dejó; y ella se levantó y le servía…" Mateo 8:15 "Entonces Jesús, movido a compasión, tocó los ojos de ellos, y al instante recobraron la vista, y le siguieron… " Mateo 20:34 "Entonces Jesús, tomándolo aparte de la multitud, a solas, le metió los dedos en los oídos…" Mateo 7:33

Las manos del Señor bendicen y acarician a los niños (Mateo 19:13) Mucha gente traía a sus hijos para que El pusiese su mano sobre ellos. Sabían que sus manos estaban siempre dispuestas, que su corazón estaba cerca de los más pequeños. Sabían que al Señor jamás le estorbaban los niños, sino que los amaba y jugaba con ellos…. Los abrazaba (Marcos 9:36) de la misma manera que abrazaba a sus discípulos. No quería que nadie "escapase" a la ternura de sus manos.

No quería que nadie escapase a la ternura de Sus manos

El Señor trabajaba con sus manos. Sus manos estaban encallecidas por el trabajo duro en la carpintería. Trabajo que se dejaba ver en sus manos cuando todos las veían extendidas en sus enseñanzas. Manos acostumbradas a las herramientas y las astillas de la madera. No eran manos ociosas que habían aprendido a estar una encima de otra, sus manos ayudaban, se extendían, se prestaban a los demás. Jesús estaba siempre dispuesto a ayudar, incluso pescando y recogiendo las redes con sus discípulos…

El Mesías era alguien cercano, todos le consideraban como uno más. Alguien que se preocupaba incluso de preparar la comida cuando todos estaban cansados y llenos de temor. Jesús nunca fue el maestro que sólo enseña y permanece impasible ante cualquier necesidad o trabajo. No, El siempre utilizó sus manos para trabajar, para ayudar, para servir.

"Y llegándose a El, le despertaron, diciendo: ¡Maestro, Maestro, que perecemos! Y El, levantándose, reprendió al viento y a las olas embravecidas, y cesaron y sobrevino la calma" Lucas 8:24 Las manos del Señor son las que gobiernan el mundo, la naturaleza conoce esas manos y obedece. Sólo es

necesario un gesto con sus manos y el viento cesa. La mano fuerte de Dios nos cuida (Éxodo 32:20) y Jesús como Dios creador del Universo protege a los suyos, porque sus manos siempre están cerca de aquellos a quienes ama:

"Cuando los discípulos oyeron esto, cayeron sobre sus rostros y tuvieron gran temor. Entonces se les acercó Jesús, y tocándolos, dijo: Levantaos y no temáis" Mateo 17:6-7. Cuando tenemos miedo, Dios está a nuestro lado hablándonos, expresando sus promesas y animándonos para seguir adelante. Parece que eso puede ser suficiente, pero Dios no se queda ahí. La Biblia dice que Jesús tocó a sus discípulos, los levantó no sólo con sus palabras sino también con sus manos.

Manos que tomaron a Pedro cuando se hundía *"le tendió la mano a Pedro, y sujetándolo..." Mateo 14:31* Manos que nos ayudan a nosotros cuando nos hundimos, que nos sostienen, como nosotros sostenemos a nuestros hijos cuando caminamos juntos y ellos tropiezan. Manos que nos dan fortaleza en los momentos más difíciles, porque nosotros mismos vivimos escondidos, protegidos y abrazados en las manos de Dios… *"Nadie las arrebatará de mi mano" (Juan 10:28) "Te llevo esculpido en las palmas de mis manos" (Isaías 49:16)*

Aún si fuera posible abrir las manos de Dios y vencerlo, nadie nos podría sacar de allí, porque estamos esculpidos en sus palmas. Somos parte esencial de nuestro Salvador, estamos grabados en sus manos.

Esas mismas manos son las que tienen poder total sobre la muerte y devuelven la vida a las personas. *"Acercándose, tocó el féretro; y los que lo llevaban se detuvieron. Y Jesús dijo: Joven, a ti te digo: ¡Levántate! Lucas 7:14* Jesús sabía que la ley hacía inmundo a todo aquel que tocase un féretro. A El no le importó ser maldito por nosotros. Se comprometió hasta lo sumo. Sus manos se hacen nuestras, se hacen cercanas; son capaces de tomar nuestra propia maldición, nuestra propia muerte. Son capaces de transformar lo imposible.

Jesús utilizó sus manos para escribir sobre la arena en un ejercicio sencillo para hacer que los momentos en los que los acusadores tienen que decidir sean casi eternos. *"Decían esto, probándole, para tener de qué acusarle. Pero*

Jesús se inclinó y con el dedo escribía en la tierra" Juan 8:6 Mientras los segundos van pasando, todos se dan cuenta que quienes tienen que decidir son ellos, que los que deben acusar o perdonar son ellos mismos. Muchos se quedaron unos instantes contemplando como las manos del Maestro acariciaban la arena. Era un contraste demasiado grande: El acusado escribía con sus dedos palabras llenas de vida; los acusadores tenían piedras en sus manos y estaban dispuestos a matar.

Muchos que dicen creer en Dios, viven con sus piedras en las manos, siempre dispuestos a lanzarlas lo más rápido posible contra quién se ponga por delante. Mientras tanto, el Señor sigue escribiendo en la arena, esperando que nos demos cuenta de que nuestras acusaciones no tienen sentido. Para Dios los pecados del alma y del espíritu son tan crueles o más que los del cuerpo. El orgullo religioso que quiere arrojar piedras contra los pecadores es completamente contrario a la voluntad de Dios.

Jesús amaba de verdad a las personas, a los pecadores, a cada uno de nosotros. Sus manos demuestran que nos ama profundamente. No era un amor fingido, no era algo que sus creencias o sus enseñanzas le exigían. Era y es su propia naturaleza, El no puede ser de otra manera. Y los apedreadores lo entendieron. Les costó mucho tiempo, pero no pudieron hacer nada contra eso: Uno por uno fueron abriendo sus manos y dejaron caer todas aquellas piedras que con todo, pesaban menos que sus acusaciones, y volvieron a sus casas sin poder olvidar jamás las huellas de las manos de Dios.

Los apedreadores lo entendieron. Les costó mucho tiempo, pero no pudieron hacer nada en contra de eso

Muy poco tiempo más tarde, todos fueron capaces de reconocer las mismas manos mientras volcaban las mesas de los cambistas en el templo (Marcos 11:15) La fortaleza del carácter del Mesías se mostraba así en unas manos que no querían que las cosas de Dios no fuesen tomadas en serio. En la casa de Dios, las manos no pueden utilizarse para ganar nada, sino para extenderlas al Creador.

Eso nos enseñó Jesús cuando levantaba sus manos para orar. Las extendió al Padre, aceptando su autoridad cuando oraba y cuando quería que todos alzasen su vista al cielo. Extendía sus manos para bendecir a sus discípulos (Lucas 24:50) y para hacerlo con todos los demás (Lucas 24:30), porque la Biblia nos enseña que extendió sus manos al adorar al Padre, y las extiende para interceder por nosotros. Que no nos deja solos en nuestras tentaciones, porque ora al Padre para que el Espíritu nos ayude en nuestra debilidad

Esas mismas manos fuertes, definitivas, incluso violentas cuando volcaron las mesas y liberaron a los animales en el templo, fueron las que lavaron los pies de sus discípulos porque ellos necesitaban saber lo que era realmente un siervo (Juan 13:5) A Dios no le bastó ponerse de rodillas delante de sus discípulos para lavar sus pies, sino que lo hizo "con sus propias manos". Acarició con el agua los pies de aquellos a quienes había escogido, limpió con los dedos que hicieron el universo la suciedad fruto de la rebeldía del hombre.

Poco tiempo más tarde todos vuelven a concentrar su vista en esas manos, porque cuando nadie lo esperaba toma el pan y lo parte, y lo da a todos. Uno por uno comenzaron a entender que aquellas manos estaban a punto de ser destrozadas, heridas, traspasadas por amor a todos... *"Mientras comían, Jesús tomó pan, y habiéndolo bendecido, lo partió, y dándoselo a los discípulos, dijo: Tomad, comed; esto es mi cuerpo" Mateo 26:26*

Aquellas manos estaban a punto de ser destrozadas, heridas, traspasadas por amor a Todos

"Me horadaron las manos y los pies" Salmo 22:16 Manos destrozadas por los clavos, unidas de forma cruel a una cruz. Las mismas manos que nos crearon, que acariciaron a los niños, que tocaron a los leprosos y sanaron enfermos; esas mismas manos son traspasadas por nuestra culpa. Son partidas y desangradas en nuestro lugar, son horadadas de una manera cruenta por cada uno de nosotros.

Porque nuestra rebeldía nos aleja de Dios. Aunque Dios ha extendido sus manos hacia nosotros una y otra vez, nuestras manos ya no están limpias, sino llenas de sangre (Isaías 1:15) Cada uno de nosotros sabe lo que tiene en sus manos: engaño, odio, ambición, hipocresía, maldad, malos deseos, robos, orgullo...

Como consecuencia, no sólo estamos lejos de Dios, sino que le hemos ofendido, y eso es lo más terrible: *"Horrenda cosa es caer en manos del Dios vivo" Hebreos 10:31*

Dios quiso que toda su ira fuese descargada sobre su propio hijo. Dios permitió que mi pecado fuese llevado en la cruz por el Señor, que toda mi rebeldía traspasase sus manos y su cuerpo *"mirad mis manos y mis pies" (Lucas 24:39)* Dijo el Mesías, porque todo mi dolor lo hizo suyo.

Extendió sus manos en la cruz, y nadie jamás podrá apagar ese deseo apasionado de abrazarnos

¡Daría cualquier cosa por tocar esas manos y acariciarlas! Quizás un día, en Su presencia podamos hacerlo, porque por toda la eternidad estarán heridas por nuestra culpa. Aún cuando Su reino no tendrá fin, tampoco desaparecerán las cicatrices de Sus manos.

Las manos del Señor siguen siendo todo para nosotros. Aunque a veces no las veamos, o no las sintamos. Son las manos que dirigen nuestro futuro *"Allí me guiará tu mano" (Salmo 139.10)* Sus manos nos guían, como cuando tomamos de la mano a alguien que queremos; como un niño toma la mano de su padre. Manos que no nos dejan caer, manos nos llevan por un camino bueno, que nos acompañan siempre.

Por eso deseamos lo mismo que tantos le pidieron en la vida del Señor. Queremos que El ponga Su mano sobre nosotros. Que El haga lo que quiera en nuestra vida. A veces necesitaremos su mano de ayuda, otras que ponga su mano sobre nuestros hombros; en ocasiones, su mano tendrá que guiarnos en lugares dónde no sabemos que hacer ni por dónde ir. Sentiremos como El nos toma de la mano y nos lleva Otras veces necesitaremos escuchar sus palabras y sentir su abrazo porque tenemos miedo.

Incluso puede ser que sus manos nos prueben y permitan el sufrimiento, porque necesitamos curación y descanso. Aún así, el mejor deseo para nuestra vida, nuestra mejor oración es que El ponga su mano sobre nosotros, sobre nuestra vida, nuestros planes, nuestro futuro… sobre todo lo que somos y tenemos.

No hay mejor lugar para vivir que estar en Sus manos. No existe un lugar más seguro, no encontrarás una caricia más tierna que la de Sus manos.

"Nosotros le tuvimos por herido de Dios y afligido"
— Isaías 53:4

44 EL DOLOR DE DIOS

Tenía dieciséis años cuando escuché la historia por primera vez.

Alguien escribió las condiciones que supuestamente los hombres le habían puesto a Dios para que comprendiese el problema del mal en el mundo. Muchas personas habían llegado a la conclusión de que nadie podía conocer su dolor, y por lo tanto, acusaban al Creador de ser insensible al sufrimiento, y de no haber llegado al fondo de la miseria de los humanos. Por eso decidieron que Dios debería "pasar" por todas las situaciones que algunos hombres habían sufrido en algún momento de su vida. Pidieron a Dios que…

▶ Dejara todo lo que tenía y se fuese a vivir en un lugar desconocido.

▶ Jamás pudiese volver atrás ni llevar consigo nada que hiciese su hogar más feliz, debería renunciar a todo de una manera incondicional

▶ Debería ser un hijo no deseado;

▶ Ser pobre, inmensamente pobre.

▶ Nacer de una manera accidental, casi cruenta, si fuera posible sin ninguna comodidad, echado entre animales.

▶ Desgraciado en su niñez, despreciado por todos, amigos y enemigos. Despreciado incluso por su propia familia.

▶ Vivir en un pueblo desconocido y sin trascendencia.

▶ Ser recordado como un hijo de una adúltera.

▶ Formar parte de una nación perseguida.

▶ Vivir en la indigencia, sin tener nada, ni siquiera una casa. Vivir sin tener que comer en muchas ocasiones, durmiendo muchos días en la calle.

▶ Ser rechazado de mayor, empezando por su propia familia, su pueblo y sus amigos.

▶ Tener una profesión dura, y trabajar muchos años sin recibir ninguna recompensa

▶ Ser señalado como loco e insultado como un diablo.

▶ Vivir sin recibir agradecimiento y teniendo que huir de un lugar a otro.

▶ No ser reconocido jamás por los que están el poder

▶ Ser despreciado, desnudado, escupido, malherido, abofeteado, insultado, torturado, llevando todo el dolor en silencio, sin quejarse.

▶ Debería ser abandonado por todos, incluso por los que se llamasen sus amigos.

▶ Muerto de la forma más cruel imaginable, de una manera pública y manifiesta, con el mayor dolor posible, con la mayor vergüenza posible.

▶ Ser el objeto de burla de todos, sintiendo dentro de sí el desamparo más grande.

▶ Ser señalado como malvado, acusado injustamente y clavado física y espiritualmente como un malhechor.

▶ Su cuerpo debería ser destrozado, clavado, partido, humillado…

Y la condición final es que Dios debería permanecer insensible a todo, en silencio. Sin aliviar en nada el sufrimiento, sin defenderse, sin utilizar su poder para escapar del dolor.

Dios respondió: "Todo esto ya ha ocurrido. Mi hijo Jesús cargó con todo, mientras mi corazón se rompía en pedazos en amor a El y compasión hacia todos los hombres y las mujeres de este mundo, incluso hacia los que le escupían y mataban. Todo ocurrió en instantes eternos en los cuales yo desamparaba a mi hijo para que nadie tuviera razón para sentirse desamparado nunca más"

 Es solamente una historia, porque Dios no necesitó nada de nuestra parte para amarnos incondicionalmente y más allá del límite de lo racional o lo explicable. El amor de Dios no tiene medida, y humanamente tampoco tiene sentido. Si normalmente no podemos encontrar explicaciones a nuestros sentimientos, mucho menos podemos hacerlo al contemplar el Amor con mayúsculas. Recuerda que el Señor Jesús fue a la muerte voluntariamente. Llevó consigo la ira de Dios ocasionada por nuestro pecado y el sufrimiento y el dolor que sólo nosotros merecíamos. Lo hizo sin que nadie lo obligase a hacerlo; es más, la Biblia dice que sintió un gozo profundo cuando llevaba nuestras culpas en la cruz.

DOLOR FÍSICO: EL SEÑOR JESÚS LLEVÓ EN SÍ MISMO TODO EL DOLOR DEL MUNDO

Jamás ninguna persona sufrió el dolor físico que padeció el Señor Jesús. Su cuerpo humano le obligaba a sentir dolor. Dios no le concedió fuerza sobrenatural para vivir por encima del sufrimiento; al contrario, el dolor se ensañaba cruelmente en la pureza de un cuerpo sin pecado. Pudo haber llevado a cabo el plan de salvación atenuando el dolor. Pudo haber ido a la muerte y derramar su sangre por nosotros sin tener que pasar por el sufrimiento, pero no lo hizo. Fue experimentado en dolor. Llevó consigo el sufrimiento de toda la humanidad: cada uno de nuestros dolores, y de nuestros pesares.

Mateo escribe en su evangelio que incluso despreció el vinagre con hiel (Mateo 27:34) que se utilizaba como sedante anestésico, porque quería morir en plenas facultades mentales, tenía que pasar por todo el sufrimiento, sabiendo lo que estaba haciendo, no quería nada que pudiese aliviar su dolor. Aceptó todo el peso del pecado, todo el sufrimiento. No dulcificó sus experiencias, ni protestó en cuanto a lo que iba a sufrir; soportó todo, sabiendo antes de tiempo lo que iba a suceder. Nosotros evitamos el sufrimiento, oramos para no tenerlo y le pedimos a Dios que nos proteja, Jesús lo buscó premeditadamente.

Cuando nació nuestra segunda niña, Kenia, Miriam pasó por el mismo proceso de dolor y sufrimiento que pasan todas las mujeres al dar a luz. Pero en ese momento había una gran diferencia en lo que sentía cuando tuvo la primera niña, Iami. Cuando mayor era el sufrimiento, Miriam me decía "Jaime, merece la pena, porque me acuerdo cada vez que Iami me dice "mamá te quiero" y es lo mejor que hay en el mundo, sé que un día Kenia me dirá lo mismo, y eso hace que el dolor parezca desaparecer".

Podía escuchar en cierta manera
a muchos de nosotros diciéndole
con todo el corazón "Te quiero"
Y para Dios, ese dolor mereció la pena

Para mi esa fue la mejor explicación teológica posible del versículo dos de Hebreos 12. *"puestos los ojos en Jesús, el autor y consumador de la fe, quien por el gozo puesto delante de El soportó la cruz, menospreciando la vergüenza, y se ha sentado a la diestra del trono de Dios"* El Mesías sufrió por nosotros por el gozo puesto delante de El. Sabía el resultado de su misión, podía escuchar en cierta manera a muchos de nosotros diciéndole con todo el corazón "te quiero". Y para Dios, ese dolor mereció la pena.

_ DOLOR SOCIAL: NINGUNO DE NOSOTROS HUBIESE PERMITIDO NINGÚN INSULTO SI HUBIÉSEMOS TENIDO COMO EL, LA OPORTUNIDAD DE IMPEDIRLO O VENGARNOS

Jesús sufrió el máximo dolor social, fue despreciado por la mayoría de los que le rodeaban. Le despreciaron los religiosos, los que "amaban" a Dios. Llegaron a decir que tenía el demonio, jamás lo aceptaron como Mesías y mintieron para llevarlo a la muerte.

Le despreció su propia familia, que muy pocas veces entendió la misión que su Padre celestial le había encomendado.

Le despreció la multitud, incluso los que habían sido alimentados o sanados. Algunos de los que habían escuchado sus enseñanzas, gritaron más tarde "crucifícale"

A veces nos preocupa lo que la gente dice de nosotros. Nos duele que digan mentiras o que corran falsos rumores sobre nuestra vida y nuestras acciones. Nos hace daño que la gente nos desprecie. Pero si recordamos sólo por un momento la vida del Señor Jesús y las cosas que la gente dijo de él, vemos las cosas de otra manera. Ninguno de nosotros hubiese permitido ninguno de esos insultos si hubiésemos tenido (como El) la oportunidad de impedirlo o vengarnos. Le llamaron…

▶ "Mentiroso"… Cf. Juan 7:12

▶ "Hijo del diablo"… Juan 8:48

▶ "Tienes demonio"… Juan 8.48

▶ "Bastardo"… Juan 8:41

▶ "Hijo de prostitución"… Juan 8:41

▶ "Malhechor"… Juan 18:30

▶ "Está fuera de sí"… Marcos 1.21, decían sus propios familiares.

▶ "Blasfemador"… Mateo 9:3

Y no sólo le insultaron, sino que se burlaron de Él.

▶ Herodes se burló del Mesías cuando le puso su manto de púrpura y le dio una caña como cetro real.

▶ Los sacerdotes y maestros de la ley, ¡los líderes espirituales del pueblo! se burlaron (Marcos 15.31)

▶ Los miembros del consejo y el sumo sacerdote le escupieron (Marcos 14:64 y ss.)

▶ Los soldados le abofeteaban y le decían "Mesías". No le llamaban por su nombre, sino que su burla era jugar con el nombre del Mesías, "¡Adivina quién te pegó!" (Mateo 26:67). Los soldados siguieron mofándose de Él, diciéndole "salve rey de los judíos" Le aclamaban y le azotaban, se arrodillaban y se burlaban de Él

▶ Cuando fue crucificado, los que pasaban junto al camino se burlaban meneando la cabeza y blasfemando (Marcos 15:29).

▶ Fue menospreciado por los religiosos, diciendo que estaba llamando a Elías... Incluso los que estaban crucificados junto a Él se burlaron (Marcos 15:32)

Nos enseñó que no siempre necesitamos defendernos. No tenemos que vengarnos cuando nos acusan injustamente. ¡Podemos vivir de una manera diferente!

El Hijo de Dios fue criticado en su ministerio, presionado, insultado, burlado, dijeron mentiras de él, le llamaron demonio, y mucho más de lo que podemos imaginar. Era sólo un joven enfrentado a todo el mundo, pero cumpliendo la voluntad del Padre. Recuerda que tenía sólo treinta años cuando comenzó su ministerio, treinta y tres cuando le crucificaron.

No se vengó ni se amargó. Siguió amando a sus enemigos, muriendo en el lugar de los burladores, de los blasfemos, de los tragapanes y comepeces, de los religiosos que le odiaban. Muriendo en nuestro lugar.

Nos enseñó que no siempre necesitamos defendernos. No tenemos que vengarnos cuando nos acusan injustamente. ¡Podemos vivir de una manera diferente! Podemos confiar y descansar en el Señor en todo momento. Podemos recibir ayuda y consuelo del que pasó por mayores desprecios y sufrimientos que nosotros.

Jesús sufrió y murió completamente sólo. No tenía nada. Los soldados se llevaron su túnica. No tenía casa ni ninguna posesión material. Su tumba era prestada. El Rey del Universo vivió sin poseer absolutamente nada.

DOLOR MENTAL: NUESTRO DIOS TIENE HERIDAS Y CONSERVA SUS CICATRICES

Momentos antes de ser entregado, en el Getsemaní, su alma llora. Tan grande fue el sufrimiento que sudó sangre. Estaba asumiendo TODOS los pecados de la humanidad, ¡Estaba haciéndose enemigo de Dios, de su Padre, de lo más querido para El! Llevaba sobre sí el pecado real de la humanidad. Asesinatos, odios, guerras, robos, violaciones, muertes, cualquier cosa horrible que puedas pensar, El la soportó. El diablo lo acusó y El no quiso defenderse… Aceptó ser el culpable de todo para librarnos a nosotros de esa culpa.

Tanto fue su dolor que el Padre envió ángeles que le ayudaron. Ninguno de sus discípulos estuvo a su lado, tuvo que llegar ayuda del mismo cielo. *"Y tomó consigo a Pedro, a Jacobo y a Juan, y comenzó a afligirse y a angustiarse mucho., el Señor comenzó a sentir "pavor y angustia" Marcos 14:33.* El Señor lo había anunciado en varias ocasiones, pero ellos no quisieron creerle.

El mayor dolor de Jesús quizás no fue el físico, sino el emocional y el mental. El dolor en su interior, las afrentas, los esputos, los desprecios. El saber que podía tomar la justicia por su mano en cualquier momento, y sin embargo calló y sufrió. Cuando anuncia que va a sufrir hay algo que nos llama la atención, y es las veces que Jesús dice que "escupirán al hijo del hombre" Esa era una de las mayores afrentas para un judío, y eso significaba uno de los mayores dolores para el hijo de Dios.

Cuando vinieron a prenderle y dijo "yo soy" todos cayeron a tierra, sin que El hiciese nada. Pudo haber castigado a los que le escupieron. Pudo haber dejado caer su venganza contra los que se burlaban de El. Podía destruir a los que tenía delante pero no lo hizo.

Respondió de una manera completamente diferente. Inconcebidle. El "arma" que utilizó el Señor cuando era acusado injustamente es algo para nosotros imposible de comprender: el silencio. Acusado, no salió una palabra de sus labios, ni una queja. Ninguna expresión de orgullo o de represión. Tomaba la copa que el Padre le había dado sin ninguna amargura en su alma. *"Al ser acusado por los principales sacerdotes y los ancianos, nada respondió"* Mateo 27:12

No se justificó ni quiso convencer a los que mentían. Su propio silencio maravilló a sus enemigos. Ese silencio era la mayor demostración de amor hacia ellos, tanto que jamás llegaremos a entenderlo. ¿Cómo podía amar a quienes se estaban burlando de él? ¿Cómo podía tener misericordia de quién le escupía? ¿Cómo ha podido amarnos a nosotros?

El Señor lloró "a grito pelado" por su dolor, y fue oído

> *"Cristo, en los días de su carne, habiendo ofrecido oraciones y súplicas con gran clamor y lágrimas al que podía librarle de la muerte, fue oído a causa de su temor reverente; y aunque era Hijo, aprendió obediencia por lo que padeció"* Hebreos 5:7-8

La Biblia dice que pidió al Padre liberación con lágrimas y gritos, tal fue su sufrimiento. La Palabra de Dios nos abre por un momento lo inimaginable del carácter eterno de la Trinidad al decir en pocas palabras que el Señor lloró "a grito pelado", y fue oído. Conoció experimentalmente lo que costaba obedecer hasta la muerte. Aprendió lo que significaba la obediencia en su propia vida, y el sufrimiento de seguir al pie de la letra la voluntad del Altísimo. Soportó la ira de Dios que sólo nosotros merecíamos.

Por su sufrimiento aprendió la obediencia, porque como Espíritu, Dios no había sentido el sufrimiento del hombre en su propio cuerpo. Jesús aprendió a sentir ese mismo sufrimiento de una manera corporal. Y el Señor Jesús salió triunfante de esa obediencia, de ese aprendizaje.

Cuando nosotros oramos al Padre en el nombre del Señor Jesús, estamos hablando en el nombre de alguien que conoce perfectamente nuestro dolor, que sabe exactamente lo que sentimos, alguien que puede comprendernos, que conoce lo que sentimos frente a la muerte, y ha probado el sufrimiento de la enfermedad, sintiendo en su propio cuerpo nuestras debilidades.

DOLOR ESPIRITUAL: EL SILENCIO DEL PADRE

Pero para llegar al mayor dolor que soportó nuestro Salvador, tenemos que hablar del dolor espiritual, del desamparo del Padre. Entramos en el lugar más que santísimo, y comenzamos a hablar de cosas que jamás en toda la Eternidad vamos a comprender.

Jesús fue acusado injustamente, su mensaje rechazado y su misión incomprendida, incluso por los que más le amaban. Varias veces se encontró a sí mismo llorando por los hombres y mujeres perdidos, por la insensibilidad e incredulidad de ellos, porque renunciaban voluntariamente al Salvador. Pero nada tan terrible como saber que el Padre iba a darle la espalda. Cuando llevaba sobre sí mismo el pecado del mundo, su Padre no dijo una sola palabra y le desamparó.

Nadie podría soportar el mal del mundo ni siquiera por un minuto. Nadie podría llevar sobre sí mismo el hambre, o el odio, o la venganza, o la muerte por sólo unos segundos. Pero todo eso cayó en los hombros del Señor Jesús, y no sólo el pecado de un momento del mundo, sino la maldad eterna de los miles de años de los miles de millones de personas de toda la historia.

En ese momento eterno llegó lo más terrible, El silencio de Dios.

Varias veces en la vida del Señor Jesús, Dios Padre se dejó oír presentando a su Hijo, glorificándolo, hablando en Su nombre y revelando de una manera sobrenatural que Jesús era el Mesías prometido. Pero en el momento más importante de la vida, en el día en que nadie entendía la razón por la que el Mesías era crucificado, Dios Padre guardó silencio. Justo cuando más se necesitaba escuchar su voz. Exactamente en el instante en el que una sola palabra suya habría vuelto la mirada de muchos hacia la cruz...

No era muy difícil. Bastaba decir que en tres días iba a resucitar a su Hijo. O quizás explicar que era parte de su plan, que había que confiar en El. O sencillamente una demostración sobrenatural y palpable de su poder, como nosotros le pedimos tantas veces cuando estamos en apuros. Dios Padre sólo tenía que poner su mano sobre la situación y todo hubiese cambiado.

Pero no fue así. Precisamente lo que Dios quería es que se cumpliese Su voluntad hasta el último extremo. Aunque no lo entendamos, la manera de controlarlo todo era quedar en silencio.

Aunque era su propio Hijo el que estaba muriendo.

Dios Padre soportó voluntariamente todo el peso de la ley

Jesús, que siempre le llamó "Padre" y siempre supo que su Padre estaba con El, tiene que exclamar ahora "Dios mío, Dios mío... para qué me has desamparado" Es impresionante que Dios había dejado escrito en la ley, que si un hijo era rebelde, sus propios padres tenían que acusarlo públicamente y apedrearlo (Cf. Deuteronomio 21:18 y ss.). Ellos tenían que ser los que lanzasen la primera piedra. La historia dice que nunca se utilizó esa ley, porque padres e hijos siempre se entendieron antes de llegar a ese extremo.

Hasta que Dios Padre soportó voluntariamente el peso de la ley.

Su Hijo fue el mejor ejemplo de la historia de la humanidad. Jamás hizo nada injusto. Jamás desobedeció. Cumplió la voluntad del Padre hasta el extremo, pero el Padre fue el primero en condenarlo en nuestro lugar, para que nosotros no tuviésemos que morir eternamente. Para que nosotros fuésemos libres, Dios Padre acusó a su propio Hijo.

Después de que Su Padre lanzó la piedra que más dolor podía hacerle, la del silencio y el desamparo, nosotros todos lanzamos nuestro odio y nuestra ira contra el hijo de Dios. Nosotros fuimos la causa de su muerte. Los culpables de su crucifixión.

DIOS DECLARADO CULPABLE

Jesús era completamente inocente, pero llevó voluntariamente la pena del pecado, y la vergüenza de la culpa por un castigo que no le pertenecía. Fue declarado culpable en nuestro lugar, y no le preocupó.

Cada uno de los que aceptamos al Señor hemos sido declarados justos. Dios nos tiene por inocentes. No tienes que llevar más penas. El Mesías las llevó todas consigo y no dejó ninguna para ti. El llevó nuestro dolor. La misma Palabra de Dios dice que en todas nuestras heridas El es herido (Isaías 63:9)

Sólo una persona tendrá cicatrices en el cielo. Sólo uno tendrá marcas en su cuerpo, y se considerará que su exterior no es "perfecto" Jesús conserva en el cielo las marcas de su sufrimiento. Las cicatrices del amor, porque El sufrió nuestros dolores y llevó nuestras enfermedades (Cf. Isaías 53)

La teología del dolor de Dios por la humanidad es muy clara, pero es imposible de entender para nosotros. Nadie puede dar una razón para la muerte de Jesús. Si intentas examinarlo detenidamente, puede incluso parecer una locura.

Es una locura, locura de amor. Lo hizo porque nos ama. Porque me ama a mí, y te ama a ti. No se puede explicar de ninguna otra manera. Es imposible decir nada más.

"¿Quién ha creído a nuestro mensaje?"
—Isaías 53:1

45 PILATOS, SIETE OPORTUNIDADES CON EL MESÍAS

Pocos tuvieron tantas oportunidades. Muy pocos escucharon las razones por las que el Señor iba a morir y fueron contestadas sus preguntas de una manera tan directa.

¿Alguien comprendió lo que Pilatos pensaba? ¿Alguien sabe qué intentó hacer y cuáles fueron las razones de sus decisiones? Sí, hubo uno que lo hizo, que le habló sobre la verdad. Un hombre extraordinario que pasó con él las horas más decisivas de su vida, el mismo Jesús de Nazaret. Se encontró con Pilatos en siete ocasiones.

Una oportunidad tras otra.

Pilatos era una persona fuera de lo normal. Fue capaz en ciertos momentos de atreverse a defender al Señor como nadie lo había hecho, y pocos minutos después sucumbió a la presión de aquellos que querían crucificarle. Para Pilatos sus encuentros con el Señor fueron una lucha terrible entre la verdad y la apariencia, entre lo justo y lo presumiblemente necesario.

Una lucha entre su determinación y las decisiones de otras personas. Vez tras vez reconoció que tenía delante de sí al Rey, y una vez tras otra fue incapaz de tomar una decisión. Dejó pasar cada una de sus oportunidades sin el valor suficiente para creer y defender lo que sabía que era cierto.

PRIMER ENCUENTRO...

> *"Pilatos entonces salió fuera hacia ellos, y dijo: ¿Qué acusación traéis contra este hombre? Ellos respondieron, y le dijeron: Si este hombre no fuera malhechor, no te lo hubiéramos entregado. Entonces Pilatos les dijo: Llevadle vosotros, y juzgadle conforme a vuestra ley" Juan 18:28-33*

La primera pregunta es la misma que todos hubiésemos hecho: ¿Qué acusación traéis hoy? No sabemos si Pilatos conocía ya al Señor, o si había escuchado hablar de El, pero su primera reacción fue la de quitarse el problema de encima. Esto no va conmigo (v. 31). "Llevadle vosotros y juzgarle" Desde el principio, dejó claro que no quería comprometerse, intentando convencer a todos y a sí mismo que no está a favor ni en contra, sencillamente no quiere decidirse.

Sería el mejor patrón para agnósticos e indiferentes si estos aceptasen tener un "líder". Puede que su postura sea una de las más defendidas hoy en día ¿o tendríamos que decir no defendidas? Porque detrás del "eso no va conmigo" siempre hay mucho de indiferencia y vaguedad existencial. Detrás de muchas posturas agnósticas, lo que realmente encontramos es poca capacidad e interés para querer llegar al fondo del asunto.

Sería el mejor patrón para agnósticos e indiferentes si estos aceptasen tener un "líder"

Siempre es más fácil decir que no queremos saber nada. Siempre es mucho más cómodo quedarnos afuera de la discusión. El problema es que Pilatos no pudo quedarse ahí. Realmente sí iba con él. Y lo mismo nos pasa a nosotros, porque es imposible ser indiferente en ese momento de la historia. Es incomprensible querer dejar de lado al Dios crucificado.

> *"Al saber que Jesús pertenecía a la jurisdicción de Herodes, le remitió a Herodes, que también estaba en Jerusalén en aquellos días. (…) Entonces Herodes, con sus soldados, después de tratarle con desprecio y burlarse de Él, le vistió con un espléndido manto y le envió de nuevo a Pilato. Aquel mismo día Herodes y Pilato se hicieron amigos, pues antes habían estado enemistados el uno con el otro" Lucas 23:6-12*

Pilatos encontró una salida: lo envió a Herodes. Y se hicieron amigos. Vio como Herodes se mofaba del rey de los judíos, pero se hizo su amigo. Hablaron muchas veces del galileo, de la manera en la que fue a la cruz, quizás Pilato le explicó a Herodes la dignidad e inocencia del llamado Mesías, quizás hablaron y compartieron muchas ocasiones como buenos amigos, porque Pilato, desde ese momento se hizo amigo del dictador.

Prefirió la amistad de un asesino a la de su Creador.

Cuando los escribas y fariseos, los sumos sacerdotes y el pueblo escogieron a Barrabás en lugar del Mesías, no debía haberle extrañado tanto, al fin y al cabo él había hecho lo mismo sólo unos momentos antes.

Herodes era sin duda mucho más malvado que Barrabás, y Pilatos le prefirió a él.

La primera reacción de Pilatos delante de Jesús es como la de mucha gente en día de hoy: "Eso no tiene nada que ver conmigo"

SEGUNDO ENCUENTRO...

> *Entonces Pilatos volvió a entrar al Pretorio, y llamó a Jesús y le dijo: ¿Eres tú el Rey de los judíos? Jesús respondió: ¿Esto lo dices por tu cuenta, o porque otros te lo han dicho de mí? Pilatos respondió: ¿Acaso soy yo judío? Tu nación y los principales*

sacerdotes te entregaron a mí. ¿Qué has hecho? Jesús respondió: Mi reino no es de este mundo. Si mi reino fuera de este mundo, entonces mis servidores pelearían para que yo no fuera entregado a los judíos; mas ahora mi reino no es de aquí. Pilatos entonces le dijo: ¿Así que tú eres rey? Jesús respondió: Tú dices que soy rey. Para esto yo he nacido y para esto he venido al mundo, para dar testimonio de la verdad. Todo el que es de la verdad escucha mi voz. Pilatos le preguntó: ¿Qué es la verdad? Juan 18:33-36

La segunda vez que Pilatos tiene la oportunidad de hablar con el Señor, decide hacerle varias preguntas. Quería saber un poco más. Se había dado cuenta que el llamado Mesías tiene algo que ofrecerle, o al menos algo que decirle. Y las preguntas de Pilatos no son preguntas escogidas al azar, sino preguntas inteligentes. En cierto modo podríamos decir que son tres preguntas claves en el evangelio:

1. ¿Eres tú el rey de los judíos?

2 ¿Qué has hecho?

3. ¿Qué es la verdad?

Observa las respuestas del Señor, porque no es sólo Pilatos el que necesita conocerlas. Puede que sean las mismas preguntas que muchos se están haciendo hoy.

En primer lugar, todos tenemos que tomar una decisión en cuanto al "rey de los judíos". El Mesías era en ese momento el rival del Cesar romano, y con el tiempo, la historia nos dice que terminó destruyéndolo. No literalmente, el reino del Señor no era de este mundo, pero sí espiritualmente. Cuando nos preguntamos si Jesús es el Rey, tenemos que responder a la pregunta del Señor (v.34) ¿Es tu corazón el que me llama rey, o lo dices porque otros lo han dicho? Eso es mucho más que una pregunta. ¿Es nuestro corazón el que llama rey a Jesús? ¿O solamente lo es porque otros lo han dicho? ¿Es El lo más importante en nuestra vida, el Rey con mayúsculas?

"¿Qué has hecho?" fue la segunda pregunta.

¿Alguien puede leer la vida de Jesús y quedar insensible? ¿Alguien puede preguntarse sinceramente sobre lo que el Señor ha hecho? Pilatos lo hacía de una manera negativa, como pensando que algo habría hecho para ser culpable, para estar allí acusado por todos. Pero la pregunta sigue en pie, porque lo que realmente ha cambiado la historia es lo que el Señor ha hecho. Lo que ha hecho por nosotros, por ti y por mí.

En el momento definitivo llega la tercera: ¿Qué es la verdad? ¿Hay algo más allá? ¿qué es? Pilatos tenía que escoger entre la verdad y la ambición. Su pregunta es trascendental, porque si conocemos la verdad, tenemos que jugarnos la vida por ella. No podemos esquivarla.

¿Cuál va a ser nuestra respuesta? ¿Un pequeño engaño y ganar más? ¿Despreciar la Verdad pensando o diciendo que no la conocemos? ¿Qué tiene más valor, lo que es real, o la presión de los que quieren engañarnos? *"Al ser acusado por los principales sacerdotes y los ancianos, nada respondió. Entonces Pilato le dijo: ¿No oyes cuántas cosas testifican contra ti? Y Jesús no le respondió ni a una sola pregunta, por lo que el gobernador estaba muy asombrado" Mateo 11:13* La primera vez que Pilato encontró al Señor, jugó a ser indiferente. Pensó que no tenía nada que ver con El. Ahora, después de haberle hecho sólo tres preguntas, Pilato se llena de asombro. Ve como le atacan y El no responde.

Pilato se asombraba de que el Señor no se defendiera cuando es declarado culpable. Acostumbrado a que la gente mintiese e incluso matase para defender su vida, de repente encuentra delante de sí un inocente que es capaz de quedarse callado. Según las leyes romanas, un acusado que no se defendiera sería declarado culpable, pero ahora tiene frente a sí a un líder que no quiere imponer sus ideas, que simplemente deja que Dios actúe (Marcos 15:5) Alguien cuya dignidad era tan elevada que sobrepasaba cualquier condición humana.

En su segundo encuentro con Jesús, Pilatos hizo tres de las preguntas más inteligentes del evangelio

TERCER ENCUENTRO...

> *"Yo no encuentro ningún delito en El. Pero es costumbre entre vosotros que os suelte a uno en la Pascua. ¿Queréis, pues, que os suelte al Rey de los judíos? Entonces volvieron a gritar, diciendo: No a éste, sino a Barrabás. Y Barrabás era un ladrón"* Juan 18: 37-38

Pilatos jamás pudo ser el mismo.

Algo cambió en su interior, porque comenzó a darse cuenta de que era el mismo Mesías aquel a quién estaba juzgando. Desde este momento ya no se preocupa tanto de lo que puedan decir los demás, sino que sólo quiere liberarle como sea.

Es el primero que le defiende. Públicamente dice que es un hombre limpio, sin ningún delito. Comienza a enfrentarse a todos gritando que aquel hombre despreciado, malherido, escupido y aborrecido es algo más que un hombre normal. Y comenzó a crecer la admiración de Pilatos hacia el Señor.

> *"Y estando él sentado en el tribunal, su mujer le mandó aviso, diciendo: No tengas nada que ver con ese justo, porque hoy he sufrido mucho en sueños por causa de El Pero los principales sacerdotes y los ancianos persuadieron a las multitudes que pidieran a Barrabás y que dieran muerte a Jesús".* Mateo 27:19-20

Por si fueran pocas las dudas que tenía, su mujer echa más leña al fuego al decirle que no haga ningún daño a ese justo. Su propia mujer le enfrenta con la verdad al explicarle que ha sufrido en sueños por causa de El, y Pilatos comienza a decidir su futuro. Tiene una nueva oportunidad de ser él mismo, de no ceder ante las presiones de los otros. Su mujer incluso le está ayudando a decidirse. Pero como tantas veces todos hacemos, Pilatos no quiso enfrentarse abiertamente, no defendió sus principios, sólo buscó una excusa para soltar al Señor.

Creyó que si enfrentaba a aquel hombre digno y regio, a pesar de todos los desprecios, con cualquier ladrón o asesino de poca monta, todos liberarían al llamado rey de los judíos. Pero no fue así. Era tanto el odio de los responsables religiosos, que prefirieron a Barrabás antes que al Mesías. Hubieran preferido a cualquiera, habrían querido ver libre a cualquier asesino antes que al Señor.

Pilatos empezó a ceder a la presión. No quiso enfrentarse, prefirió seguir con la mayoría. Si Pilatos hubiese hecho caso de su admiración, quizás podría llegar a conocer más al Mesías. Puede que hubiese llegado a ser salvo. La admiración puede ser uno de los primeros pasos para nuestra salvación. Pero no fue así. Si admiraba al Señor y sabía que no había ningún delito en El, que era justo ¿por qué decidió azotarlo?

Sabía la razón por la que ellos lo habían entregado. Sabía que era completamente injusto si azotaba a un hombre inocente. Sabía que no había absolutamente nada en contra de aquel Jesús de Nazaret, porque ellos lo habían entregado sólo por envidia. (Marcos 15:10)

Pilatos admiraba a Jesús, pero no fue capaz de comprometerse con El

CUARTO ENCUENTRO...

"Pilatos pues, tomó entonces a Jesús y le azotó. Y los soldados tejieron una corona de espinas, la pusieron sobre su cabeza y le vistieron con un manto de púrpura; y acercándose a El, le decían: ¡Salve, Rey de los judíos! Y le daban bofetadas. Pilatos salió otra vez, y les dijo: Mirad, os lo traigo fuera, para que sepáis que no encuentro ningún delito en El" Juan 19:1-3

Castigó al Señor. Azotó al Salvador. Hirió al Rey.

Un Rey coronado de espinas, que recibe bofetadas en lugar de reverencias.

Un Rey que es escupido en lugar de besado, un Rey que es obligado, empujado y azotado. El gobernador pensó que un rey así, al menos despertaría la compasión del pueblo. Pensó que le dejarían ir después de haberle escupido, maltratado, azotado… Creyó que podía herir al Rey de reyes, y pasar la hoja de la historia como si nada hubiese pasado.

Nosotros hacemos lo mismo muchas veces. Culpamos a Dios cuando algo no va como queremos, y pensamos que El merece nuestra culpa, la culpa de todo. Y no nos importa castigar a nuestro Rey. Esa es una muestra más de nuestra cobardía. Creemos que la gente puede "tener piedad" de Dios si lo ven llevando la carga y la culpa de todo el mundo.

Ese era el carácter de este hombre, el evangelista escribe que justo antes de azotarle *"viendo Pilato que no conseguía nada, sino que más bien se estaba formando un tumulto, tomó agua y se lavó las manos delante de la multitud, diciendo: Soy inocente de la sangre de este justo; ¡allá vosotros!"* Mateo 27:23-24

Jamás le preocuparon a Pilatos las consecuencias de sus decisiones. Era un hombre cruel, verdaderamente cruel. Lucas menciona que en varias ocasiones había matado a mucha gente y mezclado su sangre con la de los sacrificios (Lucas 13:1) Pilatos ya había condenado a inocentes en muchas ocasiones. No le tembló la voz cuando tuvo que dar órdenes para que hombres, mujeres y niños muriesen.

Pero ahora tiembla ante el hecho de que pueda estar condenando al mismo Hijo de Dios. Y cree arreglarlo todo lavándose las manos. Sigue pensando como al principio, que todo eso no va con él.

Dos mil años después, el hombre sigue considerando a Dios como culpable de lo que ocurre

QUINTO ENCUENTRO...

"Jesús entonces salió fuera llevando la corona de espinas y el manto de púrpura. Y Pilatos les dijo: ¡He aquí el Hombre! Entonces, cuando le vieron los principales sacerdotes y los alguaciles, gritaron, diciendo: ¡Crucifícale! ¡Crucifícale! Pilatos les dijo: Tomadle vosotros, y crucificadle, porque yo no encuentro ningún

delito en Él. Los judíos le respondieron: Nosotros tenemos una ley, y según esa ley Él debe morir, porque pretendió ser el Hijo de Dios. Entonces Pilatos, cuando oyó estas palabras, se atemorizó aún más". Juan 19:4-8

La dignidad del Rey no tiene límites. Aún con una corona de espinas, un manto de desprecios y lleno de heridas, el Mesías aparece delante de todos en toda su majestad. Sin atractivo, sin hermosura quizás, pero con toda la gloria de la eternidad, con el brillo del siervo Rey, con el esplendor de la inocencia y la justicia inquebrantable, con la belleza de la compasión. Aún detrás de los insultos, los gritos y la inconsciencia de los que viven al amparo de la multitud, muchos de los que le vieron jamás pudieron olvidar la dignidad y majestad del Mesías.

Pilatos lo sacó afuera otra vez, pero ahora ya no lo presenta como el Rey. Grita: "He aquí el hombre". Si la pena de ver a Dios azotado no conmovió a la multitud, Pilatos debió pensar que sí lo haría el ser considerado simplemente como hombre, como un ser indefenso, como alguien a quién ya se le ha hecho demasiado daño.

El gobernador tiene miedo. Sabe que no hay ningún delito en el Señor, y no puede condenarle, pero no quiere enfrentarse a todos. El que debía ser juez no se atreve a decir la última palabra. Aquel a quién no le tembló la voz para dar órdenes de muerte a cientos de inocentes, ahora no se atreve a crucificar al rey de los judíos.

Se llenó de temor: ¿Será cierto que Jesús es Dios? Cuando alguien llega a esa pregunta y la deja sin responder, el temor ocupa por completo su vida. Cuando no nos decidimos, el miedo va tomando cada rincón de nuestra vida. Cada vez es más difícil hacer algo, porque cada vez el miedo nos aprisiona más.

Lejos de decidirse, Pilatos se va llenando de miedo cada momento que pasa

SEXTO ENCUENTRO...

> *"Pilatos entonces le dijo: ¿A mí no me hablas? ¿No sabes que tengo autoridad para soltarte, y que tengo autoridad para crucificarte? Como resultado de esto, Pilatos procuraba soltarle, pero los judíos gritaron, diciendo: Si sueltas a éste, no eres amigo del César; todo el que se hace rey se opone al César" Juan 19:9-12*

Pilato quiere volver a hablar con Jesús a solas. Quiere saber más. Busca alguna razón que le ayude a ser valiente. Lucha por encontrar tiempo en el que fundar su próxima decisión. Sabe que es una injusticia lo que está haciendo, la mayor injusticia de su vida. Puede que la mayor injusticia de la historia, por lo que necesita volver a escuchar al llamado Mesías.

La Biblia misma se encarga de destacarlo cuando dice "entró de nuevo". Pilatos ahora no da la impresión de que no puede creer, más bien demuestra que no quiere creer. "¿De dónde eres?" Era una manera de preguntarle ¿Cual es tu origen? ¿Qué hay de misterio en ti? ¡Dime algo que merezca la pena, algo por lo que pueda defenderte! Es exactamente la misma prueba que los líderes religiosos le habían pedido tantas veces "Haz algún milagro para que creamos en Ti"

Jesús guarda silencio. Ya no tiene que añadir más palabras. Ahora más que nunca es Pilatos quien tiene que hablar, quien tiene que decidirse de una vez por todas. Está en el momento más importante de su vida.

Lo curioso, es que incluso en ese momento, Pilatos continúa diciendo cosas impresionantes. Verdades como puños. "Tengo autoridad para soltarte..." En su caso era una autoridad directa, física, incuestionable. En nuestro caso es una autoridad espiritual: nosotros decidimos si crucificamos al Señor o no, si muere en nuestro lugar o no.

Pilato quería creer, era casi creyente, pero... Los judíos gritaron, y sus palabras iban más allá de lo que él podía soportar. Llegaron hasta lo más profundo de su alma "si sueltas a éste no eres amigo del Cesar"... Ahí pareció acabarse todo. Demasiado para Pilatos y quizás para cualquiera de nosotros. Al fin y al cabo, defender al Mesías judío era una cosa, pero comprometerse públicamente con El, perdiendo incluso lo que más apreciaba, eso era demasiado para El. Ganar la amistad del Creador a costa de perder la influencia de otros es demasiado para muchos.

> *"Pilatos, queriendo complacer a la multitud, les soltó a Barrabás; y después de hacer azotar a Jesús, le entregó para que fuera crucificado" Marcos 15:15*

Casi al final aparece el verdadero problema para muchos: Decidirse por Jesús es vivir contracorriente

SÉPTIMO Y ÚLTIMO ENCUENTRO...

> *"Entonces Pilatos, cuando oyó estas palabras, sacó fuera a Jesús y se sentó en el tribunal, en un lugar llamado el Empedrado,(…) Y Pilatos dijo a los judíos: He aquí vuestro Rey. Entonces ellos gritaron: ¡Fuera! ¡Fuera! ¡Crucifícale! (…) Pilatos también escribió un letrero y lo puso sobre la cruz. Y estaba escrito: JESUS EL NAZARENO, EL REY DE LOS JUDIOS. Entonces muchos judíos leyeron esta inscripción, porque el lugar donde Jesús fue crucificado quedaba cerca de la ciudad; y estaba escrita en hebreo, en latín y en griego. Por eso los principales sacerdotes de los judíos decían a Pilatos: No escribas, "el Rey de los judíos"; sino que El dijo: "Yo soy Rey de los judíos." Pilatos respondió: Lo que he escrito, he escrito". Juan 19:13 y ss.*

Esta es la última oportunidad de Pilatos, y en cierta manera nos parece como si fuese también la última oportunidad de muchas de las personas del siglo XXI.

"Si aceptas a Jesús, no eres amigo del mundo..."

Pilatos se sentó en el tribunal. Todo el mundo lo hace alguna vez, todos tenemos que decidir en cuanto a Jesús. Pilatos decidió condenarlo. Les gritó "He aquí vuestro rey" Y como cada palabra que dice, parece escogida de una manera excepcional, porque ese era el problema de Pilatos.

Jamás aceptó a Jesús como su propio Rey.

La multitud dijo no querer otro rey sino Cesar (Cf. 8:41) renunciando así al mayor privilegio que podía existir, y a su mayor libertad como pueblo. ¡¡¡Mucho más cuando recordamos que el Cesar era el que los esclavizaba!!!

Esa es lamisca multitud del siglo XXI, los que prefieren cualquier cosa que les esclaviza antes de entregar sus vidas a quién les regala la libertad. Muchos siguen escogiendo como rey en sus vidas muchas cosas que les destruyen: Las drogas, el consumo, el placer, el orgullo, el pecado, el materialismo, el dinero, el poder, el mismo diablo… Cada uno conoce mejor que nadie su propia lista.

> *"Y sus voces comenzaron a predominar. Entonces Pilatos decidió que se les concediera su demanda. Y soltó al que ellos pedían, al que había sido echado en la cárcel por sedición y homicidio, pero a Jesús lo entregó a la voluntad de ellos" Lucas 22:23-25.*

Pilatos entregó al Creador a la voluntad de ellos. ¿Tan importantes son los demás? ¡Cuantas veces influye más la opinión de otros que la de Dios mismo! Lucas lo explica de una manera admirable, "lo entregó para que ellos hicieran lo que quisieran con El"

Pilatos decidió entre los principios morales y el resultado personal, entre lo que es justo y lo que es ventajoso, entre lo que se debe defender y lo que hay que ganar, entre lo que dice el corazón y lo que dicen los demás. Decidió mal y perdió su vida.

Reconoció públicamente a Jesús como Rey, y no le sirvió de nada. Recibió de su propia familia certificación de que era el Rey, pero no se comprometió. Defendió delante de todos que Jesús era el Mesías, incluso en el rótulo que había mandado poner encima de la cruz, pero no supo llevar esas palabras a su corazón. No quiso enfrentarse a todos y seguir la verdad, aunque ahora sí sabía cual era la verdad.

Decidió mal y perdió su vida.

Aún después de crucificado, el Señor siguió hablando a Pilato y él no quiso escuchar

Aún después de haberlo crucificado, Pilato siguió oyendo hablar del nazareno. Aún en ese momento, Dios buscó a Pilatos, y éste volvió a asombrarse, volvió a tener muy cerca al Señor, aunque esta vez muerto. Volvió a escuchar las enseñanzas del Mesías, cuando le aseguraron que había hablado de su resurrección. Pero nada ocurrió. Aún después de crucificado, el Señor siguió hablando a Pilato y él no quiso escuchar. No quiso ir a comprobar si el crucificado había resucitado. Si no se había comprometido con El públicamente en vida, mucho menos iba a hacerlo ahora después de muerto. Por lo menos eso pensó.

> *"Pilato se sorprendió de que ya hubiera muerto, y llamando al centurión, le preguntó si ya estaba muerto. Y comprobando esto por medio del centurión, le concedió el cuerpo a José,"* Marcos 15:43-45

> *"Pilato les dijo: Una guardia tenéis; id, aseguradla como vosotros sabéis. Y fueron y aseguraron el sepulcro; y además de poner la guardia, sellaron la piedra. Mateo 27:62-66*

Pilatos murió. Cristo sigue vivo. A Cristo lo mataron, pero sigue vivo. De Pilatos nadie más se preocupó, porque murió en el mismo momento que le dijo su último NO al Señor Jesús. Así muchas personas mueren en vida, pierden sus últimas posibilidades, se queman al dictado traicionero del "qué dirán". Por eso su pregunta sigue en pie. Sigue viva para todos, y todos tenemos que responderla. Responderla por nosotros mismos, no por Pilatos.

Ahora ya no importa si el gobernador tuvo sus oportunidades y las despreció. En este momento no sirve de mucho examinar la historia y ver en qué se equivocó Pilatos. Ahora es el momento de responder a su pregunta personalmente, de una manera directa y sencilla al mismo tiempo, pero sabiendo que lo que respondamos es lo más trascendental que podemos hacer. Sabiendo que nuestra vida depende de nuestra respuesta:

> *"Pilatos les dijo: ¿Qué haré entonces con Jesús, llamado el Cristo?"* (Mateo 27:22)

*"Toma tu cruz
y sígueme"*

46 SIMÓN DE CIRENE

Un hombre descendía de su trabajo ya bien entrada la tarde. Había sido un día difícil y duro, así que todos sus pensamientos se resumían en la necesidad de llegar pronto a su casa y descansar con su familia.

De pronto ve una gran muchedumbre y duda. No sabe si seguir por dónde va, lo que le llevará directamente al centro de los lloros y los gritos, o dar un pequeño rodeo para no verse mezclado en todo aquel tumulto. En la duda sigue adelante y piensa que no merece la pena perder más tiempo intentando evitar lo que parece sólo un grupo de personas demasiado exaltadas.

Conforme se va acercando comienza a cambiar de opinión, porque el número de personas que encuentra allí parece crecer cada momento que pasa. La turba tiene su origen en un simple hombre, galileo le dicen, que a duras penas puede mantenerse en pie mientras sube al lugar llamado "La calavera" cargando con una cruz. Cuando más se acerca, más asombrado queda, y menos entiende lo que está pasando.

Simón era un hombre trabajador. No tenía tiempo para ver ejecuciones públicas ni para interesarse en las noticias de los últimos días. El sólo quería trabajar, ayudar a su familia, mantener a sus hijos y seguir su camino. Pero algunos le vieron pasar, y comprendieron que era un hombre fuerte, trabajador, esforzado. Le vieron y pensaron que tenía la fuerza para ayudar a llevar la cruz.

Casi sin tiempo para pensarlo y mucho menos para tomar una decisión, Simón de Cirene, se encuentró él mismo muy adentro de aquel tumulto de pasión y odio. La cruz que cargaba el galileo está ahora sobre sus propias espaldas. Ellos, los romanos, los que siempre mandan, obligan y desprecian al pueblo, son los que se lo han pedido. Le vieron fuerte y trabajador. Comprobaron que las espaldas de Simón estaban muy acostumbradas a llevar cualquier tipo de peso, y sus manos encallecidas demostraban su lealtad inquebrantable al trabajo duro. Ellos se creen con todos los derechos de su vida al obligarle a llevar la cruz del condenado, y Simón no pudo hacer nada.

Mientras sube el camino al Calvario, obligado a llevar una cruz que no es suya, Simón contempla una y otra vez a aquel llamado Maestro de Nazaret, cuyas palabras y hechos había escuchado pasar de boca en boca por todo el pueblo.

> *"Cuando le llevaban, tomaron a un cierto Simón de Cirene que venía del campo y le pusieron la cruz encima para que la llevara detrás de Jesús. Y le seguía una gran multitud del pueblo y de mujeres que lloraban y se lamentaban por El" Lucas 23:26-27*

> *"Y cuando salían, hallaron a un hombre de Cirene llamado Simón, al cual obligaron a que llevara la cruz" Mateo 27:32*

Conforme pasa el tiempo y a medida que comienza a mirar el rostro del que va a ser crucificado, el corazón de Simón va cambiando, casi sin darse cuenta.

Simón quería seguir con sus planes, sus ideas, su trabajo. A nadie le gusta que le coloquen una cruz en los hombros, aunque sea de manera momentánea. Quiso oponerse y decir que no. Pensó en gritar o escapar corriendo, pero algo más allá de su propia voluntad le arrastró a los pies del condenado para recoger el madero y mirar durante unos segundos interminables el rostro de quién iba voluntariamente a la muerte.

Conforme pasa el tiempo, y a medida que empieza a descubrir las razones por las que el tal Jesús ha sido condenado, el corazón de Simón comienza a cambiar, casi sin darse cuenta.

El cansancio, el sudor y en cierta manera, la sorpresa de ese momento no le dejan meditar en lo que estaba pasando. Jesús de Nazaret, el llamado Maestro, el Hijo de Dios era llevado a la cruz. Había sido declarado culpable no se sabe muy bien de qué delito, y ahora sube al monte siendo escupido, insultado y llorado al mismo tiempo. Simón le ve y no puede dejar de admirarse: Aquel de quién tantas veces había escuchado hablar, marchaba ahora a su lado, un poco más descansado por no tener que llevar la cruz, pero soportando lo que nunca antes nadie había soportado.

Los minutos se hacen interminables, en parte por el peso del madero, pero sobre todo por la sensación cada vez más creciente de que aquel ser humano que va con él es algo más que un maestro o un líder religioso. Cada gesto del Señor, cada palabra, cada momento era examinado con todo el corazón por Simón, el hombre fuerte y leal que cada vez más, cree encontrarse en el momento más importante de su vida.

Subir la vía dolorosa al lado del Salvador no podía dejar impasible a Simón. De ninguna manera. Puede que intentase hablar con el Señor, puede que le pidiese explicaciones sobre su crucifixión y la razón por la que querían matarle. No sabemos si el Señor tuvo la oportunidad de decirle algunas palabras o en algún momento le miró como antes había hecho con tantos otros que le siguieron.

Dios acepta con gusto el sufrimiento, el dolor y el escarnio

Jesús venía azotado, herido, burlado, humillado, cansado. Cualquier otro en su lugar ya se habría revelado contra su "destino" y habría aceptado una de las dos salidas más buscadas: la resignación o el odio. Jesús no lo hizo. Si durante su vida supo reaccionar de una manera trascendental en los momentos más difíciles, ahora, momentos antes de morir, Dios acepta con gusto el sufrimiento, el dolor y el escarnio. Eso asombró tanto a Simón, que dejó de pensar en todo lo que le rodeaba para poner toda su mirada en el Señor. Ahora no eran importantes para el sus proyectos, sus necesidades e incluso su cansancio. Sólo quería ir lo más cerca posible del nazareno.

Simón oyó la conversación con las mujeres, cuando ellas lloraban desesperadamente al ver a su Salvador herido, y Jesús les dijo "Hijas de Jerusalén, no lloréis por mi…." (Lucas 23:28) Simón escucha admirado el perdón del Señor, el cariño, la dulzura, la ayuda, la preocupación por los demás. Jesús llora por las mujeres aunque venía herido y vencido…

Simón oyó como casi todos se burlaban de Jesús. Vio como le escupían y le empujaban, como blasfemaban al verle y como la multitud gritaba contra El. Cuando llegaron a lo más alto y Jesús fue crucificado, vio como el Mesías renunciaba al vino y la mirra para amortiguar el dolor. Eso le impresionó. Un hombre fuerte, que conocía el sufrimiento y el dolor del trabajo tuvo que preguntarse ¿Quién era Jesús de Nazaret, que al borde de la extenuación quería sentir TODO el dolor, sin disimularlo en absoluto?

Cuando le clavaron a la cruz, Simón olvidó sus planes y su deseo de volver pronto a casa. Se quedó al pie de la cruz por unos momentos. Debía descansar un poco. La ascensión por la vía dolorosa cargando aquel madero le había dejado casi exhausto a pesar de su fortaleza y su valor.

Cuando los soldados romanos clavaron las manos y los pies del Señor, y en un momento le alzaron y soltaron las cuerdas con las que colocaban la cruz en su lugar, con una frialdad propia de quienes están acostumbrados al escarnio y el dolor ajeno, Simón no salió de su asombro. Las primeras palabras que el crucificado exclamó no fueron una queja interminable y lógica. Tampoco una maldición contra aquellos que le quitaban la vida, aunque tenía todo el derecho a hacerlo. No, lo que Jesús exclamó a gran voz fue: *"Padre, perdónalos porque no saben lo que hacen"* (Lucas 23:34)

Nadie esperaba esas palabras. Casi nadie las entendió, y mucho menos Simón, que había llevado una parte ínfima del sufrimiento y estaba empezando a oír como el Señor perdonaba a sus enemigos. Si a él le había dejado exhausto la subida al calvario llevando la cruz ¿Cómo podía pedir perdón el que era condenado?

Cada momento que pasaba, cada palabra que escuchaba, hacía crecer en Simón la admiración, el respeto y el cariño por el crucificado. Y quizás se quedó allí con El, para ver como terminaba todo. Puede que le escuchase preocuparse de los suyos, de Juan y de María, puede que le haya oído gritar el dolor del desamparo de Dios. Quizás estaba allí cuando Cristo entregó su Espíritu y clamó que todo se había cumplido.

Puede que cuando Simón quiso volver a casa, vio como la tierra se oscurecía y temblaba con la muerte del llamado Mesías. Sólo el propio Simón sabe todo lo que pasó por su mente en esos momentos. Sólo él podría explicarnos lo que transformó su corazón: si fue la mirada del Mesías, sus palabras, su entereza ante la muerte, o la reacción de la propia naturaleza. El caso es que Simón jamás volvió a ser el mismo.

Por lo que la Biblia nos enseña, creyó en el Señor, él y su familia.

Marcos nos da algunos detalles que sólo ellos conocían. Dios mismo le insta a escribir de esa manera para que nos demos cuenta que siempre hay una razón para todo. Y en este caso lo importante no es tanto la razón, sino las consecuencias…

> *"Y obligaron a uno que pasaba y que venía del campo, Simón de Cirene, el padre de Alejandro y Rufo, a que llevara la cruz de Jesús. Le llevaron al lugar llamado Gólgota, que traducido significa: Lugar de la Calavera" Marcos 15.21-22*

Simón era el padre de Alejandro y Rufo. Nadie conocía a Alejandro y Rufo en el momento en el que el Señor subía el camino al calvario, pero ellos dos sí eran muy conocidos en la comunidad romana dónde Marcos escribió el evangelio. Dios tenía un plan para Simón, y el apóstol Pablo nos deja conocer un poco de la historia de la familia cuando escribe "Saludad a Rufo, escogido en el Señor, también a su madre y mía" Romanos 16:13

La madre de Rufo había sido como una madre para Pablo cuando toda su familia le abandonó a causa del evangelio. Seguro que la madre de Rufo le habló a Pablo de la historia de Simón su marido. Quizás el mismo Simón le explicó al antiguo perseguidor muchas cosas sobre la cruz, porque Pablo más tarde escribió

> *"Con Cristo he sido crucificado, y ya no soy yo el que vive, sino que Cristo vive en mí; y la vida que ahora vivo en la carne, la vivo por fe en el Hijo de Dios, el cual me amó y se entregó a sí mismo por mí" Gálatas 2:20.*

Quizás el mismo Simón le explicó al antiguo perseguidor de los cristianos, muchas cosas sobre la cruz

Dios estaba queriendo enseñarnos muchas cosas a nosotros cuando escogió a Simón para que llevase la cruz.

Cuando Dios nos busca hay que escucharle, tenemos que obedecerle. No hay otra salida. Aunque en principio parezca un inconveniente o una obligación lo que El nos pide. Aunque no lo entendamos. Dios escoge a quién aparentemente no tiene importancia, un hombre que trabajaba en el campo, que no sabía nada del evangelio, para que sus hijos y él fuesen columnas de la Iglesia, y ayudasen de una manera trascendental y única a Pablo

Dios escogió a una de las pocas personas que no había ido a ese lugar para burlarse de su Hijo.

Simón no fue sanado. Quizás no escuchó las enseñanzas de Jesús, ni vio un milagro. Puede que jamás supiese que el Señor resucitó muertos, ni hubiera tenido la oportunidad de contemplar como el Señor calmaba la tempestad. Pero Dios le llevó allí, lo escogió, le obligó a ver al Señor, y observar toda su ternura en los últimos momentos de su vida.

Dios tiene un propósito para nosotros, ¡No estamos de sobra! Dios nos utiliza aunque no hayamos tenido las oportunidades de otros. Dios llama y puede incluso usar a nuestros enemigos para cumplir su voluntad. Fueron los romanos quienes obligaron a Simón a que llevara la cruz. No te quejes cuando ocurre algo que no comprendes, puede que Dios esté utilizando incluso a nuestros enemigos para que sigamos Su voluntad.

No existen las coincidencias o la suerte. Dios está detrás de todas las cosas, porque sabe que un solo encuentro con Jesús nos obliga a no ser los mismos. A no seguir nuestra vida como siempre. Dios quiere encontrarse con nosotros, cara a cara.

Hoy hay muchos Simones a quienes Dios encarga una misión. Creemos que no tienen importancia, pero son trascendentales. De ellos depende que el evangelio llegue a todo el mundo. Ellos van a ser los que ayuden y fortalezcan las vidas de muchos Pablos.

Muchas veces Dios nos encarga una misión, y nosotros la seguimos casi sin comprenderla… mientras el mundo entero depende de que seamos leales a esa misión.

Porque no fue por casualidad ni por suerte que Simón fue primero en seguir al pie de la letra las palabras del Señor Jesús. Dios le llamó a hacerlo, y nos sigue llamando a nosotros. Para que como Simón hagamos la voluntad de Dios de una manera sencilla y clara. Porque las cosas grandes delante de Dios, las grandes decisiones y los grandes "hombres y mujeres" son los que hacen las cosas más sencillas y las hacen bien.

Así vivimos entusiasmados con lo que hacemos, por muy poca importancia que creamos que tiene… Recuerda,

> *"Si alguno quiere venir en pos de mí, tome su cruz y sígame"* (Marcos 8:34).

MATARON AL AUTOR DE LA VIDA (HECHOS 3:15)

Todos eran enemigos. Algunos de ellos llevaban años sin hablarse. Un día se pusieron de acuerdo en un solo objetivo, algo les unió de una manera definitiva, quisieron matar al autor de la vida. Fariseos, saduceos, romanos, interpretes de la ley, sumos sacerdotes, Herodes y Pilatos, los miembros del Sanedrín, el propio pueblo… Muchos de ellos no sólo no andaban juntos, sino que eran irreconciliables enemigos. Nadie hubiese podido siquiera sentarlos a una mesa.

Todos se pusieron de acuerdo con un traidor para matar a su Mesías.

UN JUICIO COMPLETAMENTE ILEGAL

El juicio del Señor fue completamente ilegal. Anás, uno de los dos sumos sacerdotes, dio las órdenes para llamar a todos los escribas y ancianos que encontrasen. El sanedrín lo componían los sacerdotes, los ancianos (los hombres que eran más ricos) y los doctores de la ley. Bastaban 23 miembros para que hubiese quórum, aunque el número total era de setenta, y por la rapidez del proceso, quizás no estuvieron presentes los que eran seguidores de Jesús como José de Arimatea y Nicodemo.

Se pusieron de acuerdo para condenarle injustamente porque no había otra manera de hacerlo, y los errores judiciales fueron inmensos...

1. El Juicio fue de noche

2. No todos estaban presentes

3. Pidieron que el acusado se incriminara a sí mismo

4. Golpearon al acusado, permitieron que le dieran bofetadas y puñetazos

5. Presentaron testigos falsos

6. Le escupieron, lo que era la señal de supremo desprecio en Israel (Números 12:14, Deuteronomio 25:9)

7. No tuvo defensa

8. Le azotaron siendo inocente.

9. Según la ley tenían que pasar diez días para que el Señor fuera crucificado después de ser azotado, y no fue así... (Mateo 27:26)

10. Tenían que ser los romanos los que lo juzgasen si iba a morir en la cruz, porque era un castigo prohibido para los judíos.

Todo fue ilegal desde el principio. Todo lo que soportó el Señor estuvo marcado por el odio y la mentira

Le condenaron injustamente en sólo tres horas, y le llevaron hasta la casa del Gobernador eligiendo el camino más largo, para no pasar por el templo. Pasaban por en medio del templo con las mercancías, le cobraban a la gente para que pudiera acortar el camino, pero no quisieron pasar con el que iban a crucificar, porque su conciencia se lo impedía. Quisieron hacer el máximo daño posible al Salvador llevándolo por el camino más largo. Llegaron más tarde a dónde estaba Pilatos al amanecer, quizás entre las cinco o las seis de la mañana. Los recibió en el pórtico de su casa, para no contaminarse entrando en la casa porque Pilatos era un gentil y era la fiesta de la Pascua.

> *"¿Quién tuvo en cuenta que El fuera cortado de la tierra de los vivientes por la transgresión de mi puedo, a quién correspondía la herida?" (Isaías 53:8)*

Defendieron ante Pilatos la acusación del Mesías-rey aunque ellos no creían que era el Mesías, pero les convenía decirlo (Lucas 23:2) Pilatos le mandó ir a Herodes para quitárselo de en medio, y Jesús no respondió a Herodes. Era la única respuesta que merecían sus preguntas. Herodes quería jugar con Jesús de la misma manera que hizo con Juan el Bautista antes de matarlo. Herodes se burló del Señor poniéndole un manto real, mientras todos se reían y le hacían reverencias.

Pilatos Le mandó azotar treinta y nueve veces. El número cuarenta estaba prohibido por la ley, porque una persona podía morir, así que los fariseos habían decidido dar "sólo" treinta y nueve azotes a los castigados para no infringir la ley. Se utilizaba un látigo con correas de cuero con pequeñas bolas de plomo o hierro en los extremos, que iban cortando la piel, dejaban los vasos capilares sangrando y magulladuras grandes y profundas que abrían heridas. Los largos jirones de piel y carne en la espalda hacía que pareciesen verdaderos surcos "Sobre mis espaldas araron los aradores; alargaron sus surcos" Salmo 129:3.

UN REY DERROTADO, ABANDONADO Y DESPRECIADO

Se burlaron de El llamándole Rey de los judíos. ¿Quién creería en un rey así? Derrotado, abandonado y aparentemente sin poder alguno. Los soldados se burlaron de él poniéndole un vestido rojo, le dieron una caña como cetro, una corona de espinas. Se postraron ante El y lo aclamaron como rey. (Mateo 27:29)

Muchos empujaban al que iba a ser crucificado para que cayese, y diese con su cara y su cabeza en el suelo, porque no podía utilizar las manos. Era el juego preferido de mucha gente...

Cuando llegó el mediodía, el Señor fue obligado a llevar la cruz. Todos los detalles estaban estudiados para alargar al máximo el martirio. Tenía que cargar con el palo transversal en sus espaldas, que a veces llegar a pesar casi treinta kilos. El peso del madero iba aplastando poco a poco la espalda creando numerosas distensiones en los músculos que hacían que la sangre no circulase normalmente hacia el cerebro, con lo que en la vía dolorosa, el Señor perdió el conocimiento en varias ocasiones. Ese mismo peso iba aplastando los pulmones, para que una vez clavado en la cruz el dolor fuese más cruel al estirarse otra vez, cuando le clavaban los brazos y éstos tenían que abrirse.

Por el camino, cuando el Señor llevaba el palo sobre sus hombros e iba atado a él, muchos los empujaban para que cayese, y diese con su cara y su cabeza en el suelo, porque no podía utilizar las manos. Era el juego preferido de mucha gente, que se deleitaba viendo sufrir a los que iban a ser crucificados. Con la multitud a ambos lados escupiendo, gritando y empujando, y diciendo todas las cosas crueles que uno pueda imaginar, el viaje al Gólgota llegaba a ser interminable, a pesar de que era poco más de un kilómetro, la mayor parte del recorrido subiendo el monte.

Una vez en el lugar, se clavaban y ataban las muñecas, de manera que el crucificado no podía hacer fuerza con las manos, y todo el cuerpo se iba desgarrando poco a poco. La muerte tenía que ser lo más lenta posible. También eran clavados los pies y el crucificado pasaba horas y a veces días colgado.

Enseguida comenzaban las hemorragias, los pulmones se llenaban de sangre. Aparecía el peligro de insuficiencia coronaria porque la sangre no podía llegar normalmente al cerebro y los calambres desgarraban los músculos hasta que se rompían. Las heridas de la espalda ocasionadas por los azotes se abrían al contacto con la madera de la cruz y Jesús no tenía fuerzas para mantenerse en tensión sin descansar la espalda.

El crucificado sentía sed con peligro de deshidratación, porque llevaba más de veinticuatro horas sin beber y estaba colgado expuesto al sol, cuando más fuerte era el calor, al mediodía. Cuando consideraban que ya había sido bastante el sufrimiento, se le rompían las piernas para que no pudiese moverse y hacer circular la sangre. De esta manera, la muerte era por asfixia rápida.

¿Sabes lo que más me impresiona? Después de todo el sufrimiento, y de cada una de las injusticias que tuvo que soportar, después de los insultos y los esputos. Después de ser clavado y con cada parte de su cuerpo rompiéndose literalmente en pedazos, la primera palabra que salió de los labios del Señor fue: "Padre, perdónalos porque no saben lo que hacen" Lucas 23:34

Es algo que nadie puede entender. Más de lo que nadie jamás hubiera podido imaginar. No se puede hablar aquí ni siquiera de una reacción sobrenatural. Sólo podemos llegar de rodillas a la cruz y comprobar con temor lo que es capaz de sufrir el Amor con mayúsculas, un Dios que no habla sobre el amor, un Dios crucificado que es amor. Es su propia esencia.

Nadie puede explicarlo. Sólo podemos aceptarlo, agradecerlo y sobre todo vivirlo. Poner nuestro corazón, nuestra vida entera en ello.

> *"Cuando llegaron a un lugar llamado Gólgota, que significa Lugar de la Calavera, le dieron a beber vino mezclado con hiel; pero después de probarlo, no lo quiso beber. Y habiéndole crucificado, se repartieron sus vestidos, echando suertes; y sentados, le custodiaban allí. Y pusieron sobre su cabeza la acusación contra Él, que decía: ESTE ES JESÚS, EL REY DE LOS JUDÍOS. (…) Y alrededor de la hora novena, Jesús exclamó a gran voz, diciendo: Elí, Elí, ¿lemá sabactani? Esto es: Dios mío, Dios mío, ¿por qué me has abandonado? Algunos de los que estaban allí, al oírlo, decían: Este llama a Elías" Mateo 27:33-47*

La tradición dice que el nombre de aquel lugar era "La calavera" porque creían que allí estaba enterrada la calavera de Adán. En el mismo lugar quedaría crucificado el segundo Adán, pero sólo por unos momentos, porque ese postrer Adán triunfó sobre la muerte y destruyó al que tenía el imperio de la muerte.

Momentos antes de su muerte, el Señor exclamó "Dios mío, para qué me has desamparado". Casi todos los que estaban escuchando, podían recordar esas palabras del salmo veintidós, y comprobar como todo lo que decía ese salmo se cumplía en el Mesías. Algo completamente sobrenatural estaba ocurriendo…

Pero ellos prefirieron hacer una broma. "A Elías llama este" En los momentos más duros del sufrimiento de Dios, el hombre se cree gracioso. Sus enemigos, los maestros de la ley, conocían las palabras que estaba diciendo, y terminaron por cumplir exactamente la profecía sobre el Mesías: *"Que se encomiende al Señor; que El lo libre, que El lo rescate, puesto que en El se deleita"* Salmo 22:8

Como muchos religiosos en el día de hoy, tomaban de la palabra de Dios lo que les convenía y la aplicaban como querían. Peor que si no supieran nada.

DIOS MISMO DESAMPARANDO A SU PROPIO HIJO

Mientras tanto, Dios está desamparando a su Hijo. Dios vuelve su rostro, Jesús no pudo mirar a su Padre cara a cara, por culpa del pecado. Dios calla. Por un momento la eternidad se rompe, y Dios desampara a su propio hijo para ampararme a mí. La pregunta del Señor es directa. Literalmente le dice a su Padre: "Para qué me has dejado atado y encerrado" Así se sintió el Salvador, atado y encerrado por culpa de nuestro pecado.

Como muchos religiosos hoy, ellos tomaban de la palabra de Dios lo que les convenía y la aplicaban como querían. Peor que si no supieran nada

Aún en lo más profundo del sufrimiento, el Señor recordó como terminaba ese salmo. Sabía que se acercaba su victoria final. Por eso termina gritando "Consumado es" Había terminado lo que tenía que hacer, había vencido a la muerte y al pecado. Había triunfado para siempre. Y le dio permiso a la muerte para acercarse a El. Es el único que podía hacerlo. La Biblia dice que Su corazón se rompió. El pericardio, saco que rodea el corazón se fue llenando de suero con el sufrimiento, hasta romper completamente el corazón, por eso hay sangre y líquido acuoso cuando el soldado lo atraviesa con la lanza. Sangre y agua (1 Juan 5:6) poder perdonador (sangre, la expiación Levítico 17:11) y purificador (agua, purificación Ezequiel 36:25).

La historia nos dice que hubo tinieblas durante tres horas, la oscuridad era un símbolo de juicio divino en el antiguo testamento. El velo del templo se rompió, porque la mano de Dios lo rasgó definitivamente. Dios mismo se ofrece en sacrificio en la persona de su Hijo por cada uno de nosotros. Antes, el sumo sacerdote entraba en el lugar santísimo para ofrecer sacrificio por el pueblo. Ahora es Dios mismo el que se descubre, el que sacrifica voluntariamente a su Hijo por todos. En la muerte del Señor, la tierra tembló en señal de respeto y reverencia. Y los sepulcros se abrieron.

Nadie podía llegar a creer en un Dios maldito, en un Dios crucificado

Todos había decidido que era la "jugada maestra" Nadie creería jamás en un Mesías crucificado. La cruz era maldición, estaba escrito en la misma palabra de Dios. Nadie podía creer en un Dios crucificado y maldito; pero El quiso ser maldito por nosotros. Prefirió llevar consigo la maldición y perder su gloria antes que perdernos a nosotros.

Aunque eso de perder su gloria no es del todo cierto. La mayor gloria del Señor Jesús fue precisamente esa cruz. "Ahora es glorificado el hijo del hombre" (Juan 12:23 y 13:31) había anunciado el Mesías, porque la mayor gloria de Dios no fue la creación, la elección de un pueblo, los milagros de la historia o los miles de ángeles que cumplen Su voluntad. La gloria del Señor Jesús fue ir a la cruz. Esa es también nuestra gloria, servir a todos de la misma manera que el Crucificado murió en nuestro lugar. Pablo lo entendió cuando dijo "Lejos esté de mi gloriarme si no es en la cruz de Cristo" (Gálatas 6:14)

MUCHAS MANERAS DIFERENTES DE VER LA CRUZ

La cruz puede ser diferente dependiendo desde dónde la veas.

Dios Padre la ve desde arriba como una espada que descarga su ira sobre el pecado que Jesús estaba llevando en nuestro lugar. Dios desampara a su Hijo porque esa espada tiene que herir hasta lo más profundo. El Señor Jesús llevaba sobre sí todas las injusticias de la humanidad. Sufrió el dolor de todos, un dolor inmensamente injusto, un dolor hecho a la medida de Dios.

Si la vemos desde abajo, la cruz nos parece una barrera infranqueable. Imposible de superar. Sin ninguna opción para poder alcanzar las alturas, el cielo, la presencia de Dios. Nosotros matamos en esa cruz a su propio Hijo, y esa barrera parece total y permanente. Nosotros somos culpables de la muerte del Mesías.

Cuando vemos la cruz desde el frente, contemplamos una balanza en la que aparece todo lo que somos. Una balanza en la que somos pesados y hallados faltos en la justicia de Dios.

La cruz desde un costado nos parece como un arado. La profecía nos enseña que un día iban a "horadar" la espalda del Señor, con una imagen que todos iban a entender (Salmo 129:3, Isaías 50:3). Fue como si araran en ella, haciendo surcos de los que surgió una nueva vida, la nuestra, la de todos los que aceptamos el valor del sacrificio del Señor en nuestro lugar.

La cruz es también una figura de contradicción: nuestra voluntad y la voluntad de Dios, Bendición contra maldición, vida y muerte, el lugar que el hombre le ofreció a Dios y el lugar que Dios diseñó desde la fundación del mundo por amor a nosotros.

Finalmente, y desde arriba, la cruz es Dios mismo con las manos extendidas para abrazar y recibir a todo aquel que se acerca a su Hijo. La barrera que parecía infranqueable se rompe por el lugar más fuerte: Dios mismos decide echarla a un lado extendiendo sus manos. Dios descarga su ira sobre su propio Hijo para poder abrazarnos a nosotros.

Somos los responsables de la muerte de un hombre completamente inocente

¿Y qué pensamos cada uno de nosotros cuando nos acercamos a la cruz de Cristo?... Recuerda que somos responsables de la muerte de un hombre completamente inocente. Por nuestra culpa fue asesinado y murió Jesús. ¿Qué tal nos sentiríamos si estuviésemos delante de un juez a quién hemos asesinado a su hijo? ¿Qué futuro tendríamos si todas las pruebas apuntasen ante nosotros y el Juez tuviese todo el derecho a castigarnos?

Aceptar la gracia y el perdón de Dios es mucho más que una decisión en cuanto a lo que va a ocurrir en nuestra vida en el futuro. Es mucho más incluso que ser salvos de una condenación segura.

Vivir en la gracia y el perdón de Dios es decidir si Dios va a ser nuestro Juez o nuestro Padre. Si queremos que El nos juzgue o nos abrace. Si preferimos caer en la ira de Dios o descansar en Su amor.

Si al tomar la decisión más importante en nuestra vida queremos defender orgullosamente nuestros imposibles derechos de inocencia delante del Juez, y terminar condenados en una oscuridad eterna… O decidimos abrazar nuestra indignidad, llorando de felicidad al ver la sonrisa sincera de quién quiere ser nuestro Padre, dejándole a El que se encargue de organizar la fiesta más grande que se ha visto en toda la historia.

Porque toda nuestra vida, aquí y en el futuro va a girar en torno a esa relación: Recuerda que Dios puede ser tu Juez o tu Padre.

Tu decides.

"Dios quiso
quebrantarle,
sometiéndole a
padecimiento"
—Isaías 53:10

48 | ¿ESTABAS ALLÍ?

Creo que no voy a olvidarlo nunca. La primera vez que escuché la canción me impresionó, y desde entonces no he dejado de emocionarme cada vez que alguien la canta. Es uno de los espirituales negros más conocidos en todo el mundo y se titula "Were you there?". ¿Conoces la canción? El autor narra con un grito desgarrador lo que alguien siente cuando está al pie de la cruz. Cuando escuchas esa canción, cuando oyes la pregunta del que canta, no puedes olvidarla nunca más.

"¿Estabas allí cuando crucificaron a mi Señor?

Oh Dios mío! Cuando pienso en mis pecados....

Tiemblo, tiemblo, tiemblo"

Al pie de la cruz, cuando el Señor Jesús murió, estaba toda la humanidad. Estábamos todos. Hoy al recordarlo, sólo podemos temblar. Y mientras temblamos, nuestros ojos se llenan de lágrimas y nuestro corazón se rompe. No se puede ver el sufrimiento del Dios Trino de ninguna otra manera.

AL PIE DE LA CRUZ ESTÁBAMOS TODOS...

"Y estando él sentado en el tribunal, su mujer le mandó aviso, diciendo: No tengas nada que ver con ese justo, porque hoy he sufrido mucho en sueños por causa de El. Pero los principales sacerdotes y los ancianos persuadieron a las multitudes que pidieran a Barrabás y que dieran muerte a Jesús Y respondiendo, el gobernador les dijo: ¿A cuál de los dos queréis que os suelte? Y ellos respondieron: A Barrabás. Pilatos les dijo: ¿Qué haré entonces con Jesús, llamado el Cristo? Todos dijeron: ¡Sea crucificado! (...) Y respondiendo todo el pueblo, dijo: ¡Caiga su sangre sobre nosotros y sobre nuestros hijos! Entonces les soltó a Barrabás, pero a Jesús, después de hacerle azotar, le entregó para que fuera crucificado" Mateo 27:15-28

¿Cómo reacciona la humanidad en el momento más importante de su historia? Al pie de la cruz aparecen como en un espejo, todas las personas de este mundo. Sólo necesitamos unos momentos para encontrar nuestro lugar.

EL SUMO SACERDOTE CAIFÁS

"Y los que prendieron a Jesús le llevaron ante el sumo sacerdote Caifás, donde estaban reunidos los escribas y los ancianos" Mateo 26:57

Caifás ocupaba un puesto que no merecía. Había comprado el pontificado a Herodes por una gran suma de dinero, y para ser sinceros, las cosas de Dios le importaban muy poco. El disfrutaba con el poder, con la sensación de estar por encima de muchos otros, con la íntima convicción de que la gente le admiraba casi como a un dios. Cuando Jesús es presentado delante de él, Caifás disfruta. Tiene todas las cosas en sus manos, como a él le gusta. Lleva mucho tiempo queriendo condenar al llamado Mesías.

El líder religioso del pueblo, el que tenía que estar más cerca de Dios, fue el máximo culpable de la crucifixión del Hijo de Dios

Caifás no es una persona tan horrible como pensamos. De hecho tiene muchos admiradores y seguidores. Muchos que han "ganado" puestos espirituales a cambio de dinero o poder. Su veredicto para Jesús es muy claro: culpable. Caifás había aprendido una y otra vez que todo aquello que no podía controlar acababa siendo su enemigo. Y el Llamado Mesías no quería seguir sus órdenes.

BARRABÁS

La persona que está más cerca de la cruz es la que menos espera lo que va a suceder. El que estaba condenado, temiendo el momento de su muerte, de repente ve que ocurre un milagro completamente inesperado.

"Tenían un preso famoso, llamado Barrabás" Había sido condenado por su pecado, y esa cruz le pertenecía. Debía llevarla consigo. Estaba esperando el momento en el que le obligasen a cargarla por la vía dolorosa rumbo al monte de la calavera. Ya no había salvación posible, y él lo sabía. No esperaba otra cosa que morir. Todos lo señalaron y escuchó su veredicto: ¡Culpable!

Barrabás es un poco como todos nosotros. Sí, aunque no lo hayamos pensado antes. El fue acusado de sedición y rebeldía, y nosotros somos culpables de la misma rebeldía contra Dios. El era un homicida, La humanidad lo es también porque quiso que el hijo de Dios muriese en una cruz. Muchos viven hoy señalados por algún pecado que los arrastra hasta la muerte. Aparentemente su vida no tiene salida, se sienten culpables, y lo saben. No hay ninguna solución en sus vidas.

Todos lo señalaron y escuchó su veredicto: ¡Culpable!

Barrabás miró al traspasado casi de una manera incrédula. ¿Quién era ese que estaba dispuesto a morir en su lugar? Pero no sólo ocupó el lugar de Barrabás, también lo hizo en nuestro lugar, pagó el precio de nuestra rebeldía, llevó voluntariamente nuestras culpas.

Jesús fue a la cruz en el lugar de Barrabás.

LA MUJER DE PILATOS

En el momento más tenso de la historia, aparece un personaje casi inexplicable. Inesperado desde luego. Era la mujer de Pilato. El ejemplo casi perfecto del creyente "por lo que pueda pasar". Creyente por si acaso, no es una persona comprometida, pero tampoco es un enemigo.

La mujer de Pilatos era una mujer temerosa, supersticiosa, que no quiere hacer nada que pueda herir a Alguien allá arriba si es que lo hay. No nos pueden parecer extrañas las palabras de esta mujer, muchas personas viven así hoy. Van a la Iglesia porque todos van. Son los que creen "por si acaso". La mujer de Pilatos era así: toda su razón espiritual estaba basada en un sueño que había tenido. Toda la fuente de su deseo de conocer a Dios eran sueños que había tenido.

La persona temerosa, la que siempre piensa ¿Y si realmente hay algo?

Aún los que quieren creer "por si acaso" tienen una oportunidad de decidirse. Aún ellos tienen una oportunidad de dejar sus supersticiones y confiar en el crucificado. La mujer de Pilatos miró hacia el Señor con temor a lo que pudiera ocurrir, con el miedo que nos da la certeza de que estamos haciendo algo mal, y que vamos a sufrir las consecuencias.

Jesús también fue a la cruz por ella. Nuestra decisión debe ser dejar el miedo y seguir al crucificado, pase lo que pase.

LOS RELIGIOSOS

Al pie de la cruz llegaron los religiosos. Mejor dicho, ellos estaban desde antes que nadie, porque fueron los verdaderos impulsores de la muerte del Creador, y se cercioraron de que el Mesías estuviese bien muerto cuando abandonaron el lugar. Incluso aseguraron la tumba para que "no pasase nada". Mucho cuidado con ellos. Mucho cuidado si nos estamos pareciendo demasiado a ellos.

Cumplían su religión a rajatabla. Habían celebrado la pascua antes de ver el "espectáculo" y ahora se quedaban sólo unas pocas horas al pie del crucificado, porque pronto sería día de reposo y la ley les obligaba a descansar. Nadie cumplía la ley de una manera tan firme como ellos.

Se consideraban buena gente. Decían seguir al Creador y vivir de acuerdo a su ley, pero incluso las prostitutas y los ladrones estaban más cerca de Dios que ellos. ¿No los conoces? Puedes encontrarlos en la Iglesia muchos días y desgraciadamente no importa el nombre o apellido de la Iglesia. Porque a veces, sus creencias y la propia estructura de "su" iglesia son más importantes que Dios mismo.

Hay gente que quiere seguir la ley tan literalmente que se vuelven enemigos de Dios

Los sacerdotes y fariseos observaron al crucificado y se sintieron felices, era la muestra de su triunfo. Los líderes religiosos miraron a la cruz con satisfacción. Incluso con el orgullo de haber hecho las cosas bien. Con ese orgullo carnal que sentimos cuando vemos que aquel que nosotros consideramos culpable, sufre lo que creemos que se merece. Con un orgullo inmisericorde, que siempre acaba volviéndose contra nosotros.

Ese era el problema de los fariseos en los tiempos del Señor, amaban tanto su doctrina que Dios no cabía en ella. El único Dios a quién adoraban tenía obligatoriamente que hacer aquello que ellos decían. El Señor Jesús tuvo que ir a una cruz en lugar de los religiosos. Y ninguno será salvo si no es capaz de caer de rodillas a los pies del Salvador. Por muy buena persona que se crea.

PILATOS, EL AGNÓSTICO

En un capítulo anterior escribí que Pilatos podría haber sido el patrón de todos los agnósticos. Su actuación teatral en el momento más tenso de la decisión sobre el Mesías es digna de un "Oscar" al hombre menos racional de la historia. Quiso lavarse las manos como si eso fuera la solución a todo.

Imagínate a ti mismo lavándote las manos cuando la vida de alguien a quién amas depende de una decisión tuya. En cierta manera, todo da igual, que decidan los demás... Es curioso, pero aunque muchos admiren al gobernador, nadie defiende ese principio política, social ni personalmente. Todos queremos tomar nuestras decisiones.

Es curioso como muchos agnósticos son al mismo tiempo verdaderos revolucionarios sociales y políticos, y aunque eso es bueno ¿Si los demás no deciden en las cosas que tienen una trascendencia temporal, por qué permitir que sí lo hagan en lo que tiene trascendencia eterna? ¿Por qué no investigar si realmente las cosas son así, si históricamente existió Jesús y si lo que hizo fue tal como lo conocemos hoy? ¿Por qué no arriesgarse a conocer la verdad? ¿Por qué seguir manteniendo el "no sé lo que hay más allá, ni me importa"?

El que piensa que nada espiritual se puede saber a ciencia cierta es una persona verdaderamente increíble. Nadie defiende esos principios en ningún otro aspecto de la vida. Nadie se monta en un avión si no hay una certeza casi absoluta de que va a llegar a su destino (Aunque, ¿No dicen muchos que las certezas absolutas no existen?).

Así son las personas que dedican al crucificado una mirada agnóstica. Así son los "Pilatos" de turno que quieren lavarse las manos ante cualquier decisión espiritual. Es el grupo más numeroso hoy. Y aunque muchos no quieran creerlo, o piensen que no se puede saber con certeza si es así, el Señor Jesús murió también por ellos.

LOS ENEMIGOS DE DIOS, LOS QUE QUISIERON LLEVARLE A LA MUERTE

"Gritaban aún más diciendo, Sea crucificado" Estos son sus enemigos, llenos de rabia y detrás de una mirada triunfante. El crucificado era su enemigo personal, y ellos le habían vencido. Jamás les importaron las consecuencias. Su odio era mayor que cualquier otra emoción o cualquier mínima duda.

Desgraciadamente existen personas así: recuerdo cuando tuve el privilegio de visitar el campo de concentración de Bergen-Belsen en Alemania. Paseábamos llenos de temor con mis padres y mi esposa Miriam, observando los cementerios comunes con siete mil, diez mil o quince mil muertos. Y muchos otros con la inscripción "desconocido" porque nadie supo cuantos hombres, mujeres y niños fueron enterrados allí. Nos pareció que eso era lo más terrible que íbamos a contemplar en nuestra visita, pero estábamos muy equivocados.

El día se hizo completamente oscuro cuando pasamos al interior de un edificio y vimos las películas de la época, en blanco y negro, que primero los mismos torturadores habían tomado, y más tarde el ejército aliado grabó al entrar en los lugares de concentración y derrotar a los seguidores de Hitler. Camiones llenos de gente, literalmente huesos que se movían por las semanas que habían pasado martirizados y sin comer, se tiraban con palas a las fosas comunes para enterrarlos en vida. Mujeres, niños llorando, trozos humanos entre ellos, quizás de alguno de sus familiares… Unas imágenes demasiado reales para olvidarlas jamás.

Pero aún no había visto lo más impresionante de la vergüenza humana. Las imágenes del juicio contra los responsables nazis sobrepasaron cualquier expectativa. Todos ellos escucharon los cargos con la cabeza levantada, desafiantes, alguno incluso dibujaba en su rostro una media sonrisa. Se sabían culpables de cientos de miles de muertes, y lo disfrutaban.

Aún llenos de odio en contra de Dios y su Hijo, El Señor ocupó en la cruz el lugar que ellos merecían

Aún llenos de odio en contra de Dios y su Hijo, El Señor ocupó en la cruz el lugar que ellos merecían. El Señor Jesús también murió por los Hitlers, Stalins, cientos de dictadores diferentes y miles de malvados más a lo largo de toda la historia, el Señor también dio su sangre por ellos. A ellos también se les dio la oportunidad de arrepentirse aunque la hayan rechazado.

Sólo Dios puede demostrar tanto amor.

LOS SOLDADOS QUE JUGABAN AL PIE DE LA CRUZ

Algunos simularon indiferencia. Por lo menos durante los primeros momentos, como si nada fuese con ellos. La historia nos dice que los soldados jugaban con los dados al pie de la cruz, sorteándose las prendas de los crucificados, encontrando diversión en la muerte de un ser humano. Es cierto que los soldados cumplían órdenes, pero ellos mismos vistieron al Señor de púrpura y le tejieron una corona de espinas para burlarse de él. Le dieron una caña como si fuera el cetro real, y la Biblia dice que incluso le golpeaban con ella después de hacerle reverencias.

No les importaba nada el crucificado. Sabían que la ejecución duraría varias horas, así que tenían que matar su aburrimiento, y lo hacían jugando, burlándose, hablando mal o riéndose de los que estaban muriendo. Todo valía menos prestar atención al que moría en la cruz. Es una parábola de lo que ocurre hoy, cuando tantas personas en el mundo siguen jugando sin querer mirar al calvario ni un sólo momento.

Siguen jugando para calmar sus conciencias, para no ver más allá, para no saber nada del crucificado. Una de las últimas imágenes que El Creador tuvo desde la cruz, fueron los soldados jugando: una de las señales más claras de la suprema idiotez de la humanidad. Demasiado parecido al día de hoy, en el que mucha gente sigue jugando, incluso al pie de la cruz. Peleándose por palabras, a veces doctrinas, cuestiones denominacionales o religiosas… Jugando quizás a seguir a Dios mientras le dan la espalda al Crucificado.

Jesús murió por ellos, aunque sigan jugando insensibles al pie de la cruz.

LA MULTITUD ESCARNECIÉNDOLE INSOLENTE

> *"Y respondiendo todo el pueblo, dijo: ¡Caiga su sangre sobre nosotros y sobre nuestros hijos!" Mateo 27:25*

El problema de muchos de nuestros deseos es que se cumplen. Eso es lo que ha ocurrido a lo largo de la historia a muchas personas que han querido rebelarse contra Dios. El odio ha quedado firmemente impregnado en su corazón. El odio en las relaciones, con los vecinos, el odio injustificable de otros países hacia ellos. La sangre del Señor cayó sobre los descendientes, sobre cada uno de los que quisieron (¡quisimos!) volverle la espalda a Dios.

La sangre realmente cayó sobre ellos y sobre sus hijos

La multitud respondió con odio, y muchos hoy siguen respondiendo así. No les importan las consecuencias. No sufren en absoluto por lo que pueda pasar en el futuro, su odio es superior a todas las cosas. Sólo quieren ver a Dios crucificado. Lo único que desean es que Jesús desaparezca de su vista. Pero a pesar de todo, el Señor murió también por ellos.

LOS CURIOSOS

> *"Algunos de los que estaban allí, al oírlo, decían: Mirad, a Elías llama" Marcos 15:34-36*

Los curiosos no eran parte de la multitud que gritaba al Señor. No querían llenar sus manos de sangre por la muerte de un desconocido, pero estaban allí. Pasaban al pie de la cruz simplemente por curiosidad, e incluso para hacer bromas. Les gustaba el espectáculo. Quizás habían escuchado algo del Mesías, y querían ver en qué terminaba todo esto. Son los aburridos, los que no tienen otra cosa que hacer, los que van siempre a dónde ocurre algo emocionante. "¡Que se salve a sí mismo si salvó a otros! ¡veamos si viene Elías a salvarle

*Hay personas que viven sólo
para disfrutar de los espectáculos*

> "Los que pasaban le injuriaban, meneando la cabeza y diciendo:
> ¡Bah! Tú que destruyes el templo y en tres días lo reedificas,
> ¡sálvate a ti mismo descendiendo de la cruz! " Marcos 15:29-32

Los que pasaban le injuriaban. Muchos de ellos pasaban por allí porque iban a celebrar la Pascua. Conocían la ley y los profetas, así que tenían que saber lo que estaba ocurriendo, pero lo único que hicieron fue injuriar al Rey. Es como si quisieran gritar "No queremos ser salvos". Los curiosos, los burladores, los desinteresados, los que pasan cerca, siguen siendo numerosos en el día de hoy. Aún burlándose y sin querer saber nada del crucificado, el Señor Jesús fue a la cruz también por ellos.

EL SOLDADO QUE QUISO AYUDAR AL SEÑOR

En un momento clave de la historia, aparece un soldado. Vio el sufrimiento del Señor y le dio de beber *"Entonces uno corrió y empapó una esponja en vinagre, y poniéndola en una caña, le dio a beber"* Marcos 15:33

Nunca había visto un crucificado con tanta dignidad. Jamás había encontrado a alguien que soportara el dolor de tal manera, sin quejarse como todos lo hacían. La mirada del soldado al pie de la cruz era una mirada llena de admiración. ¡Cómo le hubiese gustado tener un compañero así, cómo le hubiese gustado a él mismo ser un soldado así, con tal demostración de valor y entereza en los momentos más difíciles de la vida!

Quiso ayudar al Señor a su manera. Quiso consolar su dolor, o por lo menos hacer que su sufrimiento fuese menos intenso. Se emocionó al ver como el llamado Mesías enfrentaba la muerte. No sabemos lo que ocurrió en el corazón de aquel soldado, pero sí sabemos que Jesús también estaba muriendo por él.

EL CENTURIÓN... UNO DE LOS PRIMEROS EN RECONOCER AL MESÍAS

El centurión responsable de los soldados que crucificaron al Señor conocía muy pocas cosas del crucificado. Era un jefe del ejército romano, y sólo estaba cumpliendo con su trabajo. Había visto morir a muchas personas, puede que el mismo hubiese matado a muchos también.   Pero algo diferente vio en el llamado Rey de los judíos. Algo que hizo cambiar su vida." *Viendo el centurión que estaba frente a El, la manera en que expiró, dijo: En verdad este hombre era Hijo de Dios" Marcos 15:39*

 Aquel crucificado era diferente. El centurión había observado con atención todo lo que sucedía desde su propia perspectiva. Había visto a Jesús de cerca (Marcos 15:39). Había asistido al juicio, y puede que escuchase algunas de las cosas que Jesús le dijo a Pilatos. Lo que es casi seguro es que oyó como los enemigos del Señor le acosaban.

Vio como Jesús resistía en silencio. Ningún otro preso lo había hecho antes. Conoció de cerca la paciencia del Mesías. Escuchó como no respondía a los insultos, mientras todo en él era una calma trascendental

Se asombró de la dulzura con la que el Señor habló a las mujeres que lloraban por él en el camino al calvario.

Le escuchó pidiendo perdón por sus enemigos

Vio como Jesús se preocupaba por su madre en los momentos de mayor dolor. Le pareció increíble que un crucificado pensase en la vida de otro, cuando le ofreció el paraíso a quién tenía a su lado. Quedó impresionado cuando Jesús puso su vida en las manos del Padre y más tarde inclinó su cabeza, como dándole premiso a la muerte. Vio la reacción de la naturaleza temblando y la oscuridad en la que quedó toda la tierra.

Comprendió que aquel hombre estaba muriendo por él

Observó la majestad del llamado Rey. Una majestad sublime, extraordinaria. Contempló esa majestad no en la grandiosidad de los desfiles, las ropas o los brillos aparentes, sino en el momento crucial de la vida de una persona: el momento de morir. No podía ser una persona normal... Escuchó el último grito que Jesús dio y cómo se acercó a la muerte, escuchó como el Mesías fue al encuentro de ella como vencedor, el gran Vencedor.

Comprendió que aquel hombre era el hijo de Dios. Supo que estaba muriendo por él.

SUS CONOCIDOS... TODOS LOS QUE LE VIERON Y RECIBIERON ALGO DE EL A LO LARGO DE SU VIDA

Jesús habló con muchas personas a lo largo de su vida. Muchos escucharon sus enseñanzas. Muchos fueron alimentados, otros curados, algunos le siguieron por algún tiempo. Gran parte de ellos se encontraron otra vez con El en la cruz. ¿Qué había ocurrido? Puede que muchos se encontraban desconcertados ¿Cómo podían matar a quién había hecho tanto bien?

Alguno quizás pensó en defenderle, pero su voz se apagó entre la multitud. Puede que otros, a pesar de haber recibido tantas cosas de El, gritasen también que fuera crucificado. Nunca se sabe, el ser humano puede llegar a ser lo más desconcertante que existe. Otros sencillamente esperaron. Esperaron para ver lo que ocurría, lo que sucedería con el crucificado y sus seguidores. Algunos de ellos siguieron creyendo que el Mesías haría algo, y cerca de quinientos de sus conocidos fueron los que le vieron resucitado. Reconocieron entonces que el Señor estaba en la cruz ocupando el lugar que merecían ellos.

SUS AMIGOS, QUE LE SIGUEN DE LEJOS

Muchos se escondieron. Sus amigos le siguieron de lejos. Asustados y temerosos, pensando que su propia vida estaba en peligro.

Sin valor para acercarse a la cruz o para que el Maestro les viese allí, cerca de El cuando más lo necesitaba. Empezaron a razonar en lugar de confiar: "Hemos dejado todo para seguir ¿A quién?". Se llenaron de miedo. Dudaron. Como otras tantas veces, aún con el Señor presente, su fe perdió el combate ante el temor. Se escondieron.

No dieron señales de vida, los que tenían que estar al lado del que era la vida misma. De la misma manera que nosotros cuando tenemos miedo, cuando no somos capaces de seguir al Señor, siempre podemos recordar que murió por nosotros. Recordar que aunque en la cruz El esté sólo, vuelve a la vida para restaurarnos a todos…

Pedro le negó y vio la cruz de lejos, contempló la silueta de los crucificados a una distancia suficiente como para no ser visto. Quiso alejarse de la cruz, pero la cruz no le dejó ni un solo momento. Cada hora que pasó, cada momento, dejó impregnado de dolor el corazón del discípulo: No pudo dormir, no pudo comer, no pudo vivir sólo pensando en el crucificado. Porque Pedro sí se había dado cuenta que Jesús estaba en la cruz por él.

TRES CRUCIFICADOS, UNO DA LA SALVACIÓN, OTRO LA RECIBE, EL TERCERO LA DESPRECIA

> *"Uno de los malhechores que estaban colgados allí le lanzaba insultos, diciendo: ¿No eres tú el Cristo? ¡Sálvate a ti mismo y a nosotros!" Lucas 23:39*

Todos estaban observando la escena. Tres crucificados: Uno da la salvación, otro la recibe, se acerca al Señor con fe y descansa en El. El tercero la desprecia, prefiere morir condenado y sin esperanza.

Uno de ellos no quería ser gobernado por nadie, era un terrorista rebelde, pero le pidió a Jesús que fuese su Rey. Supo encontrar en Jesús el modelo clave y trascendental en su vida, el líder que necesita, la persona en la que puede confiar. Sabía que Cristo iba a volver como Rey a pesar de estar muriendo en una cruz.

Al principio, las cosas fueron diferentes. Comenzó gritando en contra del Mesías, pero algo del comportamiento del Señor le hizo cambiar de opinión. Puede que alguna de sus palabras, o puede que la manera en la que Jesús soportó el sufrimiento, el caso es que el ladrón comprendió que el Rey estaba muriendo en medio de ellos. Sufriendo la misma condenación que ellos.

Y no sólo le defendió cuando otros le insultaban, sino que se atrevió a pedirle un recuerdo. Un simple recuerdo. Es curioso que muchos pidieron muchas cosas al Señor durante su vida: sanidad, poder, sabiduría, incluso Santiago y Juan habían llegado a pedir un lugar a la derecha y a la izquierda en el reino. El ladrón en la cruz sólo le pide que se acuerde de él. "Acuérdate de mí cuando vengas como rey" Dios le dio mucho más de lo que podía esperar. Dios le hizo entrar en su reino.

Jesús estaba muriendo en la cruz también por los otros dos crucificados. Uno lo aceptó, quiso ser recordado. El otro le despreció de la misma manera que muchos siguen haciéndolo hoy; tentando a Dios "Sálvate a ti mismo y a nosotros"

LAS MUJERES Y JUAN, LOS ÚNICOS AMIGOS FIELES

> *"Había también unas mujeres mirando de lejos, entre las que estaban María Magdalena, María, la madre de Jacobo el menor y de José, y Salomé, las cuales cuando Jesús estaba en Galilea, le seguían y le servían; y había muchas otras que habían venido con El a Jerusalén" Marcos 15:40-41*

Una de las mayores sorpresas de la historia nos la dan los que si tienen valor para seguir al Señor hasta la cruz. Si fuésemos más justos tendríamos que decir "las" que si tuvieron valor, porque salvo el caso de Juan, el discípulo más joven, todos los que acompañaron al Señor hasta el último momento fueron mujeres. Cuando todos sus discípulos le abandonaron y sus propios hermanos no creyeron en El, Jesús se encuentra acompañado por su madre, algunas mujeres y Juan, el discípulo amado. Ese momento resultó casi profético: Muchas veces las mujeres y los jóvenes son los que los que han dado la cara por el Señor, los que le han seguido en toda circunstancia, los que más han sufrido por El. Los que siguen comprometiéndose con él más fácilmente.

"María Magdalena y María, la madre de José, miraban para saber dónde le ponían" Marcos 15:47 Las mujeres fueron las únicas que le siguieron hasta la muerte. Cuando Jesús fue puesto en la tumba, las mujeres miraban, no podían hacer nada más: No podían hablar en el Sanedrín para defender a Jesús, no se les permitía hablar con Pilatos, no podían hablar en público ante una multitud ni luchar con los soldados romanos para impedir que el Señor fuera crucificado. No podían hacer prácticamente nada, todo lo tenían prohibido.

Pero hicieron lo que pudieron: estuvieron con El hasta el final, en la cruz y en la tumba. Esa es la razón por las que fueron las primeras en la resurrección.

JOSÉ DE ARIMATEA

"Vino José de Arimatea, miembro prominente del concilio, que también esperaba el reino de Dios; y llenándose de valor, entró adonde estaba Pilatos, y le pidió el cuerpo de Jesús. (…) Y comprobando esto por medio del centurión, le concedió el cuerpo a José, quien compró un lienzo de lino, y bajándole de la cruz, le envolvió en el lienzo de lino y le puso en un sepulcro que había sido excavado en la roca; e hizo rodar una piedra a la entrada del sepulcro". Marcos 15:43-46

Algunos dicen que José de Arimatea no tuvo la valentía para seguir al Señor abiertamente. Era miembro del Sanedrín, y nunca se comprometió públicamente con Jesús. La verdad es que conocemos muy pocas circunstancias de su vida, pero sí sabemos que en los momentos más difíciles fue uno de los pocos que estuvo con el Señor. Le siguió en su muerte. Tuvo el valor de entrar dónde Pilatos para pedir el cuerpo de Jesús cuando todos se habían escondido.

Cuando todos habían abandonado al crucificado, entonces apareció José de Arimatea

Si observamos cada detalle de su manera de actuar nos damos cuenta que era una persona íntegra, le gustaba hacer las cosas bien.

En primer lugar, compró una sábana, no utilizó una cualquiera, creía que el Señor merecía algo bueno. Después buscó un sepulcro nuevo. Más tarde pidió el cuerpo de Jesús. Nadie quería identificarse con el crucificado, pero El sí lo hizo. José llevó el cuerpo del Señor, lo hizo de una manera pública, lo bajo de la cruz, lo llevo en sus brazos. No le importó lo que los demás pudieran pensar.

Pero y él mismo, ¿Qué pensaría? ¿Qué hubiésemos pensado nosotros de haber estado en su lugar? ¿Qué habrías pensado tu si estuvieras desclavando y bajando al Señor de la cruz, a Dios mismo, al Dios del universo? ¿Qué habría en tu mente si estuvieses llevando en tus brazos al Mesías? ¿Qué pensarías si pusieses su cuerpo en una tumba? ¿Cuál sería tu reacción al cubrirlo y encerrándolo en el sepulcro?

Y al mover la piedra y dejar la tumba cerrada, ¿Seguirías creyendo que Jesús era Dios? ¿Qué le hubieras contado a tu familia al llegar a casa? ¿Podrías dormir esa noche sabiendo que tu Creador está muerto, enterrado en una tumba que tu mismo has preparado?

¿Qué pasaría con todos tus temores durante esa noche? ¿Cómo sería la mañana siguiente? ¿Tendría el amanecer la misma luz? ¿Tendrías valor para cumplir tus planes para ese día? Quizás lo único que tendría sentido en la vida de José sería llorar y volver una y otra vez al sepulcro preguntándose a sí mismo si algo de lo que estaba ocurriendo tendría algún sentido.

José tuvo que ir al Sanedrín al día siguiente, era Sábado ¿Qué dirían de él los demás? ¡Cuántas burlas tendría que aceptar al defender a un Mesías crucificado, muerto y enterrado! Si para los discípulos y las mujeres, ese Sábado pareció interminable, mucho más lo fue para José, el único que se atrevió a comprometerse públicamente con el Señor.

No sé si su fe aguantó una presión tan grande. No sabemos si El esperaba que el Redentor iba a resucitar. Sólo Dios lo sabe. Puede que sepamos muy pocas cosas de José de Arimatea, pero lo que sabemos nos basta para admirarlo de una manera extraordinaria. Yo no hubiera podido hacer lo que él hizo.

Muchas veces necesitamos recordar que Dios siempre tiene personas dispuestas como José. Dispuestos al mayor de los ridículos con tal de hacer la voluntad de Dios. Dispuestos incluso a no entender lo que está ocurriendo, sin importar que todos se burlen de ellos. Dios ama a esa gente desconocida, a esos héroes a los que nadie recuerda. A los que simplemente hacen lo que Dios les pide, por muy poco que parezca, por muy poco sentido que tenga lo que Dios está pidiendo (¡Imagínate el trabajo de enterrar al Mesías!).

Dios nos ama más profundamente que nunca cuando estamos dispuestos a seguirle y servirle sin preguntar mucho más, porque quizás sea imposible para nosotros comprender sus razones. Dios confía en nosotros y sonríe lleno de amor cuando ve cómo somos capaces de dejar pasar el tiempo, esperando una respuesta o una salida, sin saber que hacer, sin saber incluso cómo reaccionar. Sin saber lo que ocurrirá mañana. Sin conocer cuanto tiempo tendremos que seguir esperando.

Lo hacemos porque le amamos, y eso nos basta.

LA HUMANIDAD OBSERVA EL DOLOR DE DIOS

> *"Me mirarán a mí, a quien han traspasado. Y se lamentarán por El, como quien se lamenta por un hijo único, y llorarán por El, como se llora por un primogénito" Zacarías 12:10*

Ese fue el momento clave en la vida de Dios Padre. Aunque Dios que no está sujeto al tiempo, vive la cruz en pasado, presente y futuro, porque es la dimensión clave de la historia, el dolor menos escondido de Dios... Al pie de la cruz está Dios Padre que le desampara, que no responde al dolor de su Hijo. Ni siquiera en la eternidad lograremos comprender lo que sintió el corazón de Dios cuando vio traspasado a su Hijo, a lo más amado, al ser más puro y leal que jamás haya existido.

Nadie jamás podrá comprender lo que significaron para el Espíritu de Dios esas horas de sufrimiento y dolor. Los momentos más difíciles de la historia de la humanidad. Hasta la misma tierra tembló: Tres horas de oscuridad certificaron la muerte de la luz creadora de este mundo. Oscuridad en la tierra, en el corazón de la gente, en la historia, las tres horas más incomprensibles de toda la eternidad.

La tierra tembló. Y nosotros tenemos que hacer lo mismo. Si no es así, no comprendemos el alcance de la cruz. Algo anda mal en nuestra vida si no temblamos ante la cruz de Jesús

> "No me mueve, mi Dios, para quererte
> el cielo que me tienes prometido:
> Ni me mueve el infierno tan temido
> Para dejar por eso de ofenderte.
> Tú me mueves, Señor; muéveme el verte
> Clavado en una cruz y escarnecido;
> Muéveme ver tu cuerpo tan herido;
> Muévenme tus afrentas y tu muerte.
> Muéveme, en fin, tu amor y en tal manera,
> Que aunque no hubiera cielo, yo te amara,
> Y aunque no hubiera infierno, te temiera.
> No me tienes que dar porque te quiera;
> Pues aunque cuanto espero no esperara,
> Lo mismo que te quiero, te quisiera."

El místico español no supo explicar lo que sentía más que por medio de esta poesía. Nosotros mismos no podemos explicar mucho más. Lo que si podemos hacer es enfrentarnos con ese momento, porque nuestra vida entera depende de esa respuesta: ¿Cuál es nuestra mirada al Señor?, ¿qué sentimos, qué pensamos nosotros al ver al traspasado? Y algo mucho más importante todavía ¿Qué cambia en nuestra vida cuando nos encontramos delante de la cruz?

No se puede responder de otra manera más que entregando todo lo que somos. Sin condiciones. Aceptando ir a la cruz con El, para resucitar con El a una nueva vida. Comprendiendo que murió en nuestro lugar para resucitar también en nuestro lugar. Decidiendo cada día que queremos seguir al Mesías crucificado y resucitado, incondicionalmente. Sin discutir nada, sin fijarnos en lo que nos gusta más o lo que nos gusta menos.

Le amamos a El con todo nuestro ser y con eso nos basta.

Basta para disfrutar de esa vida abundante que El ofrece. Basta para responder a Su amor, porque no podemos pagarlo de ninguna manera.

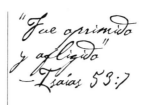
"Fue oprimido y afligido"
—Isaías 53:7

49 LA CORONA DE ESPINAS

"Y los soldados tejieron una corona de espinas, la pusieron sobre su cabeza y le vistieron con un manto de púrpura" Juan 19:2

Parecía ser el momento clave en la historia. Por lo menos sí lo era para el príncipe del mal. Había logrado poner su propio símbolo, las espinas, en la frente del mismo hijo de Dios. Todos sus seguidores, los que le proclamaban como el Mesías estaban ahora escondidos, porque Aquel a quién admiraban no sólo estaba condenado, sino que cargaba en sí mismo el desprecio de tener que soportar el símbolo del mal sobre su frente.

El primer fruto del pecado fue que la creación produjo espinos. La rebeldía y el orgullo del hombre se instalaron en el corazón de la humanidad, y llenaron de espinos la naturaleza como recuerdo de ese día *"Espinos y abrojos te producirá, y comerás de las plantas del campo" (Génesis 3:18)* Los espinos eran el símbolo de la maldad, de lo inútil, de lo que no tiene sentido. El símbolo del dolor y la desesperación. De hecho Dios mismo había dicho que los espinos sólo servían para ser quemados. No tenían ninguna utilidad, sino ser pasto del fuego. La misma meta que "disfrutan" el mal y sus secuaces, preparados para el fuego, para la destrucción, para la muerte eterna. Y no es para menos... todo aquel que encuentra el destino de su vida en robar, matar y destruir, debe probar su propia medicina. Eso es lo que más le agrada.

"Antes que vuestras ollas puedan sentir el fuego de los espinos, tanto los verdes como los que arden, los barrerá El con torbellino" (Salmo 58:9) Y no sólo eso. La imagen más vívida para simbolizar la destrucción de la creación eran los propios espinos. Representaban todo lo malo en cualquier lugar y en cualquier tiempo. Deja que los espinos crezcan en un jardín y el mal terminará reinando en cada uno de los rincones. Permite sólo por un momento que un espino se desarrolle en la naturaleza más bella, y la dulzura de ese ser tiene los minutos contados.

El pecado nos dejó una lección impresionante: El bien hay que trabajarlo, los espinos crecen solos

Es curioso, pero el pecado nos dejó una lección casi increíble: el bien hay que trabajarlo, los espinos crecen solos. *"En tierra no labrada crecerán zarzas y espinos" (Isaías 5:6)* La persona diligente y esforzada tiene que derramar su sudor para alcanzar el fruto de su trabajo, el perezoso sólo trae maldiciones a sus días, mientras va llenando su camino de sufrimiento y dolor *"El camino del perezoso es como un seto de espinos" (Proverbios 15:19)*. Por otra parte, los espinos llegaron a ser el mismo símbolo de la muerte. No es extraño, puesto que habían sido concebidos por un acto de rebeldía contra la Vida con mayúsculas. Pablo utiliza un versículo del profeta Oseas para demostrarlo (13:14) *¿Dónde está, oh muerte, tu victoria? ¿Dónde, oh sepulcro, tu aguijón?" (1ª Corintios 15:5)* Pablo sabía de qué estaba hablando, el mismo recibió un espino en su propia vida, un mensajero de Satanás para abofetearle (2 Corintios 12:7), para hacerle sufrir.

¿Sabes como actúa el príncipe del mal? Algunos dicen que sus artes pueden parecer "peligrosas" pero no más que eso, incluso hay quienes lo toman un poco a broma. Nada más lejos de la realidad. Cuando el Señor Jesús habló sobre el trabajo del Sembrador, dijo que los espinos ahogaron completamente la semilla que cayó entre ellos. Ese es el trabajo del mal. El diablo es especialista en ahogar, en hacer sufrir, en romper y destrozar sueños, en dañar, embrutecer y volver odiosas las cosas. En pocas palabras, lo que el diablo quiere es quitar toda la belleza, impedir que lo bueno resplandezca.

El Diablo se sentía Vencedor, se creía el dueño de la historia

Eso era lo que en último término creía Satanás. Se creía el Vencedor, el dueño de la historia, el único príncipe de los hombres y mujeres de este mundo. Su corona estaba puesta en la frente del Mesías, y el hijo de Dios permaneció en silencio, aparentemente derrotado. Y su Padre en los cielos no pronunció una sola palabra. Y los ángeles vieron la escena asombrados sin tener siquiera la capacidad para moverse o reaccionar. Aparentemente Jesús estaba vencido. Humillado, escupido, azotado, solo, condenado y lo más incomprensible de todo, derrotado.

Pero no todo es como parece. A veces olvidamos que el diablo no está en el futuro, sabe tanto de él como nosotros. Es un ser limitado como nosotros: un prodigio de la creación de Dios, pero limitado. En ese momento se creía el dueño del mundo, su propio símbolo estaba en la cabeza del Creador. La corona que el Mesías llevaba en su frente no era la del Universo, sino una corona de espinos. Sólo tres años antes el diablo le había ofrecido el mundo entero por un acto de adoración, pero el Señor lo rechazó. En este momento, el mundo entero ve que la corona que el Mesías lleva en su cabeza es la que el diablo le ha puesto. El símbolo del mal, su insignia, su escudo está desangrando la frente del ser más puro que ha existido jamás.

Pero ese momento casi eterno, tuvo su fin. El Señor descendió hasta lo más profundo de la humillación y la muerte para que el Padre le resucitase y le devolviese Vencedor al mundo. Por si muchos no habían entendido los entresijos de la historia, Dios mismo nos recuerda en el último libro de la Biblia que Él tuvo la primera palabra en la creación y un día tendrá la última también. No son los grandes personajes de nuestro planeta los que toman las decisiones: detrás de cada detalle está el dedo de Dios. Ni siquiera el mismo diablo puede elegir las consecuencias de sus actos malvados. Detrás de cada situación está la mano del Creador. Es más, un día, *"En lugar del espino crecerá el ciprés, y en lugar de la ortiga crecerá el mirto; y esto será para gloria del Señor, para señal eterna que nunca será borrada" (Isaías 55:13)*

El Señor mismo se encargará de destruir todos los espinos, hará desaparecer todo lo que nos hace mal, lo que nos causa dolor, y reverdecerá los jardines y los árboles que el mal ha destruido. Jamás debemos olvidar que la Biblia dice que Dios no sólo se encarga de que sus hijos disfruten vida eterna, también se preocupa de que todo aquello que simboliza el mal desaparezca. *"Y no habrá más zarza punzante ni espina dolorosa para la casa de Israel de ninguno de los que la rodean y la desprecian; y sabrán que yo soy el Señor Dios" (Ezequiel 28:24)* Esa debe ser una de las esperanzas más felices en nuestra vida. Aunque ahora por un poco de tiempo parezca que nuestra existencia se llene de espinos por momentos, un día, un glorioso día Dios va a quemar cada uno de esos espinos. En un amanecer lleno de luz, Dios va a curar cada una de nuestras heridas ¡para siempre!

El Señor mismo se encargará de destruir todos los espinos, hará desaparecer todo lo que nos hace mal, lo que nos causa dolor, y reverdecerá los jardines y los árboles que el mal ha destruido

> *"La luz de Israel se convertirá en fuego y su Santo en llama, y quemará y consumirá sus espinos y sus zarzas en un solo día… "*
> *(Isaías 10:17)*

Jesús nos ha regalado un futuro lleno de gloria. Su victoria sobre la muerte lo certifica. El es el Mesías, el Ungido de Dios. El Salvador del mundo y el Señor de la historia. Con todo, ¡No le importó soportar una corona de espinos por amor a mí! No dudó un solo momento, permitiendo que el mal se burlase de El. No agachó su cabeza con vergüenza pensando en mis caídas cuando la corona empezó a desgarrar la piel de su frente. No. La llevó con el amor y la grandeza que sólo el mismo hijo de Dios podía hacerlo. Y Lo hizo por mí y por ti.

Creo que muchas cosas cambiarían en nuestra vida si tuviésemos en un lugar visible de nuestra casa una corona de espinos como la que el Salvador llevó en su frente. Y no para verla con nuestros ojos, sino para sentirla en el corazón. Para tener verdadero temor de llegar a ofender a quién sufrió tanto por nosotros. Para que nuestro amor por el Señor sea cada día más auténtico, más profundo, más entrañable. Para que jamás se nos ocurra olvidar el precio por el que fuimos comprados.

De la misma manera esa corona de espinos nos ayudará a olvidarnos de ciertas cosas que otros nos han hecho o nos están haciendo. Nos enfrentaría en nuestro sufrimiento al hecho de que el mismo Señor Jesús está sufriendo con nosotros. Dejaría marcado en nuestra alma que muchas de nuestras discusiones con otros hijos de Dios no tienen ningún valor ni por supuesto, ningún sentido. Tener una corona de espinos en nuestras manos significaría empezar a entender que el dolor de Dios fue real. Tan real como nuestra vida. Ese sufrimiento fue por todos y todos disfrutamos de sus consecuencias al mismo tiempo. Nadie tiene más derechos que otros, nadie puede tener más razón que otros. Todos necesitamos tomar esas espinas entre nuestros dedos para no olvidar nunca que nuestro Salvador es quién lo merece todo, para recordar siempre lo que El sufrió en nuestro lugar.

Jesús renunció a todas sus coronas, para llevar una de espinas en mi lugar

Hay algo más, esa corona de espinos me enseña a obedecer, a seguir la voluntad de mi Señor. Me recuerda a cada momento que yo no tengo derecho a llevar otra corona conmigo, que toda la gloria que pueda recibir la merece sólo El. Me enseña lo que mi Creador fue capaz de soportar en mi lugar, lo que valgo delante de El, y el amor que demuestra cada día por mí. Amar a Jesús con toda mi vida, obedecerle y honrarle con todo lo que hago, entusiasmarme con El como nunca antes.

Mi vida jamás pudo ser igual desde el primer momento en que vi la corona de espinas en la frente del Salvador.

"¿Por qué surgen dudas en vuestro corazón...?"

50

LA MAYOR REVOLUCIÓN

No sabía que pensar ni como reaccionar. Por una parte me sentía avergonzado, porque nadie imaginaba que nuestra hija haría algo así, pero por otra parte sentía que estaba recibiendo un mensaje de parte de Dios, algo que no podría olvidar nunca.

Iami tenía sólo tres años, y estábamos visitando a una familia de nuestra Iglesia que acababa de ver morir al abuelo. Y allí, delante de todos los que estábamos visitando a la familia, nuestra hija comenzó a dar vueltas alrededor del féretro dónde se encontraba el cuerpo del fallecido, mientras saltaba y cantaba "Tu pueblo canta, grita victoria, revolución, revolución"

Sacamos a Iami rápidamente de aquel lugar para que no armara más escándalo, pero yo sinceramente no sabía si reñirle o darle las gracias. Ella con sólo tres años había comprendido que la mayor revolución que ha existido en la historia de la humanidad ha sido la resurrección de Jesús, y Su pueblo tiene que cantar ahora y gritar victoria porque esa es nuestra propia victoria, esa es la revolución, ¡la muerte ya no tiene ningún poder sobre nosotros!...

Aunque nos entristecemos y muchas veces no comprendemos el sufrimiento, la muerte ya ha sido vencida.

A veces el paso del tiempo nos impide ver las cosas claramente. Olvidamos que durante los primeros trescientos años del cristianismo, no hay representaciones de la cruz prácticamente en ningún lugar. Ni en las catacumbas, ni en las Iglesias, ni en los lugares de reunión, ni en las canciones… Los primeros creyentes vivieron adorando a su Mesías porque sabían que estaba vivo. No pensaban en la cruz, aunque sabían que ella era parte del plan de Dios para su salvación, pero su vida dependía del Vencedor sobre la muerte, del Ayudador que vivía dentro de ellos, y del Padre que los cuidaba sobre todas las cosas.

Les costó mucho aprender esa lección. A algunos la vergüenza pública. A otros una "pequeña reprimenda" del Señor mismo. A muchos otros les costó la misma muerte en la persecución y los circos romanos. Todos enfrentaron las consecuencias gustosos, porque la muerte dejó de tener ningún poder sobre ellos desde el mismo momento en que fue vencida. Así ocurrió desde los primeros momentos de la resurrección de Jesús…

Una pareja que es el símbolo de casi toda la humanidad: Cleofas y su esposa, o puede que Cleofas con un amigo, se van a Emaús alejándose del lugar y el momento más importante de la historia

"Y sucedió que mientras conversaban y discutían, Jesús mismo se acercó y caminaba con ellos. Pero sus ojos estaban velados para que no le reconocieran. Y Él les dijo: ¿Qué discusiones son estas que tenéis entre vosotros mientras vais andando? Respondiendo uno de ellos, llamado Cleofas, le dijo: ¿Eres tú el único visitante en Jerusalén que no sabe las cosas que en ella han acontecido en estos días? Entonces Él les dijo: ¿Qué cosas? Y ellos le dijeron: Las referentes a Jesús el Nazareno, que fue un profeta poderoso en obra y en palabra delante de Dios y de todo el pueblo; y cómo los* *principales sacerdotes y nuestros gobernantes le entregaron a sentencia de muerte y le crucificaron. Pero nosotros esperábamos que El era el que iba a redimir a Israel.(…). Entonces Jesús les dijo: ¡Oh insensatos y tardos de corazón para creer todo lo que los profetas han dicho! ¿No era necesario que el Cristo padeciera todas estas cosas y entrara en su gloria? Y comenzando por Moisés y continuando con todos los profetas, les explicó lo referente a El en todas las Escrituras. Se acercaron a la aldea adonde iban, y El hizo como que iba más lejos. Y ellos le instaron, diciendo: Quédate con nosotros, porque está atardeciendo, y el día ya ha declinado. Y entró a quedarse con ellos. Y sucedió que al sentarse a la mesa con ellos, tomó pan, y lo bendijo; y partiéndolo, les dio. Entonces les fueron abiertos los ojos y le reconocieron; pero El desapareció de la presencia de ellos. Y se dijeron el uno al otro: ¿No ardía nuestro corazón dentro de nosotros mientras nos hablaba en el camino, cuando nos abría las Escrituras? Y levantándose en esa misma hora, regresaron a Jerusalén" Lucas 24:12-45*

El evangelista narra la escena, pero no nos dice quienes eran los dos que iban camino de Emaús. Sabemos el nombre de uno de ellos, Cleofás. Algunos dicen que estaba viajando con su esposa, María. Los dos iban juntos hablando y discutiendo, así que deberían tener la suficiente confianza como para hacerlo.

Pero existe otra posibilidad, porque María, la mujer de Cleofás, había seguido al Señor hasta el final, hasta el mismo pie de la cruz, *"Por eso los soldados hicieron esto. Y junto a la cruz de Jesús estaban su madre, y la hermana de su madre, María, la mujer de Cleofas, y María Magdalena" (Juan 19:25)* Por lo tanto, María sí sabía lo que estaba ocurriendo, sí esperaba algo más del Maestro.

Quizás Cleofás y su amigo no fueron tan valientes como para seguir al Señor desde la cruz. Puede que María, la mujer de Cleofás se quedara en Jerusalén creyendo que el Señor iba a resucitar. Al menos se quedó para ver el lugar dónde le pusieron. Quizás María hubiese reconocido más fácilmente al Señor, porque en los últimos meses lo había seguido muy de cerca. Ella estaba al pie de la cruz, y era su marido el que iba a algún lugar con otro amigo, y que había dejado a su mujer allá. Ella tenía más fe que él, pero quizás él pensó que eso eran "cosas de mujeres" como algunas veces dicen los hombres.

Dos iban en dirección a Emaús. ¿Qué iban a hacer allí, lejos del lugar en el que el Señor había sido crucificado, lejos de la tumba, lejos de sus hermanos? Muchas veces en nuestra vida, los problemas aparecen cuando nos escapamos de los momentos y los lugares más importantes en la vida, cuando intentamos huir del Señor. Cuando nos vamos lejos.

Dos iban en dirección a Emaús. ¿Qué iban a hacer allí, lejos del lugar en el que el Señor había sido crucificado, lejos de la tumba, lejos de sus hermanos?

De repente, un extraño se les une, un desconocido que sabía lo que decía, que entendía todo lo que estaba sucediendo. Un verdadero "Maestro" que conversaba con ellos. Y lo primero que hizo fue preguntarles: ¿Qué discusiones son éstas que tenéis entre vosotros y porqué estáis tristes? Buena pregunta. Si ellos eran seguidores del Mesías, no se entendía su tristeza. Si creían en lo que Jesús había anunciado no se podían entender sus discusiones. Puede que por miedo, por incredulidad o simplemente por la propia tristeza del momento, los dos caminantes a Emaús habían perdido todos sus principios. Cuando dejamos de creer en el Señor, nos dejamos llevar por las circunstancias y el Mesías ya no es lo más importante para nosotros, sólo nos queda discutir con todo el mundo, y entristecernos "con nosotros mismos".

Aún así, los dos intentaron explicar las cosas a su manera. Le contaron al desconocido lo que había ocurrido, y le dijeron que lo peor de todo era que las mujeres habían ido al sepulcro, pero "a El no le vieron..." (v. 24). Eso sí era un problema, porque Jesús había anunciado su resurrección, pero ninguno de sus seguidores le había creído. El grave problema de los discípulos, y ¡de ellos mismos, porque en ese momento el Señor iba con ellos, y ellos tampoco le veían!... Se puede hablar mucho y conocer mucho sobre Jesús, y pasar nuestra vida sin verle: en la Iglesia, en la doctrina, en el ministerio, quizás en la alabanza, en las muchas actividades. Nada más terrible que intentar seguir al Señor sin verle.

Todo parecía seguir su ritmo, como si no sucediese nada, pero ellos estaban empezando a darse cuenta que el caminante desconocido era extraordinario. Algo había en él que parecía delatarle. Algo diferente, quizás especial, algo que les obligaba a preguntarle y a necesitar su presencia. Así nos ocurre muchas veces en la vida. Vemos a Dios aún sin que nuestros ojos puedan llegar a apreciarlo. Es esa sensación de que su presencia nos inunda, de que sus palabras son más que lo que estamos escuchando. En esa firme convicción de que algo está pasando en este momento.

No le dejaron marchar. A veces, Dios se acerca a nosotros, pero hace como que pasa de largo, sólo para saber si realmente tenemos interés en vivir en su presencia ¡Qué necios somos cuando le dejamos ir, y perdemos las mejores oportunidades de nuestra vida! El Señor tenía deseos de quedarse, pero esperaba que ellos se lo pidieran.

"Quédate" Ellos le dieron una excusa al Señor, quizás la excusa más bella de todas las que podríamos imaginar. No le dijeron "Queremos seguir escuchándote, te necesitamos, Quédate con nosotros". No, sus palabras fueron "Quédate con nosotros porque se hace oscuro y el día termina" (versículo 29).

Necesitamos a Dios cuando todo se queda oscuro en nuestra vida. Nuestro camino parece que llega a su fin y el día está terminando: en el mismo camino de la vida, porque llegan los días en los que nos cansamos pronto, días en los que todo parece ir mal. Días oscuros. Momentos difíciles, porque no podemos ver una salida, y nuestra vida parece que se acaba. El día se acaba, quédate Señor, no queremos la oscuridad.... Dios está siempre con nosotros, aunque el día sea oscuro, aunque todo parezca acabarse, aunque la vida misma esté llegando al final.

El Señor se quedó, pero sólo por un momento. Lucas escribe que El se fue justo después de que tomó el pan y antes de la copa, porque había dicho a sus discípulos que no la tomaría sino en el reino de Dios (24:30).

La reacción no se hace esperar. Cuando somos conscientes de que Dios está obrando, no nos quedan fuerzas para pensar en el cansancio. La Biblia dice que levantándose en esa misma hora (¡Aunque era muy tarde, la noche había llegado, y ya no se veía casi nada!) fueron a encontrarse con los demás discípulos. Después de saber que el Señor Jesús estaba vivo, no podían esperar ni siquiera a que se hiciese de día, tenían que contárselo a todos.

"PERO A ÉL NO LE VIERON" (LUCAS 24:24)

La frase que los dos que iban a Emaús dirigieron al Señor, es quizás la clave de lo que sucedió las horas siguientes a la resurrección de Jesús. Ninguno de sus seguidores pensaba que El iba a resucitar, así que todos necesitaron verle por lo menos en dos ocasiones. Necesitaron "certificar" su fe con la plena convicción de los hechos.

Es curioso, porque lo que a nosotros nos puede parecer el colmo de la incredulidad, es una de las pruebas más importantes de la resurrección del Señor, porque El mismo tuvo que vencer la resistencia de sus discípulos a creer que El había resucitado.

1. La sociedad nos engaña para que no veamos al Señor

> *"Y después de reunirse con los ancianos y deliberar con ellos, dieron una gran cantidad de dinero a los soldados, diciendo: Decid esto: "Sus discípulos vinieron de noche y robaron el cuerpo mientras nosotros dormíamos." Y si esto llega a oídos del gobernador, nosotros lo convenceremos y os evitaremos dificultades. Ellos tomaron el dinero e hicieron como se les había instruido. Y este dicho se divulgó extensamente entre los judíos hasta hoy" Mateo 28:11-15*

Esa sigue siendo la versión oficial de muchos hasta el día de hoy. Se quedan contentos creyendo en su propio engaño. No intentes explicarle que no hay nada más tonto que engañarse uno a sí mismo, porque puedes ofenderlos. Los responsables políticos y religiosos de la época se quedaron felices e incluso dieron dinero para vivir en un engaño. Así es nuestra sociedad.

La primera razón por la que muchos no encuentran al Resucitado es precisamente la falta de razón. No intentes comprenderlo, es demasiado absurdo como para que alguien pueda explicarlo. Es lo más absurdo que pueda existir. Pero muchos lo creen y lo defienden.

2. Le buscaron en un lugar en el que ya no estaba

Los discípulos quisieron saber qué había pasado. Dos de ellos fueron a la tumba: Juan y Pedro. Los dos corrieron, pero Juan fue más deprisa y llegó primero al sepulcro (Juan 20: 4-6), se inclinó para mirar adentro y vio las envolturas de lino, pero no vio el cuerpo ni entró. Entonces llegó Pedro, entró al sepulcro, y vio las telas del sudario. Pero el Señor no estaba allí, habían ido al lugar equivocado. No podían encontrarlo en ningún sepulcro porque Jesús había resucitado.

Los ángeles lo resumieron perfectamente en su pregunta: "¿Por qué buscáis entre los muertos al que vive?" (Lucas 24:5). Muchos siguen hablando solamente del Cristo crucificado, porque en cierta manera, un "muerto" es más fácil de manejar que un Señor resucitado. Muchos celebran la crucifixión y la muerte del Señor, pero se quedan ahí, prácticamente no hablan nunca de que el Señor está vivo.

Muchos incluso tienen todas las representaciones de la cruz, con el Señor colgado en ella. Como si ni siquiera le hubieran enterrado. Como si permaneciese ahí por toda la eternidad. Su religión solamente alcanza a ver un Salvador crucificado... Pero Jesús ya no está en la tumba, nadie puede encontrarlo entre los muertos. El es el Señor y está vivo. Lo mejor es "dejarse encontrar" por El. Lo mejor es reconocer que El es el Rey en este momento.

3. Estaban lejos del Señor

Otra razón por la que no reconocieron al Señor, fue la distancia. No sólo corrieron hacia un lugar equivocado, sino que al ir a la tumba estaban alejándose del Maestro. El les había prometido que se aparecería a ellos estando todos juntos. No necesitaban buscarlo en ningún otro lugar.

Lejos del Señor. Corriendo en una dirección equivocada. Así vivimos muchas veces: Un día no leemos nada de la Palabra de Dios. Otro dejamos de orar, de repente la Iglesia ya no tiene ningún atractivo para nosotros, ni tampoco hablarles a otros de Jesús… Y entonces decimos "Siento que Dios está lejos de mí". El problema es que hemos dejado de encontrarnos con el Señor o seguimos corriendo a sus espaldas. Dejamos de emocionarnos, de buscarle con todas nuestras fuerzas. Nos hacemos cómodos, y esperamos que Dios venga en nuestra ayuda, que El nos hable, que El se aparezca, mientras le esperamos de una manera rutinaria y fría.

4. No entendieron la palabra de Dios

"Porque todavía no habían entendido la Escritura, que Jesús debía resucitar de entre los muertos" Juan 20:9 Jesús lo había anunciado varias veces. Les había hablado no sólo de su muerte, sino de su resurrección, pero ellos no lo creyeron. Algunos ni siquiera lo entendieron. Necesitaron verle varias veces antes de comprender que era El mismo. Necesitaron comprobar sus heridas, tocarle, verle partir el pan de nuevo. Necesitaron escuchar sus palabras otra vez, antes de creerle.

Si no creemos cien por cien en la palabra de Dios, nosotros tampoco vamos a encontrarnos con el Mesías resucitado.

5. NO SUPIERON ESPERARLE, QUEDAR CON ÉL HASTA QUE SE REVELASE

Jesús les había prometido que se les aparecería después de ser crucificado. Ellos no sólo no le creyeron, sino que abandonaron su misión. *"Los discípulos entonces se fueron de nuevo a sus casas" Juan 20:10.* Puede parecer una frase normal, pero dice mucho más de lo que pensamos. De alguna manera, ellos se resignaron, no supieron esperar a su Mesías. Se fueron a su casa. No quisieron permanecer allí ni un momento más. Olvidaron que las bendiciones de Dios no se reciben en visitas rápidas, ni en citas de varios minutos. Hay que persistir, hay que abandonar la prisa y descansar en los brazos del Padre.

Hay que esperar a que Dios cumpla Su Palabra, porque El siempre lo hace.

María lo hizo. Siguió allí, esperó algo más, no se dio por vencida.

Y se encontró con el Rey resucitado.

6. A veces las lágrimas no nos dejan ver al Señor

"Y ellos le dijeron: mujer, ¿por qué lloras?" Juan 20:11

María estaba allí, pero tuvo que vencer una última prueba, su propia tristeza. Después e la muerte del Señor, ni siquiera los ángeles pudieron consolarla, ¡amaba tanto a Jesús! No le importó que el cielo se abriese para ella y los ángeles le hablaran. Hay cosas que sólo la mano de Dios puede resolver.

Para María los ángeles no eran suficientes.

Siguió llorando, y esas mismas lágrimas eran las que no le dejaban ver al Señor.

Jesús le habla, pero ella no quiere ser consolada. Jesús está a su lado, pero ella le da más valor a su propia tristeza. Como nosotros cuando en una situación difícil dejamos que las lágrimas nublen nuestros ojos y no vemos cómo Dios está a nuestro lado, hablándonos, dándonos fuerzas para vencer la adversidad. Preguntándonos la razón por la que lloramos.

7. El desánimo nos impide a veces ver al Señor

"Ella les dijo: Porque se han llevado a mi Señor, y no sé dónde le han puesto. Al decir esto, se volvió y vio a Jesús que estaba allí, pero no sabía que era Jesús" Juan 20:11-16

El desánimo, las dificultades, el desaliento, incluso el querer resolver las cosas a nuestra manera, nos impiden ver al Señor.

María estaba dispuesta a llevarse el cuerpo del Maestro. Le amaba tanto, que no le importaba hacer cualquier cosa con tal de volver a verle. Aunque estuviera muerto. Ella lo tomaría y le daría un descanso adecuado... Su propio desánimo le estaba llevando a no comprender que Dios estaba saliendo a su encuentro.

Puede parecer increíble, pero su necesidad de encontrar el cuerpo muerto del Mesías pesaba mucho más que las propias palabras y la visión del Jesús resucitado.

Cuando dejamos que el desánimo reine en nuestra vida comenzamos a decir cosas que no tienen ningún sentido, comenzamos a pensar que simplemente con una imagen del Señor muerto podemos sobrevivir. Cuando caemos en la oscuridad de la depresión y la ansiedad es cuando más necesitamos ver al Señor resucitado, cuando menos nos van a satisfacer otras visiones, personas o ayudas... Cuando las palabras del Salvador van a ser capaces de vencer cualquier situación en la que nos encontremos.

8. El peligro de la ceguera espiritual

Porque el mayor peligro para nosotros es vivir tan ciegos que no podamos ver a nuestro Señor... *"Jesús le dijo: Mujer, ¿por qué lloras? ¿A quién buscas?" Juan 20:17-18*

"¿A quién buscas?" No es una pregunta sencilla.

Dios quiere llegar siempre al fondo de nuestras motivaciones, quiere saber lo que realmente hay en nuestro corazón y ver lo que buscamos... Porque puede que estemos tan equivocados que nosotros mismos no sepamos realmente qué es lo que necesitamos.

María tenía su vida hecha pedazos, porque no sólo habían matado a su Maestro, a Aquel que la había limpiado y devuelto su dignidad como persona, sino que incluso habían robado su cuerpo. Por lo menos eso era lo que ella creía. Muchos piensan que Dios no está, o que está lejano, sin darse cuenta que está ahí mismo, a su lado. En los momentos más difíciles, Dios siempre está a nuestro lado, el Señor Jesús siempre está presente...

9. El pecado nos hace vivir de espaldas a Dios

Cuando vivimos de espaldas a Dios y a la realidad, necesitamos saber no sólo a quién estamos buscando, sino darnos la vuelta, abandonar muchas cosas que nos tienen atados. Necesitamos dejar de acariciar nuestro pecado. Necesitamos mirar cara a cara al resucitado.

"Jesús le dijo: ¡María! Ella, volviéndose, le dijo en hebreo:¡Raboní! (que quiere decir, Maestro). Jesús le dijo: Suéltame porque todavía no he subido al Padre; pero ve a mis hermanos, y diles: "Subo a mi Padre y a vuestro Padre, a mi Dios y a vuestro Dios." Juan 20:16-17 María supo que Jesús la estaba llamando, porque era imposible que el jornalero conociese quién era ella. El corazón de María reconoció la voz de Aquel a quién amaba por la manera en que pronunciaba su nombre. Lo había escuchado muchas veces antes, y reaccionó de la única manera posible: ¡Se echó a sus pies!

10. La incredulidad es una de las razones más importantes para no ver a Jesús

"Cuando ellos oyeron que El estaba vivo y que ella le había visto, se negaron a creerlo. (…) Después se apareció a los once mismos cuando estaban sentados a la mesa, y los reprendió por su incredulidad y dureza de corazón, porque no habían creído a los que le habían visto resucitad" Marcos 16:11-14

La Biblia jamás esconde la debilidad de los que deberían haber sido fuertes. "Se negaron a creerlo" ¿Sabes lo más asombroso de la resurrección del Señor? Mientras sus enemigos recordaron sus palabras en cuanto a que iba a resucitar e hicieron todo lo posible por impedirlo, ¡Sus propios discípulos no lo creían aún cuando lo estaban viendo! ¡Estamos hablando de sus propios discípulos, de los que habían estado con él, de los que habían visto todos sus milagros, incluso la resurrección de Lázaro!

> *"Tomás, uno de los doce, llamado el Dídimo, no estaba con ellos cuando Jesús vino. Entonces los otros discípulos le decían: ¡Hemos visto al Señor! Pero él les dijo: Si no veo en sus manos la señal de los clavos, y meto el dedo en el lugar de los clavos, y pongo la mano en su costado, no creeré" Juan 20:24-26.*

11. A veces no vemos al Señor, porque no nos damos cuenta que El es el Dios de lo imposible

Incredulidad. Peligrosa palabra. Actitud mucho más peligrosa todavía, porque nuestro Dios es el Dios de lo imposible, y si no creemos que El tiene poder para hacer cualquier cosa, es que no le conocemos. Somos "tardos de corazón para creer" (Lucas 24:25) y pensamos que seríamos más felices con una creencia más humanista, menos sobrenatural, más "controlable". Olvidamos que si perdemos de vista al Dios de lo "imposible" nos perdemos nosotros mismos. Perdemos el sentido de nuestra vida, de la misma manera que le ocurrió a los discípulos.

12. Cuando nos dejamos llevar por el miedo, es como si Dios desapareciese de nuestra vida

> *"Pero ellos, aterrorizados y asustados, pensaron que veían un espíritu. Y El les dijo: ¿Por qué estáis turbados, y por qué surgen dudas en vuestro corazón? Mirad mis manos y mis pies, que soy yo mismo; palpadme y ved, porque un espíritu no tiene carne ni huesos como veis que yo tengo" Lucas 24:37-39*

Hablando de debilidades, la incredulidad no fue precisamente la única ni la menos importante. La Palabra de Dios dice que los discípulos tuvieron miedo. Se atrincheraron en su lugar para que nadie pudiese descubrirlos. Cerraron las puertas. No querían que nadie apareciese, que nadie supiese que estaban allí. Estaban aterrorizados y asustados. A pesar de lo que María había dicho, seguían teniendo miedo. A pesar de que El mismo se puso en medio de ellos, creían que estaban viendo un espíritu.

> *"Jesús vino y se puso en medio de ellos, y les dijo: Paz a vosotros. Y diciendo esto, les mostró las manos y el costado. Entonces los discípulos se regocijaron al ver al Señor.... Jesús entonces les dijo otra vez: Paz a vosotros; como el Padre me ha enviado, así también yo os envío". Juan 20:19-21*

Cuando ellos se sentían más solos El apareció. Cuando creían que estaban perdidos, El les mostró el camino. Cuando sintieron más miedo, El se puso en medio y dijo "Paz" No podía haber nada mejor. Nada que pudiese transformar el miedo en valentía, el dolor en esperanza y la noche en un brillante amanecer para la historia de la humanidad.

"Mi paz os dejo, mi paz os doy, yo no os la doy como el mundo la da" Quizás alguno de sus discípulos recordó en esos momentos estas palabras. Yo creo que las recordaron todos, porque se alegraron (v. 20) y le escucharon una vez más.

Jesús los envió a proclamar el mensaje a todos porque ahora si comenzaban a estar preparados. Habían recibido la paz del Señor y estaban felices. Pero sobre todas las cosas, le habían visto a El. Habían estado cara a cara con el Señor resucitado. Esa es la clave.

El Señor está vivo. Eso cambia completamente toda nuestra vida. Si El no hubiera resucitado, todo el asunto dejaría de tener importancia. Si Jesús está vivo no hay ninguna otra cosa que tenga más importancia que El.

Porque en esencia, la vida cristiana es una vida de triunfo. Jesús no es ahora el Mesías que sufre, sino que es el Dios Vencedor, el Señor de la historia, el que vive para siempre. El único que puede darnos vida abundante, el que nos escucha, el que nos enseña a disfrutar de una vida que no termina con la muerte. El que jamás puede ser derrotado.

Puede que vivamos situaciones difíciles, que no comprendemos… Puede que nuestros enemigos nos derroten a veces, e incluso nosotros mismos nos dejemos llevar en ocasiones por la incredulidad, el miedo, o el desánimo. Puede que cuando atravesamos momentos angustiosos, a veces no seamos capaces de ver que Dios está a nuestro lado, que nunca nos abandona. Es posible que algunas veces nos sintamos derrotados, humillados, incomprendidos o solos.

Es más, te diría que es normal, porque somos humanos. Pero también te diré que todas esas situaciones son temporales, visibles, simplemente terrenales y pasajeras. Dios dice que ni la misma muerte pudo vencer al Señor, así que no hay NINGUNA cosa que pueda vencernos a nosotros. Aunque a veces nos parezca que sí, aunque a veces estemos pasando por un sufrimiento extremo.

Nuestro Salvador jamás va a ser derrotado.

Recuerda que la mayor revolución de la historia comenzó con una tumba vacia.

51

VOLVERÁ PARA BUSCARNOS

Pocas cosas hay tan divertidas como ver fotos con nuestros hijos. Uno de los álbunes que más les gustan a nuestras niñas es el de nuestra boda. Iami siempre dice cuando ve a Miriam "Mamá es la novia más guapa del mundo". Y tiene razón. La última vez que vimos esas fotos, Kenia preguntó "Algún día yo seré novia, ¿verdad?"

Algún día, seremos parte de la novia más importante de la historia.

Todos los que hemos puesto la confianza de nuestra vida en el Señor Jesús, pasamos a ser parte imprescindible de la boda más impresionante que se habrá celebrado en todo el Universo. Esperamos ese día, cuando Cristo vuelva a buscarnos, para presentarnos como una novia bella, santa, sin mancha ni arruga delante de El.

Los momentos más impactantes en la vida de una persona suelen ser aquellos cuando sabe que va a morir

¿Sabes? Los momentos más impactantes en la vida de una persona suelen ser aquellos cuando sabe que va a morir. Todas las palabras son trascendentales. Casi nadie se dedica a frivolizar o a decir cosas para pasar el tiempo. Todos quieren tener consigo a sus familiares y a sus amigos más íntimos. Decir las cosas que quizás no han quedado bien aclaradas… Decir que les amamos. Cuando el Señor dice sus últimas palabras, curiosamente habla poco de su partida, muy poco de la manera en que va a morir, y pasa la mayoría del tiempo hablando de su vuelta. A sus discípulos les costó mucho entenderlo, y yo me pregunto si la Iglesia de hoy lo ha entendido también, porque nadie puede olvidar que la segunda venida del Señor es el evento trascendental de la historia.

> *"No se turbe vuestro corazón; creed en Dios, creed también en mí. En la casa de mi Padre hay muchas moradas; si no fuera así, os lo hubiera dicho; porque voy a preparar un lugar para vosotros. Y si me voy y preparo un lugar para vosotros, vendré otra vez y os tomaré conmigo; para que donde yo estoy, allí estéis también vosotros"* Juan 14:1-3

¿Recuerdas lo que te contaba al principio sobre nuestras hijas? El ejemplo que el Señor está utilizando con sus discípulos es precisamente ese. Siguiendo el ritual de las bodas en el pueblo de Israel, el Señor Jesús, como cualquier otro novio "paga el precio" de la novia, su dote, aquello a lo que ella y su familia tenían derecho, y da lo más valioso que tiene, su propia sangre (Hechos 20:28)

Ahora el Señor está preparando un lugar para nosotros, como el novio preparaba la casa en la que el matrimonio iba a vivir después de la boda. Cuando El vuelva nos llevará con El, para mostrarnos su casa de la misma manera que el novio llevaba a su novia a ver el lugar dónde iban a vivir antes de la boda.

En ese momento todo estará preparado. El novio era el responsable de toda la fiesta, de la misma manera que el Señor Jesús en las Bodas del Cordero. La diferencia notable es que nuestra fiesta no terminará nunca. Durará toda la eternidad.

VUELVE PARA BUSCARNOS

Jesús vuelve para buscarnos. Cuando en el juicio les dijo a todos que no le verían hasta que volviese, estaba anunciando que el mundo no vería al Mesías resucitado porque ese fue un patrimonio exclusivo de los que creyeron en él, de su Iglesia.

Cuando los que no le creyeron en su primera venida, vean otra vez al Señor Jesús, será viniendo en las nubes del cielo, y llorarán porque le traspasaron. *"He aquí, viene con las nubes y todo ojo le verá, aun los que le traspasaron; y todas las tribus de la tierra harán lamentación por El; sí. Amén. Yo soy el Alfa y la Omega- dice el Señor Dios- el que es y que era y que ha de venir, el Todopoderoso". Apocalipsis 1:5-8*

El testigo fiel, el Alfa y la Omega, el Todopoderoso… El Hijo del hombre cómo a El le gustaba llamarse a sí mismo. Cuando anunció su segunda venida se presentó una y otra vez de esa manera, porque es el Hijo del hombre que vino la primera vez con un cuerpo en el que llevó todas nuestras debilidades, pero es el mismo Hijo del hombre que volverá la segunda vez, de una manera corporal, visible, triunfante… Porque sigue siendo el Hijo del hombre en el cielo.

> *"Porque así como el relámpago sale del oriente y resplandece hasta el occidente, así será la venida del Hijo del Hombre… Entonces aparecerá en el cielo la señal del Hijo del Hombre; y entonces todas las tribus de la tierra harán duelo, y verán al Hijo del Hombre que viene sobre las nubes del cielo con poder y gran gloria" Mateo 24: 27 y 30 "Por eso, también vosotros estad preparados, porque a la hora que no pensáis vendrá el Hijo del Hombre" Mateo 24:44*

Ningún seguidor de Cristo puede vivir ajeno al hecho de que su Rey va a volver. En cualquier momento, quizás al leer estas palabras… Nadie que ame al Señor Jesús puede vivir sin saber que su segunda venida tiene consecuencias trascendentales en nuestra vida actual:

DESEAMOS DE CORAZÓN QUE JESÚS VUELVA

No sabemos cuando volverá, pero sí sabemos que será pronto. Lo deseamos de todo corazón. El es nuestro Salvador, nuestro Señor, nuestro mejor amigo… Vivimos amándole con todo nuestro corazón y nuestra vida, y por eso deseamos verlo otra vez. Y esperamos ansiosamente el momento en que El establezca su reino y su justicia en este mundo.

Vino para volver.

La primera vez tenía que morir y resucitar por amor a nosotros. Cuando vuelva el mundo entero se rendirá a sus pies. Nosotros le esperamos, es nuestro deseo más profundo. Y Dios Padre agradece ese deseo regalando un galardón para todos aquellos que viven mirando las nubes, deseando que vuelva…

> *"En el futuro me está reservada la corona de justicia que el Señor, el Juez justo, me entregará en aquel día; y no sólo a mí, sino también a todos los que aman su venida"* 2 Timoteo 4:8

Dios Padre agradece ese deseo regalando un galardón para todos aquellos que viven mirando las nubes, deseando que Jesús vuelva…

LE DECIMOS A TODOS QUE ÉL VA A VOLVER PRONTO

El tiempo pasa rápidamente para llevar la Luz a todos aquellos que no conocen al Mesías. Si queremos que El vuelva, debemos hablarles a todos de Su reino, porque el momento cave de la historia llegará cuando la humanidad conozca que Jesús es el Salvador, y lo hará como fruto de nuestro trabajo evangelizador. El evangelio del reino será predicado por todo el mundo, todos van a tener la posibilidad de decidirse en cuanto al Mesías, y entonces llegará el fin. No antes…

"Este evangelio del reino se predicará en todo el mundo como testimonio a todas las naciones, y entonces vendrá el fin" Mateo 24:14

DIOS QUIERE QUE LE ESPEREMOS VELANDO Y ORANDO

El Señor quiere que le esperemos velando y orando. Nos enseña que las preocupaciones de cada día no deben tener más importancia para nosotros que Su misma presencia. Que necesitamos buscar en cada momento a nuestro Padre con todo nuestro corazón, porque sólo en una actitud de oración y dependencia de Dios estaremos seguros en los días difíciles que vienen. *"Estad alertas, no sea que vuestro corazón se cargue con disipación y embriaguez y con las preocupaciones de la vida, y aquel día venga súbitamente sobre vosotros como un lazo" Lucas 21:34-36*

NUESTRA VIDA ES MUCHO MÁS DE LO QUE VEMOS AQUÍ

Si pensamos sólo en las cosas terrenales, nadie va a creernos cuando les digamos que nuestro Rey vuelve. Podemos estar viviendo la mayor contradicción de nuestra vida, proclamando a todos que Jesús vuelve y que todo debe ser consagrado a El, y al mismo tiempo estar viviendo, trabajando, ganando, preocupándonos y gastando como si El no fuese a volver nunca.

Pasamos nuestra vida como si siempre fuéramos a vivir aquí. Nos gusta demasiado lo visible, y olvidamos que lo que merece la pena es lo que no se ve...

Pasamos nuestra vida como si siempre fuéramos a vivir aquí. Nos gusta demasiado este mundo, las cosas que tenemos, nuestras casas, nuestros coches, nuestras carreras, nuestros negocios, incluso nuestros ministerios y nuestro trabajo para el Señor, porque olvidamos (y muy pocos en la Iglesia nos lo recuerdan) que el Señor va a volver y que todo se va a quedar aquí, que casi nada de lo que tenemos tiene valor real.

Olvidamos que somos ciudadanos del cielo. *"Porque nuestra ciudadanía está en los cielos, de donde también ansiosamente esperamos a un Salvador, el Señor Jesucristo, el cual transformará el cuerpo de nuestro estado de humillación en conformidad al cuerpo de su gloria, por el ejercicio del poder que tiene aun para sujetar todas las cosas a sí mismo" Filipenses 3:17-21.*

EL ESPÍRITU DE DIOS NOS AYUDA A ESPERAR A NUESTRO REY

La historia no gira alrededor nuestro. La Iglesia no vive de acuerdo a nuestras ideas y nuestros planes. Nuestra propia vida no es nuestra, sino regalada por Dios, y de esa manera debemos vivirla, en una continua búsqueda de la voluntad de Dios y del poder de su Espíritu. Solamente cuando somos llenos del Espíritu de Dios comprendemos lo que el Padre quiere de nosotros, y vivimos de acuerdo a Su voluntad.

Humildemente y sin creernos superiores a nadie, sin pensar que lo que nosotros hacemos es mejor que lo que otros puedan hacer.

> *"Por tanto, no juzguéis antes de tiempo, sino esperad hasta que el Señor venga, el cual sacará a la luz las cosas ocultas en las tinieblas y también pondrá de manifiesto los designios de los corazones; y entonces cada uno recibirá su alabanza de parte de Dios" 1 Corintios 4:5*

POCAS COSAS SON TAN TRANSCENDENTES COMO VIDAS SANTAS Y CONSAGRADAS A DIOS

Vidas que reflejan el carácter del Señor Jesús. Con nuestros defectos y nuestras faltas, porque no podremos ser perfectos hasta que El vuelva, pero sí podemos luchar con Su poder, para que Su vida se manifieste en la nuestra. Para que cada día la gente que nos rodea vea más del Señor Jesús y menos de nosotros mismos. Porque Dios quiere que brillemos mientras esperamos a su Hijo, que apresuremos su venida viviendo de manera que glorifiquemos a nuestro Padre...

> *"El Señor no se tarda en cumplir su promesa, según algunos entienden la tardanza, sino que es paciente para con vosotros, no queriendo que nadie perezca, (....) Pero, según su promesa, nosotros esperamos nuevos cielos y nueva tierra, en los cuales mora la justicia. Por tanto, amados, puesto que aguardáis estas cosas, procurad con diligencia ser hallados por El en paz, sin mancha e irreprensibles" 2 Pedro 3:9-13*

ESPERAMOS AL REY PORQUE DISFRUTAMOS DE UNA ÍNTIMA COMUNIÓN CON ÉL

El mismo deseo de la creación es que todos nosotros seamos manifestados con El en gloria. Vamos a reinar con El, y la creación lo sabe. De una manera inexplicable para nosotros, la naturaleza y todos los seres creados esperan ese momento. Aguaran ansiosamente el día en el que el Señor Jesús vuelva a buscarnos para ser glorificados con El. El Universo entero espera a su Rey y nos espera a nosotros, nuestra misión es impresionantemente trascendental, nuestra vida es extraordinaria.

> *"El Espíritu mismo da testimonio a nuestro espíritu de que somos hijos de Dios, y si hijos, también herederos; herederos de Dios y coherederos con Cristo (...). Porque el anhelo profundo de la creación es aguardar ansiosamente la revelación de los hijos de Dios. (...) Pues sabemos que la creación entera a una gime y sufre dolores de parto hasta ahora. Y no sólo ella, sino que también nosotros mismos (...) esperando ansiosamente la adopción como hijos, la redención de nuestro cuerpo". Romanos 8:16-23*

Muchos viven frustrados y derrotados porque no saben que El Rey vuelve.

Muchos predicadores, maestros, Iglesias enteras, a veces hasta grupos denominacionales u organizaciones misioneras dejan pasar los años sin dedicar un solo momento para recordar a todos que el día clave en la historia de la humanidad será cuando el Señor Jesús regrese a la tierra.

Vino para volver

Muchos se llaman cristianos pero no están esperando al Señor. Olvidan que todo gira alrededor de la segunda venida del Señor, la gran mayoría de las profecías, las enseñanzas del Señor Jesús, las enseñanzas sobre el reino. La segunda venida del Mesías está presente y latente en todos los libros de la Biblia. No vivir esperando, y lo que es más triste, desconocer que el Señor vuelve pronto, es el mayor peligro del cristianismo de hoy, y la mayor trampa del diablo.

¿Sabes cual es la raíz del problema? Muchas Iglesias y grupos cristianos pasan meses sin tomar el pan y el vino, y por lo tanto olvidan no sólo las palabras del Señor Jesús, sino uno de los mayores deseos de su corazón. ¿Recuerdas?

"Mi muerte anunciáis hasta que vuelva"

Algo tan sencillo como tomar el pan y el vino, comer en la presencia del Señor Jesús, quedó establecido como un recuerdo para nosotros, porque ese es el único acto que guarda dentro de sí el pasado, el presente y el futuro.

"Porque todas las veces que comáis este pan y bebáis esta copa, (PRESENTE), la muerte del Señor (PASADO), proclamáis hasta que El venga (FUTURO)" 1 Corintios 11:26.

¡SE APROXIMA EL DÍA DE NUESTRA BODA!

Déjame que vuelva a lo que te contaba al principio. Aquello de las fotos de nuestra boda… Nuestras hijas pueden disfrutar ahora de lo que ocurrió, pero no saben todo lo que tuvimos que trabajar para que llegase ese día. Los días, meses, incluso años que pasamos preparando todos los detalles, esperando nuestra boda. Trabajando en todo lo que necesitábamos.

Para Miriam y para mí, todo estaba orientado a ese día, el 25 de Julio del año 1990.

El día de nuestra boda.

Los dos seguíamos con nuestros trabajos y nuestros estudios en la Universidad. Seguíamos trabajando en la Iglesia y ayudando a mucha gente. Vivíamos con nuestras familias y de vez en cuando salíamos con nuestros amigos… pero había algo que siempre estaba presente: el día de nuestra boda. Cualquier cosa que hacíamos nos recordaba ese día. Creo que no pasaba una hora en la que no tuviésemos algún pensamiento sobre la boda y no hablásemos sobre ello.

La vida parecía ser normal para todos menos para nosotros: Tenía que llegar el 25 de Julio. Todo giraba en torno a nuestra boda.

Esperar la segunda venida del Señor Jesús y nuestra boda con El, no es abandonar todo lo que estamos haciendo. Es sencillamente desearlo con todo el corazón, con el mismo deseo que un novio y una novia esperan el momento en el que van a casarse. No conocemos el día ni la hora, pero sabemos que el Señor a venir a buscarnos.

Sabemos que nuestra boda llega, y todo lo demás pasa a un segundo plano. Seguimos haciendo cada cosa, trabajando, estudiando y viviendo cada día, sirviendo al Señor, y esforzándonos para que nuestra vida y nuestros actos reflejen un poco más del carácter de Dios en esta tierra; pero no pasa una sola hora en el día sin que recordemos que se acerca el momento de nuestra boda. Que al fin y al cabo no somos ciudadanos de este mundo, sino del cielo.

No pasa un solo momento sin que deseemos que el Señor Jesús vuelva a buscarnos

Quizás hoy.

52 | NO PUDO ESCONDERSE (MARCOS 7:24)

Dicen los buenos escritores que el último capítulo de un libro siempre debe ser uno de los más importantes. Ese es el momento en el que aparece el final de la historia, la argumentación que debe ser recordada, o sencillamente la conclusión a la que ha llegado quién está escribiendo. Estoy orando para que éste sea uno de los momentos más importantes de tu vida, porque este capítulo quedará en blanco después de un breve párrafo.

Sí, en blanco, porque quiero que lo escribas tu.

El capítulo más importante de éste libro lo escribes tú mismo

¿Sabes? La Biblia dice que en algunas ocasiones, ciertas personas buscaron casi desesperadamente al Señor Jesús. Es cierto que muchos sólo querían que El les sanase, pero lo importante es que lo buscaron... y lo encontraron. Es más, en algunas ocasiones, él mismo se sintió "agobiado" en el buen sentido de la palabra, por la cantidad de gente que venía a El. Tanto que, en ocasiones "no pudo esconderse", no pudo pasar desapercibido…

> *"Levantándose de allí, se fue a la región de Tiro, y entrando en una casa, no quería que nadie lo supiera, pero no pudo pasar desapercibido; sino que enseguida, al oír hablar de El, una mujer cuya hijita tenía un espíritu inmundo, fue y se postró a sus pies"*
> *Marcos 7:24-25*

Cuando leo palabras como éstas, inmediatamente recuerdo los tiempos en los que nuestras hijas eran más pequeñas. Uno de sus juegos preferidos era esconderse y que nosotros nos escondiésemos de ellas, pero siempre en un lugar dónde la búsqueda fuera muy sencilla, un lugar tan visible que, a los pocos segundos ellas y nosotros pudiésemos fundirnos en un abrazo feliz al encontrarnos.

Nadie debía equivocarse, el juego no era esconderse, sino abrazarse y reír cuando nos encontrábamos.

Es en cierta manera lo que el Señor quiere de nosotros, que sepamos buscarle, que le deseemos en todo momento… Que nuestra vida no tenga sentido sin tenerle a El, sin escucharle a El, sin hablarle, sin abrazarle, sin postrarnos a sus pies y estar dispuestos a vivir de acuerdo a Su voluntad.

Esa es la razón por la que las siguientes páginas están en blanco. El Señor te está esperando. Ahora mismo, hoy mismo. Tienes el privilegio de escribir en tu vida y en la de los que te rodean, lo que Dios está haciendo por ti.

Vuelve a leer los evangelios, comienza a leer la Biblia entera y descúbrele a El, con la emoción de la primera vez. Empieza a escribir: "Lo que yo más admiro en tu vida, Señor Jesús y lo que Tu significas para mí es… "

Ora y pide al Espíritu Santo que te ayude a conocerle mejor y amarlo más profundamente. Siéntete feliz y descansado en los brazos y la gracia del Padre…

Porque de los momentos cara a cara con el Señor Jesús es de dónde fluye la vida.

Vida para siempre.

*Nos agradaría recibir
noticias suyas.
Por favor, envíe sus comentarios
sobre este libro a la dirección que
aparece a continuación.
Muchas gracias.*

Editorial Vida
7500 NW 25th Street, Suite 239
Miami, Florida 33122

*vida@zondervan.com
www.editorialvida.com*